À mots ouverts

Français 6e

Livre unique

Fichier du professeur

sous la direction de

Alain Pagès

Professeur des universités

Bruno Doucey

Professeur certifié de lettres modernes
collège Jules-Ferry, Vertus
Formateur à l'IUFM de Reims

Marlène Guillou

Agrégée de lettres classiques

Philippe Lehu

Professeur certifié de lettres classiques
collège Pierre Mendès-France, Vic-en-Bigorre
Formateur à l'IUFM de Toulouse

Michel Tamine

Maître de conférences en sciences du langage,
IUFM de Reims

NATHAN

 ISBN : 2.09.171601.4
9 rue Méchain, 75014 Paris

Sommaire

LE CADRE DE TRAVAIL

L'enseignement du français au collège s'inscrit désormais dans un cadre didactique précis que respecte pleinement la collection *À Mots ouverts* : celui du **travail en séquences** et du **décloisonnement**. Quelques explications s'imposent si l'on veut comprendre les choix théoriques qui président à la conception de ce manuel unique.

• La définition officielle

Les Programmes de 1996 pour la classe de Sixième définissent de façon claire la notion de séquence didactique. Cette dernière désigne « *un mode d'organisation des activités qui rassemble des contenus d'ordre différent autour d'un même objectif, sur un ensemble de plusieurs séances.* »

Une séquence est donc une unité d'enseignement dans laquelle les heures de cours (les **séances**) ne sont plus considérées de manière autonome. Les diverses activités inhérentes à l'enseignement du français y sont corrélées autour d'un objectif fédérateur. Chacun des douze chapitres d'*À Mots ouverts* organise ainsi, dans la perspective d'un enseignement décloisonné, des activités de contenus d'ordre différent autour d'objectifs clairement définis.

• Le principe fondateur

Le travail en séquences consiste à fédérer, de manière cohérente, diverses activités et divers contenus, afin que les élèves perçoivent l'**interaction entre l'analyse des outils de la langue, la lecture, l'écriture et l'expression orale.** Ainsi conçu, l'enseignement du français au collège s'inscrit dans l'esprit d'une **pédagogie de projet.** Tel chapitre du livre de l'élève permet, par exemple, une première approche des textes littéraires ; tel autre nous invite à découvrir les caractéristiques du conte merveilleux ou les changements de points de vue dans le récit.

• Les modalités d'application

L'élaboration d'une séquence implique que l'enseignant prenne en compte les savoirs antérieurs, les lacunes, les besoins ou les attentes d'une classe ; qu'il définisse des objectifs et sache précisément quelles compétences il entend faire acquérir à ses élèves.

Nous savons trop, les uns et les autres, combien ces paramètres sont variables pour prétendre élaborer des séquences-types. **Sans jamais chercher à modéliser l'organisation séquentielle**, les chapitres du livre de l'élève offrent **une solide base de travail à l'enseignant** qui se voit aujourd'hui contraint de rationaliser son enseignement en structurant des ensembles progressifs et cohérents.

• La gestion du temps

Il va sans dire que les séquences conçues pour une classe de Sixième peuvent être de longueur variable. Leur durée dépend de la période de l'année, du niveau des élèves, des objectifs que l'on se fixe, de la nature même des supports que l'on utilise. En tout état de cause, une séquence peut être courte ; elle ne saurait excéder quatre à cinq semaines sans risquer d'émousser l'intérêt des élèves.

Les douze chapitres d'*À Mots ouverts 6*^{e} ont été conçus dans le strict respect de cette réalité. Tous peuvent permettre un travail de longue haleine (le chapitre 3, par exemple, offre à l'enseignant qui le souhaite la possibilité de travailler plus d'un mois sur le thème de l'Égypte). Par leurs **subdivisions internes**, tous permettent aussi de concevoir de **brèves séquences de travail**. Les trois parties du chapitre consacré à la poésie (chapitre 5) pourraient ainsi, le cas échéant, offrir les bases de trois brèves séquences : la première consacrée aux mots-images et aux calligrammes, la seconde au bestiaire, la troisième aux suppositions poétiques.

L'ESPRIT DE LA COLLECTION

• La cohérence des activités

Le principe du manuel unique ne répond pas seulement à l'attente des associations de parents d'élèves en permettant un allègement du poids des cartables ; il correspond aussi à **une évolution des programmes et des conceptions didactiques** : au cloisonnement des activités succède le principe du **décloisonnement** qui se fonde sur **une constante interaction des activités inhérentes à l'enseignement du français**. Les questionnaires de langue corrigés dans ce Fichier démontrent que la grammaire ne saurait être une fin en soi. Subordonnée à la maîtrise des discours, elle est, en revanche, constamment associée à la lecture, l'écriture ou l'expression orale.

• Le respect des apprentissages fondamentaux

La pratique du décloisonnement ne signifie pas, loin s'en faut, qu'il faille mêler, au cours de chaque séance, diverses activités (un peu de lecture, un peu d'écriture, une leçon de grammaire, un soupçon d'orthographe !). La structuration des activités et les leçons de langue que comporte le livre de l'élève rappelle au contraire **que chaque séance doit conserver sa dominante**, que des **temps spécifiques** peuvent être réservés à l'apprentissage des notions essentielles. Nous avons ainsi sciemment respecté, lors des corrigés, les subdivisions qui président à l'organisation des questionnaires destinés à l'élève : lecture, étude de la langue, expression écrite ou orale.

• La notion de plaisir

La présentation de cette collection serait incomplète si nous n'évoquions une notion souvent laissée pour compte dans l'enseignement : celle du plaisir que l'ouvrage procure à ceux qui l'ont écrit et à ceux qui le liront. Deux éléments, constamment à l'œuvre dans ce Fichier, en témoignent :

– L'attention portée aux activités de lecture souligne la place faite aux **textes littéraires de qualité** qui ne manqueront pas de procurer une **émotion esthétique** à nos jeunes lecteurs : textes issus de l'héritage antique, passages de la *Genèse,* contes merveilleux ou parodiques, fables et calligrammes, légendes indiennes, nouvelle inédite, saynètes à jouer. La formulation **thématique** des titres de chapitres participe de la même volonté de convier l'élève « à mots ouverts » au bonheur de lire.

– La **richesse de l'iconographie** est l'assurance d'un plaisir toujours renouvelé. Certains documents seront l'occasion d'initier les élèves à la lecture de l'image ; d'autres permettront de mieux appréhender les textes qui les accompagnent ; d'autres encore favoriseront des temps d'écriture créatrice.

Textes et images participent aussi d'une volonté de « déscolariser » partiellement la lecture et l'écriture, afin que les professeurs puissent faire appel à l'imagination et à la créativité de leurs élèves.

L'ORGANISATION DU FICHIER

Les 288 pages que comporte ce fichier ont été conçues de manière à faciliter le travail de l'enseignant. Deux parties nettement distinctes le composent : les corrigés et commentaires du livre de l'élève, et des fiches de travail.

• Les corrigés et commentaires

Cette première partie (p. 16 à 174) correspond à ce que l'on attend généralement d'un livre du professeur puisque **tous les exercices proposés dans le manuel de l'élève se trouvent corrigés dans un langage aussi accessible que possible**. Leur présentation sous forme de fiches perforées facilite le maniement et l'éventuelle utilisation devant la classe.

Ces corrigés sont également accompagnés de **commentaires** ou de remarques **destinés à la réflexion personnelle de l'enseignant** : considérations pédagogiques sur la place et les fonctions de l'oral, suggestions sur l'art de mener une séance de lecture d'image, réflexions sur la démarche inductive que préconisent les parcours orthographiques, indications sur la manière de lier tel ou tel point de grammaire de texte aux activités de lecture et d'expression, prolongements, conseils pour animer la classe, etc. Chaque chapitre corrigé comporte, en outre, des **références bibliographiques** à destination de l'élève et du professeur.

L'essentiel de cette première partie réside sans doute dans la double page de présentation de chaque chapitre : les auteurs ont en effet tenu à dégager, en termes simples et sans surcharge notionnelle, les **objectifs généraux et méthodologiques** qui sous-tendent chacune des séquences proposées. Un **tableau synoptique** fait alors apparaître la progression interne de la séquence et l'indispensable articulation des activités de lecture, de langue et d'expression qui en assure le fonctionnement.

• Les fiches élèves

Soixante-douze pages de ce Fichier du professeur sont par ailleurs consacrées aux **fiches de travail, photocopiables,** que nous destinons à l'élève. À chacun des douze chapitres correspondent, en effet, trois fiches (recto-verso) permettant de mener des activités de lecture, de langue, d'expression ou de méthode. Une attention particulière a été portée à la délicate question de l'**étude d'œuvres intégrales** puisque plusieurs fiches, conçues sous la forme de *tests de lecture,* impliquent la découverte d'ouvrages pour la jeunesse recommandés par les documents d'*Accompagnement des nouveaux programmes de Sixième.* Sans doute faciliteront-elles le développement de la lecture cursive.

Toutes ces fiches sont l'objet d'une présentation didactique et de corrigés détaillés dans la première partie de l'ouvrage.

Les auteurs.

Le nouveau programme de Français sixième

(arrêté ministériel du 22 novembre 1995)

LE FRANÇAIS AU COLLÈGE

Les programmes précédents s'ordonnaient selon trois axes majeurs : la maîtrise de la langue, la formation d'une culture, l'acquisition de méthodes. Ces enjeux restent présents dans les nouveaux programmes, mais ils y sont inclus dans un objet plus précis et concret : la maîtrise des discours. On entend, par discours, toute mise en pratique du langage dans un acte de communication à l'écrit ou à l'oral.

Cette notion de discours permet d'associer les divers aspects des apprentissages et les divers contenus : elle lie les travaux qui portent sur la langue et ceux qui portent sur les textes, les pratiques de lecture et celles d'écriture. Elle permet ainsi de structurer les progressions.

La progression d'ensemble pour les quatre années du collège est indiquée. Il s'agit d'éviter, d'un niveau de classe à l'autre, les répétitions inutiles ou les anticipations inadéquates. Mais comme l'enseignement du français ne peut ni s'organiser selon un ordre chronologique ou logique strict ni se définir selon une délimitation rigoureuse de ses contenus, le professeur a la liberté, chaque année, de concevoir une progression pédagogique à partir de ce cadre d'ensemble. Dans cet esprit, certaines connaissances ou certains types de compétences doivent être nécessairement acquis ; dans d'autres cas, il appartient aux enseignants de faire les choix les plus adaptés à l'intérieur de rubriques imposées ; d'autres enfin seront déterminés par chaque professeur selon les situations et les projets pédagogiques, sans pour autant alourdir les contenus des programmes.

Les pratiques effectives des élèves à l'oral et à l'écrit occupent une place centrale dans les activités aussi bien de production que de réception.

Les objectifs de formation du jugement et d'éveil de la sensibilité esthétique sont pris en compte de manière équilibrée.

I. FINALITÉS ET OBJECTIFS

A. L'enseignement du français au collège a pour finalités de permettre à chacun de former sa personnalité et de devenir un citoyen conscient, autonome et responsable.

Le collège est aujourd'hui le niveau de formation le plus élevé commun à tous les élèves. Au-delà du collège, les itinéraires se diversifient ; les élèves sont déjà des participants de la vie sociale ; ils doivent donc avoir acquis un ensemble de connaissances fondamentales communes pour structurer leur jugement, savoir s'exprimer et enrichir leur imaginaire.

B. Dans cette perspective, l'objectif du collège est de faire accéder l'élève à la maîtrise des formes fondamentales de discours. Les enjeux correspondant sont :
– le rendre capable de comprendre et de s'exprimer clairement, à l'oral et à l'écrit ;
– lui fournir les éléments essentiels d'une culture commune.

II. PROGRESSION ET ORIENTATIONS GÉNÉRALES

A. En première approche, les formes de discours peuvent être réparties selon deux pôles : le pôle narratif et le pôle argumentatif. Les diverses formes de discours sont en général mêlées, mais cette distinction est utile pour les rendre mieux accessibles aux élèves.

La progression d'ensemble au collège sera donc la suivante :
• en sixième : identifier le pôle narratif et le pôle argumentatif ; lire, produire, étudier diverses formes de récits ; s'entraîner à l'expression orale d'un point de vue argumenté ;
• en cinquième-quatrième : pour le pôle narratif, poursuivre l'étude de la narration et développer celle de la description ; pour le pôle argumentatif, aborder l'étude du discours explicatif ;
• en troisième : pour le pôle argumentatif, étudier les principales formes d'argumentation ; pour le pôle narratif, enrichir la pratique des formes du récit.

Concernant les programmes de lecture, la progression se fera, pour une part, en liaison avec les programmes d'histoire.

B. Au collège, l'étude de la langue n'est pas une fin en soi, mais elle est subordonnée à l'objectif de la maîtrise des discours. Elle se fonde donc sur la prise en compte des situations de communication. Dans la pratique, elle est liée à la lecture, à l'écriture et à l'expression orale. Ainsi, les temps spécifiques qui lui sont consacrés seront intégrés à la progression la mieux adaptée aux besoins et capacités des élèves dans ces domaines.

C. L'enseignement du français entretient des relations dans plusieurs domaines avec d'autres disciplines.

• La grammaire

En français, comme en langues anciennes et modernes, le souci est de lier la grammaire à une pratique effective des textes écrits et oraux. Chaque fois que l'occasion se présente, on procède à des rapprochements entre la grammaire du français et celle des autres langues étudiées, anciennes ou modernes.

• L'image

Elle est étudiée par plusieurs disciplines à la fois : son approche artistique est inscrite dans les enjeux des enseignements d'arts plastiques. L'image porte sens ; en français, le travail vise à appréhender le lien entre image et texte.

• Les technologies nouvelles

En liaison avec l'enseignement technologique et le CDI, une initiation au traitement de texte et à la consultation de bases de données est recommandée.

• Les référents culturels fondamentaux

Leur étude est aussi liée à celle de l'histoire ; les textes fondateurs qui ouvrent à l'héritage du passé ont été définis en relation avec les programmes d'histoire pour les différents cycles du collège.

• L'éducation civique

Par la lecture des textes, le français contribue à une réflexion sur le monde des valeurs ; par la maîtrise des discours, il donne la capacité de formuler ses opinions, de prendre en compte l'interlocuteur, il amène au respect d'autrui. Il participe ainsi à la tâche générale d'éducation du citoyen.

III. CONNAISSANCES ET COMPÉTENCES

Les connaissances à acquérir ne peuvent être dissociées des compétences qui en permettent la mise en œuvre. Tout en acquérant des connaissances historiques et théoriques, les élèves auront à les mettre en pratique dans leurs propres énoncés. Il est donc essentiel, à chaque niveau de classe, de distinguer ce que l'élève peut reconnaître et comprendre (connaissance passive) et ce qu'il maîtrise, c'est-à-dire ce qu'il a assimilé et est capable de produire (compétence active). Ainsi, en classe de sixième, il suffit que l'élève sache identifier et comprendre globalement un discours argumentatif simple ; en revanche, il doit non seulement identifier et comprendre, mais maîtriser, à l'écrit et à l'oral, les mécanismes essentiels de la narration ; en classe de troisième, il s'agit d'atteindre essentiellement ce même objectif pour l'argumentation.

Tout au long des années de collège, l'élève doit acquérir de plus en plus d'aisance dans l'acte de lecture, dans l'acte d'écriture et dans la prise de parole. Il enrichira progressivement sa connaissance des divers types de discours à partir essentiellement des pratiques de lecture, d'écriture, de jeu théâtral et poétique.

Pour qu'il parvienne à cette maîtrise active, il faut le mettre en situation de :

- construire un énoncé oral ;
- lire des textes complets (même très courts), progressivement plus complexes ;
- rédiger lui-même des textes organisés ; une place de plein droit est accordée à des écrits de création personnelle.

IV. CAS DU FRANÇAIS LANGUE SECONDE

L'objectif général est l'intégration des élèves étrangers dans le système éducatif français.

Les élèves de langue maternelle étrangère nouvellement arrivés en France et n'ayant jamais été scolarisés reçoivent un enseignement adapté à leurs besoins dans des structures spécifiques.

Les élèves nouvellement arrivés en France et scolarisés antérieurement dans une langue autre que le français reçoivent un enseignement du français qui s'ajoute aux enseignements dispensés dans les classes où l'élève est inscrit après évaluation de ses acquis scolaires. Ces cours regroupent les élèves concernés selon leur niveau de connaissance de la langue française.

Contenus et méthodes s'inspirent des didactiques du français langue maternelle et du français langue étrangère.

N. B. Les questions relatives à l'organisation de séquences pédagogiques, à l'évaluation, aux actions de consolidation seront traitées dans des documents d'accompagnement. Un glossaire terminologique et des suggestions de listes d'œuvres y figureront également.

PROGRAMME DE LA CLASSE DE SIXIÈME

OBJECTIFS GÉNÉRAUX

Dans le cadre des finalités du collège et de la progression définie ci-dessus, en classe de sixième l'étude du récit est privilégiée, et les élèves sont initiés à l'argumentation.

Une place importante est donnée à la réception (lire et écouter) et la production (dire et écrire) de textes narratifs. Une place est également donnée à la lecture, à l'identification de textes argumentatifs et à la présentation orale d'un point de vue.

L'éveil à la sensibilité esthétique et au goût de lire, d'écrire, de raconter oralement est un but majeur de ces activités.

I. Lecture

A. Objectifs

- Développer le goût de la lecture
- Lire des textes de toutes sortes
- Comprendre la cohérence propre au récit
- S'approprier des éléments clefs d'une culture commune : les origines gréco-latine et judéo-chrétienne de notre civilisation.

B. Pratiques de lecture

À l'entrée en sixième, les élèves devraient avoir atteint la compréhension immédiate des mots et des phrases (saisie du thème et du propos global d'un texte), et être entrés dans la compréhension logique (saisie des relations qui structurent un texte[1]).

1. Voir programmes pour l'École (cycle des approfondissements).

Le but de la classe de sixième en ce domaine est que l'élève maîtrise la compréhension logique et reconnaisse la présence de l'implicite.

Des activités de consolidation sont mises en place pour les élèves qui n'ont pas atteint la compréhension immédiate.

■ 1. Compétences et applications

Compétences	Applications
Lire de manière cursive	La lecture cursive est la forme usuelle de la lecture personnelle. Elle porte sur des textes diversifiés, littéraires ou non, et elle est toujours prise en compte dans une activité collective en classe.
Étudier les textes complets	• Lecture d'œuvres complètes. Elle n'excède pas quatre à six semaines sur une même œuvre. • Lecture détaillée d'un texte bref ou d'un extrait, en une séance.

Ces formes de lecture sont pratiquées dans l'année, de façon équilibrée, avec le constant souci, pour les textes littéraires, de prendre en compte la dimension esthétique. La lecture est mise en relation (comme support ou comme aboutissement) avec les exercices de production orale ou écrite et avec les travaux visant à la maîtrise de la langue. On adapte les stratégies de lecture au genre du texte et au projet de lecture.

L'étude des textes narratifs permet d'introduire des notions complémentaires : auteur, narrateur, personnage, structure fondamentale de l'écrit.

■ 2. Textes à lire

a. Textes issus de l'héritage antique

La Bible ; Homère, *L'Odyssée* ; Virgile, *L'Enéide* ; Ovide, les *Métamorphoses*.

En liaison avec le programme d'histoire, la lecture de chacune de ces œuvres se fait à travers des extraits ; bien entendu, ces extraits seront mis en relation avec l'ensemble de l'œuvre. Le travail peut se faire à partir de versions adaptées.

b. Approche des genres

• Un conte ou un récit merveilleux : au moins une lecture dans l'année, choisie dans la littérature française ou étrangère.

• Des textes poétiques, dont plusieurs fables de La Fontaine. Il est recommandé que chaque élève se constitue au fil des années une anthologie personnelle illustrée ou continue celle commencée à l'école élémentaire.

• Quelques extraits de théâtre et éventuellement une courte pièce du domaine français. Le travail s'appuie si possible sur le jeu dramatique des élèves. L'étude plus approfondie du dialogue et du genre théâtral sera réservée aux années ultérieures.

c. La littérature pour la jeunesse

Dans ce domaine, au moins une lecture au cours de l'année. Les documents d'accompagnement présentent, à titre indicatif, des listes d'œuvres de qualité.

d. Lecture documentaire

L'élève doit acquérir la pratique courante des ouvrages documentaires, des manuels et des dictionnaires : le repérage par ordre alphabétique et par table des matières doit être maîtrisé en fin de sixième. Dans toute la mesure du possible, cette pratique sera développée en collaboration avec les documentalistes.

e. Texte et image

Les élèves observent la relation entre l'image et le texte dans au moins un texte associé à des images fixes (texte illustré, photographie et texte, bande dessinée) et un texte associé à des images mobiles (audiovisuel). L'étude de documents iconographiques, des visites de monuments ou de musées accompagnent la lecture de textes pour l'approche de grands mythes de l'Antiquité.

II. Écriture

A. Objectifs

• Développer le plaisir d'écrire ;

• Développer la capacité de s'exprimer et de communiquer par écrit, assimiler l'idée qu'un texte est notamment écrit en fonction d'un ou de plusieurs destinataires ;

• Être apte à produire un texte complet cohérent ;

• Maîtriser la narration et s'initier à la description.

B. Pratiques d'écriture

À l'entrée en sixième, les élèves devraient maîtriser la production de phrases, l'articulation des idées, l'organisation des paragraphes. Des activités de consolidation seront mises en place pour les élèves qui n'ont pas atteint ces seuils ainsi que pour ceux qui ne maîtrisent pas l'orthographe élémentaire. Le but de la classe de sixième est que les élèves soient capables de produire un texte narratif cohérent d'une page environ.

■ 1. Compétences et applications

Compétences	Applications
Nommer et classer des documents	• Mise en ordre de documents personnels (tenue du classeur).
Assurer la lisibilité d'un texte	•Mise en page d'un texte (paragraphe, alinéa) ; graphie claire et régulière ; maîtrise des différences de codes (lettres, chiffres, ponctuation), orthographe.
Composer un texte Combiner narration et description	• Production d'un récit qui suive l'ordre chronologique. • Insertion dans une narration de courtes notations descriptives.

Les exercices d'écriture doivent être fréquents et réguliers. Ils sont mis en œuvre dès le début de l'année. L'utilisation du traitement de texte peut apporter une aide précieuse. L'étude de la langue s'appuie notamment sur les productions des élèves.

■ 2. Textes à écrire

a. Pour soi

• Rédaction de ce que l'on retient (d'un texte, d'un document, d'un ensemble, avec leurs références).

• Mise au point d'une liste, d'un tableau.

• Écriture et réécriture d'un brouillon.

• Reformulation écrite d'un court énoncé (produit par l'élève lui-même, entendu par lui).

b. Pour autrui (personne désignée, groupe connu, ensemble non individualisable)

• Récit à partir d'un support concret (image, objet, document sonore…).

• Récit à partir d'un mythe ou d'un héros.

• Récit rendant compte d'une expérience personnelle.

• Lettre narrative.

• Textes d'imitation (récits, lettre, article de presse…).

Au cours de l'année, les élèves pratiquent toutes ces formes d'écrits dans des situations diversifiées.

III. Oral : écouter, parler

A. Objectifs

Autant que l'écrit, l'oral est essentiel pour la maîtrise pratique des discours. De même que les élèves de sixième doivent écrire régulièrement, de même ils doivent prendre la parole fréquemment, même brièvement. Il est important que chacun puisse parler de façon personnelle et organisée. Dans la classe, la parole doit circuler et chaque élève doit apprendre à écouter l'autre avant d'intervenir.

L'oral visera donc les objectifs suivants :

• Écouter, notamment prendre en compte la parole d'autrui ; communiquer dans le cadre d'un échange.

• S'exprimer de façon ordonnée.

• Restituer une expérience (lecture, film, visite...).

B. Pratiques de l'oral

Pendant le cycle des approfondissements de l'école élémentaire, les élèves se sont exercés à des travaux d'expression orale visant à améliorer l'organisation, cohérence et clarté du propos[2]. Ces acquisitions seront consolidées, s'il est nécessaire.

Le but de la classe de sixième en ce domaine est que les élèves soient capables de prendre en compte l'interlocuteur et d'être eux-mêmes, quand ils prennent la parole, audibles et compréhensibles.

■ 1. Compétences et applications

Compétences	Applications
Écouter	• Respect des interventions d'autrui, prise de la parole à bon escient. • Compte rendu oral d'un énoncé oral.
Interroger et répondre	• Formulation d'une question sous forme de phrase complète. • Formulation d'une réponse sous forme de phrase complète.
Présenter	• Lecture d'un texte à haute voix. • Présentation d'un document, d'un point de vue. • Description orale.
Raconter	• Compte rendu oral. Restituer un texte. • Diction de courts textes mémorisés.

■ 2.Textes à écouter, à dire

Chaque élève doit être entraîné, au cours de l'année, aux activités orales suivantes :
– la récitation de textes ayant fait l'objet d'une étude : textes en prose, extraits de théâtre, poèmes... ;
– la narration : elle peut rendre compte d'une visite, d'un film, d'un document sonore ;
– la description : elle peut porter sur un objet, un document, un monument.

D'autres activités peuvent être pratiquées : présentation et justification d'un point de vue, courts échanges de questions et de réponses.

LES OUTILS DE LA LANGUE POUR LA LECTURE, L'ÉCRITURE ET LA PRATIQUE DE L'ORAL

A. Objectifs

Dans le cadre de la progression d'ensemble indiquée dans le texte liminaire, l'étude de la langue, toujours associée à la lecture, l'écriture et l'expression orale, est principalement liée, en sixième, à la pratique du récit. L'objectif est de faire maîtriser les outils lexicaux et grammaticaux nécessaires à la narration et à la description, et de permettre le simple repérage de l'argumentation.

Les notions sont présentées ici sous forme de catalogue : la progression didactique est de la responsabilité du professeur.

B. Contenus

■ Le discours

• La mise en œuvre de situations de communication diverses et significatives permet de faire apparaître des notions de base : le message, l'émetteur, le récepteur, les divers registres de langue, les mots qui renvoient à la situation de communication.

2. Voir programmes pour l'École.

• L'organisation et la cohérence du discours.
• Trois formes du discours à identifier : narratif, descriptif, argumentatif.
• Les valeurs des temps verbaux dans les discours narratif et descriptif, principalement celles du présent, de l'imparfait, du passé composé, du passé simple.
• Les substituts du nom (reprises nominales et pronominales).
• La ponctuation : segmentation du texte en phrases, de la phrase en propositions.
• La phrase : verbale et non verbale.
• Les types de phrase (déclaratif, impératif, interrogatif, exclamatif).
• Les formes de phrases (affirmative, négative, emphatique).
• La proposition (indépendante, principale, subordonnée).

■ La morphosyntaxe

• Les classes de mots : le nom, le verbe, l'adjectif, les principaux déterminants.
• Les fonctions :
– par rapport au nom : épithète, complément du nom, apposition ;
– par rapport au verbe : sujet et attribut du sujet, les compléments d'objet (direct, indirect ; premier, second), complément circonstanciel (maîtrise des compléments circonstanciels de lieu, de temps et de cause).
• Les conjugaisons à l'indicatif (présent, futur, imparfait, passé simple, passé composé, plus-que-parfait) et aux présents de l'impératif, du conditionnel et du subjonctif :
– des verbes *être* et *avoir,*
– des verbes du 1er et du 2e groupe,
– des verbes du 3e groupe d'emploi fréquent (*aller, devoir, dire, faire, falloir, prendre, savoir, valoir, venir, voir, vouloir*).

■ Le lexique

• Enrichissement du vocabulaire : en particulier du temps, de l'espace, des sensations.
• Étude du mot : sens général et sens contextuel : synonymes, doublets, antonymes ; composition des mots (préfixe, radical, suffixe) ; étymologie (racines grecques et latines appartenant notamment aux champs lexicaux du temps et du lieu, locutions empruntées au latin).

■ L'orthographe

• Accords dans la proposition : sujet-verbe, sujet-attribut.
• Accords dans le groupe nominal.
• Accords avec l'auxiliaire *être* ; accords avec l'auxiliaire *avoir* (compétence en cours d'acquisition).
• Morphologie du verbe (temps appris en conjugaison).
• Orthographe lexicale : les mots appartenant aux vocabulaires étudiés (en se fondant sur les étymologies éclairantes).
• Homophones lexicaux et grammaticaux les plus fréquents.

CORRIGÉS

I. Les textes

Chapitre 1

De l'école au collège
Découvrir les textes littéraires

LES OBJECTIFS DU CHAPITRE

Objectifs généraux

• Sur le plan strictement thématique, ce premier chapitre, consacré au thème de l'école, aborde des questions qui préoccupent nécessairement l'élève qui fait son entrée en sixième. L'humour qui émane de la plupart des textes retenus lui permettra de relativiser, ou d'exorciser, ses appréhensions. Il a donc pour finalité de **faciliter l'accession au collège** de l'élève, en lui faisant découvrir des situations singulières et cocasses.

• Sur le plan pédagogique, ce chapitre d'ouverture peut permettre à l'enseignant d'intégrer, à la première séquence de son projet, certaines des données qui le préoccupent en début d'année : découverte de l'établissement ; présentation de la vie au collège ; lecture commentée du règlement intérieur ; évaluation des savoirs antérieurs ; mise en route des premières activités.

• L'essentiel de ce chapitre réside cependant dans sa visée didactique, le corpus qui le constitue devant permettre une première approche des textes littéraires. Trois étapes président à son organisation :
– la première présente à l'élève l'**école des poètes**, à partir de textes poétiques de Claude Roy, Jacques Prévert et Robert Desnos (voir ci-après, Fiche élève n° 3, p. 217) ;
– la deuxième, consacrée aux **textes narratifs**, donne à lire quatre récits présentant des modalités d'écriture différentes : le récit autobiographique (Marcel Pagnol), la narration à la 3e personne (Alain Gerber), le journal intime (J.-Ph. Arrou-Vignod) et la lettre (J.-M. G. Le Clézio) ;
– la troisième est constituée d'une **saynète** que nous empruntons au *théâtre de chambre* de Jean Tardieu.

Ce chapitre n'est pas un simple montage de documents offrant une même perspective thématique, mais un groupement de textes dont la cohérence et la cohésion supposent une structuration des apprentissages. D'une étape à l'autre, d'un texte à l'autre, une progression se dessine. Il est donc recommandé de suivre, autant que faire se peut, la trame de ce parcours inaugural.

Objectifs méthodologiques

• **Lecture** : l'objectif visé est à la fois la compréhension des textes et la mise en œuvre d'un questionnement qui nous semble essentiel en début d'année : qui a écrit le texte ? Qui raconte l'histoire ? Quels en sont les divers protagonistes ? Où et quand les faits se déroulent-ils ? Dans quel contexte l'émetteur s'exprime-t-il ? etc.

L'accent sera donc mis, sans véritable surcharge notionnelle, sur trois points qui détermineront en partie la progression du manuel : la **dimension discursive des textes**, l'analyse de la **situation d'énonciation** et les **principes narratologiques** les plus élémentaires. Une première fiche « Repères » fera le point sur la distinction entre auteur, narrateur et personnage. Une seconde sera consacrée à l'identification typologique des textes.

• **Étude de la langue** : les activités de grammaire, de vocabulaire ou d'orthographe proposées au cours de ce chapitre sont en lien constant avec les pratiques de lecture et d'écriture. L'accent sera mis notamment – en grammaire du discours, du texte et de la phrase – sur le **repérage des indices de personnes, de temps et de lieu** permettant d'identifier une situation d'énonciation. La langue est considérée, ainsi que le suggèrent les *Documents d'accompagnement de la classe de sixième*, « comme un outil que l'élève doit apprendre à utiliser dans des situations diverses ».

• **Écriture** : conformément aux programmes, l'expression écrite porte essentiellement sur le texte narratif, le but étant que les élèves parviennent à produire un récit cohérent. Pour ce faire, les activités d'écriture obéissent elles aussi à une progression. Elles vont du simple exercice de reformulation (passer de la 3e à la 1re personne) à la prise en compte d'une distinction qui structure fortement les apprentissages en classe de sixième : l'on peut **écrire *pour soi* ou *pour autrui*.** De ce constat, constamment affirmé dans les programmes, dépend le choix de deux formes discursives : **le journal intime et la lettre**.

• **L'image** : elle joue un rôle majeur dans le chapitre, par le concours qu'elle apporte aux activités de lecture et d'écriture. Certains documents iconographiques favoriseront la **compréhension des textes** ; d'autres seront l'occasion de faire vivre des temps d'**écriture créatrice.**

Sans être l'objet d'un commentaire systématique dans les corrigés que nous proposons, les reproductions qui accompagnent les textes de ce chapitre peuvent servir de support à bien des **pratiques orales** : description, lecture d'image, évocation de ce qu'elles dénotent ou connotent, établissement de liens avec les textes. La pratique de l'oral se trouve ainsi motivée par un support visuel et un contexte énonciatif.

Les documents d'ouverture et de clôture du chapitre, particulièrement riches, seront également l'objet d'une analyse picturale spécifique.

TABLEAU SYNOPTIQUE

SUPPORT	LECTURE	LANGUE	EXPRESSION
• Stéphane Poulin, *Je suis un rêveur*	• Lecture de l'image : cadre et indices de temps, personnages, rapports titre/image		• Écriture créatrice à partir de l'image
DÉCOUVRIR LES TEXTES POÉTIQUES			
• Claude Roy, « L'enfant qui battait la campagne »	• Personnages et cadre, champs lexicaux, polysémie et jeux de mots	• Orthographe : homophones • Conjugaison : présent et futur de l'indicatif • Vocabulaire : polysémie	
• Claude Roy, collage illustrant le poème	• Lecture de l'image : type d'image, liens avec le texte		• Consacrer un poème au thème de la nature ou de l'enfance
• Jacques Prévert, « Le cancre »	• Lecture cursive		
• Robert Desnos, « Par un point situé sur un plan » (fiche élève 3)		• Vocabulaire : champs lexicaux et champs sémantiques	
DÉCOUVRIR LES TEXTES NARRATIFS			
• Marcel Pagnol, *Le Temps des Secrets* (1)	• Approche de l'autobiographie ; contexte et protagonistes	• Vocabulaire : polysémie • Grammaire : verbes transitifs directs et indirects	
• Marcel Pagnol, *Le Temps des Secrets* (2)	• Lecture cursive ; exploitation en éducation civique : découverte du collège, règles de conduite		
• Alain Gerber, *Le Faubourg des Coups-de Trique*	• Narration à la 3e personne ; cadre de l'action ; humour	• Grammaire : termes de reprise et classes de mots	• Récrire un passage à la 3e personne
• Susie Morgenstern *La Sixième* (fiche élève 1)	• Lecture cursive		
• Jean-Philippe Arrou-Vignod, *Le Collège fantôme*	• Journal intime ; indices de temps et de lieu ; cadre de l'action	• Grammaire : phrases verbales et non verbales ; indices de temps et de lieu, classes de mots	• Journal intime : écrire une page de journal à partir d'une situation d'énonciation donnée.
• J.-M.G. Le Clézio, *Lullaby*	• La lettre : insertion d'une lettre dans un texte narratif, indices de personnes	• Grammaire : situation de communication ; indices de personnes ; classes de mots	• Lettre : écrire une lettre à partir d'une situation d'énonciation donnée
REPÈRES : AUTEUR, NARRATEUR ET PERSONNAGES			
DÉCOUVRIR LES TEXTES DE THÉÂTRE			
• Jean Tardieu, *Ce que parler veut dire*	• Une scène de théâtre : sujet, personnages, lieu, comique de langage	• Vocabulaire : champ sémantique • Grammaire : registres de langue	• Expression orale : mise en scène de la saynète
REPÈRES : RÉCIT, POÉSIE ET THÉÂTRE			
• Extrait d'un journal intime			• Transformation d'une lettre en journal intime
• Extrait d'une lettre			• Transformation d'un journal intime en lettre
• Paul Klee, *Un tour de magie*	• Lecture de l'image		• Écriture créatrice à partir de l'image

ANALYSE DE L'IMAGE

Stéphane Poulin, « Je suis un rêveur »

(livre de l'élève, p. 11)

Ce tableau de Stéphane Poulin peut servir d'ouverture à la première séquence. En début d'année, l'objectif sera moins d'initier les élèves à la lecture d'image que de les **sensibiliser, par l'image, au parcours thématique et réflexif** que propose le chapitre.

1. Ce tableau nous fait entrer à la fois dans le monde de l'école et dans celui de l'enfance.

2. La scène représentée se déroule dans une salle de classe à la fin d'une journée de cours, ainsi que le suggèrent divers éléments de décor : absence des élèves, présence d'un maître corrigeant les cahiers, horloge situant les faits en fin d'après-midi (17h 50).

Les pupitres en bois, les encriers, l'armoire, le parquet ou le crucifix qui domine le vaste tableau noir constituent aussi, à leur manière, des indices de temps permettant de situer la scène dans une époque révolue.

3. Deux personnages, fortement antithétiques, occupent cet espace :

– le maître, placé au centre géométrique du tableau, attitude réfléchie, visage austère, corps tourné vers la classe vide ;

– l'élève, situé dans la partie supérieure droite, tourne le dos à la classe et écrit au tableau.

4. Cette œuvre s'intitule « Je suis un rêveur ».

a. Les liens qui unissent le titre à l'image sont explicites puisque cette phrase est celle que l'enfant écrit de multiples fois au tableau. Cet aveu contraste fortement avec la concentration dont le maître fait preuve et le réalisme pictural par lequel s'illustre Stéphane Poulin.

b. La manière dont l'enfant est représenté participe de ce contraste. Suspendu dans les airs tel un angelot, ce dernier *plane* (au sens propre comme au sens figuré) au-dessus des contingences matérielles qui donnent à cette salle de classe toute l'apparence des réalités ordinaires. L'attitude de l'enfant est d'autant plus exceptionnelle qu'elle passe inaperçue aux yeux du maître que rien ne semble perturber. L'élève est ce que l'on pourrait nommer, pour reprendre un mot-valise de Claude Roy, un *écrirêveur*.

c. La phrase rédigée au tableau se charge d'une signification particulière dans le contexte d'une salle de classe. Elle est à la fois négation de l'austérité magistrale et appel à la rêverie poétique. On ne saurait donc s'étonner que le jeune scripteur n'ait pas *les pieds sur terre*.

TEXTE D'ÉTUDE

Claude Roy, « L'Enfant qui battait la campagne »

(livre de l'élève, p. 12)

LECTURE

Le milieu scolaire

1. Ce poème met en scène deux personnages – le maître autoritaire et l'enfant rêveur – ainsi que le suggère l'emploi de pronoms personnels désignant un locuteur et son interlocuteur : « *Vous me* copierez » ; « *Je* n'écouterai pas » ; « *Je* ne battrai pas » (v. 1 ; v. 13-14).

2. La scène se déroule à l'école pendant une heure de cours. On remarquera néanmoins qu'aucun terme ne désigne ou ne caractérise le lieu dans lequel évoluent les personnages. Seuls le verbe *copier* (v. 1) et le substantif *leçon* (v. 13), encadrant le texte, désignent le milieu scolaire.

3. L'enfant ne se plaît pas à l'école, présentée comme le lieu des contraintes, des sanctions et des exercices répétitifs (« Vous me copierez deux cents fois le verbe… », v. 1).

Les allusions à la rêverie (« je baye aux corneilles », v. 7) et au désir d'évasion de l'enfant (« je cours la campagne », v. 8) placent également le milieu scolaire sous le signe de l'enfermement et de l'ennui.

La nature

1. L'enfant trouve la liberté dont il a besoin au sein de la nature, présentée dans le texte comme l'antithèse de l'école.

2. La nature est l'objet d'une évocation beaucoup plus précise que le milieu scolaire. En témoignent la répétition du terme *campagne* (10 occurrences !) et l'emploi d'un champ lexical faisant référence aux trois grands règnes de la nature :
- Règne végétal : évocation de l'« iris » et de l'« herbe » (v. 10-11).
- Règne animal : allusion aux oiseaux, symboles d'évasion : bayer aux « corneilles » (v. 7) ; casser un « nid » et ses « œufs » (v. 10).
- Règne minéral : emploi du terme « cristal » (v. 12) dans une métaphore désignant la surface miroitante de l'eau.

3. La nature est à la fois lieu d'évasion et de réconfort pour l'enfant. Certains éléments du texte lui confèrent une identité quasi humaine. C'est le cas de l'expression emphatique « C'est ma seule *amie*, la campagne » (v. 7) ou des termes renvoyant au mythe de la nature mère (évocation du nid et de ses œufs).

Le langage de l'enfant poète

1. Si le langage du maître est placé sous le signe de l'autorité (emploi du futur de l'indicatif à valeur impérative), celui de l'enfant est fait de refus clairement exprimés par l'emploi de phrases négatives (« Je n'écouterai pas la leçon », v. 13). Pour rêveur qu'il soit, cet enfant est aussi un enfant rebelle.

2. Il suffit pour s'en convaincre d'observer la manière dont il joue avec le langage du maître. L'expression *battre la campagne,* initialement employée par l'adulte dans son acception figurée (voir p. 20, **Vocabulaire**) est prise au pied de la lettre par l'enfant, qui refuse de porter atteinte à ce qu'il aime.

3. En jouant sur les différents sens de cette expression, Claude Roy souligne la capacité de l'enfant à remettre en cause le langage du maître. Il nous laisse ainsi entendre qu'imagination et langage poétique ont un réel pouvoir de subversion.

L'enfant que met en scène ce texte peut être perçu comme la figure emblématique du poète : « écrirêveur », il est celui qui fait jouer pleinement les mécanismes du langage sans se soumettre à l'autorité de l'institution que représente le maître. Il est celui qui porte sciemment un regard étonné, presque naïf, sur le langage et le monde qui l'entoure.

ANALYSE DE L'IMAGE

1. Claude Roy recourt à la technique du collage, pratique fréquemment utilisée par les poètes du XXe siècle (*cf.* collages de Jacques Prévert).

2. Ce collage illustre l'opposition des deux personnages du texte : le maître autoritaire à l'imposante stature ; l'enfant rêveur qui semble vouloir s'effacer, disparaître en marge de la page. À l'arrière-plan, la campagne, objet de tous les désaccords.

3. L'expression sur laquelle repose la signification du texte est figurée par la présence des bâtons : canne par laquelle le maître menace ou sanctionne son auditoire ; simple morceau de bois rappelant que l'enfant prend l'expression *battre la campagne* au pied de la lettre.

ÉTUDE DE LA LANGUE

Orthographe

1. L'expression *bayer aux corneilles* signifie « perdre son temps en regardant en l'air niaisement, rêvasser ».

2. Ce second exercice permettra d'amorcer un travail sur les homophones.

• **Bailler :** (du latin *bajulare* qui signifie « porter »). Terme vieilli et peu usité.

1) Donner. « Je te baillerai sur le nez si tu ris davantage » (Molière, *Le Bourgeois gentilhomme*).

2) Mettre à la disposition de quelqu'un. *Bailler un contrat.*

Voir : *bail, bailleur.*

• **Bâiller :** (du latin pop. *batuculare,* dérivé de *batare,* « tenir la bouche ouverte »).

1) Ouvrir la bouche par un mouvement de large inspiration. *Il bâille à s'en décrocher la mâchoire.*

2) Par analogie : être entrouvert, mal fermé. *Une porte, un vêtement qui bâille.*

• **Bayer :** verbe vieilli et peu usité, issu du verbe *béer,* également tiré du latin populaire *batare.*

N'existe guère aujourd'hui que dans l'expression *bayer aux corneilles.*

Conjugaison

1. Le présent

a. Cet exercice extrêmement simple sera l'occasion de rappeler, en début d'année :
– que les formes verbales varient selon la personne ;
– que les désinences diffèrent selon le groupe auquel appartient le verbe.

Je n'écout**e** pas	Je bat**s** la campagne
Tu n'écout**es** pas	Tu bat**s** la campagne
Il n'écout**e** pas	Il ba**t** la campagne
Nous n'écout**ons** pas	Nous batt**ons** la campagne
Vous n'écout**ez** pas	Vous batt**ez** la campagne
Ils n'écout**ent** pas	Ils batt**ent** la campagne

b. Cet exercice permettra de revenir sur la classification en groupes des verbes et d'en comparer les terminaisons.
– Verbes du 1er groupe : « Je n'**écoute** pas » (v. 2) ; « Je **baye** aux corneilles » (v. 8).
– Verbes du 3e groupe : « Je **bats** » (v. 3), « tu **bats,** il **bat** » (v. 4) ; « Je **cours** la campagne » (v. 8) ; « Il ne **faut** jamais battre » (v. 9).

Remarque : Les verbes *avoir* et *être* (v. 7) sont des auxiliaires.

2. Le futur

a. Je ne battr**ai** pas la campagne.
Tu ne battr**as** pas la campagne.
Il ne battr**a** pas la campagne.
Nous ne battr**ons** pas la campagne.
Vous ne battr**ez** pas la campagne.
Ils ne battr**ont** pas la campagne.

b. Cette question peut être l'occasion d'amorcer un travail sur la phrase injonctive et l'expression de l'ordre.

• Dans la phrase « Vous me **copierez** deux cents fois le verbe… », le maître recourt au futur de l'indicatif afin de donner des consignes de travail à l'élève.

• D'autres manières d'exprimer l'ordre ou l'interdiction peuvent être évoquées :
– Emploi de l'impératif : *Copiez-moi deux cents fois le verbe…*
– Emploi du subjonctif : *Qu'il me copie deux cents fois le verbe…*
– Emploi de l'infinitif : *Copier deux cents fois le verbe… ; Ne pas fumer.*
– Emploi d'un verbe de volonté : *Je veux que vous obéissiez.*
– Emploi d'une tournure impersonnelle : *Il est interdit de courir dans les couloirs.*

Vocabulaire

1. À l'origine, l'expression *battre la campagne*, signifiait « marcher dans la nature en frappant les buissons avec un bâton pour faire lever le gibier, explorer, fouiller la nature ». Aujourd'hui, cette expression est prise dans un sens figuré puisqu'elle désigne une sorte de vagabondage mental, de divagation, de rêverie.

Dans le poème de Claude Roy, cette expression est à double entente : l'enfant bat la campagne parce qu'il rêve, qu'il songe, en classe, à son amie la nature. Il prend cependant la consigne du maître au pied de la lettre, refusant de donner des coups de bâton à la campagne qui ne lui a rien fait. Jouant sur la polysémie du terme *battre*, l'élève feint la naïveté pour remettre en cause le langage du maître.

2. Sur ce point, voir ci-après la Fiche élève n° 3, « Champs lexicaux et champs sémantiques » (p. 217).

TEXTE D'ÉTUDE

Marcel Pagnol, « À cause du latin, je redouble la sixième »

(livre de l'élève, p. 15)

LECTURE

L'auteur et les personnages

1. L'auteur de ce texte se nomme Marcel Pagnol. Son nom figure parmi les éléments du paratexte, à la fin de l'extrait et en tête de la courte notice biographique proposée (livre de l'élève, p. 15). D'autres renseignements sur la vie et l'œuvre de l'auteur pourraient être trouvés dans un dictionnaire des noms propres, une encyclopédie, une anthologie des auteurs du XXe siècle ou une biographie.

2. Trois personnages prennent la parole dans ce texte fortement marqué par l'emploi du discours direct : Marcel (l. 10, 18, 21) ; son voisin, redoublant de sixième (l. 3, 11, 13-14) et le surveillant de la récréation (l. 39).

Les autres personnages (Joseph et l'oncle Jules) sont simplement évoqués au cours de la narration.

3. L'histoire est racontée par Marcel, prénom explicitement cité dans le second extrait (p. 17) : « non seulement ils ne m'appelaient pas *Marcel*, mais ils oubliaient parfois mon nom ! ». Ce dernier est donc le **narrateur** du texte.

Les techniques narratives

1. L'auteur, le narrateur et le personnage de ce texte de nature autobiographique ne sont, en réalité, qu'une seule et même personne. On évitera toutefois de confondre l'enfant qui entre en classe de sixième (le jeune Marcel) et l'homme d'âge mûr qui entreprend de raconter son histoire.

2. Le narrateur de ce texte s'exprime à la 1re personne, ainsi que l'atteste l'emploi des pronoms personnels et des adjectifs possessifs : « D'abord, *je* ne compris pas que c'était *mon* voisin qui *me* parlait » (l. 4) ; « *Je me* promis d'exposer *mes* craintes à *mon* cynique voisin » (l. 33).

L'histoire est narrée au passé (« je réfléchissais », l. 1 ; « Nous le suivîmes », l. 40), l'autobiographe se penchant sur une époque révolue de son existence.

La situation racontée

1. L'histoire se déroule au collège (alors nommé « Lycée »), dans une salle d'étude, le jour de l'entrée en sixième de Marcel. Nous apprenons d'abord que Marcel, qui vient « de l'école du chemin des Chartreux » (l. 12), est inscrit en classe de sixième A2 (l. 10). Les dernières lignes du texte signalent enfin que les enfants se trouvent en étude (l. 36), avant de rejoindre « l'externat » (l. 42) où auront lieu les premiers cours.

2. Bien des indices prouvent que Marcel est nouveau dans l'établissement : l'enfant n'est pas issu du « Petit Lycée » comme son camarade, mais de l'école du chemin des Chartreux que dirige son père Joseph (l. 12). Les malentendus que suscitent les verbes *redoubler* et *copier* (voir, ci-après, **Vocabulaire**) révèlent également la naïveté d'un enfant qui n'a pas encore été initié au vocabulaire des collégiens.

3. Marcel et son voisin de classe sont à cet égard bien différents. L'un se montre sérieux, attentif et travailleur ; l'autre fait figure de cancre, exprimant avec fierté son expérience de redoublant et de copieur. À la prudence de Marcel, qui entend respecter les règles de conduite qu'impose la vie scolaire (l. 27 à 32), s'oppose l'audace cabotine de son « cynique voisin » (l. 33).

ÉTUDE DE LA LANGUE

Vocabulaire

Ces exercices seront l'occasion d'aborder, d'une manière extrêmement simple, l'étude des champs sémantiques et de la polysémie.

1. Les deux mots du texte qui suscitent un malentendu entre Marcel et son camarade sont les verbes *redoubler* (l. 13 à 16) et *copier* (l. 20 à 29).

2. L'un et l'autre sont polysémiques.

- Pour Marcel, *redoubler* signifie « intensifier ses efforts » (redoubler d'efforts) ; son camarade explique, quant à lui, qu'il recommence son année de sixième (redoubler une classe).
- Le mauvais élève affirme son intention de tricher en *copiant sur son voisin*, alors que Marcel se demande ce qu'il devra écrire, *copier* ou recopier.

Grammaire

1. Dans le texte de Pagnol, ces verbes possèdent chacun deux significations différentes parce qu'ils acceptent sur le plan grammatical des constructions différentes.

En témoigne le tableau suivant :

Verbe + COD : transitif direct	Verbe + COI : transitif indirect
« À cause du latin, je redouble la sixième » (l. 13-14)	« Je crus qu'il voulait dire qu'il avait l'intention de redoubler d'efforts » (l. 15-16)
« Copier quoi ? » (l. 21)	« Moi, je suis complètement nul. Tu me feras copier sur toi. » (l. 19-20)*

* Remarque : on peut admettre en début d'année de 6e que l'on analyse ainsi, pour simplifier, cette construction grammaticale.
On remarquera toutefois que, pris dans cette acception, le verbe *copier* est intransitif puisqu'il peut être employé de manière absolue : *Il copie (sur son voisin) → Il copie.*

2. D'autres verbes peuvent admettre un COD ou un COI. Leur signification dépend alors de la construction grammaticale.

• *Tirer :*
– Six forts chevaux tiraient une lourde charge (verbe transitif direct).
– Les assiégés tiraient à l'arc sur les troupes ennemies (verbe transitif indirect).

• *Compter :*
– Le cyclope compta ses moutons un à un (v. tr. dir.).
– Ce jour-là, Ulysse compta sur lui-même plus que sur les dieux (v. tr. ind.).

• *Repasser :*
– Pénélope repassait les vêtements déchirés de son héros avec une détermination qui faisait plaisir à voir ! (v. tr. dir.)
– Le client repassa à la caisse une seconde fois parce qu'il avait oublié un tube de dentifrice. (v. tr. ind.)

ÉDUCATION CIVIQUE

Marcel Pagnol, « Je fus entièrement dépaysé »

(livre de l'élève, p. 17)

L'objectif de ce travail est de faire prendre conscience aux élèves que le collège est une communauté qui possède ses propres acteurs, son organisation, ses règles écrites, « valables pour tous, stables et claires, respectueuses des droits des personnes » (Programme d'Éducation civique de la classe de sixième). L'étude du texte de Marcel Pagnol permettra d'inscrire cette réflexion dans un contexte littéraire et une perspective historique.

LE COLLÈGE D'HIER ET D'AUJOURD'HUI

1. Les élèves éprouveront sans doute un vif plaisir à comparer leur collège à celui de Marcel. Ce travail peut être l'occasion d'effectuer, hors de la classe, une enquête auprès de personnes âgées ayant connu l'école de jadis.

On invitera les élèves à structurer leurs réponses à partir des axes suivants :

a. Réalités matérielles : le narrateur du texte fait allusion à l'austérité architecturale de la « caserne secondaire » dans laquelle il se trouve (l. 4), aux « pupitres » (l. 8), aux « tables de bois dur » (l. 12) et aux « chaires » où sont juchés les professeurs (l. 17).

b. Acteurs du système éducatif : le dernier paragraphe du texte (l. 19 à 24) évoque les professeurs, le maître d'étude, les surveillants que l'on désignait déjà par ce terme peu laudatif : les « pions ».

Les pages qui suivent cet extrait font également allusion au principal du collège et aux « censeurs » qui dirigeaient alors l'internat et l'externat.

c. Organisation de la scolarité : comme nos élèves, Marcel a quitté sa « chère école » primaire (l. 2) pour un établissement où il se sent un peu comme « à l'étranger, chez les autres » (l. 6-7). Comme eux, il ne possède plus sa classe, sa place, sa table, et il est régulièrement obligé de changer de salle. Au lieu d'un maître, il a désormais cinq ou six professeurs qui enseignent aussi dans d'autres classes (l. 13-14).

Le jour de repos des collégiens n'était pas alors le mercredi mais le jeudi (l. 5), journée au cours de laquelle les internes devaient se rendre en étude (l. 23).

2. Cet exercice peut être l'occasion de pratiquer l'oral en demi groupe. Les élèves effectueront un compte rendu succinct de leur entrée en sixième en distinguant clairement ce qu'ils ont vécu et ce qu'ils ont éprouvé.

Ce travail sera évalué (mais non nécessairement noté) à partir des critères suivants :
• Respect du sujet et de la situation d'énonciation (emploi de la 1re personne).
• Organisation interne du compte rendu (circonstances et impressions).
• Qualité de l'expression orale.

LA VIE DANS L'ÉTABLISSEMENT

1. Les lieux

Ce travail sera pertinent s'il s'inscrit, dès les premiers jours de classe, dans le prolongement de la visite d'établissement. Les élèves devront effectuer la liste des multiples lieux qu'ils fréquentent dans le collège, avant d'en réaliser un plan simplifié.

Par le jeu des couleurs ou l'utilisation de symboles, le professeur les invitera à distinguer divers types d'espaces : l'espace de cours et de travail personnel (salles de classe, études, CDI) ; l'espace administratif (bureaux du principal, de l'intendant, du conseiller principal d'éducation ; secrétariat) ; l'espace de loisirs et de pratiques sportives (cour de récréation ; gymnase) ; l'espace de restauration (cantine).

2. Les acteurs

a. Le recensement que propose cet exercice peut être effectué d'une manière ludique. Il suffirait pour cela de proposer deux listes aux élèves, l'une recensant le personnel, l'autre les fonctions de chacun des acteurs de la vie scolaire. Les élèves devront alors préciser le rôle de chacun.

Exemple :

1. Le professeur	a. apporte les premiers soins
2. L'infirmière	b. effectue l'entretien et le ménage
3. L'agent de service	c. assure les cours

→ *Réponses : 1c ; 2a ; 3b.*

b. Par cet exercice, plus difficile que le précédent, les élèves devront effectuer des regroupements et percevoir la finalité de certaines pratiques professionnelles.

- Personne responsable de l'établissement : le principal.
- Personnes responsables du fonctionnement matériel de l'établissement : l'intendant, les agents de service, le cuisinier.
- Personnes assurant l'éducation des élèves : les professeurs, le documentaliste, le conseiller principal d'éducation (CPE), les surveillants (et tout autre adulte susceptible d'intervenir auprès d'un élève).
- Personnes veillant à l'orientation des élèves : le professeur principal, le CPE, le conseiller d'orientation, l'assistante sociale.

3. Les règles de conduite

a. Ce travail peut être l'occasion de lire et de commenter le règlement intérieur du collège. Les élèves pourront classer les règles de conduite à ne pas enfreindre, selon le domaine qui les concerne : comportement envers les professeurs ; attitudes à respecter envers les camarades ; objets à proscrire ; démarches à respecter en cas de retard ou d'absence, etc.

L'objectif n'est nullement d'établir une liste des interdits, mais de montrer, exemples à l'appui, que les règles de conduite garantissent la sécurité, le bien-être et la liberté de chacun. Comme l'adulte, l'élève est une personne qui a des droits et des obligations.

b. Dans cette perspective, on prendra soin de partir de ce que les élèves savent et pratiquent déjà, l'éducation citoyenne ne débutant pas avec les années de collège.

TEXTE D'ÉTUDE

Alain Gerber, « Il y avait une règle à l'école… »

(livre de l'élève, p. 18)

LECTURE

La narration

1. Alain Gerber est l'auteur de ce texte. Son nom apparaît dans le paratexte que constituent la notice biographique (p. 18) et l'indication figurant à la fin de l'extrait (nom de l'auteur, titre, date de première publication, édition).

2. L'histoire ne peut pas être racontée par Théo, le père Mouret ou Sparapan, puisqu'ils sont nommés et désignés à la 3ᵉ personne. Le narrateur est donc un simple témoin de l'histoire.

3. Ce dernier ne participe pas à l'action. Aucun indice ne permet de l'identifier : jamais il n'emploie le pronom personnel sujet *Je* ; jamais il ne révèle son identité. Ce narrateur anonyme est extérieur à l'histoire.

Le cadre de l'action

1. Une observation des indices de personne, de temps et de lieu prouve que les faits se déroulent dans une école primaire, pendant les heures de classe : le père Mouret est instituteur (l. 10) ; les cahiers sont corrigés après l'étude (l. 11) ; Théo sort « de l'école les bras pleins de bleus » (l. 35-36). De multiples éléments du texte laissent également entendre que les faits ne se déroulent pas à l'époque contemporaine. La quatrième de couverture du roman nous apprend que Théo, qui est encore un enfant au moment des faits, n'aura pas plus de 12 ans en 1940.

2. Les liens qui unissent Théo au père Mouret sont placés sous le signe du respect de l'autorité magistrale. L'élève vouvoie le maître dont il accepte sans mot dire la toute-puissance : il expose « stoïquement le bout de ses ongles aux coups de règle » qu'on lui assène (l. 8-9), supporte brimades et noms d'oiseaux (l. 20) parce que le pouvoir de l'instituteur (dans l'école de la IIIᵉ République) ne saurait être remis en cause.

3. L'évocation récurrente des châtiments corporels infligés à Théo (l. 8 à 11 ; l. 14 à 16 ; l. 24 à 37) nous invite à relire le titre du roman. Par ce qu'il dénote, *Le Faubourg des Coups-de-Trique* introduit un champ lexical (et un niveau de langue) qui traverse tout le texte : celui du « tabassage » (l. 29) de l'élève que l'on éduque à coups de règle sur les doigts (l. 9), de « calottes » (l. 34) et de… pinçons !

Les lois de l'école

1. Le texte se présente, en grande partie, comme une énumération des châtiments et des sanctions infligés à l'élève. Le narrateur établit d'abord une liste de punitions progressives, graduées, correspondant aux fautes commises : « Un pâté valait un pinson ; une faute : un coup de règle ; deux fautes : trois coups… », (l. 23 à 26). Il évoque ensuite les multiples manquements aux lois de l'école que le père Mouret s'applique à sanctionner : lectures mal faites, calcul raté, écriture de traviole, dessins carrés-bossus, etc. (l. 27 à 32).

2. Cette « litanie de châtiments » – dont le moindre entraînerait aujourd'hui la mise à pied immédiate de l'enseignant ! – n'est jamais l'objet d'une évocation pathétique. Le narrateur fait au contraire preuve d'une fantaisie et d'un humour perceptibles dans les changements de registres de langue (« litanie de châtiments »/« tabassage des lèche-cul »), le jeu des énumérations (l. 23 à 32 ; l. 35 à 40) ou l'emploi d'une onomatopée enfantine (« Cui-cui-cui, les petits pinsons », l. 17). L'humour réside également dans le fait que les sanctions infligées à Théo ne sont pas strictement proportionnelles aux fautes commises : que quatre fautes vaillent dix coups de règles quand une faute n'en vaut qu'un (l. 24-25) jette le discrédit sur l'équité et la rigueur mathématique du père Mouret.

3. En dépit de ces sanctions, Théo n'est pas malheureux à l'école, ainsi que le suggèrent la gaieté dont le texte est empreint et cet aveu : « Théo était content » (l. 35). Trois explications simples peuvent être avancées :
– la dureté du père Mouret, inhérente aux lois de l'école, lui semble « dans l'ordre des choses » (l. 38) ;
– l'école est un lieu où l'on rit et s'amuse, ainsi que le rappelle l'énumération des sottises effectuées : « tabassage des lèche-cul, lançage des marrons dans les vitres, scribouillage des murs avec des craies volées », etc. (l. 30-31) ;
– la vie de Théo n'est enfin pas réductible à l'école qu'il oublie chaque soir, une fois le portail franchi (l. 39).

L'on pourrait dire ainsi, pour reprendre l'homophonie sur laquelle joue le texte d'Alain Gerber (l. 12 à 20 ; l. 24), que les *pinçons* du père Mouret n'empêchent pas Théo d'être gai… comme un *pinson.*

ÉTUDE DE LA LANGUE

Grammaire

Les exercices proposés permettent une première approche des **termes de reprise,** éléments indispensables à la compréhension des textes et à la rédaction d'énoncés dépourvus de répétitions et d'ambiguïtés.

1. Trois personnages sont explicitement désignés dans le texte : Théo, le père Mouret et Sparapan, camarade de classe apparaissant dans les dernières lignes.

2. Termes de reprises :
• désignant Théo : « le garçon », « lui » (l. 12), « il » (l. 7), « le » (l. 11) ;
• désignant le père Mouret : « l'instituteur », « le brave homme », « lui » (l. 21).

3. Par cet exercice, les élèves seront amenés à distinguer :
– le nom (ou groupe nominal) qui est précédé d'un déterminant : *le garçon, l'instituteur, le brave homme.* (À noter la présence des noms propres *Théo* et le père *Mouret,* termes commençant par une majuscule et désignant un être unique) ;
– le pronom personnel, sujet ou complément, qui sert à remplacer le nom : *lui, il, le.*

Activités complémentaires

D'autres activités de langue peuvent être imaginées autour de ce texte.

• La confusion établie entre les termes *pinson* et *pinçon* permettra de poursuivre le travail entrepris sur les **homophones** à partir du poème de Claude Roy (voir ci-dessus, Orthographe, p. 19).

• Les changements de **registres de langue** permettront de préparer l'étude de la pièce de Jean Tardieu (voir ci-après, Grammaire, p. 28).

EXPRESSION ÉCRITE

1. Corrigé de l'exercice

L'exercice consiste à transposer un extrait du texte d'Alain Gerber à la 1re personne. Les élèves devront tenir compte de la situation d'énonciation qui leur est imposée (Théo devient le narrateur du texte) en adaptant pronoms personnels et désinences verbales.

« Et lorsque l'instituteur, occupé à corriger les cahiers après l'étude, **me** faisait venir à sa droite et **me** demandait : "Voici le printemps : qui est-ce qui revient au printemps ?", **je** répondai**s** bien docilement : "Les pinsons, m'sieur !", décollant le bras du corps pour que le brave homme puisse enfouir les doigts dans **mon** biceps et exercer de cruelles torsions jusqu'à ce que les larmes **me** jaillissent des yeux. »

2. Activité complémentaire

L'exercice inverse peut être également demandé aux élèves qui devront prendre en compte, dans le texte suivant, le passage de la 1re personne du singulier à la 1re personne du pluriel (« j'aime…/nous sommes »).

« C'est papa qui m'a emmené à l'école aujourd'hui, après le déjeuner. Moi, j'aime bien quand papa m'accompagne, parce qu'il me donne souvent des sous pour acheter des choses. Et là, ça n'a pas raté. Nous sommes passés devant le magasin de jouets et, dans la vitrine, j'ai vu des nez en carton qu'on met sur la figure pour faire rire les copains.

"Papa, j'ai dit, achète-moi un nez !" Papa a dit que non, que je n'avais pas besoin de nez… »

Sempé, Goscinny, *Les Récrés du petit Nicolas*, Éditions Gallimard, Folio Junior, édition spéciale (1961).

Corrigé : « C'est **son père** qui **l'**a emmené à l'école aujourd'hui, après le déjeuner. **Lui, il** aime bien quand **son père l'**accompagne, parce qu'il **lui** donne souvent des sous pour acheter des choses. Et là, ça n'a pas raté. **Ils sont** passés devant le magasin de jouets et, dans la vitrine, **il a** vu des nez en carton qu'on met sur la figure pour faire rire les copains.

"Papa, **il a** dit, achète-moi un nez !" **Son père** a dit que non, qu'**il n'avait** pas besoin de nez… »

TEXTE D'ÉTUDE

Jean-Philippe Arrou-Vignod, « Un bien étrange collège »

(livre de l'élève, p. 21)

LECTURE

Les personnages

1. Plusieurs personnages sont nommément désignés dans ce texte narratif. Le premier nom cité est celui du « vieux Larson » qui apporte les repas (l. 7-8). Viennent ensuite les noms de M. Fogelman, le directeur du collège (l. 39), de Sébastien Britt, élève de douze ans aux « résultats scolaires médiocres » (l. 39) et du professeur Timéus (l. 50). Le passage fait également allusion aux parents de Sébastien (l. 16, 48) et aux élèves (« les autres ») qui ne sont pas encore arrivés (l. 28).

2. L'histoire nous est racontée par Sébastien Britt à la 1re personne. En témoignent l'usage du pronom personnel sujet *Je* (« *je* n'ai parlé à personne », l. 6), des adjectifs possessifs (« *mes* repas », l. 8 ; « j'ai espéré une lettre de *mes* parents », l. 16), puis la situation d'interlocution au cours de laquelle M. Fogelman désigne le narrateur par son nom : « J'ai là votre dossier scolaire. Pas très brillant tout ça.... *Sébastien Britt.* » (l. 43-44).

3. Sébastien n'a d'autres moyens d'exprimer sa solitude, son inquiétude et son désarroi que de tenir un journal intime. Le texte que nous étudions est d'ailleurs explicitement présenté comme le journal de bord du jeune collégien qui évoque successivement le cahier qu'il ne sait où cacher (« Je ne sais même pas où je pourrai cacher *ce journal* quand les autres seront là », l. 28) et la pratique de l'écriture (« Rien à *noter* aujourd'hui », l. 30).

Le moment de l'action

1. Ce journal, structuré de manière chronologique, permet aisément de situer l'action dans le temps, chaque fragment de texte étant précédé d'une date (l. 1, 14, 29 et 38). Nous apprenons ainsi que les faits rapportés se déroulent du 3 au 6 septembre. D'autres indices de temps permettent de définir, avec une relative précision, le moment où Sébastien prend la plume. Dans la plupart des cas, le jeune garçon consigne les événements qu'il a vécus, le soir, après une journée de solitude (« Rien à noter aujourd'hui. Nouvelle journée sans voir personne », l. 30).

2. Pour curieuse qu'elle paraisse dans un établissement scolaire, cette solitude s'explique aisément : Sébastien est seul parce que la rentrée des classes n'a pas encore eu lieu. C'est ce que suggèrent l'évocation du dortoir vide (l. 3, 11) ou les diverses allusions à la prochaine venue des autres (l. 4-5, 28).

3. Les propos tenus par M. Fogelman (l. 43 à 54) apportent une explication simple à la présence de Sébastien dans les murs du collège : le jeune homme est arrivé bien avant les autres pensionnaires afin de subir « un rattrapage intensif » (l. 50) qui décidera ou non de son passage en classe de cinquième (l. 51). L'institut Fogelman, qui « se flatte d'accueillir des cas difficiles » (l. 52-53), s'apparente donc, pour un temps, à une maison de redressement.

Le lieu de l'action

1. Le passage étudié ne révèle que progressivement la nature du lieu où se trouve Sébastien. Le récit de la première journée n'évoque qu'un dortoir vide et glacé (l. 1 à 14). Nous apprenons ensuite que ce dortoir est celui du « collège Fogelman » (l. 20), établissement spécialisé portant le nom de son directeur (l. 39).

2. L'intérêt du passage réside essentiellement dans la manière dont sont décrits les lieux. Le collège Fogelman n'est pas un établissement ordinaire : « forteresse moyenâgeuse » bâtie sur un éperon rocheux (l. 22), il ressemble plus à un château cathare qu'aux établissements que connaissent nos élèves. L'évocation du « vieux téléphérique » permettant d'y accéder (l. 23), du vent qui s'y engouffre (l. 3), de « l'ancienne salle de garde transformée en dortoir » (l. 25) ou des bruits étranges que l'on entend en pleine nuit (l. 35-36) contribue au caractère fantomatique, quasi fantastique, des lieux.

3. Ces derniers sont d'ailleurs constamment comparés à une caserne, un bagne ou une prison coupée du reste du monde. En témoignent l'évocation de la solitude, la présence du geôlier qui apporte les repas (le vieux Larson, l. 7-8) ou le champ lexical de l'incarcération : « vingt-cinq lits alignés sur deux rangs, des armoires militaires sans serrure ni cadenas » (l. 25 à 27) ; « J'ai l'impression d'être un forçat » (l. 31).

Il n'est pas jusqu'à M. Fogelman qui ne fasse songer au directeur d'un pénitencier. La collection d'animaux empaillés qui orne son bureau (l. 42) est peut-être d'ailleurs la représentation symbolique de la mission dévolue au collège : remettre les cas difficiles « dans le droit chemin de l'étude et de la discipline » (l. 53-54), les soustraire à la vie pour mieux les corriger, les assagir à jamais par l'austérité de l'enseignement !

ÉTUDE DE LA LANGUE

Grammaire

1. Ce premier exercice permettra à la fois d'aborder :

- En grammaire de phrase : la distinction entre phrase verbale et phrase non verbale.
- En grammaire de texte : quelques-unes des caractéristiques majeures du journal intime.

a. Quatre journées sont relatées dans ce passage.

- Le récit des trois premières journées débute par une (ou plusieurs) phrase(s) non verbale(s) :

3 septembre. « Mauvaise nuit. » (l. 2)
4 septembre. « Toujours rien. » (l. 15)

5 septembre. « Rien à noter aujourd'hui. Nouvelle journée sans voir personne. » (l. 30).

• Le récit de la quatrième journée s'ouvre par une phrase verbale :

6 septembre. « M. Fogelman, se rappelant mon existence, m'a convoqué dans son bureau ce matin. » (l. 39-40).

b. Les trois premières phrases frappent par leur concision et leur simplicité syntaxique. Les plus brèves ne comptent que deux mots (« Mauvaise nuit. ») et aucune ne comporte de verbe conjugué. La dernière phrase relevée (l. 39-40), plus longue et plus complexe que les précédentes, est en revanche construite autour d'un verbe conjugué (« m'a convoqué »).

c. Il est fréquent de rencontrer des phrases non verbales dans un journal intime, ne serait-ce que dans les indications temporelles qui précèdent le récit de chaque journée (« 3 septembre »). Plusieurs raisons peuvent être avancées :

• La phrase non verbale a d'abord le mérite de la simplicité et de la concision : elle est parfaitement adaptée aux notes parfois hâtives que l'on peut rédiger dans un journal.

• D'ordinaire, le verbe conjugué est un élément essentiel de la phrase puisqu'il exprime à la fois le **temps** et la **personne**. De temps à autre, il est possible de se passer du verbe lorsque l'on sait :
– qui parle (il s'agit ici de Sébastien) ;
– quand les faits se situent dans le temps (la « mauvaise nuit » évoquée ligne 2 est celle du 2 au 3 septembre).

• Dans la phrase, le verbe est aussi le mot qui exprime l'**action**. Lorsqu'un événement inattendu se produit, Sébastien sait d'ailleurs renoncer aux phrases nominales pour une syntaxe plus élaborée (« M. Fogelman… m'a convoqué dans son bureau ce matin. », l. 39-40).

2. Ce second exercice permettra à la fois :
– d'initier les élèves au repérage des indices de temps et de lieu ;
– de poursuivre le travail entrepris sur les classes de mots.

Il s'agira moins de relever l'ensemble des occurrences du texte que de marquer clairement l'opposition entre indice de temps et indice de lieu, adverbe et groupe nominal.

EXPRESSION ÉCRITE

• Le sujet proposé invite l'élève à poursuivre le récit de Sébastien Britt.

• Plusieurs critères d'évaluation pourront être pris en compte :
– Respect de la situation d'énonciation : texte écrit par Sébastien Britt ; absence de destinataire ; prise en compte du cadre spatio-temporel.
– Maîtrise de la rédaction d'une page de journal intime : usage de la 1re personne ; indications de temps ; respect des temps verbaux ; éventuel emploi de phrases non verbales.
– Compréhension du sujet et du texte support : pertinence du choix des personnages, du moment et du lieu de l'action ; respect de la chronologie ; cohérence avec le texte étudié.

• Un travail d'illustration, inspiré des photographies de Philippe Calandre, pourrait être envisagé sur les copies.

TEXTE D'ÉTUDE

J.-M. G. Le Clézio, « J'avais vraiment l'impression d'être dans une prison. »

(livre de l'élève, p. 24)

LECTURE

La nature du texte

1. Contrairement à ce que laisse supposer la mise en espace de la dernière partie du texte (l. 45 à 63), cet extrait de Lullaby n'est pas un poème mais un texte narratif. Il suffit pour s'en convaincre d'observer le paragraphe d'ouverture (l. 1 à 4) dans lequel un personnage féminin nous est présenté à la troisième personne (« Elle avait envie d'écrire encore une lettre à son père »).

2. Par sa présentation et sa mise en page, ce passage diffère des textes narratifs précédemment étudiés. L'élève repérera sans difficulté les changements typographiques (« LLBY », écrit en majuscules, par exemple), les paragraphes en retrait (l. 5 à 7 ou 9 à 18), les lignes presque blanches (l. 5, 6, 21) et la disposition des bouts de phrases et des mots sur lesquels se clôt le texte (l. 45 à 63). Ainsi mis en page, le texte de J.-M.G. Le Clézio rompt avec la linéarité dont la prose narrative est coutumière.

3. La seconde note d'originalité du texte réside dans sa polyphonie puisque deux *voix*, nettement distinctes, se font entendre :
• La première est celle du narrateur racontant l'histoire de Lullaby à la 3e personne (l. 1 à 4 ; l. 8, 19, 30 ; l. 42 à 44 ; l. 55 ; l. 64-65).
• La seconde est celle de Lullaby s'exprimant à la 1re personne dans la lettre qu'elle adresse à son père (l. 5 à 7 ; l. 9 à 18 ; l. 20 à 31 ; l. 31 à 41 ; l. 45 à 54 ; l. 56 à 63).

Les retraits qui précèdent chacun des fragments de la lettre permettent au lecteur de distinguer aisément ces deux perspectives textuelles.

La lettre : un mode de communication

1. Une observation des indices de personnes permettra aux élèves d'identifier clairement la situation de communication mise en œuvre par la lettre : Lullaby en est l'auteur ainsi que le prouvent la signature (« LLBY », l. 5), l'usage du pronom personnel sujet *Je* (« Peut-être que je fais un peu des bêtises », l. 9) et l'emploi d'adjectifs ou de participes passés au féminin (« je suis assise », l. 33 ; « je suis toute seule ici », l. 38).

La formule d'ouverture (« Bonjour cher Ppa », l. 31) prouve que le père de Lullaby est le destinataire de cette lettre.

2. Un repérage des indices de temps et de lieu permettra de poursuivre l'étude de la situation d'énonciation. Lullaby rédige sa lettre « sur une toute petite plage », au bord de la mer (l. 31). Les allusions à la baignade (l. 34) et au lycée, où elle devrait être, laissent supposer que l'action se déroule au début de l'année scolaire (la première page du récit situe les faits « vers le milieu du mois d'octobre »).

3. Trois grands sujets sont abordés au cours de cette lettre. Lullaby exprime l'ennui et le dégoût que lui inspire le lycée (l. 9 à 18), avant d'évoquer les éléments de la nature qui lui manquent (l. 20 à 29) et de décrire le paysage maritime dans lequel elle se trouve (l. 31 à 38). Le refus de la scolarité revient cependant, comme un leitmotiv, dans chacun de ces paragraphes.

4. La lettre que Lullaby adresse à son père n'est évidemment pas une lettre ordinaire. On remarquera d'abord que la jeune fille ne respecte pas l'ordre de rédaction habituel, préférant commencer sa lettre par la fin. Son texte, qui débute par la signature (l. 5), est donc rédigé à rebours. À cette particularité s'ajoute la présence des mots par lesquels Lullaby s'amuse à « boucher les trous » (l. 43). L'écriture est pour elle un espace de fantaisie et de liberté créatrice.

ÉTUDE DE LA LANGUE

Grammaire

Les activités proposées dans le livre de l'élève permettront d'amorcer une réflexion sur la **situation de communication** et les **indices de personnes.** Ils permettront aussi d'approfondir le travail consacré aux **classes de mots**.

1. Ce premier exercice implique que les élèves aient relu les textes de Jean-Philippe Arrou-Vignod et de J.-M. G. Le Clézio dont ils devront réaliser une brève étude comparée.

On rappellera préalablement que toute pratique de communication suppose la présence d'un émetteur (ou d'un locuteur), d'un destinataire (ou d'un interlocuteur), d'un message et d'un contexte spatio-temporel.

On ira éventuellement plus loin en expliquant que la communication suppose aussi le choix d'un code linguistique et d'un support. Il suffira pour cela d'ajouter une rubrique (ici en italique) au tableau proposé (**voir le tableau ci-dessous**).

2. Ce second exercice suppose que l'on relève d'abord, sans les identifier, les indices de personnes que comporte la lettre de Lullaby. Le classement ne portera que sur trois classes de mots (noms, pronoms personnels, adjectifs possessifs) qu'il conviendra parfois de subdiviser.

Nous ne relèverons sciemment que les indices de personnes en relation avec la situation d'énonciation.

• Les noms :

a. Les noms propres : « Llby » (abréviation de « Lullaby ») ; éventuellement, « Paul Ferlande », nom proposé dans le sujet d'expression écrite.

b. Les noms communs : « cher Ppa » (« papa »).

• Les pronoms personnels :

a. de la 1re personne : « Je » (l. 9), « me » (l. 7), « moi » (l. 12).

b. de la 2e personne : « Tu » (l. 11), « toi » (l. 12), « te » (l. 22).

• Les adjectifs possessifs :

a. de la 1re personne : « *ma* lettre » (l. 37).

(Aucun adjectif possessif de la 2e personne ne figure dans le texte.)

Remarque : le nom propre « Sloughi » ou les noms communs servant à désigner les garçons et les filles du lycée seront laissés de côté, car ils ne permettent pas de savoir qui rédige la lettre et à qui elle s'adresse.

EXPRESSION ÉCRITE

Le sujet proposé invite l'élève à effectuer une reconstitution de texte.

Plusieurs critères d'évaluation pourront être pris en compte :
– respect de la situation d'énonciation : Lullaby est l'émettrice de la lettre qu'elle adresse à son père (Paul Ferlande) ;
– mise en ordre exacte des passages du texte ;
– présentation correcte de l'ouverture (« Bonjour cher Ppa ») et de la clôture de la lettre (« LLBY ») ;
– lisibilité et qualité esthétique des mots et des bouts de phrase servant à boucher les trous.

Seront valorisés les textes rédigés sur du papier à lettres et pourvus d'une enveloppe à l'adresse de Paul Ferlande.

	Lettre de Lullaby	Journal de Sébastien
Qui écrit ? (l'émetteur)	Lullaby	Sébastien Britt
À qui ? (le destinataire)	À son père	Sébastien écrit pour lui-même
Où ? (le lieu)	Sur une petite plage, au bord de la mer	Dans le dortoir du collège Fogelman
Quand ? (le moment)	Pendant la période scolaire, après avoir décidé de ne plus aller au lycée	Le soir, avant la rentrée des classes
De quoi ? (le thème)	De sa vie au lycée, de ses refus et de ses attentes	De sa vie au collège, de sa peur et de sa solitude
Comment ? *(le code et le support)*	*Une lettre en français, sur un « bloc de papier avion »*	*Un journal intime en français (peut-être rédigé sur un cahier d'écolier)*

REPÈRES

Auteur, narrateur et personnage

(livre de l'élève, p. 27)

Les exercices proposés dans cette fiche doivent permettre une évaluation sommative des éléments de narratologie abordés au cours de la séquence. Les élèves devront maîtriser la distinction auteur/narrateur/personnage et se montrer capables de différencier une narration à la 1re personne d'une narration à la 3e personne.

1. Identifier auteur, narrateur et personnage

Cet exercice de synthèse peut être réalisé sous la forme d'un tableau. On prendra le temps d'expliquer aux élèves que la notion de narrateur s'applique presque exclusivement aux textes narratifs.

2. Distinguer narration à la 1re et à la 3e personne

a. Texte écrit à la 3e personne : Alain Gerber, *Le Faubourg des Coups-de-Trique* (p. 18).

« Théo n'était pas non plus ce qu'on appelle un cancre. Il ne faisait pas exprès d'avoir faux aux problèmes… » (l. 1-2).

b. Textes écrits à la 3e personne :

– Marcel Pagnol, *Le Temps des secrets* : récit autobiographique dans lequel auteur, narrateur et personnage se confondent ;

– Jean-Philippe Arrou-Vignod, *Le Collège fantôme* : journal intime par lequel le personnage (Sébastien Britt) consigne au jour le jour ce qui lui arrive ;

– J.-M. G. Le Clézio, *Lullaby* : lettre du personnage principal (Lullaby), insérée dans un récit à la troisième personne.

Voir le tableau ci-dessous.

TEXTE D'ÉTUDE

Jean Tardieu, « Voici une excellente leçon »

(livre de l'élève, p. 28)

LECTURE

Une scène de théâtre

1. Dans *Ce que parler veut dire*, courte pièce destinée à illustrer diverses situations de communication, le Professeur Froeppel (figure emblématique du théâtre de Jean Tardieu) propose « une promenade à travers les curiosités sociales du langage contemporain ». La scène que nous venons de lire nous entraîne dans le petit monde d'une salle de classe, à l'occasion d'une leçon de français.

2. Deux types de personnages y sont mis en scène : le professeur et les élèves qu'il interpelle.

3. Tout semble donc indiquer que la scène représente une salle de classe. Or, la singularité de cette saynète réside dans la manière dont Jean Tardieu conçoit et utilise l'espace scénique. Dans la mise en scène envisagée par l'auteur, le professeur se tient debout face au public (sur le proscenium) devant le rideau qui reste fermé. Dans ces conditions, les élèves ne se trouvent pas sur scène, mais dans le public, mêlés aux véritables spectateurs qui peuvent être impliqués dans le jeu théâtral.

Un cours de français

1. Les élèves travaillent à partir du *Dictionnaire des mots sauvages de la langue française* rédigé par le professeur.

2. Diverses activités de langue sont pratiquées par la classe, d'une manière ludique et récréative. Les élèves sont amenés, par exemple :

Références des textes	Personnage		Narrateur	
	Principal	Secondaire	Témoin	Personnage
Cl. Roy, *Enfantasques*	L'élève	Le maître		
J. Prévert, *Paroles*	Le cancre	Le maître		
M. Pagnol, *Le Temps des secrets*	Marcel	Le redoublant Le surveillant		✗
A. Gerber, *Le Faubourg des Coups-de-Trique*	Théo	Le père Mouret Sparapan	✗	
J.-Ph. Arrou-Vignod, *Le Collège fantôme*	Sébastien Britt	M.Fogelman M. Timéus Larson		✗
J.-M. G. Le Clézio, *Lullaby*	Lullaby	Le père de Lullaby	✗	(+ lettre du personnage)
J. Tardieu, *Ce que parler veut dire…*	Le professeur Les élèves			

– à explorer le champ sémantique de termes fortement polysémiques (C'est le cas du terme « bibi », l. 8 à 16) ;
– à distinguer le sens propre et le sens figuré d'un mot (« noix de coco : fruit exotique. Au figuré : crâne chauve », l. 57-58) ;
– à passer d'un registre de langue à l'autre (l. 18 à 21) ;
– à réfléchir à la signification de diminutifs familiers (l. 24 à 26), d'onomatopées amusantes (« teuf-teuf », l. 18) ou de phonèmes imitatifs (« Cz... cz... », l. 30 ; « Brr !... brr !.... », l. 35).

Ces activités sont donc essentiellement lexicales.

3. Cette leçon de langue diffère d'abord de celles que nos élèves ont l'habitude de suivre parce qu'elle est l'objet d'une pratique orale. Point d'hésitation, point d'erreurs dans les réponses des élèves, mais une succession d'interventions réglées par les mécanismes de la dramaturgie. À la différence de ceux que nous pratiquons, le cours du professeur Froeppel est par ailleurs essentiellement consacré à ce que nous pourrions nommer les infra-langages, source de fantaisie et de truculence verbale.

Comme un cours ordinaire, cette leçon de langue permet néanmoins de mieux saisir « ce que parler veut dire ». Le verbe mis dans tous ses états révèle ses ressources et d'infinies possibilités de création – et de récréation !

ÉTUDE DE LA LANGUE

Vocabulaire

Cette première activité, consacrée à l'étude des champs sémantiques, permettra de poursuivre la leçon du professeur Froeppel. (Elle pourra être prolongée par la Fiche élève n° 3 proposée ci-après, p. 217).

1. Les élèves de cette saynète étudient les différents sens du terme *coco* (l. 52 à 68).

a. Cinq grandes significations lui sont attribuées, auxquelles s'ajoutent un nom propre et diverses expressions lexicalisées.

b. 1. Diminutif de *barocco, baroque.*
2. Noix de coco. Au figuré : crâne chauve.
3. Jus de réglisse.
4. Nom d'un stupéfiant.
5. Œuf à la coque.
Nom propre : *Coco*, « perroquet apprivoisé ».
Expressions lexicalisées : « mon coco », « un joli coco », « un drôle de coco ».

c. L'initiative sera cédée aux élèves qui se prépareront ainsi à jouer le rôle des élèves du professeur Froeppel (voir ci-après **Expression orale**).

2. Tous les termes de cette liste (à l'exception du mot *stylo*) possèdent au minimum trois significations. Nous chercherons moins à être exhaustifs qu'à faire émerger, pour chaque mot, des significations facilement identifiables.
– *Acte* : 1. Action réalisée par un être humain. – 2. Pièce écrite à valeur juridique (acte de vente). – 3. Grande division d'une pièce de théâtre.
– *Consigne* : 1. Instruction stricte (ordre). – 2. Punition (retenue, colle). – 3. Service chargé de la garde des bagages dans une gare.
– *Scène* : 1. Emplacement du théâtre où jouent les acteurs. – 2. Division d'un acte. – 3. Dispute (scène de ménage).
– *Passage* : 1. Action, fait de passer (lieu de passage). Au figuré : passage d'une classe dans une autre. – 2. Endroit par où l'on passe (se frayer un passage). – 3. Fragment d'une œuvre (extrait, morceau).
– *Épreuve* : 1. Souffrance, malheur, danger qui atteint quelqu'un. – 2. Étape d'un examen ou d'une compétition sportive. – 3. Texte imprimé d'un manuscrit après composition.
– *Correction* : 1. Action de corriger (rectification, amélioration). – 2. Châtiment corporel. – 3. Qualité de ce qui est correct.
– *Classe* : 1. Groupe social (les classes laborieuses). – 2. Ensemble d'éléments qui ont un caractère commun (les classes de mots). – 3. Élèves ayant un même niveau d'étude. – 4. Lieu où l'enseignement est donné (salle de classe).

Grammaire

Ces exercices, éventuellement préparés par la lecture du texte d'Alain Gerber (voir ci-dessus, p. 23), permettront d'amorcer un travail sur les registres de langue. L'objectif est moins de décrire la structure grammaticale de chaque registre que d'amener l'élève à savoir les identifier.

1. Cet exercice peut être précédé d'une lecture expressive de la tirade au cours de laquelle le professeur mêle à loisir les niveaux de langue (voir texte ci-contre).
– Registre familier : *teuf-teuf – mézigue – gogo.*
– Registre courant : *professeur – élève – perroquet.*
– Registre soutenu : *esthétique – phonème – terrifiant – balbutiement.*

2. La première phrase, prononcée par un élève, relève du langage familier (emploi de l'abréviation « Moi m'sieu »). La seconde, formulée par le professeur, est en revanche beaucoup plus soutenue (emploi du terme « mademoiselle »).

3. Une même phrase du texte est exprimée dans deux registres différents :
– « Soyez *chou*, emmenez Lolotte en *teuf-teuf* », (l. 18) : registre familier.
– « Soyez assez aimable pour inviter Charlotte à faire une promenade en automobile » (l. 20-21) : registre soutenu.

Le professeur parle de *traduction* car chaque mot de la phrase initiale trouve son équivalent, sa transposition, dans la reformulation proposée dans un registre soutenu.

EXPRESSION ORALE

• L'activité proposée est destinée à faire découvrir, de façon ludique et concrète, le monde du théâtre aux élèves. Il est souhaitable qu'ils imaginent eux-mêmes la mise en scène de la saynète.

• Les élèves pourront être guidés, évalués (mais non notés) à partir des critères suivants :
– maîtrise du texte de Jean Tardieu : mémorisation ou pertinence d'une lecture en situation ;
– respect de la mise en scène préalablement définie et de la distribution des répliques ;
– aptitude à communiquer oralement : portée de la voix ; débit et qualité sonore ; prise en compte du public.

• Le travail de mise en scène peut être préparé par les suggestions que donnait Jean Tardieu au seuil de la saynète :

« On peut prévoir pour cette scène trois compères dont un adulte et deux collégiens – un garçon et une fille de quinze ou seize ans. On peut aussi imaginer que l'on imprime et distribue à l'entrée, à chaque spectateur, la liste des mots – avec leur définition – sur lesquels le Professeur va interroger les élèves. Et cela pourrait être un jeu assez vif auquel participerait le public. »

TEXTE COMPLÉMENTAIRE

Le passage proposé dans le livre de l'élève ne comporte pas l'assez longue tirade par laquelle le professeur présente son dictionnaire. Nous la restituons ci-dessous afin qu'elle puisse servir de support aux activités de langue ou d'expression orale.

LE PROFESSEUR. – Bon, bon, bon !... Heu... voyons ! Vous savez, je suppose, que ce dictionnaire a, pour la première fois, opéré le recensement de ces petits mots, en apparence insignifiants, et cependant très répandus – diminutifs familiers, phonèmes imitatifs, etc. – qui émaillent notre discours et nous laissent apercevoir, soudain, je ne sais quels reflets terrifiants du balbutiement primitif des sociétés, je ne sais quels échos d'une danse rituelle de sauvages en pleine forêt vierge : galops des dadas, furie des zizis, boum-boum des tams-tams, papattes des bébêtes, piques des coupe-kikis, hurlements des totos et niam-niams, ondulement des chichis, des dondons, et clic et clac et bing et crac, tralala, panpan, hop là, poum ! (*S'étant un peu trop excité au cours de cette énumération, le Professeur s'éponge le front.*) Voyons, vous, monsieur, voulez-vous me donner la définition du mot *bibi* ? [...]

Jean Tardieu, « Ce que parler veut dire ou Le Patois des familles », *La Comédie du langage*, © éditions Gallimard.

REPÈRES

Récit, poésie et théâtre

(livre de l'élève, p. 31)

La finalité de ces exercices est simplement de vérifier, au terme de la première séquence, que les élèves sont capables de distinguer et d'identifier récit, poésie et théâtre. L'approche que nous préconisons est fondée sur une observation de la mise en espace et des caractéristiques formelles des trois types de textes.

1. Observer des différences

a. Jean Tardieu est l'auteur présenté au cours de ce chapitre. Les deux textes de cet auteur sont de facture bien différente :

• Le premier (p. 28-29) est constitué d'un long dialogue entre le professeur et ses élèves. Certaines indications figurant en italique (les didascalies) permettent d'imaginer le jeu scénique des acteurs.

• Le texte présenté dans les exercices de la fiche *Repères* (Texte 2, p. 31) occupe d'une manière spécifique l'espace de la page : la courte strophe qui nous est présentée est constituée de vers qui s'ouvrent et se ferment sur un espace blanc.

b. Le texte extrait des *Contes du lundi* d'Alphonse Daudet (Texte 1) narre un événement vécu dans une classe. Le narrateur de ce texte, qui utilise le pronom indéfini *on* (« les leçons qu'on répétait très haut ») est l'un des élèves de la classe. C'est la raison pour laquelle le maître d'école est évoqué à la troisième personne.

c. Le troisième texte, extrait de *La Leçon* d'Eugène Ionesco, pourrait être joué sur scène par des comédiens car il est essentiellement constitué du dialogue des personnages. Les indications figurant en italique (les didascalies) orienteraient alors le travail du metteur en scène et des comédiens.

2. Distinguer des textes de nature différente

a. Le texte d'Alphonse Daudet, écrit en prose, occupe tout l'espace de la page. Le narrateur y raconte une histoire dans laquelle interviennent des personnages.

Le texte de Jean Tardieu, disposé comme une chanson, est constitué de vers entourés d'espaces blancs. C'est une poésie.

Le texte d'Eugène Ionesco comporte un dialogue entre deux personnages et des indications de mise en scène. C'est une scène de théâtre.

b et **c.** :

• Poésie : Cl. Roy, p. 12 ; J. Prévert, p. 14.

• Récit : M. Pagnol, p. 15 et 17 ; A. Gerber, p.18 ; J.-Ph. Arrou-Vignod, p. 21 ; J.-M. G. Le Clézio, p. 24.

• Théâtre : J. Tardieu, p. 28.

ATELIER D'ÉCRITURE

(livre de l'élève, p. 32-33)

Les activités proposées au cours de cet *atelier* nécessitent moins des corrigés (nécessairement stéréotypés) que des consignes d'évaluation. Ces dernières seront accompagnées d'une copie d'élève montrant ce qu'il est raisonnablement possible d'obtenir au terme de cette première séquence.

1 Écrire pour soi ou pour autrui ? Le journal intime et la lettre

1. Le passage du journal intime à la lettre suppose deux types de modifications :

• Une transformation de la situation d'énonciation : apparition d'un destinataire dont les marques de présence envahiront nécessairement le texte (nom, prénom, pronoms personnels de la 2e personne) ; visée spécifique du discours (raconter, décrire, expliquer ou argumenter) ; adaptation du langage au destinataire.

• Un changement de mise en page du texte : nom et adresse de l'émetteur (en haut à gauche) ; date et lieu de rédaction de la lettre (en haut à droite) ; formule d'ouverture ; formule de politesse ; signature de l'émetteur.

2. Le second exercice implique les transformations inverses : disparition des marques de présence du destinataire, rédaction d'un texte *pour soi* et mise en page simplifiée du texte.

Voici, à titre d'exemple, la copie réalisée par Marie, élève de sixième, à partir d'un sujet presque similaire à celui que nous proposons :

Rédigez la lettre que Sébastien Britt adresse à ses parents pour leur raconter sa première semaine passée au collège Fogelman.

Sébastien Britt
Collège Fogelman
18, rue de la Montagne oubliée
93752 Château-aux-Monts

Le 10 septembre

Mes chers parents,

J'espère que vous allez bien. Moi, je suis toujours seul et la solitude me fait peur. Je me sens prisonnier de cet horrible collège. Tu avais raison, Papa, mon collège est vieux et isolé dans la forêt. J'attends toujours une lettre de vous. Mais non, vous m'avez oublié. Je vous en supplie, ne me laissez pas moisir ici. L'autre jour, à la bibliothèque, je faisais une recherche sur les fantômes quand une ombre blanche est sortie du livre que j'avais ouvert. Bizarre, bizarre, vous ne trouvez pas ? Voici donc un exemple de tout ce qui peut se passer ici. Je suis en ce moment dans le dortoir pendant que M. Fogelman fait sa sieste. Je tiens un journal intime pour me passer le temps. Vous savez, l'autre soir, j'ai entendu du bruit, comme si quelqu'un tapait contre le mur, et ça m'a fait peur. Du coup, je n'ai plus dormi de la nuit. Je dois vous ennuyer avec mon histoire, mais j'ai besoin de communiquer avec au moins une personne. Alors, je vous en conjure, répondez-moi au plus vite car je sens mon moral baisser un peu plus chaque jour. J'ai froid. Dans mon dortoir, il n'y a pas de chauffage, et je n'ai qu'un drap en guise de couette.

Je vous embrasse de tout mon cœur,

Votre fils qui vous aime,

Sébastien.

2 Écrire à partir d'une image : mots en liberté.

1. Tableau n° 1 : Stéphane Poulin, *Je suis un rêveur*

Ce premier exercice équilibre contraintes et liberté.

• L'élève devra obligatoirement prendre en compte la situation d'énonciation qu'imposent à la fois le tableau et le sujet proposé : il s'exprimera à la 1re personne en adoptant le point de vue de l'enfant rêveur.

• Il sera libre cependant de choisir la forme de discours qui lui convient le mieux : simple narration, page de journal intime, lettre, poème, éventuellement dialogue théâtral.

2. Tableau n° 2 : Paul Klee, *Un tour de magie*

Ce second exercice, qui n'a pas vocation à être noté, cède l'initiative aux mots et à l'imagination poétique. Il prendra appui sur une observation du tableau de Paul Klee dont on fera clairement ressortir la dimension onirique.

Abordée en fin de séquence, cette œuvre picturale empreinte de poésie nous convie à quitter le thème de l'école pour une évocation, intuitive et sensible, de la nature. Libéré des contraintes de la vie scolaire, l'enfant représenté par Paul Klee devient un magicien des mots capable d'enchanter le réel.

À nous, professeurs, de savoir de temps à autre *déscolariser* l'écriture pour offrir à l'élève de simples moments de respiration poétique…

CORRIGÉ DE LA FICHE ÉLÈVE 1

Test de lecture

(Ci-après, p. 213)

PRÉSENTATION

Objectifs

Faire découvrir et lire aux élèves une œuvre pour la jeunesse (recommandée par les documents d'*Accompagnement des programmes de sixième*) en rapport avec l'orientation thématique et narratologique de ce premier chapitre.

Œuvre concernée

La Sixième de Susie Morgenstern, L'École des loisirs, collection « Neuf », 1984.

Conduite de l'activité

La Sixième sera l'objet d'une lecture cursive. Le roman pourrait être distribué aux élèves au début de la séquence afin qu'ils aient suffisamment de temps pour le lire. Le test de lecture interviendra au terme du travail consacré aux textes narratifs de ce chapitre et à la distinction auteur/narrateur/personnages.

Les élèves répondront aux vingt questions de ce test de lecture sans le concours de l'ouvrage.

CORRIGÉ

1. Susie Morgenstern.

2. *La Sixième.*

3. Il s'agit d'un roman.

4. L'histoire est narrée à la 3e personne.

5. - 6. Le personnage principal se nomme Margot Mélo.

7. Réponse : a.

8. Réponse : b.

9. Margot se retrouve seule dans la cour parce qu'elle est arrivée trop tôt au collège. À l'origine de l'incident, une panne de réveil lui a cependant laissé supposer qu'elle était en retard.

10. Réponse : d.

11. Réponse : c.

12. Réponse : b.

13. Il s'agit d'un voyage à Rome.

14. Réponse : c.

15. Margot fait partie du jury.

16. Réponse : a.

17. Réponse : b.

18. Réponses : b et d.

19. Madame Luron est professeur d'histoire-géographie.

20. Margot se demande où va sa culture lorsqu'Arthur, son camarade de classe, envoie ses cahiers et les feuillets de ses classeurs dans les airs.

CORRIGÉ DE LA FICHE ÉLÈVE 2

Utiliser le dictionnaire

(Ci-après, p. 215)

PRÉSENTATION

Objectifs

Faciliter l'usage du dictionnaire en début d'année, par le repérage alphabétique et l'analyse d'un article.

Conduite de l'activité

Cette fiche sera distribuée aux élèves dès les premières séances de cours. Elle permettra de préparer les activités de langue envisagées à partir du poème de Claude Roy et l'étude approfondie des champs sémantiques que proposent la Fiche élève n°3 et le questionnaire du livre de l'élève, page 30.

Il est souhaitable de conduire cette activité en demi-groupes, avec un nombre suffisant de dictionnaires.

CORRIGÉ

Apprendre à se repérer dans un dictionnaire

1. a. Apprendre – Classe – Craie – Difficulté – Élève – Lettre – Professeur – Récréation – Tableau – Vacances.

b. Bêtise – Cabane – Cafard – Calcul – Cartable – Collège – Coulisse – Couloir – Cours – Grammaire.

2. a. Noms communs et verbes : Accabler – Accélérer – Accent – Accident – Acclamer – Accompagner – Acteur – Actrice – Argent.
Noms propres : Abraham – Achille – Adonis – Argentine – Aristote – Arlequin – Arles.

b. ARROU-VIGNOD Jean-Philippe – LE CLÉZIO J.-M. G. – MORGENSTERN Susie – PAGNOL Marcel – PERRAULT Charles – PRÉVERT Jacques – ROY Claude – ROY Jules – TARDIEU Jean – VERNE Jules.

Lire un article de dictionnaire

1. (Observation de l'article.)

2. Enseigner
a. Classe grammaticale : verbe.
b. v.t. : verbe transitif.
c. Étymologie : du latin *insignare,* « signaler ».
d. Définitions :
1. Faire acquérir la connaissance ou la pratique d'une science, d'un art.
2. Donner une leçon, inculquer, montrer.
e. « *Enseigner les mathématiques* » est un exemple. « Donner une leçon » est une définition.
f. Noms communs issus du verbe *enseigner* :
1. Enseignant.
2. Enseignement.

CORRIGÉ DE LA FICHE ÉLÈVE 3

Champs lexicaux et champs sémantiques

(Ci-après, p. 217)

PRÉSENTATION

Objectifs

Faciliter la compréhension des textes par l'analyse du lexique.

Conduite de l'activité

Cette fiche suppose que les élèves aient acquis une certaine maîtrise du dictionnaire. Elle sera distribuée dans la dernière partie de la séquence, en vue de préparer (ou de prolonger) les activités de langue proposées à partir du texte de Jean Tardieu (manuel p. 30).

CORRIGÉ

Étudier les champs lexicaux d'un texte

1. a. Les termes *plan, point* et *perpendiculaire* appartiennent au champ lexical de la géométrie.
b. Champ lexical de la nature : *nuages, cailloux, animaux, fleurs.*
Champ lexical des objets : *bateau à voiles, tuyau de poêle.* (Intrus : *mon père*).

2. a. Champ lexical de l'école : *professeur, problèmes, chiffres, mots, phrases, maître, tableau.*
b. Les termes *craies* et *couleurs* appartiennent au champ lexical du dessin.
c. Autres termes pouvant être cités : *pinceau, peinture, encre de chine, fusain, arabesque, esquisse.*

Étudier le champ sémantique d'un mot

1. a. Le dictionnaire distingue deux substantifs qui possèdent, respectivement, diverses significations :
1. Plan :
– Surface plane (plan incliné d'un entrepôt).
– Éloignement des objets dans la perception visuelle (au premier, au second plan).
– Aspect sous lequel on considère quelqu'un ou quelque chose (sur tous les plans).
– Étendue d'eau (plan d'eau permettant la pratique des sports nautiques.
– Cinéma : suite continue d'images enregistrées par la caméra au cours d'une même prise.
– Mathématiques : surface illimitée qui contient toute droite joignant deux de ses points.
2. Plan :
– Représentation graphique d'un ensemble de constructions, d'un bâtiment, d'une machine, etc.
– Représentation à différentes échelles d'une ville, etc.
– Disposition générale d'un ouvrage (*plan d'une tragédie*).
– Projet élaboré avant une réalisation (*faire le plan d'un voyage*).

b. Deux de ces significations figurent dans le poème.
– Surface illimitée qui contient toute droite joignant deux de ses points : *Par un point situé sur un plan…* (v. 1).
– Projet personnel élaboré avant réalisation : *par tous les points de mon plan à moi…* (v. 5).
c. Terme pouvant appartenir aux champs lexicaux de la ponctuation, de la géométrie et des jeux de société : *point.*
– Figure géométrique : intersection de deux lignes.
– Signe de ponctuation (.) servant à marquer la fin d'une phrase.
– Unité de compte dans un jeu, un match : *Jouer une partie en cent points.*

2. a. *Cancre* est le seul terme qui ne possède qu'une seule signification.
b. Terme familier désignant un élève paresseux et nul.
c. Principales significations du mot *tableau* :
– Panneau mural, sur lequel on écrit à la craie ou au feutre (*aller au tableau*).
– Support mural destiné à recevoir des objets (*mettre ses clefs au tableau*).
– Panneau destiné à recevoir des renseignements, des annonces, etc. (*voir le tableau d'affichage*).
– Œuvre picturale exécutée sur un support indépendant (*panneau de bois, toile tendue sur un châssis*).
– Ce qui s'offre à la vue et provoque une certaine impression (*un tableau émouvant*).
– Liste contenant des informations, des données, des renseignements disposés de façon claire, systématique ou méthodique (*Tableau des conjugaisons. Tableau horaire*).
d. Le cancre transforme le tableau noir de la salle de classe en œuvre picturale car il dessine *le visage du bonheur, avec des craies de toutes les couleurs.*

BIBLIOGRAPHIE SOMMAIRE

Pour le professeur

• Récits :

Sartre (Jean-Paul), *Les Mots,* Gallimard, coll. « Folio », 1987.

Vallès (Jules), *L'Enfant,* Gallimard, coll. «Folio», 1974.

Butor (Michel), *Degrés,* Gallimard, 1978.

• Essais :

Giolitto (Pierre), *Abécédaire et férule ; Maître et écoliers, de Charlemagne à Jules Ferry,* Imago, 1986.

Giraudo (Lucien), *L'École dans la littérature,* NRP, Nathan, n° 8, avril 1999.

Pujade-Renaud (Claude), *L'École dans la littérature, Éditions E.S.F,* 1986.

Pour l'élève

• Récits :

Arrou-Vignod (Jean-Philippe), *Le Livre dont je ne suis pas le héros,* L'École des Loisirs, coll. « Neuf », 1992.

Colette et Willy, *Claudine à l'école,* Albin Michel, 1982.

Morgenstern (Susie), *La Sixième,* L'École des Loisirs, coll. « Neuf », 1985.

Pennac (Daniel), *Kamo et moi,* Gallimard, coll. « Folio », 1997.

Pergaud (Louis), *La Guerre des boutons,* Gallimard, coll. « Folio », 1995.

Sempé/Goscinny, *Les Récrés du petit Nicolas,* Gallimard, coll. « Folio Junior », 1998.

Vivier (Colette), *La Maison des petits bonheurs,* Casterman, 1996.

• Poésie :

L'École des poètes, anthologie présentée par Joël Sadeler, Hachette, coll. «Fleurs d'encre», 1998.

• Théâtre :

Ionesco (Eugène), *La Leçon,* Gallimard, coll. « Folio », 1994.

Giraudoux (Jean), *Intermezzo,* Comédie-Française, 1983.

Tardieu (Jean), *Le Professeur Froeppel,* Gallimard, coll. «Blanche», 1978.

Chapitre 2

Quand on parle du loup
Confronter les différentes approches d'un thème

LES OBJECTIFS DU CHAPITRE

Objectifs généraux

• Le professeur de français, comme ceux de toutes les disciplines, doit s'efforcer d'intégrer dans les apprentissages qu'il met en place pour ses élèves **une formation à l'esprit critique**, garantie de la **liberté de penser** et de la **tolérance.**

Le thème du loup semble privilégié dans cette perspective ; en effet, cet animal appartenant à la famille des canidés a exercé une bien étrange fascination sur les hommes qui, quelles que soient leurs civilisations et leurs cultures, l'ont à la fois maudit et adoré, l'ont affublé parfois de pouvoirs maléfiques ou en ont fait un ami du genre humain. Figure ambiguë, le loup a profondément marqué l'imaginaire collectif au point de donner naissance à nombre de contes et de proverbes.

Le chapitre « Quand on parle du loup… » vise donc à expliquer, par le biais de la lecture et de la production de textes variés, voire contradictoires, sur cet animal, que les regards et les discours sur le monde, dans leur variété, parfois même dans leurs oppositions, sont à examiner avec un recul critique. L'éducation à la citoyenneté commence ici par la **prise de conscience de la diversité des opinions et des jugements sur un même objet** ; elle conduit à la prudence face aux positions tranchées et autoritaires ; elle incite à **la prise de distance face aux mouvements de pensée grégaires** tels que les rumeurs, les préjugés, etc.

C'est pour cette raison qu'une certaine place a été accordée dans ce chapitre à un travail sur **les locutions et proverbes** : ceux-ci méritent d'être étudiés pour des raisons purement lexicales, mais, de surcroît, ils constituent des expressions figées qui véhiculent des idées toutes faites. Aussi faudra-t-il inviter les élèves à les manipuler avec prudence, et à savoir prendre certaines distances par rapport aux idées toutes faites qu'ils représentent.

Objectifs méthodologiques

• **Lecture :** les Instructions Officielles insistent sur le fait que **l'enseignement du français doit s'inscrire dans une perspective discursive** ; le principal objectif visé dans ce chapitre est d'aider les élèves à établir une distinction entre les textes en se situant au niveau du **type d'écrit**, du **type de texte** et du **type de discours** ; la lecture des textes va favoriser la construction d'outils qui permettront d'identifier clairement les enjeux d'une page et de justifier leur analyse.

C'est pourquoi le thème du loup se décline à travers des textes aussi variés qu'un article de dictionnaire, un extrait d'encyclopédie et des passages de récits de fiction, les enjeux de ces pages s'inscrivant dans **des situations de communication très diverses.**

• **Étude de la langue :** l'accent est mis dans ce chapitre sur un outil indispensable au collège : **le dictionnaire.** On propose aux élèves d'analyser l'organisation d'un article de dictionnaire encyclopédique, de s'en approprier les codes, d'en rédiger un à leur tour. De plus, la lecture des textes est régulièrement orientée vers une consultation d'un ouvrage de ce type.

• **Écriture :** dans ce chapitre, deux perspectives sont privilégiées, toutes deux en rapport étroit avec les programmes de la classe de sixième.

Tout d'abord, les élèves sont invités à produire des **textes dans le cadre de situations de communication clairement définies**, dans un cas pour expliquer quelque chose à un public déterminé, dans l'autre pour convaincre un individu précis.

D'autre part, la production de textes narratifs est orientée vers un travail de **transformation d'informations scientifiques en matière fictionnelle** ; pour nourrir leurs productions, les élèves, tout comme l'ont fait avant eux de très nombreux romanciers, vont apprendre à s'appuyer sur des documents divers et à les intégrer dans la trame d'une narration romanesque.

Voir le tableau synoptique page suivante.

ANALYSE DE L'IMAGE

Eugène Grasset, « Trois femmes et trois loups »

(livre de l'élève, p. 35)

1. Les femmes semblent redouter d'apercevoir quelqu'un ou quelque chose. C'est surtout l'attitude et la physionomie du personnage placé au premier plan qui expriment un sentiment d'effroi ; ses bras repliés et serrés contre sa poitrine trahissent à la fois le désir de s'éloigner d'un danger et celui de s'en protéger ; les prunelles de ses yeux se dilatent comme sous l'effet d'une terreur profonde ; ce regard, bien que dirigé vers l'observateur, reste vide et fixe. Les femmes placées à l'arrière-plan manifestent la même inquiétude, comme le prouvent leurs regards investigateurs qui fouillent l'ombre de la forêt. La nature de ces femmes suscite des

TABLEAU SYNOPTIQUE

SUPPORT	LECTURE	LANGUE	EXPRESSION
• Eugène Grasset, « Trois Femmes et trois loups »	• Lecture d'image : interprétation d'indices		• Écrire à partir de l'image
LE LOUP ENTRE SAVOIR ET IMAGINAIRE			
• Article « Loup » d'un dictionnaire encyclopédique	• Abréviations du dictionnaire, rubriques d'un article de dictionnaire encyclopédique ; caractéristiques d'un texte scientifique.	• Grammaire : types et formes de phrase dominants, temps verbaux dominants utilisés dans un texte scientifique • Grammaire : substituts nominaux et pronominaux	• Expression écrite et orale : exposé sur un animal imaginaire suivant le canevas d'un texte scientifique ; production d'un texte avec un enjeu discursif précis
• Planche d'un manuscrit du Moyen Âge	• Lecture de l'image : sa fonction discursive		
• Paul-Émile Victor et Jean Larivière : *Les Loups*	• Caractéristiques d'un ouvrage documentaire ; texte explicatif et fonction explicative d'un texte narratif ; présentation scientifique d'un animal	• Vocabulaire : champ lexical de l'odorat	
• Marcel Aymé, *Les Contes du chat perché*	• Représentation anthropomorphique d'un animal ; intertextualité ; procédés argumentatifs		• Expression écrite : rédaction d'un discours argumentatif adressé par un personnage de fiction à un autre personnage
• Texte écho Daniel Pennac, *L'Œil du loup*	• Lecture cursive		
REPÈRES : ÉCRITS SCIENTIFIQUES ET ÉCRITS DE FICTION			
LE LOUP ENTRE MOQUERIE ET TERREUR			
• Jean-François Bladé, *Dix Contes de Loups*	• Représentation anthropomorphique d'un animal ; le récit de tromperie		• Expression orale : lecture du texte (intonations, rythme, silences)
• Guy de Maupassant : « Le loup », *Contes fantastiques*	• La rumeur : définition de la notion, ses effets, ses manifestations ; construction par l'écriture d'un animal fantastique	• Grammaire : groupe nominal et formes d'expansion du nom	
REPÈRES : LIRE POUR CONFRONTER LES REGARDS			
• Extrait de Paul-Émile Victor, *Les Loups*			• Écriture d'un récit de fiction à partir d'un texte documentaire

interrogations ; leur étrangeté tient à la longueur de leur chevelure, au curieux vêtement dont elles sont couvertes et surtout à leur posture : corps incliné vers l'avant, jambes repliées, elles semblent voler entre les arbres ; un mouvement de déplacement rapide est suggéré par la représentation horizontale des longues chevelures et des plis des robes.

Qui sont ces femmes ? des esprits de la forêt, des sorcières ? Il s'agit certainement de personnages appartenant à l'univers des contes et légendes.

Pour aller plus loin : le professeur pourra rappeler la valeur magique du chiffre trois, présent dans la mythologie grecque (les trois dieux maîtres de l'univers : Zeus, Poséïdon et Hadès, les trois Parques, les trois Grâces, les trois têtes du chien Cerbère, le gardien des Enfers...), mais aussi dans la religion chrétienne (les trois rois mages, le dogme de la Trinité chrétienne...).

2. L'apparence physique des loups présente les caractéristiques suivantes : couleur sombre du pelage, gueule rouge ouverte, yeux brillants ; ces particularités contribuent à suggérer l'idée d'animaux cruels. On notera que le rouge et le noir sont traditionnellement les couleurs du Diable.

Pour aller plus loin : le professeur pourra faire réfléchir aux liens qui unissent les trois femmes et les trois loups ; dans les contes et légendes, on raconte que les loups accompagnent les sorcières et les sorciers qui se rendent au Sabbat et que, parfois même, les sorciers se transforment en loups.

3. En bas à gauche de l'image se trouve un cor de chasse manifestement abandonné par un chasseur ; on peut émettre l'hypothèse qu'il s'est enfui à la vue des êtres étranges et effrayants qu'il a croisés.

Pour aller plus loin : il serait intéressant de profiter de cette lecture pour introduire la connaissance de codes techniques propres à l'image : le mouvement des personnages orienté de la gauche vers la droite suggère l'idée d'un départ vers l'aventure (voir les premières vignettes dans un grand nombre d'albums de *Tintin*) ; le mouvement inverse – plus rarement représenté – évoque plutôt l'idée d'un retour ou d'une marche à la rencontre d'un personnage situé en hors champ de la partie gauche de l'image.

4. Les réactions des élèves sont relativement prévisibles (l'étonnement, la peur) ; le professeur se servira de cette question ouverte pour inviter les élèves à exprimer leurs réactions et à les justifier en s'appuyant sur des indices précis (on ne négligera pas le caractère insolite des couleurs).

On acceptera que l'atmosphère créée par cette image soit qualifiée d'étrange, de merveilleuse, de fantastique par les élèves ; il serait en effet prématuré, en début de classe de sixième, de faire distinguer les nuances qui existent entre ces trois registres ; l'important est que l'objectif visé, faire étayer une affirmation et une prise de position par des preuves pertinentes, soit atteint.

TEXTE D'ÉTUDE

« Canis lupus »

(livre de l'élève, p. 36)

Ce texte offre au jeune lecteur **un exemple de type d'écrit (un article de dictionnaire encyclopédique) et d'un type de texte (un texte explicatif)** avec lesquels les Instructions Officielles demandent qu'il soit bien familiarisé au cours de la classe de sixième. **L'enjeu est à la fois disciplinaire et transversal** : la maîtrise du français et sa pratique en tant qu'outil exigent de façon permanente un usage raisonné des différents dictionnaires, et, en particulier, du dictionnaire encyclopédique ; de plus, la compétence ainsi acquise permettra aux élèves d'utiliser cet ouvrage de référence de façon autonome dans le cadre des autres disciplines.

LECTURE

L'objectif visé par ce questionnaire est de développer une double compétence chez les élèves :
– savoir **décoder les informations** contenues dans un article de dictionnaire ;
– savoir **construire des attentes de lecture** face à l'article de dictionnaire encyclopédique, type d'écrit qu'ils seront amenés à fréquenter régulièrement (voir les programmes de collège et, en particulier, celui de la classe de sixième). En ce qui concerne les articles consacrés aux animaux, les élèves devront repérer une organisation textuelle possible qui, pour être souple et fluctuante selon les ouvrages, se décline assez régulièrement en rubriques telles que la description physique, le mode d'alimentation, de reproduction, pour finir par des généralités (espèces, habitat, lieux de vie).

Des informations sur le mot « loup »

1. Dans cet article de dictionnaire encyclopédique, le lecteur trouve d'abord des informations sur le mot lui-même ; ces informations sont données au moyen de codes dont il faut fournir les clés aux élèves :
– [lu] : indique la façon de prononcer le mot ; le professeur enrichira cette réponse de précisions complémentaires : la présence de crochets signale que l'on a affaire à l'alphabet phonétique international qui indique de quelle façon un mot se prononce ; il s'agit d'une transcription écrite de l'oral, qui permet de prononcer des mots français que l'on ne connaît pas ou des mots appartenant à une langue étrangère. On pourra faire remarquer quel phonème est représenté par [u] ;
– n : est l'abréviation du mot *nom* (classe grammaticale d'un mot) ;
– m : est l'abréviation de *masculin* (genre d'un nom) ;
– (lat. *lupus*, m. s.) : l'abréviation « lat. » indique que le mot *loup* provient d'un mot latin, *lupus*.

Le professeur pourra expliquer que, par souci de clarté, les scribes du Moyen Âge ont tenu compte de l'étymologie latine pour orthographier le mot *loup*, prononcé « lou ».

2. Pour traiter cette question, les élèves utiliseront un dictionnaire, au moins pour rechercher l'étymologie des noms :
– *roue* [Ru], n. f (du lat *rota*, n. f.) ;
– *coup* [ku], n. m (du latin *colaphos*, n. m., emprunté au grec *kolaphos*).

Cet exercice vise trois objectifs :
– apprendre à lire les informations données par un dictionnaire ;
– faire repérer la diversité des graphèmes (c'est-à-dire des situations orthographiques usuelles) correspondant à un phonème ;
– faire comprendre l'intérêt de l'alphabet phonétique quand on lit un mot inconnu dans un dictionnaire.

Des informations sur l'animal

1. Les trois informations que le dictionnaire nous délivre sur le loup concernent :
– la famille à laquelle il appartient (« canidé sauvage ») ;
– son aspect physique (« de grande taille ») ;
– les lieux géographiques où il vit (« Europe, Asie, Amérique du Nord »).

On peut expliquer le mot *canidé* en se servant de son étymologie : *canis* signifie « chien » en latin, comme l'indique la note 2 du livre de l'élève. Le mot *canidé* renvoie donc à une famille de mammifères de l'ordre des carnivores qui possèdent les caractéristiques du chien, et dont font partie les chacals, les loups et les renards.

2. Les différentes informations que l'article du Dictionnaire Quillet apporte sur le loup se présentent dans l'ordre suivant :
– caractéristiques physiques du loup ;
– mode d'alimentation ;
– mode de reproduction ;
– pays et régions où il vit ;
– différentes espèces.

Pour aller plus loin : le repérage de l'organisation de ce texte permettra éventuellement de montrer aux élèves que l'on avance dans certains textes grâce à une progression thématique à thème constant.

Un texte scientifique

1. Les précisions scientifiques sont fournies dans ce texte par des éléments tels que :
– des dates (« 1968 ») et des indications de saisons (« pendant l'hiver », « au printemps ») ;
– des mesures chiffrées : « 90 cm », « 1m 60 » ;
– des noms propres géographiques que l'on peut classer en noms de continents (« Europe », « Asie », « Amérique du Nord », « Amérique du Sud »), de parties de continents (« Scandinavie »), de pays (« France », « Espagne »), de régions (« Poitou », « Limousin »).

Le professeur pourra commenter ces apports scientifiques en rappelant les enjeux d'un texte scientifique : dire précisément, par exemple, *quand, où* se passe un phénomène que l'on évoque.

2. Les mots techniques que l'on peut relever dans ce texte sont : « canidé sauvage », « loup commun », « garrot », « flanc », « horde », « mettre bas ». Ce sont des termes qui sont utilisés spécifiquement pour parler d'animaux et, plus précisément, de loups.

Le texte scientifique se caractérise en effet par le souci de nommer les choses avec précision grâce aux termes les plus justes possible.

3. Cette question amène les élèves à prendre conscience du fait qu'il existe une finalité à toute démarche de lecture, et à s'interroger sur la fonction d'un type d'écrit. On attendra par exemple qu'ils évoquent, en réponse, le désir de se procurer des informations précises pour satisfaire une curiosité personnelle, pour préparer un exposé scolaire.

4. Cette question complète la précédente : elle ouvre une réflexion sur la fonction discursive d'un texte, c'est-à-dire sur la façon dont il prend sens dans une situation de communication. Les élèves vont ainsi travailler sur les liens entre type de texte, type d'écrit et situation d'échange.

Le contenu de cet article pourrait légitimement faire l'objet d'un cours de Sciences et Vie de la Terre au collège.

ANALYSE DE L'IMAGE

1. Cette image sera sans doute le plus souvent rapprochée du passage du texte qui évoque la chasse du loup : « essentiellement carnivore, il attaque de front, lorsqu'il est affamé, les troupeaux » (l. 13-14) ; mais l'un des animaux représentés sur cette planche (au deuxième plan, à gauche) peut aussi faire penser à la phrase qui concerne la reproduction du loup (« la femelle met bas quatre à six louveteaux », l. 15-16).

2. En dépit de sa ressemblance avec une bande dessinée (que suggèrent les six représentations d'un même animal), cette image n'a pas pour fonction de raconter : la succession des six petits dessins ne constitue pas une séquence narrative, car on ne peut trouver de cohérence logique entre les actions qu'ils évoquent (au milieu de scènes de dévoration, on notera la présence d'une louve allaitant ses petits ; d'autre part, les proies des loups sont à chaque fois des animaux différents). Le rôle de l'image n'est pas non plus de compléter une description : en effet l'évocation graphique de l'animal reste sommaire et imprécise.

En revanche, il semble plutôt que cette image ait pour fonction de fournir des explications sur la façon dont le loup s'empare de ses proies et surtout sur la diversité des animaux qui constituent ses repas : un petit cochon (?), une sorte d'hermine (?) un agneau, un bouc.

Cette réponse sera justifiée par l'analyse du titre : *Du loup et de sa nature,* dont le professeur fera examiner le caractère scientifique (emploi de la tournure latine : *de* suivi du cas ablatif signifiant « au sujet de »).

ÉTUDE DE LA LANGUE

Grammaire

1. On trouve dans les lignes 4 à 10 des phrases de type déclaratif et de forme affirmative.

2. Le temps verbal dominant est le présent qui énonce des vérités générales, vérifiables à toute époque.

Pour aller plus loin : on pourra faire constater aux élèves que les traits linguistiques mis en évidence par ces questions constituent des caractéristiques du texte scientifique destiné à informer un lecteur.

EXPRESSION ÉCRITE

Tout en impliquant le respect d'une double contrainte formelle (textuelle et discursive), ce travail d'écriture sollicite le goût du jeu et l'imagination d'élèves de sixième. Il s'articule avec l'activité de lecture, puisqu'il prend appui sur l'observation préalable des caractéristiques d'un texte scientifique.

La première contrainte est celle de la situation de communication : il s'agit de rappeler aux élèves que tout énoncé se construit en fonction de la personnalité de l'émetteur et de celle du destinataire ; la situation proposée par la consigne, tout en s'inspirant du milieu scolaire, oblige l'élève à « se décentrer » et à jouer le rôle d'un adulte (celui d'un savant invité par le principal de son collège).

Cependant, l'évaluation de la production écrite ne prendra pas encore vraiment en compte cette dimension discursive en début d'année ; il suffira que l'élève l'ait découverte.

En revanche, on pourra donner plus de poids à la contrainte d'ordre textuel, déclinée en différents points dans la rubrique « Pour préparer le travail » ; ces divers points peuvent constituer des critères d'évaluation.

TEXTE D'ÉTUDE

Comment les loups chassent-ils ?

(livre de l'élève, p. 38)

Ce texte s'inscrit dans une logique de prolongement et d'enrichissement du texte précédent. Il s'agit toujours d'**un écrit de nature scientifique** visant à délivrer des informations sur le loup ; cependant, la partie explicative est complétée par **un bref passage narratif qui joue le rôle d'illustration et d'exemple**. L'introduction de ce texte apporte de surcroît une mise en perspective argumentative : sorte d'avertissement adressé au lecteur, elle lui rappelle que, pour comprendre un animal, il est nécessaire de se mettre en quelque sorte à sa place et de s'informer sur les besoins qui conditionnent son existence ainsi que sur les moyens qu'il a de les assouvir.

LECTURE

Un ouvrage documentaire

1. Ce texte fournit au lecteur des informations développées sur la façon dont chassent les loups, alors que l'article de dictionnaire encyclopédique (texte précédent) ne consacre à ce thème que 3 ou 4 lignes (l. 11 à 14, p. 36). La différence entre un article de dictionnaire et un extrait d'ouvrage documentaire tient à l'importance accordée à l'information : l'article de dictionnaire vise à donner des informations complètes sous une forme condensée, alors que le documentaire développe parfois librement un point privilégié.

2. Ce texte apporte deux informations essentielles sur le loup et sur la façon dont il chasse. Tout d'abord il rappelle au lecteur que le loup chasse pour se nourrir (« La première [sensation] et la plus élémentaire qui les anime est celle de la faim. Un loup, en particulier, chasse tant qu'il n'a pas l'estomac plein » (l. 3-5), ce qui, implicitement, bat en brèche le mythe du loup cruel tuant par pure cruauté.

D'autre part, le texte insiste sur la façon dont le loup chasse : l'animal se sert essentiellement de l'odorat – mais de façon différente du chien – pour identifier et localiser les proies qu'il poursuit ; on attendra des élèves qu'ils citent un passage des lignes 31 à 38 développant la description de son comportement (par exemple : « La meute renifle longuement pour analyser la senteur, afin d'en identifier la source et d'en évaluer la distance »).

Pour aller plus loin : si les auteurs font référence à un autre sens, la vue, c'est pour en montrer la faiblesse, puisque la myopie des loups est source d'erreurs qui risquent d'être tragiques pour eux, comme le montre l'anecdote rapportée par Banfield : « Cette révélation lui fit l'effet d'un coup de fusil (qu'il avait bien failli recevoir…). » La question « quel sens » est au singulier alors que le texte évoque l'odorat et la vue ; l'enjeu de cette question est de faire réfléchir les élèves aux dangers d'une lecture-repérage hâtive : il ne suffit pas de relever les mots appartenant au domaine des sens ; il faut aussi bien comprendre l'information qui est apportée par le texte.

Texte explicatif et texte narratif

1.

Lignes	Temps verbal dominant	Nature du texte
1 à 9	présent	explicatif
10 à 21	passé simple	narratif
22 à 38	présent	explicatif

Ce relevé a pour intérêt de faire constater la présence de deux types de textes aux fonctions différentes – l'un visant à expliquer, l'autre à raconter – caractérisés l'un et l'autre par l'emploi d'un temps verbal spécifique.

2. Le petit récit qui se déroule de la ligne 10 à la ligne 21, enchâssé dans un texte explicatif, joue un rôle d'exemple illustrant les affirmations sur la myopie du loup (« Plutôt myopes, les loups ne semblent distinguer guère que le mouvement », l. 6-7).

Il est intéressant de montrer aux élèves que les enjeux du texte narratif sont différents selon les types d'écrits dans lesquels on les trouve : le récit peut être par exemple utilisé dans un texte documentaire ou scientifique pour donner de la clarté à une affirmation abstraite.

3. Selon les auteurs, cette histoire est « intéressante à double titre » parce qu'elle donne une double information :
– elle montre que, à cause de leur myopie, les loups suivent parfois des proies dont ils ignorent la nature (l. 23 à 25) ;
– elle illustre la façon dont les loups exploitent les informations que leur apporte leur odorat (l. 25 à 32).

Une présentation scientifique du loup

1. Ce texte ne présente pas le loup sous un jour effrayant ; il essaie plutôt de rétablir la vérité sur le comportement d'un animal comme les autres. Les auteurs insistent bien sur le fait que si, parfois, un homme a été poursuivi et s'est senti menacé par un loup, c'est parce que l'animal avait commis une méprise sur la proie qu'il poursuivait ; en effet, le loup ne perçoit tout d'abord que des mouvements ; d'autre part, son odorat ne lui permet d'identifier le gibier qu'il chasse qu'à partir d'une certaine distance. Il apparaît bien, de surcroît, à travers le petit récit central, que les loups éprouvent une véritable peur à l'égard des hommes (« D'un bond, il s'enfuit, plus effrayé encore que celui qui l'avait observé… », l. 20-21).

2. Les deux premières phrases, qui jouent en quelque sorte un rôle d'introduction, délivrent un conseil qui est en même temps une leçon de morale. Elles invitent les lecteurs à ne pas juger les animaux uniquement d'un point de vue humain, mais en acceptant de se mettre à leur place ; il faut donc, pour cela, bien connaître leurs caractéristiques physiologiques, car celles-ci conditionnent leurs relations au monde et leur mode de vie.

Pour aller plus loin : ce passage peut être exploité de façon plus large pour développer l'esprit de tolérance chez de jeunes élèves. Le professeur pourra, par exemple, envisager un travail en interdisciplinarité avec un collègue de SVT afin de faire réfléchir à la diversité des perceptions visuelles dans le monde animal. L'idée que « pour comprendre… il faut se mettre à la place… » pourra être, selon les besoins, adaptée à d'autres situations et rappelée en cours d'année.

ÉTUDE DE LA LANGUE

Grammaire

1. Dans le récit des lignes 10 à 21, apparaissent deux personnages humains : le narrateur lui-même, A.W.A. Banfield, et l'un de ses compagnons.

Banfield est désigné par son nom propre (l. 16) puis par une périphrase (« celui qui l'avait observé », l. 20-21) ; à la ligne 16, la reprise du nom propre évite l'ambiguïté du pronom « il », qui pourrait renvoyer également au loup ; la périphrase permet de rappeler la situation de Banfield dans cette histoire et laisse imaginer la peur que celui-ci a dû éprouver en observant un loup sur les traces de l'un de ses compagnons.

L'autre personnage est évoqué par les mots « compagnon » (l. 10) et « camarade » (l. 17), qui définissent ses liens avec Banfield et qui justifient la peur ressentie par le narrateur ; on pourrait aussi évoquer les mots « silhouette » (l. 13) et « gibier » (l. 15) qui, eux, renvoient au point de vue du loup.

2. À la ligne 17, c'est pour éviter une ambiguïté que les auteurs reprennent le nom commun de « loup » ; en effet, le pronom personnel « il » renverrait ici à Banfield.

Vocabulaire

1. Le domaine de l'odorat est évoqué dans ce texte par les termes suivants : « odeur » (l 18 et 33), « effluves » (l 31), « renifle » (l 36), « senteur » (l. 37).

2. *Odeur* désigne une sensation agréable ou désagréable perçue par l'odorat ; *senteur* se dit plutôt d'une odeur agréable ; *effluve* (qui est du genre masculin) évoque plutôt une odeur qui arrive par vagues ; *renifler*, c'est aspirer fortement par le nez pour percevoir une odeur.

TEXTE D'ÉTUDE

« Et l'agneau, alors ?… »

(livre de l'élève, p. 40)

Le texte de Marcel Aymé permet de découvrir **une autre façon de représenter le loup** ; celui-ci n'est plus ici objet d'observation scientifique, mais **personnage d'un récit** (qui parle, qui éprouve des sentiments). L'enjeu est de faire analyser par les élèves les procédés linguistiques et littéraires par lesquels un romancier transforme la réalité en fiction.

L'intérêt présenté par cette page réside aussi dans le **jeu plaisant d'intertextualité** qui la parcourt et dans la présence d'un **dialogue argumentatif** qui oppose le loup et les deux petites filles.

LECTURE

Le loup comme personnage de récit

1. Les trois personnages qui dialoguent sont deux petites filles – deux sœurs, Delphine et Marinette – et le loup. Nous sommes dans un univers de fiction romanesque : dans la réalité, les loups et les hommes n'entrent pas en communication les uns avec les autres.

2. Les phrases et expressions qui donnent des informations sur le loup le présentent plutôt comme un être humain que comme un animal.

On peut ainsi relever des passages dans lesquels le loup manifeste ses sentiments : « comme le loup protestait de ses bonnes intentions » (l. 4) ; « le loup n'en fut pas démonté » (l. 7) ; « avec un air et un accent d'innocence » (l. 10) ; « j'en ai eu bien du remords » (l. 24).

L'auteur décrit aussi des gestes et des attitudes : « le loup baissa la tête avec humilité » (l. 21) ; « on l'entendit renifler derrière la vitre » (l. 22) ; « le loup se frappa la poitrine » (l. 27).

Toutes ces notations conviennent à un être humain et non à un animal sauvage. Elles prouvent bien que Marcel Aymé veut donner une dimension anthropomorphique à son personnage en le faisant parler et en lui prêtant des attitudes et des pensées humaines.

Le loup de tous les récits

1. Aux lignes 2 et 19, Delphine fait allusion à la fable de La Fontaine (« Le loup et l'agneau ») et au conte de Perrault et des frères Grimm (« Le Petit Chaperon rouge »). On peut retrouver ces auteurs dans l'index des auteurs, page 350 du manuel de l'élève.

Cette question vise un double objectif : faire découvrir le jeu de l'intertextualité avant que celui-ci ne soit abordé de façon directe dans le chapitre consacré aux contes et à leur récriture ; faire manipuler le manuel afin que les élèves en connaissent l'organisation et les ressources.

2. Le loup qui bavarde avec les héroïnes du conte reconnaît avoir mangé le Petit Chaperon rouge ; sa réponse concernant l'agneau de la fable de La Fontaine reste plus évasive, sans doute parce qu'il a dévoré beaucoup d'autres agneaux depuis cette époque-là ! Le loup présent dans l'histoire de Marcel Aymé aurait donc au moins 250 ans !

Ce constat pourra déboucher sur l'analyse du type de comique qui sous-tend ce texte et qui est fondé sur la complicité culturelle que l'écrivain établit avec son lecteur : on prend plaisir à créer des liens entre les textes que l'on connaît et à franchir les limites de la logique.

Le procès du loup

1. Pour se défendre des crimes qu'on lui impute, le loup utilise deux procédés :
– en ce qui concerne l'agneau, il affirme qu'il s'agit d'un acte normal ;
– en ce qui concerne le Petit Chaperon rouge, il laisse entendre qu'il éprouve des regrets pour un acte qu'il a commis dans sa jeunesse d'une façon irresponsable.

2. La fin du texte est inattendue ; on pourra indiquer qu'il s'agit du procédé de la chute, destiné à clore un texte ou une partie d'un texte d'une façon originale ou amusante. Le lecteur s'attend en effet à ce que le loup continue à utiliser le registre de la contrition ; or son argument révèle tout à la fois sa voracité et l'hypocrisie de son repentir.

EXPRESSION ÉCRITE

Les élèves sont invités à produire une suite de texte en prolongeant le dialogue inventé par Marcel Aymé entre Delphine et le loup. Les premiers critères d'évaluation concernent donc à la fois :
– les contraintes d'une situation d'énonciation particulière : un loup essaie de dissimuler sa cruauté à une petite fille ;
– la cohérence d'un dialogue.

L'enjeu de ce travail d'expression écrite est aussi d'initier les élèves au discours argumentatif, qui, selon les Instructions Officielles, peut faire l'objet d'une sensibilisation en classe de sixième. Le livre de l'élève propose deux arguments de mauvaise foi dont le loup pourrait se servir ; il serait intéressant que le professeur prépare le devoir en conduisant une recherche collective sur tous les arguments que le loup peut utiliser pour se justifier.

REPÈRES

Écrits scientifiques et écrits de fiction

(livre de l'élève, p. 43)

1. Comparaison des quatre premiers textes : **voir le tableau en bas de page**.

2. Le professeur construira naturellement le corrigé de cet exercice à partir des copies de ses propres élèves.

TEXTE D'ÉTUDE

Jean-François Bladé, « La Chèvre et le Loup »

(livre de l'élève, p. 44)

Ce texte, qui appartient à la littérature de jeunesse, s'inscrit dans la veine populaire des **contes de tromperie** et célèbre la **victoire du héros faible, mais intelligent**, sur un adversaire qui détient la supériorité physique. Le professeur pourra donc analyser les mécanismes d'un récit de duperie et, éventuellement, proposer des activités de lecture en réseau à partir de ce thème ; il pourra également rapprocher ce texte des **aventures de Renart et Ysengrin**.

LECTURE

Un récit de fiction

1. Dans ce conte, les animaux sont représentés de façon anthropomorphique, c'est-à-dire qu'ils vivent et agissent comme des hommes, ainsi que le montrent les indices suivants : les deux animaux parlent – ils s'associent pour exploiter une métairie, et la chèvre s'occupe de semer des légumes et des céréales – ils mangent de la soupe dans des assiettes – ils vont à l'église prier Dieu.

2. Pourtant, le loup se comporte véritablement comme un animal lorsqu'il fomente de manger la chèvre (l. 19-20).

D'autre part, lorsque les habitants du village découvrent le loup (l. 47-49), ils le traitent comme une bête malfaisante et essaient de le tuer.

Texte	Comment le texte présente le loup	Pourquoi le texte parle du loup	Nature du texte
1. Dictionnaire Quillet	comme un animal	pour informer	écrit scientifique
2. P. – E. Victor et J. Larivière	comme un animal	pour informer	écrit scientifique
3. M. Aymé	comme un être humain	pour amuser le lecteur	écrit de fiction
4. D. Pennac	comme un être humain	pour amuser le lecteur et le faire réfléchir	écrit de fiction

Pour aller plus loin : l'ambiguïté du texte, ainsi mise en valeur, permettra de montrer que, parfois, les contes et les fables présentent les animaux sous une double nature ; leur représentation anthropomorphique n'exclut pas totalement l'évocation de réalités purement animales.

Une histoire de tromperie

1. À deux reprises, le chèvre dupe le loup :
– lorsque celui-ci choisit de prendre dans la récolte ce qui pousse sur terre, la chèvre sème des « aulx, oignons et raves », c'est-à-dire des plantes potagères qui poussent sous terre ; ainsi le loup ne récoltera que des fanes non comestibles ;
– lorsqu'il choisit alors de prendre dans la récolte ce qui pousse sous terre, la chèvre sème des céréales (« blé et seigle »), et le loup ne reçoit rien.

2. Afin d'échapper au loup qui veut la manger, la chèvre recourt à deux ruses successives :
– tout d'abord, elle réussit à l'enfermer dans l'église en lui faisant tellement enfler le ventre qu'il ne peut plus sortir par le trou de la porte ;
– de surcroît, elle l'amène à alerter bien involontairement les paysans en se pendant lui-même à la corde de la cloche.

L'épisode de l'assiettée de soupe a sa raison d'être : il permet de comprendre pourquoi le pain de quinze livres, une fois humidifié par le liquide absorbé, gonfle le ventre du loup.

Une histoire de loup trompé

1. Le loup fait ici preuve de deux défauts qui lui sont souvent prêtés dans les contes ; il est à la fois :
– sot et donc sans cesse floué (« son pauvre associé n'eut que les queues », l. 11-12, « son pauvre associé n'eut que les racines », l. 16-17) ;
– vorace (se promettant de « profiter de la première occasion où il serait seul avec elle pour la manger », l. 19-20).

2. Un tableau très simple opposera :
– la force physique du loup à la fragilité de la chèvre, à partir des représentations que les élèves ont de ces animaux (on pourra prendre appui sur l'histoire d'Alphonse Daudet : « La petite chèvre de Monsieur Seguin ») ;
– la stupidité du loup et l'habileté de la chèvre qui se manifestent dans ce conte de Jean- François Bladé.

3. À partir des réponses aux deux questions précédentes, on invitera les élèves à tirer une leçon de cette histoire : par exemple que l'intelligence est plus efficace que la force brutale.

Ce constat apporte un certain plaisir aux jeunes lecteurs qui se sentent parfois démunis dans l'existence face aux « grands » du collège. Il serait intéressant que le professeur fasse recenser d'autres aventures de héros qui compensent leur faiblesse physique par leur intelligence (par exemple Le Petit Poucet face à l'Ogre, David face à Goliath).

EXPRESSION ORALE

Il est proposé aux élèves de travailler la lecture orale d'un texte ; l'enjeu n'est pas seulement l'apprentissage d'une lecture expressive ; il s'agit de leur faire comprendre que, dans toute forme de production orale, improvisée ou non, la maîtrise de la voix, l'usage des silences, etc. contribuent à la qualité de la communication avec autrui.

TEXTE D'ÉTUDE

Maupassant, « Et bientôt une rumeur circula »

(livre de l'élève, p. 46)

La nouvelle de Maupassant est un texte plus difficile que ceux qui ont été proposés précédemment ; **elle fait du loup un être fantastique, à mi-chemin entre l'animal et la créature démoniaque** ; le loup est-il une bête poussée au carnage par la famine, ou est-il l'incarnation du Mal ? sans aborder encore, à ce niveau de classe, le registre fantastique, on pourra faire ressentir aux élèves cette hésitation qui parcourt l'ensemble du texte.

Mais cette page présente aussi un autre intérêt : elle permet de **faire réfléchir à la notion de « rumeur »**, aux dangers que constituent les bruits qui courent, les « on dit » et toutes formes déviantes que peut prendre la circulation des informations.

LECTURE

Des faits réels à la rumeur

1. Les loups deviennent féroces au milieu de l'hiver car ils ne trouvent plus leur nourriture habituelle dans leur milieu naturel ; les textes scientifiques qui donnent des informations sur la vie des loups expliquent que « la faim fait sortir le loup du bois » et que l'animal essaie alors de trouver des proies à manger dans les villages.

Ainsi, le narrateur de la nouvelle de Maupassant évoque les loups attaquant les étables des paysans pour dévorer le bétail.

L'expression « ils dépeuplaient les étables » (l. 5) est un euphémisme (c'est-à-dire une expression adoucie pour évoquer une réalité brutale) pour dire que les loups mangeaient le bétail qui se trouvait dans les étables.

2. Cette question a pour objectif d'inciter les élèves à une recherche documentaire au CDI. Quels que soient les ouvrages consultés – et dont le professeur veillera à faire préciser les références afin de mettre en place des habitudes de rigueur –, les élèves découvriront probablement que, contrairement aux croyances répandues, les loups n'attaquent pas les hommes, sauf s'ils sont atteints par la rage ou affamés par un hiver très rigoureux ; mais les hommes ont exagéré le danger que cet animal représente pour leur vie : « pendant des millénaires on a rendu les loups responsables de morts naturelles, de crimes inavoués [...] ; les agissements de quelques animaux malades ont rejailli sur l'espèce tout entière, aboutissant à la hantise du loup dévoreur d'hommes » (Daniel Bernard, *L'Homme et le loup*, éditions Berger-Levrault, p. 43).

Ces informations confirment ce que l'on trouve dans les lignes 6 à 8 de la nouvelle : à cause des « froids excessifs », un loup s'est introduit dans le village et le bruit court qu'il a agressé des êtres humains.

3. La rumeur fait du loup un meurtrier sanguinaire, qui a égorgé tous les chiens, dévoré deux enfants et le bras d'une femme. Les habitants du village accordent tous crédit à ce bruit qui fait naître chez eux une véritable terreur.

Pour aller plus loin : le professeur pourra éventuellement montrer que la notion de « rumeur » est illustrée par « on parlait » (l. 6) : ici, le pronom personnel « on » désigne en effet un locuteur aussi indéterminé que peut l'être l'origine d'une rumeur.

4. Dans les lignes 6 à 14, le narrateur insiste sur l'extension rapide de la rumeur et sur sa généralisation, ainsi que le prouvent les mots et expressions suivants : « tous les habitants », « toute la province », « personne ».

Un animal fantastique

1. Le loup fantastique est décrit de la façon suivante : « un loup colossal, au pelage gris, presque blanc » (l. 6-7) – « une bête colossale, toute grise » (l. 41).

Ce qui caractérise cet animal, c'est à la fois sa taille hors du commun et sa couleur, apparemment plus claire que la couleur normale (qui est gris fauve).

2. Le loup qui terrifie le village se manifeste essentiellement la nuit, tout comme ses congénères : « [ils] hurlaient du coucher du soleil à son lever » (l. 4) ; « son souffle [...] faisait vaciller la flamme des lumières » (l. 10-11) ; « chaque nuit... l'animal attaquait quelque voyageur... » (l. 19-20) ; « le grand loup va faire quelque malheur cette nuit » (l. 37-38).

Ces crimes nocturnes font du loup un être des ténèbres, une sorte de suppôt du diable.

3. De fait, les hommes attribuent au loup des pouvoirs étranges :
– il est présent partout, mais invisible et insaisissable (l. 10-11 et 17 à 19) ;
– il semble posséder une intelligence et des savoirs humains qui lui permettent de déjouer les projets des chasseurs (l. 21 et 30-31).

La peur des hommes

1. Pour désigner la peur des hommes, le narrateur emploie le mot « panique », formé à partir du nom du dieu grec « Pan », dieu de la fécondité dont le nom signifie « tout » ; celui-ci passait pour produire les bruits que l'on entend dans les campagnes et pour troubler les esprits par ses apparitions inattendues et brutales.

2. La crainte des frères d'Arville est accentuée par la couleur très vive du soleil couchant (« le soleil empourpré », l. 22, « Regarde le soleil, s'il est rouge », l. 37) qu'ils interprètent comme un signe, comme l'annonce prophétique de crimes que le loup va commettre durant la nuit.

3. En réalité, la mort de Jean est due à un accident dont les cavaliers étaient fréquemment victimes : il se cogne violemment la tête contre une branche d'arbre alors que son cheval est lancé au galop. Ce n'est donc pas le loup qui l'a tué, à proprement parler.

4. Cependant, dans l'esprit de François, « le loup... venait de tuer son frère pour se venger d'eux ». L'animal devient donc dans son esprit un être cruel et sanguinaire, animé d'intentions maléfiques.

ÉTUDE DE LA LANGUE

Grammaire

1. a. « une peur ».

b. « une peur singulière qu'il n'avait jamais sentie encore » (1) – « la peur de l'ombre » (2) – « la peur de la solitude » (3) – « la peur du bois désert » (4) – « la peur du loup fantastique qui venait de tuer son frère » (5).

Ces cinq groupes nominaux sont apposés au groupe nominal « une peur ».

2. On trouve dans ces groupes nominaux trois formes d'expansion :

adjectifs qualificatifs – compléments du nom – propositions subordonnées relatives.

3. Cette question permet de faire comprendre aux élèves que des choix linguistiques sont producteurs de sens : l'accumulation de groupes nominaux apposés permet d'insister sur la détresse ressentie par François d'Arville, et d'en montrer la croissance progressive puisque les groupes nominaux sont de plus en plus longs.

REPÈRES

Lire pour confronter des regards

(livre de l'élève, p. 49)

1. Les représentations du loup à travers des extraits

- Loup terrifiant : extrait 1.
- Loup amical : extrait 3.
- Tout simplement un animal : extrait 2.

2. Les représentations du loup à travers des titres d'ouvrages

• *Treize Histoires de loups-garous* : le loup comme monstre sanguinaire.
• *Mes amis les loups* : le loup comme être proche de l'homme.
• *Polly la futée et cet imbécile de loup* : le loup comme animal stupide.
• *Les Loups* : le loup comme animal tout simplement.
• *Cœur de loup* : ce titre ne permet pas de déterminer quel regard est porté sur le loup.

3. Les représentations du loup à travers des images

a. Loup amusant : pages 41, 44, 51.
b. Loup cruel et terrifiant : pages 35, 40, 47, 49.
c. Loup comme animal : pages 36, 38.

Mais cette classification pourra faire l'objet d'un débat en ce qui concerne les rubriques b et c. Il faudra montrer qu'elle est uniquement fondée sur l'intention de représentation (en effet, l'image de la page 38 pourra faire l'objet d'un débat).

ATELIER D'ÉCRITURE

(livre de l'élève, p. 50)

1 Écrire un article de dictionnaire

L'enjeu de ce travail d'écriture est de familiariser les élèves avec cet outil indispensable à tout apprentissage dans les différentes disciplines qu'est le dictionnaire. Plus que l'activité de lecture, c'est encore l'activité d'écriture qui leur permettra d'atteindre cet objectif puisqu'ils auront, à partir d'un sujet ludique, à manipuler les codes et conventions qui régissent ce type d'écrit.

Pour la transcription phonétique, ils pourront utiliser le tableau qui figure à la page 351 de leur manuel.

2 Jouer avec locutions et proverbes

1. Utiliser des locutions toutes faites dans un texte

Cette activité s'inscrit dans une perspective d'articulation entre lecture, écriture et maîtrise de la langue : en effet la production d'un texte narratif ou injonctif, conçu comme un centon à base de locutions et proverbes, aidera à la compréhension de ces expressions lors de lectures ultérieures et fixera le statut lexical de ces formules figées.

En guise d'exemple, voici un petit texte produit par un élève.

Pour vivre heureux au collège, voici quelques conseils :
– Rangez-vous à la queue leu leu dans la cour.
– Marchez à pas de loup devant le bureau des surveillants.
– Même si vous avez une faim de loup, partagez votre goûter avec vos copains.
– Réfugiez-vous sous le préau quand il fait un froid de loup…
– et surtout… ne loupez pas la sortie !

2. Illustrer un proverbe

Cette activité d'écriture vise un double objectif : d'une part, elle doit aider à comprendre la valeur généralisante d'un proverbe puisque, pour illustrer l'idée que « la faim chasse le loup du bois », il est demandé d'écrire une histoire qui ne parle pas de loup ; d'autre part, elle fait découvrir la fonction illustrative que peut prendre un récit. Ce travail pourra être proposé en liaison avec la découverte de la fable.

3 Exploiter un texte documentaire pour écrire un récit de fiction

L'enjeu de cet atelier est de faire entrer les élèves dans le mécanisme d'un grand nombre d'ouvrages de fiction qui se sont inspirés du réel – qu'il s'agisse de réalités historiques, géographiques, biologiques ou encore technologiques – pour donner un cadre à la narration ou pour enrichir cette dernière. Un certain nombre de romans appartenant à la littérature de jeunesse ont été conçus dans cet esprit. Il est donc demandé à l'élève de « jouer au romancier » en transformant en matière littéraire un paragraphe extrait d'un documentaire sur les loups.

Cette activité peut être préparée par l'exercice intitulé « Transformer un écrit scientifique en écrit de fiction » (« Repères », livre de l'élève p. 43, exercice 2).

CORRIGÉ DE LA FICHE ÉLÈVE 4

Savoir traiter des informations

(Ci-après, p. 219)

PRÉSENTATION

Objectifs

Développer la compétence à **traiter des informations en les croisant entre elles, en les comparant.**

Développer la compétence à **choisir des livres** au CDI ou dans une bibliothèque municipale de façon autonome.

Support

Des présentations de livres recueillies sur le logiciel Électre.

À noter que le même type de travail peut être effectué à partir de résumés figurant dans les catalogues des éditeurs.

CORRIGÉ

1. *Rebelle le loup* ; « récit réaliste » – *L'Œil du loup* : « une vie sauvage en Alaska » – *Le Livre du loup* : « donne des informations documentaires ».

2. 1. *Seize Contes de loups.* – 2. *Rebelle le loup* – 3. *La Chasse au loup.*

3. Brigitte Coppin – Michel Amelin.

4. • Contes :
Seize contes de loups ; Dix Neuf Fables du méchant loup.

• Roman policier :
La Marque de l'homme-loup.

• Récit réaliste :
Rebelle le loup ; L'Œil du loup.

• Documentaire :
La Chasse au loup ; Le Livre du loup.

CORRIGÉ DE LA FICHE ÉLÈVE 5

Orthographe

(Ci-après, p. 221)

PRÉSENTATION

Objectifs

Faire travailler la lecture et l'orthographe de façon réfléchie et raisonnée à l'aide d'exercices ludiques :
– parcours de phrase dont on construit le sens en prenant des indices orthographiques ;
– closure à choix et closure simple ;
– récriture d'une phrase non ponctuée.

Œuvre concernée

Afin que les élèves cherchent à mettre leur connaissance de la langue et leur recherche au service du sens, il est nécessaire de travailler sur un contenu qui les intéresse.

Aussi leur est-il proposé de faire des exercices orthographiques à partir d'extraits, parfois remaniés, du conte de Marcel Aymé, « Le loup » (*Contes du chat perché*) dont le livre de l'élève propose un extrait.

CORRIGÉ

1. Le loup a passé toute la journée à guetter un lapin.

2. (Sans corrigé.)

3. Caché derrière la haie, **le loup** surveillait patiemment les abords de la maison. Alors **le loup** eut la satisfaction de voir les parents sortir de la cuisine. Arrêtés sur le seuil de la maison, **les parents** firent les dernières recommandations aux petites filles.

4. Le loup commença de **raconter** des histoires. **Ravies**, les petites filles s'étaient **rapprochées** pour écouter les aventures du **renard** et de l'écureuil. Après qu'**il** eut raconté beaucoup **d'histoires**, les petites lui proposèrent de jouer avec **elles**.

5. Pour finir, on joua au cheval. C'**était** un beau jeu. Le loup **faisait** le cheval, tandis que les petites filles **montaient** à califourchon sur son dos. « Pouce ! **disait**-il d'une voix entrecoupée. **Laissez**-moi rire ; je n'en **peux** plus. » Alors Marinette et Delphine **descendaient** de cheval et on se laissait aller à **rire** jusqu'à s'en **étouffer.**

6. « Le père de Delphine et Marinette n'appréciait pas du tout l'agrément du jeu. Excédé d'entendre cette rengaine, il l'interdit le troisième jour, donnant pour prétexte qu'elle lui cassait les oreilles. »

7. Le loup chantait avec une assez belle voix de basse les couplets de *Compère Guilleri.* Dans la cuisine c'était un vacarme de grands rires et de chaises renversées.

Mais on pourrait aussi accepter : Le loup chantait avec une assez belle voix de basse les couplets de *Compère Guilleri* dans la cuisine. C'était un vacarme de grands rires et de chaises renversées.

CORRIGÉ DE LA FICHE ÉLÈVE 6

Lecture compréhension

(Ci-après, p. 223)

PRÉSENTATION

Objectifs

• Aider les élèves à prendre conscience de la difficulté de certains textes littéraires, difficulté liée dans ce texte :
– à la présence d'un récit enchâssé ;
– à l'imprécision concernant les auteurs des discours rapportés.

Il est important que les élèves réfléchissent à leur **démarche de compréhension**, qu'ils sachent ce qu'ils ne comprennent pas ou comment ils ont fait pour comprendre.

• Faire découvrir la notion de point de vue (ou focalisation) sans donner de termes techniques, en rattachant un choix narratif (celui du narrateur d'une histoire) à une intention discursive (agir sur les représentations d'un lecteur).

Œuvre concernée

Un extrait du roman de Daniel Pennac *L'Œil du loup* proposé en « texte écho » dans le chapitre 2 du manuel de l'élève, p. 42.

CORRIGÉ

1. Le soir, Flamme Noire endort ses petits en leur racontant l'histoire du louveteau Maladroit et de sa grand-mère.

2. • Le narrateur raconte au lecteur l'histoire de Flamme Noire, de **Paillette** et **des rouquins.**
• Flamme Noire raconte à **Paillette et aux rouquins** l'histoire du **louveteau Maladroit et de sa grand-mère.**

3. Tous les personnages sont des loups.

4. « Le soir, Flamme Noire endormait les petits en leur racontant des histoires. Des histoires d'Homme, bien sûr. » (l. 1-2)

5. Celui qui parle :
– lignes 1 à 5 : le narrateur ;
– lignes 9 à 14 : Flamme Noire ;
lignes 15 à 17 : Grand-Mère.

6. On peut éprouver des difficultés à répondre à cette question 5 parce que le texte ne rappelle pas qui est l'auteur des paroles rapportées.

7. « – Où quoi ? Où quoi ? **s'écriait Paillette**, la langue pendante. » (mais aussi lignes 22, 26).

8. On peut songer à différents contes et récits : « Le Petit Chaperon rouge », « La Chèvre de Monsieur Seguin »...

9. C'est une histoire évoquant la cruauté de l'homme qui est racontée ici, parce que c'est une louve qui parle.

10. L'intérêt de cette histoire est de faire sourire mais surtout de faire réfléchir.

11. L'intérêt de cette histoire est de faire sourire, à cause du jeu d'inversion entre les rôles, mais surtout de faire réfléchir, car le fait d'adopter le point de vue d'un loup nous fait prendre conscience de la cruauté des hommes envers les animaux sauvages.

12. Par exemple, pour alimenter l'idée que l'homme est plus cruel :
– le loup chasse le gibier seulement pour se nourrir ;
– au contraire, les hommes massacrent des animaux seulement pour s'orner de leurs dépouilles.

BIBLIOGRAPHIE SOMMAIRE

Pour le professeur

BERNARD (Daniel), *L'Homme et le loup*, Berger-Levrault, 1981.

BETTELHEIM (Bruno), *Psychanalyse des contes de fées*, Robert Laffont, 1976.

BRISEBARRE (Jean-Jacques) et LEGENDRE-KVATER (Philippe), *Les Loups*, Berger-Levrault, 1983.

CHEVALIER (Jean) et GHEERBRANT (Alain), *Dictionnaire des symboles*, Robert Laffont, 1995.

PEJU (Pierre), *La Petite Fille dans la forêt des contes*, Robert Laffont, 1990.

VILLENEUVE (Roland), *Loups-garous et vampires*, La Palatine, 1963.

TDC 659, « Le loup dans la littérature » (1er septembre 1993).

Pour l'élève

BLADÉ (Jean-François), *Dix Contes de loups*, Pocket Jeunesse, 1999.

BOILEAU (Pierre) et NARCEJAC (Thomas), *Sans-Atout dans la gueule du loup*, Gallimard-Jeunesse, 1998.

CARBONE (Geneviève), *La Peur du loup*, Découvertes Gallimard, 1991.

Le Grand Méchant loup, j'adore, (anthologie), Livre de Poche Jeunesse.

LAGIER (Marie), *Le Livre du loup*, Nathan, 1997.

LAWRENCE (R. D.), *Mes frères les loups*, L'École des loisirs, 1985.

LENAIN (Thierry), *Clair de loup*, Rageot, 1994.

MEYNARD (Daniel), *Sur la piste du loup*, Nathan, 1995.

REYNAUD (Florence), *La Demoiselle des loups*, Livre de Poche Jeunesse, 1993.

SEIGNOLLE (Claude), *Marie la Louve*, Phébus, 1987.

STINE (Robert), *La Peau du loup-garou*, Bayard, 1999.

TUPET (Jean-Jacques), *L'Appel de la louve*, Bayard, « Je bouquine », 1991.

Chapitre 3

L'Égypte, terre des pharaons
Pourquoi lire, pourquoi écrire ?

LES OBJECTIFS DU CHAPITRE

Objectifs généraux

• Sur le plan didactique, ce chapitre est consacré aux **discours narratif, descriptif, explicatif, argumentatif.** Il vise à montrer leur fonctionnement, leur séquentialité, leur(s) finalité(s), leur(s) visée(s) : ils constituent les premiers apprentissages du collège.

Par ailleurs, un des objectifs est de favoriser, assez tôt, une **réflexion sur l'écriture et la lecture** :
– les situations d'énonciation : adaptation au contexte, au destinataire ;
– les finalités ;
– les projets du scripteur et du lecteur ;
– les formes d'écriture et de lecture.

Ce chapitre vise essentiellement les **dimensions communicationnelles et énonciatives de l'écriture et de la lecture**, en conformité avec les Programmes et Instructions ; en effet, il nous semble important que l'élève comprenne les finalités du « lire » et de l'« écrire », afin de construire des repères dans l'univers scolaire et dans l'univers social, personnel ; il s'agit d'élaborer des stratégies d'appropriation des textes, des comportements adaptés aux situations et aux enjeux.

Ainsi, la lecture n'a pas la même signification selon que le livre ou le texte concerne le cours directement (lecture « fonctionnelle », « utilitariste »), indirectement (lecture cursive, « évaluée » selon des modalités différentes, un dispositif « léger »), selon qu'il en est coupé (lectures personnelles, « gratuites », lecture-plaisir : bande dessinée, revue spécialisée, magazine, littérature de jeunesse, paralittérature et « mauvais » genres...). Sans doute faut-il **rapprocher les cultures**, celle de l'enseignant et celle de l'élève, les comportements et les situations de lecture, **instaurer une continuité**, là où souvent il y avait rupture.

De la même façon, l'écriture est souvent vécue comme un échec par bon nombre d'élèves, à cause des difficultés d'organisation textuelle, discursive ; la variété des situations d'écriture, des productions, les activités sur les brouillons, la réécriture, la finalisation (identification d'un destinataire, d'un contexte précis) favorisent l'apprentissage.

• Sur le plan thématique, ce groupement rassemble des textes de types et de genres divers, autour d'**un thème fédérateur : l'Égypte**.

Il s'inscrit donc dans la **liaison français/histoire**, en favorisant soit le réinvestissement des acquis, soit les apprentissages ; en effet, ce chapitre peut être étudié :
– parallèlement au cours d'histoire, dispositif qui nécessite de suivre la programmation du professeur d'histoire ;
– avant le cours d'histoire, dispositif qui permet d'amorcer certains apprentissages que l'élève réinvestira dans l'autre discipline ;
– après le cours d'histoire, dispositif qui permet, en français, de bénéficier des acquis de l'autre discipline.

Ce thème, intéressant, stimule l'imaginaire, réfère à de nombreux autres moyens d'expression (bande dessinée, cinéma, télévision), à l'actualité culturelle et archéologique.

Objectifs méthodologiques

• **Lecture :** l'objectif visé est la reconnaissance des différents types de texte et des différents genres ; il s'agit également d'identifier quelques spécificités des types et genres : émetteur, destinataire, temps verbaux, écriture, enjeux...

• **Étude de la langue :** les activités grammaticales, lexicales, orthographiques sont, dans la mesure du possible, en relation avec les textes à lire et/ou à produire ; l'accent sera mis sur les indices de lieu, les repérages temporels, les types de phrase, les expansions... À aucun moment, nous ne visons l'exhaustivité : de telles notions relèvent d'un apprentissage discontinu car elles apparaissent dans plusieurs contextes et nécessitent des retours pour vérification et approfondissement.

• **Écriture :** la lecture et l'écriture se nourrissent mutuellement ; un élève qui écrit est un élève qui lit mieux. C'est pourquoi il convient de varier les activités : transcoder (de l'image au texte), transformer (du type A, ou genre A au type B, ou genre B). La recherche, le tri, le classement et le traitement des informations constituent des priorités pour apporter à l'élève la matière dont il a besoin pour écrire ; se développent ainsi les contenus et les méthodes.

TABLEAU SYNOPTIQUE

SUPPORT	LECTURE	LANGUE	EXPRESSION
• Le trône de Toutankhamon	• Lecture de l'image : sujet, cadre, personnages, attitudes, sentiments, couleurs, effets	• Champs lexicaux : couleurs, sensations, sentiments…	• S'exprimer, décrire, expliquer, justifier
RÊVES ET ÉMOTIONS			
• Victor Hugo, « Le Feu du ciel »	• Description, comparaison • Subjectivité, visée du texte	• Champs lexicaux • Subjectivité • Indices de lieu	• Décrire le collège (journal intime)
• Théophile Gautier, *Le Roman de la momie*	• Ordre, fonction de la description • Lecture cursive : un roman (époque des pharaons)	• Champs lexicaux • Repères spatiaux • Ordre des mots, accord sujet/verbe	• Décrire à partir d'une image • Présenter un roman (oral)
RÉCITS DE VIE			
• MikaWaltari, *Sinouhé l'Égyptien*	• Auteur, narrateur, personnage, • Projet de l'écrivain, du lecteur	• Temps verbaux • Énonciation • Connecteurs (justifier) • Types de phrases	• Écrire une justification (lecture d'une œuvre)
• Howard Carter, *La Fabuleuse Découverte…*	• Lecture cursive		
REPÈRES : LE TEXTE NARRATIF			
INFORMATIONS, EXPLICATIONS			
• Théophile Gautier, *Le Roman de la momie* + Cahier d'élève	• Portraits : – expansions du nom – fonctions : informer, faire rêver	• Dictionnaire, • Champ sémantique • Accord nom/adjectif	Oral • Jeu des portraits • Exposé : lecture cursive (roman)
• Géraldine Harris, *L'Égypte ancienne, atlas historique*	• Texte documentaire, fonction informative	• Valeurs du présent, des déterminants • Types de phrases	• Écrire un texte documentaire (affiche), se documenter, chronologie
• Odile Weulersse, *Les Pilleurs de sarcophages*	• Lecture cursive		
• Enki Bilal, *La Foire aux immortels*	• Lecture de l'image (décor, personnages…)		• S'exprimer, décrire, expliquer, justifier
REPÈRES : ÉCRIRE ET LIRE			
• Edgar P. Jacobs, *Blake et Mortimer*			• Écrire à partir d'une bande dessinée

ANALYSE DE L'IMAGE

Dossier du trône de Toutankhamon

(livre de l'élève, p. 53)

1. La reine Ankhsenamon parachève la toilette du roi ; elle semble passer un onguent sur la collerette florale du pharaon, collerette qui ressemble à la sienne. C'est plutôt une scène de la vie privée, de l'intimité.

2. L'attitude de la reine montre une certaine tendresse à l'égard de son époux, assis sur un siège de manière assez décontractée, le bras replié et posé sur le dossier. La pose est familière. Peut-être est-ce une scène rituelle.

3. La représentation des époux royaux montre leur jeunesse ; ce sont plutôt des corps d'adolescents, des visages juvéniles.

4. La couleur dominante est l'or ; il symbolise le soleil, lui-même représenté avec des rayons terminés par des mains. L'or ne se corrompt pas, ne s'altère pas:

il exprime la pureté, la sincérité ; chez les Égyptiens, il est bien entendu associé au dieu Rê. Une autre couleur domine également, créant un effet de contraste, le bleu ; chez les Égyptiens, le bleu pur teintait la peau du dieu de l'air, Amon. Il symbolise le ciel, la mer, l'infini, la pureté. L'association de la couleur chaude et de la couleur froide contribue à créer une impression de contraste, chaque couleur rehaussant l'autre, la faisant mieux ressortir. L'ensemble crée une impression de calme, de sérénité.

5. Les attitudes des personnages ne correspondent guère aux représentations habituelles : la plupart du temps, ils sont représentés debout, de profil, un pied devant l'autre.

TEXTE D'ÉTUDE

Victor Hugo, « Magie des paysages »

(livre de l'élève, p. 54)

LECTURE

Paysage d'Égypte

1. Paysage désertique ; paysage campagnard (« blonde d'épis », « champs », « plaines », « riche tapis ») ; paysage urbain (« ville géante ») et marin (« mer », « port », « vaisseaux ») ; paysage « funéraire » (la ville des morts : les pyramides, le « sphinx », un « dieu de marbre vert », le « sable », les « cendres ») ; paysage marin et céleste (mer et ciel, « deux soleils »).

2. Hugo désigne les pyramides. Cette périphrase traduit la grandeur des constructions humaines.

Hugo emploie surtout l'imparfait de l'indicatif car cette description est faite au passé. L'auteur rapporte ce qu'il a vu lors de son voyage.

Pour aller plus loin : on peut considérer aussi que l'imparfait exprime mieux l'idée d'éternité car c'est le temps de la vision non bornée ; les limites du procès des verbes sont imperceptibles. On a une impression d'immobilité, d'absence de changement.

Impressions de voyage

1. Hugo éprouve une impression d'émerveillement, d'admiration devant ces paysages grandioses et fascinants ; l'exclamation du début le marque bien, de même que les grossissements hyperboliques (« vaste », « monstrueux », « large », « grand », « géante »), les expressions imagées (« riche tapis », « peau de tigre », « globe d'or vivant », « âme et flambeau », « deux rois amis »). Une impression de frayeur devant l'immensité apparaît parfois.

2. Quelques comparaisons : « Ses champs, bariolés comme un riche tapis », « Comme une peau de tigre »... le Nil « tacheté d'îles », « Comme deux rois amis »... « deux soleils ».

3. Hugo insiste sur l'immensité des paysages ; il compare le désert à une mer (vers 6) ; la mer apparaît plusieurs fois dans le poème. À la fin, la mer et le ciel, deux éléments infinis, se fondent, se confondent, ainsi que le soleil et son reflet dans l'eau, deux soleils comparés à « deux rois amis », le soleil étant une divinité essentielle dans la religion égyptienne. On peut interpréter cette image particulièrement poétique de coucher de soleil comme un élargissement cosmique, une fusion totale, le rapprochement du passé et du présent, de deux mondes...

La magie du rêve

1. Les indices de lieu : « au nord », « au sud », « entre ces deux mers qui la rongent », « au loin », « dans un grand port », « sur le bord », « au couchant », « dans le ciel rougeâtre », « dans les flots vermeils », « au-devant l'un de l'autre ». La description progresse du général au particulier, du lointain au proche, pour se terminer par le général, l'élargissement à la mer et au ciel. On peut utiliser les termes techniques du cinéma, la notion de plan, pour faire saisir ce mouvement du poème.

2. Le titre du poème, « Le Feu du ciel », ne doit pas être confondu avec « Magie des paysages », titre proposé dans cette partie du chapitre. Cette question permet de travailler sur la notion de paratexte.

L'idée de feu est très présente dans le poème, de manière dénotée ou connotée : « blonde », « sud », « ardent », « cendre », « dorés », « rose », « flamme », « désert », « couchant », « l'astre-roi », « globe d'or », « flambeau », « rougeâtre », « vermeils », « soleils ». Le dieu soleil, Rê ou Râ, est essentiel dans la mythologie égyptienne. Le poème se clôt sur son évocation, sur la fusion de l'eau et du feu, ce dernier semblant embraser la mer (« ciel rougeâtre »/ « flots vermeils »). De même, le ciel est souvent évoqué, dans sa dimension élémentaire et dans sa dimension religieuse.

3. Certes le poème comporte des informations (pas de description sans informations) mais le poète cherche avant tout à exprimer son émotion devant ce spectacle, émotion qu'il veut faire partager au lecteur, en sollicitant son imagination ; une telle évocation de l'Égypte cherche à faire rêver le lecteur ; ce n'est pas un tableau objectif, froid (voir le lexique affectif, les comparaisons, les hyperboles, les personnifications).

ÉTUDE DE LA LANGUE

Vocabulaire

1. Les champs lexicaux : voir le tableau page suivante.

L'observation des champs lexicaux montre que les sensations visuelles dominent dans ce poème descriptif dont la fonction est de faire imaginer les paysages ; les couleurs sont nombreuses également, témoignant de la « palette » étendue du tableau peint par Hugo.

2. Le lexique de la grandeur, de la démesure : « étaler », « toute », « prolongent », « vaste », « inon-

Couleurs	« Blonde », « bariolés », « dorés », « rose », « vert », « blancs », « gris », « jaune », « or », « rougeâtre », « vermeils »
Sensations auditives	« Entendait », « mugir », « crier »
Sensations visuelles	« Champs bariolés », « plaines », « eau », « sable », « mers », « monts », « angle », « yeux », « bases », « cendre », « faîte aigu », « sables dorés », « monstrueux degrés », « sphinx de granit rose », « dieu de marbre vert », « paupière », « vaisseaux au flanc large », « grand port », « ville géante », « bord », « pieds de pierre », « cailloux blancs », « crocodiles », « obélisques gris », « Nil tacheté d'îles », « l'astre-roi », « la mer réfléchissait », « globe d'or vivant », « flambeau », « ciel rougeâtre », « flots vermeils », « voyait », « deux soleils »
Relief	« Plaines », « champs », « mers », « sable », « monts », « désert »
Constructions	« Bâtis », « angle de marbre », « bases », « faîte », « degrés », « sphinx », « dieu de marbre », « port », « ville », « pieds de pierre », « obélisques »

dées », « de... jusqu'à », « s'élargissant », « monstrueux », « pas de six coudées », « large », « grand », « géante », « meurtrier », « s'allongeait ».

3. Les impressions :

- Impressions positives : « riche », « rit », « calme ».
- Impressions négatives : « froide », « ardent », « rongent », « monstrueux », « meurtrier », « crier ».

Ce travail sur le lexique constitue une première approche de la subjectivité dans la description qui sera approfondie au cycle central.

EXPRESSION ÉCRITE

Il s'agit d'une activité de réinvestissement et de transfert, puisque le journal intime a été abordé au chapitre 1, « De l'école au collège » ; il constitue une situation d'énonciation simple car les contraintes (personne, temps, repères) sont assez limitées. Par ailleurs, la description a fait l'objet d'apprentissages élémentaires au cycle 3 de l'école ; l'étude du poème de Hugo a permis de voir ou de revoir quelques caractéristiques basiques de ce discours. La subjectivité impliquée par l'écriture de soi, les impressions positives et/ou négatives, permettent l'utilisation du vécu de collégien, tout en le mettant à distance, en l'objectivant.

Proposition de critères d'évaluation (à décomposer ou sélectionner) :

a. respect de la situation d'énonciation : journal intime, récit à la 1re personne, emploi des temps ;

b. respect du type de texte à produire : texte descriptif ;

c. champ lexical du collège (architecture, espaces verts, situation...) ;

d. organisation sommaire de la description : indices de lieu, indices de temps ; description itinérante ;

e. lexique des sentiments, des impressions positives et/ou négatives.

TEXTE D'ÉTUDE

Théophile Gautier, « Le royaume des morts »

(livre de l'élève, p. 56)

LECTURE

Une tombe royale

1. Les champs lexicaux

Architecture, constructions	Animaux
« tombeau », « portique », « parois », « piliers », « chapiteaux », « jambages », « dalle », « porte », « monument »	« vache », « scarabée », « bélier »
Formes	**Corps**
« formés », « têtes de vache », « cornes », « se contournaient », « croissant », « panneaux », « cadre », « disque », « à tête de », « repliée », « posture »	« jambe », « cuisses », « tête », « coude », « bras », « corps »
Matières	**Indices de lieu, repères spatiaux**
« roc », « pierrailles », « briques », « pierre »	« entrée », « au-dessus », « latérales », « flanqués », « au centre », « à côté », « en dehors », « sous », « à la hauteur de », « en avant », « derrière »

2. Des compléments circonstanciels de lieu ouvrent les paragraphes 3 et 4 : « Au-dessus de la porte basse... », « Derrière un mur de pierrailles et de briques crues qui céda promptement au pic des travailleurs ». Ce sont des repères spatiaux, des indices de lieu, qui permettent de situer les éléments de la description ; ce sont des marques d'organisation.

FONCTION DE LA DESCRIPTION

1. Un passage descriptif de ce type sert à situer l'histoire dans un cadre, un décor précis ; il sert également à informer le lecteur sur les tombes royales de la civilisation égyptienne. C'est la fonction mathésique, telle que la définit Jean-Michel Adam dans *Le Texte descriptif*, Nathan université, collection « Fac ».

Une description peut avoir diverses fonctions ; ainsi, nous entrons dans la dimension discursive des types de texte, avec la visée. Il est rare qu'on décrive seulement pour montrer, faire voir.

2. L'intérêt du lecteur peut être varié : s'informer sur les tombes royales, imaginer le cadre de l'histoire, se dépayser en plongeant dans un monde mystérieux. Il s'agit aussi de faire percevoir l'intérêt des descriptions, souvent délaissées au profit des passages narratifs : description et narration sont intimement liées.

ÉTUDE DE LA LANGUE

Orthographe

1. Au-dessus de la porte basse, aux jambages flanqués de longs panneaux d'hiéroglyphes, *se développait* un large cadre emblématique ; au centre d'un disque de couleur jaune, *se voyait* à côté d'un scarabée, signe des renaissances successives, le dieu à tête de bélier, symbole du soleil couchant. En dehors du disque, Isis et Nephtys, personnifications du commencement et de la fin, *se tenaient* agenouillées, une jambe repliée sous la cuisse, l'autre relevée à la hauteur du coude selon la posture égyptienne, les bras étendus en avant avec une expression d'étonnement mystérieux, et le corps serré d'un pagne étroit que *sanglait* une ceinture dont les bouts *retombaient*.

2. (**a.** et **b.**) L'objectif de cet exercice est l'orthographe appliquée aux types de textes, en fonction desquels la syntaxe peut en effet varier ; le texte descriptif comporte des constructions assez spécifiques, dans lesquelles l'ordre habituel des constituants se trouve modifié à cause des expansions, parfois longues ou nombreuses, qui ont pour conséquence d'éloigner le sujet et le verbe, ce qui entraîne des difficultés d'accord.

Une deuxième caractéristique est l'inversion du sujet, souvent due à la présence en tête de phrase d'un complément circonstanciel de lieu.

Lorsque l'on combine les deux phénomènes, inversion du sujet et éloignement du verbe, les difficultés s'accroissent.

Parmi les stratégies d'apprentissage de l'orthographe, l'identification du type de texte est essentielle. La description multiplie les champs lexicaux spécialisés (orthographe lexicale), les expansions par adjectifs qualificatifs épithètes liées ou détachées, les constructions spécifiques, l'emploi de verbes attributifs (orthographe grammaticale).

Exercice complémentaire

Accordez les verbes entre parenthèses avec leur sujet et justifiez cet accord. Le temps est l'imparfait de l'indicatif, temps de l'arrière-plan descriptif dans le récit au passé.

« Sur les tablettes denticulées des dressoirs, (rayonner) d'immenses plats du japon, aux dessins rouges et bleus, relevés de hachures d'or. »

« Des armoires éventrées (s'échapper) des cascades de lampas glacé d'argent, des flots de brocatelle criblée de grains lumineux par un oblique rayon de soleil ; des portraits de toutes les époques (sourire) à travers leur vernis jaune dans des cadres plus ou moins fanés. »

« Ses cheveux (être natté) en cordelettes, et sur sa poitrine (pendre) une idole en pâte verte que son fouet à sept branches (faire) reconnaître pour l'Isis, conductrice des âmes. »

« La princesse me conduisit devant une montagne de granit rose où (se trouver) une ouverture étroite et basse. »

« Ces corridors, d'une longueur interminable, (aboutir) à des chambres carrées, au milieu desquelles (être pratiqué) des puits, où nous descendions au moyen de crampons ou d'escaliers en spirale ; ces puits nous (conduire) dans d'autres chambres, d'où (partir) d'autres corridors également bigarrés d'éperviers, de serpents roulés en cercle, de tau… »

« A perte de vue (s'étendre) des files de colonnes monstrueuses entre lesquelles (trembloter) de livides étoiles de lumière jaune. »

« Derrière eux, leurs peuples embaumés (se tenir) debout dans les poses roides et contraintes de l'art égyptien, […] ; derrière les peuples (miauler), (battre) de l'aile et (ricaner) les chats, les ibis et les crocodiles. »

Théophile Gautier, *Le Pied de momie*.

EXPRESSION ÉCRITE

L'objectif est de travailler la description en rapport avec une illustration ; les contraintes proposées (emploi d'indices de lieu, compléments circonstanciels placés en tête de phrase) permettront de s'approprier par imitation l'écriture descriptive, avec ses problèmes d'orthographe.

D'autre part, l'activité de transcodage de l'image vers le texte reste mal maîtrisée, comme le montrent les résultats de l'évaluation nationale de sixième.

Enfin, le repérage dans l'espace, la latéralisation présentent des difficultés pour les élèves de cet âge.

Tous ces éléments peuvent constituer des critères d'évaluation pertinents, notamment sur le plan de la maîtrise de la langue, puisqu'elle constitue ici un des principaux objectifs d'apprentissage.

EXPRESSION ORALE

L'objectif reste évidemment la lecture, en particulier la lecture cursive ; cette dernière pose souvent un problème d'évaluation, de prise en compte, de vérification. La fiche de lecture, l'exposé oral constituent une vérification « légère » de cette activité.

De plus, la littérature de jeunesse offre une grande richesse d'œuvres sur ce thème. Vous pouvez guider le choix en proposant une liste, en établissant avec le documentaliste-bibliothécaire une liste thématique disponible au CDI, ou laisser les élèves libres de leur choix.

TEXTE COMPLÉMENTAIRE

Édouard Schuré, « Les pyramides »

Dans son livre Sanctuaires d'Orient (1898), *l'auteur raconte son voyage en Orient et décrit les villes et les paysages parcourus.*

Les pyramides

Elles règnent encore sur le pays et de loin elles hantent l'habitant comme le voyageur, les vieilles pyramides de la chaîne libyque[1], marquant les nécropoles de Zaouyet-el-Aryan, d'Abousir, de Sakkara et de Daschour. De la crête poudreuse du Mokattam comme des quais populeux de la ville, de la pointe de l'île de Raoudah comme de la dahabièh[2] qui remonte le fleuve, on les aperçoit noires, jaunes ou pourpres, selon l'heure du jour, mais immuables dans leur forme triangulaire, sentinelles de pierre montrant le chemin de la haute Égypte. Vues du port du vieux Caire, celles de Gizèh ressemblent à trois tentes étagées en coulisse, l'une derrière l'autre. – On passe le magnifique et vaste pont en fil de fer de Kasr-el-Nil et les superbes allées de sycomores[3] de Gézirèh ; on traverse l'autre bras du fleuve, et l'on s'engage sur la grande chaussée plantée d'acacias qui s'en va droit sur la pyramide de Chéops. Celle-ci commence à grandir, cachant presque ses sœurs rivales dérobées derrière elle. Les marchés de fellahs[4], qui animent les bords de la chaussée avec leurs ânes, leurs tas d'oranges et de cannes à sucre, ont disparu. On ne voit plus des deux côtés que l'immense plaine verte et germinante ; terre fertile d'alluvions, si vaste, si uniforme, que fleuves, canaux, villages et jardins s'y confondent et s'y noient sous la royauté de la grande ligne horizontale. Mais devant nous, entre les feuillages touffus des arbres, se lève démesurément le colossal mausolée[5]. Brusquement la verdure cesse, et la pyramide se dresse seule, libre, imposante dans le ciel clair, sur le plateau nu où monte un chemin de sable blanc.

Édouard Schuré, *Sanctuaires d'Orient*.

1. libyque : de Libye. – 2. dahabièh : barque du Nil. – 3. sycomore : espèce d'érable. – 4. fellah : paysan arabe. – 5. mausolée : tombeau immense et somptueux.

LECTURE

Paysage d'Égypte

1. De quoi Édouard Schuré parle-t-il dans ce texte ?

2. Relevez les verbes de perception, de mouvement, les repères spatiaux. En vous aidant de ce relevé, délimitez les parties de ce texte.

3. L'auteur décrit-il ce paysage en restant posté à un endroit (description postée) ou en progressant (description itinérante) ?

Impressions de voyage

1. Quelles impressions l'auteur éprouve-t-il devant ces paysages ? Relevez quelques mots ou expressions qui les expriment.

2. Pourquoi, selon vous, Édouard Schuré a-t-il rédigé et publié son journal de voyage ?

3. Partagez-vous les mêmes impressions que l'auteur, en lisant cette description ? Relevez et expliquez une métaphore et une comparaison.

ÉTUDE DE LA LANGUE

Vocabulaire

1. Donnez un titre au champ lexical suivant : « chaîne », « crête », « pointe », « île », « fleuve », « plaine », « plateau ».

2. Relevez dans le texte le champ lexical des constructions réalisées par les hommes. Classez-les en deux ensembles :

a. architecture – **b.** sculpture.

3. Choisissez dans la liste suivante les sentiments que l'auteur a pu éprouver devant ce spectacle : émotion, indifférence, bouleversement, joie, tristesse, indignation, mélancolie, étonnement, surprise, émerveillement, plaisir, admiration, enthousiasme, crainte.

Grammaire

1. Relevez dans le texte :

a. deux adjectifs qualificatifs de couleur, épithètes liées ;

b. un adjectif qualificatif épithète détachée ;

c. deux compléments du nom indiquant une matière.

2. Relevez d'autres types d'expansion du nom qui caractérisent les éléments du paysage. Attention ! Ne relevez ni les adjectifs qualificatifs épithètes ni les compléments du nom.

Orthographe

Coloriez le paysage en variant ses couleurs : pour cela, récrivez les phrases suivantes en changeant les adjectifs. Choisissez de nouvelles couleurs parmi celles qui vous sont proposées ci-dessous. Vous devez utiliser tous ces adjectifs au moins une fois :
mauve – brun foncé – rose – violet – marron – bleu – gris – orange.

1. On les aperçoit noires, jaunes ou pourpres. – **2.** On ne voit plus que l'immense plaine verte. – **3.** La pyramide se dresse sur le plateau nu où monte un chemin de sable blanc.

TEXTE D'ÉTUDE

Mika Waltari « Une plume de roseau »

(livre de l'élève, p. 58)

LECTURE

Auteur, narrateur et personnage

1. Sinouhé est le narrateur et le personnage de ce récit : indices de personne, identification, revendication de la rédaction du livre (phrase 1). L'auteur est Mika Waltari, romancier finlandais. Il ne s'agit donc pas d'une autobiographie mais d'un récit à la première personne.

L'étude du paratexte et du texte apporte les informations nécessaires.

2. Le narrateur s'exprime à la première personne du singulier ; les pronoms personnels sont nombreux : *moi, me, je, j'*. On trouve aussi des déterminants possessifs de première personne du singulier : « *ma* (vie) », « *mes* (propres yeux) », « *mes* (paroles) », « *mes* (actes) », « *ma* (sagesse) », « *mes* (phrases) », « *mon* (cœur »). Le « *je* » est encore présent dans l'emploi de *nous* et *nos*.

Cette question peut être l'occasion de voir ou de revoir les pronoms personnels – au moins ceux de la première personne –, dont la forme varie selon la place et la fonction, ainsi que les déterminants possessifs (on trouve « *leur, leurs, ses, sa, son, nos* »).

L'écrivain

1. Sinouhé racontera sa vie, avec ses épreuves, ses aventures, ses joies et ses peines, comme le suggère le titre de partie « Récits de vie ». C'est l'occasion de travailler le prélèvement d'informations dans le paratexte.

2. Selon Sinouhé, les autres écrivent pour louer les pharaons, flatter les dieux, les rois, ou encore parce qu'ils ont peur de l'avenir. Sinouhé leur reproche leur hypocrisie, leur flatterie, leur crainte de la mort et des dieux, du pharaon. Les autres écrivains écrivent pour la gloire, pour devenir célèbres, pour que la postérité glorifie leurs actes et leur sagesse.

3. Pour les raisons évoquées dans la question précédente, Sinouhé écrit pour lui-même, pour lui seul : « C'est pour moi seul que j'écris. » (l. 4)… « C'est donc pour moi seul que j'écris. » (l. 9)… « Je n'écris que pour moi ». (l. 34-35). Contrairement aux autres écrivains, il est las des dieux et des rois, du mensonge.

4. Sinouhé justifie son projet, son intention, en disant qu'il souhaite se purifier : il n'écrira que la vérité ; il pèse son cœur avec une plume de roseau, c'est-à-dire avec l'instrument utilisé pour écrire. La pesée de son cœur fait référence à la pesée de l'âme sur la balance d'Osiris dans le royaume des morts. Il utilise des formules identiques : *Moi, Sinouhé, je…*

Le lecteur

Le lecteur d'un roman à dimension historique trouvera, même s'il ne les recherche pas particulièrement, des savoirs sur la civilisation égyptienne à travers les aventures d'un personnage : il découvrira la vie quotidienne, les mœurs, la religion, les institutions de l'Égypte antique. Le choix d'une forme « autobiographique » favorise l'identification du lecteur et son implication dans l'histoire. Rêve, dépaysement, imagination, voyage dans le temps, voyage dans l'espace, découverte d'un des berceaux des civilisations et des sociétés de l'Europe et des pays du bassin méditerranéen, constituent des objectifs possibles de ce type de lecture.

Il importe de montrer à l'élève que tout lecteur a un projet, qui varie selon les situations : école, loisir, par exemple.

ÉTUDE DE LA LANGUE

Grammaire

1. a. présent de l'indicatif : « je me purifie ». Passé composé : « j'ai écrit », « j'ai subi ». Futur simple : « les enfants n'écriront pas ».

b. Le passé composé exprime des faits passés, terminés au moment où le narrateur parle.

2. Le narrateur va raconter des événements qui se sont déroulés avant le moment où il écrit ; en effet, il racontera sa vie passée, son enfance, son adolescence, sa vie d'homme.

3. De nombreux verbes au présent de l'indicatif rapportent des actions qui se situent au moment de l'écriture : « je suis las des dieux », « je suis las de leurs actes », « c'est pour moi seul que j'écris », « la crainte ne peut me tourmenter », « je suis las de l'espérance en l'immortalité », « je pèse mon cœur avec une plume de roseau. »

Il s'agit de faire percevoir les différents moments, les différents temps, les strates temporelles d'un récit qui se présente comme le récit d'une vie, une (fausse) autobiographie ; on peut s'appuyer sur une phrase pour le montrer : « c'est dans ce sens que j'affirme que du passé le plus reculé jusqu'à nos jours tout ce qui a été écrit l'a été pour les dieux ou pour les hommes. » L'association présent/passé composé permet de bien situer les époques.

De la même façon, le troisième paragraphe (lignes 26-32) ne renvoie qu'au moment de l'écriture puisque le narrateur fait part de son expérience en exprimant quelques idées sur la vie, sur les hommes, sur le mensonge.

En fonction des réactions des élèves, il est possible d'esquisser la différence, dans ce type de récit, entre Sinouhé-narrateur et Sinouhé-personnage.

4. Le narrateur emploie fréquemment ces mots de liaison, ces connecteurs, pour expliquer, justifier une idée.

L'explication, la justification sont des opérations fondamentales et fréquentes que l'élève doit effectuer ; par ces exemples, il est possible de construire avec lui des structures simples de justification. Cette compétence se retrouve dans l'activité d'écriture.

5. Le type de phrase qui domine ce passage est le type déclaratif (ou assertif) ; cette fréquence se justifie par l'explication, la justification du projet, des intentions du narrateur. De plus, il donne souvent son avis, avis différent des autres, il affirme ses idées, ses certitudes.

EXPRESSION ÉCRITE

L'activité vise à développer, par l'écriture imitative, la capacité à justifier, expliquer, voire argumenter.

L'évaluation portera sur les informations concernant le livre, sur la capacité à justifier, en utilisant les connecteurs logiques vus dans la question de Grammaire n°4. Le professeur pourra éventuellement montrer les différences de construction selon les connecteurs employés : « car », « en effet », « c'est pourquoi » ne s'utilisent pas tout à fait de la même façon (place, ponctuation, valeur).

REPÈRES

Le texte narratif

(livre de l'élève, p. 62)

1. Les temps du récit

> J'étais l'heureuse femme d'un gardien de troupeau. Je lui donnai un fils après notre union. Pour son contentement. Las ! Mon époux mourut de maladie. Alors, bravement, mon petit homme de garçon prit la charge du bétail ayant appartenu à son père. Tristement, je me faisais à cette nouvelle vie quand, un jour, vint un étranger dans la maison. Il menaça de nous jeter dehors.
>
> José Féron, *Contes et Légendes de l'Égypte ancienne*, éditions Nathan.

L'étude des réponses proposées par les élèves contribuera à faire percevoir les différences de valeur entre imparfait et passé simple, c'est-à-dire entre les événements de premier plan et les éléments d'arrière-plan (description, commentaires).

2. Formes et fonctions du récit

L'extrait de *Histoires comme ça,* de type narratif, est le début d'un conte à fonction explicative : « Voici maintenant l'histoire suivante qui raconte *Comment le Chameau eut sa bosse.* »

3. D'une forme de récit à une autre

L'objectif de l'activité est de transformer en une lettre un récit de voyage présenté sous forme de notes plus ou moins succinctes, ; ce changement de situation d'énonciation permet de décontextualiser le récit pour le recontextualiser. Par ailleurs, cette orientation limite le caractère artificiel de la production écrite, tout en mettant en lumière l'adaptation de l'émetteur à son destinataire. Enfin, en fournissant à l'élève la matière, le canevas, on lui permet de se centrer sur certains domaines, évitant ainsi une surcharge cognitive souvent responsable de difficultés ; c'est aussi une occasion de rédiger des phrases verbales, des phrases complexes...

PROPOSITION DE GRILLE D'ÉVALUATION / GUIDE D'ÉCRITURE
(dans la perspective d'une réécriture)

	À REVOIR	À AMÉLIORER	SATISFAISANT
• Marques essentielles de la lettre :			
– date et lieu			
– formule d'ouverture			
– formule de fin			
– emploi des personnes			
– emploi des temps			
• Utilisation des informations du texte			
• Développement des informations :			
– emploi de phrases verbales			
– enrichissement personnel			

TEXTES D'ÉTUDE

• Théophile Gautier, « Le fils des dieux » • Extrait d'un cahier d'élève, « Le Pharaon »

(livre de l'élève, p. 64-65)

LECTURE

Portraits de pharaons

1. Les deux textes concernent le pharaon : « Le fils des dieux », périphrase, et « le pharaon », terme générique.

2. Les expansions qui qualifient la coiffe du pharaon :

• texte 1 : « allongé en mitre », découpant par une échancrure la conque de l'oreille et se rabattant vers la nuque pour la protéger », « d'une majestueuse élégance », « (le fond) bleu (du casque) », « (un liséré) écarlate et jaune » ;

• texte 2 : « en lin (le némès) », « (la couronne) de la Haute et de la Basse Égypte ».

La désignation de la coiffe n'est pas toujours directe, il faut donc interpréter certaines désignations en relation avec la coiffe.

Le texte 1 comporte le plus d'expansions, pour qualifier, caractériser la coiffe du pharaon.

3. Les informations du texte 1 sont détaillées, très détaillées même sur plusieurs points : la coiffe, le gorgerin, le vêtement, les bijoux, les accessoires et attributs du pouvoir.

Fonction de la description

1. Pour le cours d'histoire, en sixième, le texte 2 comporte les informations essentielles : le caractère divin du pharaon, ses fonctions et son pouvoir, son costume.

2. Le texte 2 résume les savoirs fondamentaux sur le pharaon ; sa fonction est d'abord informative. Le texte 1, par sa richesse de détails, son organisation, cherche à faire rêver le lecteur, en faisant ressortir la beauté, la magnificence, le luxe de la tenue du souverain. La description est littéraire. Encore une fois, cette activité permet de comprendre que tout texte s'adapte à son destinataire et au projet qui est le sien : apprendre l'essentiel, se divertir et apprendre…

ÉTUDE DE LA LANGUE

Vocabulaire

Pour les mots proposés, voici un extrait du *Petit Larousse illustré*, © Larousse, 1996.

• **Mitre** n. f. (lat. *mitra*, bandeau ; du gr.) 1. Coiffure liturgique de l'officiant (évêque, abbé) dans les cérémonies pontificales. 2. ANTIQ. Ornement en forme de bandeau triangulaire de la tiare assyrienne. 3. CONSTR. Appareil ou construction coiffant l'extrémité d'un conduit de cheminée pour empêcher la pluie ou le vent d'y pénétrer.

• **Conque** n. f. (lat. *concha*, du gr. *konkhê*) 1. Grande coquille concave de certains mollusques bivalves marins. – Coquille en spirale de certains grands mollusques gastropodes, comme le triton. 2. ANAT. Cavité profonde du pavillon de l'oreille. 3. ARCHIT. Vieilli. Cul-de-four. 4. MYTH. Coquille servant de trompe aux dieux de la mer.

• **Gorgerin** n.m. 1. ARM. Partie inférieure d'un casque fermé, qui couvrait la gorge et le cou. 2. ARCHIT. Partie de certains chapiteaux, large bague, ornée ou non, entre l'astragale et l'échine.

La confrontation de plusieurs dictionnaires se révèle une opération intéressante : les élèves utiliseront des dictionnaires différents, disponibles chez eux ou au CDI.

Pour une activité en classe, on fournira plusieurs dictionnaires : *Le Petit Larousse illustré, Le Robert Collège, Le Petit Robert1.*

Orthographe

• « formés » : épithète liée de « points », nom commun masculin pluriel ;

• « bordées » : épithète détachée de « manches », nom commun féminin pluriel ;

• « arrêtée » : épithète (détachée ou liée ?) de « draperie », nom commun féminin singulier.

EXPRESSION ORALE

Le jeu des portraits offre une occasion de travailler l'oral : décrire à partir d'un document (texte, image), adapter la formulation à la situation de jeu (« devinette »), justifier, en cas de propositions diverses…

Les lectures constituent une activité de lecture cursive, qui double celle de la page 57, proposée dans la rubrique « Expression orale ». Il nous semble important de développer cette modalité de lecture : le thème de l'Égypte présente un intérêt réel dans la mesure où de nombreuses œuvres de littérature de jeunesse se déroulent à cette époque (romans d'aventures, romans policiers, romans fantastiques…).

TEXTE D'ÉTUDE

Géraldine Harris, « Rites funéraires »

(livre de l'élève, p. 66)

LECTURE

Les croyances des Égyptiens

1. Ce texte, accompagné de plusieurs illustrations, parle des croyances des Égyptiens, des rites funéraires, des pratiques d'inhumation et de momification, de l'au-delà...

2. L'illustration vient compléter le texte : elle constitue une sorte de « bande dessinée » présentant plusieurs opérations de l'embaumement, de la momification, ainsi que divers objets ou symboles. Dans ce type de texte, dans cette sorte d'ouvrage, atlas historique destiné à un public jeune, l'image accompagne souvent le texte, afin de visualiser, de représenter concrètement les informations apportées.

3. Quels étaient les rites funéraires chez les Égyptiens ? Quelles étaient les croyances des Égyptiens au sujet de la mort et de la vie après la mort ? Comment les Égyptiens s'occupaient-ils de leurs morts ?

Il importe de montrer à l'élève qu'un texte informatif, explicatif, répond à une interrogation plus ou moins précise du lecteur : les titres des rubriques, des chapitres constituent souvent des indices pertinents.

La fonction des textes

1. Informer, expliquer : textes 2, p. 65, et 3, p. 66.

Faire rêver, imaginer : texte 1, p. 64 (cependant, la dimension informative n'est pas absente d'un texte descriptif). (**Voir le tableau ci-dessous.**)

ÉTUDE DE LA LANGUE

Grammaire

1. Le présent de « Embaumeurs et objets funéraires » sert à évoquer des faits réels, des actions accomplies fréquemment dans le passé, éloignées du moment où l'émetteur écrit ; on présente les différentes opérations de la momification comme si elles se déroulaient maintenant.

2. Le déterminant « le » a une valeur spécifique, particulière, dans le texte 1 : le pharaon est le personnage de l'histoire racontée par Gautier. Dans le texte 2, il a une valeur générale et générique : il s'agit des pharaons ; on présente leurs caractéristiques, leurs fonctions, leurs pouvoirs, leur tenue et leurs attributs.

3. Dans ces trois textes, la phrase déclarative domine car les auteurs transmettent des informations, des savoirs, des assertions sur les portraits de pharaons.

EXPRESSION ÉCRITE

Les objectifs de cette activité sont multiples :
– le travail de groupe : pour varier les modalités et les conditions de travail, pour développer la sociabilité ;
– la recherche documentaire : l'initiation aux techniques documentaires constitue un objectif de la sixième ; les recherches proposées peuvent être effectuées dans ce cadre avec le documentaliste, ou en autonomie, pour transférer les acquis de l'initiation ; elles nécessitent l'utilisation de documents divers, le prélèvement d'informations, leur classement, leur mise en forme...
– la contextualisation de la production écrite et la socialisation du produit par l'exposition en classe ou au CDI.

Par ailleurs, l'élève travaille sur la chronologie des opérations, la mise en texte (texte, illustrations), sur l'adaptation au destinataire dans une situation précise. Enfin, les activités grammaticales (types de phrases, conjugaison, mots de liaison...) seront abordées « en situation de production », selon les besoins de l'écriture ; elles sont finalisées, ce qui correspond aux recommandations des I.O.

ANALYSE DE L'IMAGE

Enki Bilal, *La Foire aux immortels*

(livre de l'élève, p. 69)

1. Le décor comporte des éléments divers, voire disparates ; en effet, on note la présence d'immeubles, de bidons métalliques, d'engins volants... dans la vignette 1, tandis que la pyramide renvoie à la civilisation égyptienne antique.

2. Les engins volants permettent de situer l'époque : ce sont des indices du monde moderne, futur, d'une technologie que l'homme ne maîtrise pas encore de nos jours, du moins sous ces formes.

TABLEAU RÉCAPITULATIF

	TEXTE 1	TEXTE 2	TEXTE 3
Émetteur	Théophile Gautier/narrateur	élève de sixième	Géraldine Harris
Destinataire	lecteurs de romans	élève de sixième	(jeunes) lecteurs
Type du texte	descriptif	informatif, explicatif	informatif, explicatif
Fonction	faire voir, faire rêver	informer, faire comprendre	informer, faire comprendre

3. Les personnages présents dans ces vignettes appartiennent à la mythologie égyptienne : Thot (tête d'ibis), Anubis (tête de chacal), Bastet ou Bast (tête de chatte), Khnoum (tête de bélier). Les têtes d'animaux permettent d'identifier les dieux présents.

4. Les couleurs ocre, grise, dominent, créant une atmosphère sombre, sinistre.

5. L'association de ces éléments surprend puisque la bande dessinée réunit l'Antiquité égyptienne (pyramide, dieux) et les siècles futurs (engins volants). Le titre oriente la réflexion : l'évocation des immortels est intéressante, elle est le lien entre ces époques éloignées.

Il s'agit ici de montrer la permanence de certaines mythologies dans la création actuelle : bande dessinée avec Enki Bilal, films, feuilletons télévisés, livres, musique (que l'on songe, par exemple, aux noms de certains musiciens et chanteurs du groupe de rap IAM : Akhenaton, Imhotep). Il est donc nécessaire de posséder certains référents culturels pour comprendre la culture contemporaine.

REPÈRES

Écrire et lire

(livre de l'élève, p. 70)

1. Classer des ouvrages selon leur fonction

Les indices de classement se trouvent dans le titre des collections (« Miroirs de la connaissance »), le nom des éditeurs (Hachette jeunesse, par exemple), les suggestions des titres des œuvres (*Lire et comprendre…*, *La Revanche d'Osiris*, etc.). **Voir le tableau ci-dessous.**

2. Classer trois textes selon leur fonction

• Texte 1 : extrait de *Niourk*, de Stefan Wul, roman de science-fiction ; sa fonction : divertir.

• Texte 2 : extrait d'un quotidien régional, fait divers ; sa fonction : informer.

• Texte 3 : lettre d'un service d'abonnement, magazine « Pyrénées Magazine » ; sa fonction : informer, et sans doute convaincre de se réabonner.

3. Rechercher des textes dans le manuel

Cette recherche conduit l'élève à manipuler son manuel, à le connaître, à revenir sur des chapitres antérieurs pour prélever des informations, en fonction de critères nouveaux : genres, fonctions, références.

C'est une activité de classification, de catégorisation, qui vise à développer une compétence qui fait souvent défaut dans d'autres domaines, si l'on songe par exemple aux difficultés à différencier nature et fonction.

ATELIER D'ÉCRITURE

(livre de l'élève, p. 72)

L'atelier synthétise les acquis du chapitre 3 ainsi que des chapitres 1 et 2, notamment sur les types et les genres de texte ; c'est pourquoi il constitue une évaluation sommative, destinée à vérifier l'appropriation des notions de narration, de description, avec des points particuliers comme les indices de lieu et de temps, l'emploi de l'imparfait et du passé simple, le narrateur anonyme, le schéma narratif ; il repose également sur l'utilisation d'informations fournies par l'exercice ou par les recherches effectuées par l'élève (dossier sur les tombes).

Les extraits de la bande dessinée de Edgar P. Jacobs constituent un guide, un « lanceur » susceptible de stimuler l'imagination, d'orienter l'écriture, tout en obligeant l'élève à situer les vignettes dans le schéma narratif.

Ces choix se justifient aussi par la volonté d'alléger les tâches de l'élève, au moins dans les premiers temps de son adaptation à la sixième.

L'évaluation, dans la mesure où elle est sommative, peut s'appuyer sur un nombre de critères plus important (**voir page suivante la grille d'évaluation proposée**).

CORRIGÉ DE LA FICHE ÉLÈVE 7

Les mots de reprise

(Ci-après, p. 225)

PRÉSENTATION

Objectifs

• Prendre conscience de la cohésion textuelle par l'étude des mots de reprise.

• Distinguer les reprises pronominales et nominales.

• Définir les informations apportées les reprises nominales.

• Supprimer des répétitions et employer des mots de reprise.

Divertir, faire rêver	Informer, expliquer
La Revanche d'Osiris, La Momie du temple interdit, Mémoire d'éléphant, Les Trois Crimes d'Anubis	*Science et vie junior, L'Égypte ancienne, Lire et comprendre les hiéroglyphes, Le Grand Livre illustré de la mythologie égyptienne, Les Égyptiens au temps des pharaons*

PROPOSITION D'UNE GRILLE D'ÉVALUATION POUR L'ATELIER D'ÉCRITURE

	Acquis	En cours d'acquisition	Non acquis
Produire un texte narratif			
Raconter à la 3e personne			
Raconter à l'imparfait et au passé simple, en respectant la conjugaison			
Respecter les informations de la bande dessinée : – cadre – personnages – situation			
Suivre la chronologie (voir B.D.)			
Introduire des passages descriptifs			
Utiliser les documents fournis : – plan (pour se repérer) – listes (lieux, objets)			
Produire un texte de 20 lignes ou plus, avec des paragraphes			
Ponctuer le texte			
Respecter l'orthographe des mots			
Faire les accords			

Conduite de l'activité

Cette fiche peut être proposée aux élèves comme remédiation à des difficultés de gestion de la chaîne des substituts rencontrées lors de la production d'un récit (par exemple, dans l' « Atelier d'écriture » du chapitre 3, « Écrire un récit à partir d'une bande dessinée ») ; ainsi, les élèves découvriront divers moyens pour éviter les répétitions, pour apporter quelques informations qui économisent les descriptions.

CORRIGÉ

1. Les reprises du groupe nominal « un animal » :

• **Reprise par un pronom :** « Il » (l. 16).

• **Reprise par un groupe nominal :** « Quel animal ? » (l. 8), « une bête » (l. 10), « un jeune garçon au visage ovale à la bouche un peu épaisse » (l. 11), « un garçon qui vivait dans un pays ensoleillé » (l. 12), « un jeune garçon aux yeux fermés, qui devait être mort » (l. 14), « Thoutmosis » (l. 15), « un noyé » (l. 18), « sa proie » (l. 29).

2. Les reprises par un groupe nominal apportent des informations intéressantes : elles créent une sorte de suspense car Astéria (et donc le lecteur, qui adopte son point de vue), ne distingue pas très bien cette forme, qu'elle identifie d'abord à un animal puis à un jeune garçon. En répétant la même construction, « un garçon » ou « un jeune garçon », le narrateur apporte diverses informations.

3. Les reprises nominales et les informations qu'elles apportent :
– **espèce :** « Quel *animal* ? », « un jeune *garçon* au visage ovale… », « un *garçon* qui vivait »…, « un jeune *garçon…* » ;
– **physique :** « un *jeune* garçon *au visage ovale à la bouche un peu épaisse* », « un garçon *qui vivait dans un pays ensoleillé* », « un jeune garçon *aux yeux fermés* » ;
– **situation :** « qui devait être mort », « un noyé », « sa proie ».

4. Autres mots de reprise :
– **Astéria :** « Elle » (l. 3, 17, 26), « Astéria », « la fillette » (l. 9), « leur amie » (l. 24), « l' » (l. 25), « la petite fille » (l. 28) ;
– **ses amies :** « L'une », « l'autre », « la troisième » (l. 20-21), « aucune » (l. 23), « elles » (l. 24), « personne » (l. 25).

5. Les acrobates levèrent la tête et coururent vers Astéria, qui dénouait les cordes ligotant Thoutmosis ; celui-ci (il) avait l'air mort. Scylla, le monstre marin, avait dû l'attaquer.

CORRIGÉ DE LA FICHE ÉLÈVE 8

Lecture analytique

(Ci-après, p. 227)

PRÉSENTATION

Objectifs

• Identifier le genre et le type d'un texte (vérifier les acquis des chapitres 1, 2 et 3, qui proposent des classements de textes).

• Définir les différentes séquences d'un texte.

• Comprendre un texte en prélevant et en traitant des informations.

• Travailler l'expression du temps et de l'espace.

Conduite de l'activité

Cette fiche peut être proposée aux élèves en évaluation formative, intermédiaire, de manière à vérifier les acquis et mettre en place une remédiation éventuelle.

Elle peut également constituer une évaluation sommative, finale, afin de vérifier si les principaux objectifs de la séquence ont été atteints.

Enfin, elle peut constituer une évaluation diagnostique, en début de séquence, afin de préciser les préacquis et les orientations à privilégier.

CORRIGÉ

1. Un ouvrage documentaire.

2. Texte explicatif. L'auteur cherche à expliquer comment une tombe était construite, quelles étaient les étapes de cette construction, quels corps de métier intervenaient.

3. La naissance d'une tombe, sa construction, depuis leur orientation jusqu'à la décoration.

4. Pour expliquer la naissance d'une tombe, l'auteur utilise des passages narratifs qui relatent diverses étapes : l'activité des tailleurs de pierre (l. 9-12), des dessinateurs (l. 22-28). Ces passages évoquent la succession des actions, des opérations effectuées par les artisans : « casser », « travailler », « évacuer », « esquisser », « reprendre », « apporter des corrections ». Ces verbes sont à l'imparfait, temps qui exprime des actions répétées, d'arrière-plan.

5. Les corps de métier : les tailleurs de pierre, les polisseurs de roche, les dessinateurs, les sculpteurs, les peintres. (Le scribe est un fonctionnaire et non pas un artisan.)

6. La qualité du travail des artisans : « une grande finesse » (l. 11), « l'improvisation et le laisser-aller n'étaient pas de mise » (l. 15), « préparer au mieux » (l. 16), « une main fort habile » (l. 18), « le maître reprenait un tracé imparfait et apportait des corrections » (l. 25), « sans commettre d'erreur » (l. 26).

7. Le scribe surveille le chantier et note le nombre de paniers quotidiens. De plus, le maître-artisan surveille et corrige le travail des ouvriers.

8. Les indices de lieu :
– **points cardinaux :** « l'ouest » (l. 3), « le nord » (l. 4) ;
– **repères latéraux :** « sur leur droite » (l. 3), « d'un côté… de l'autre » (l. 4) ;
– **lieux précis :** le village, le sanctuaire en l'honneur de la déesse du silence, la Vallée des Rois.

9. Quitte le village par l'ouest ; grimpe sur ta droite puis prends le sentier de montagne vers le nord. Tu aperçois d'un côté la cime de la montagne, de l'autre les tombes des nobles et les cultures. Tu montes jusqu'au col où se trouvent le sanctuaire en l'honneur de la déesse du silence et des cabanes en pierre. Descends, tu arrives à la Vallée des Rois.

10. Les indices de temps ; l'ordre des actions : d – f – a – c – b – e – g.

CORRIGÉ DE LA FICHE ÉLÈVE 9

Test de lecture

(Ci-après, p. 229)

PRÉSENTATION

Objectifs

• Faire lire, développer le goût et le plaisir de lire.

• Accompagner le groupement de textes sur l'Égypte d'une lecture cursive.

• Vérifier le degré de compréhension.

Œuvre concernée

L'Œil d'Horus, d'Alain Surget, Castor Poche Flammarion (1998).

Conduite de l'activité

La lecture cursive doit être prise en compte ; le questionnaire peut être donné :
– à la fin de la lecture, pour évaluer la compréhension, l'appropriation de l'œuvre ;
– au début de la lecture, pour l'accompagner, pour attirer l'attention du lecteur sur certains aspects du roman : éléments narratologiques, linguistiques, culturels…

Toutes les fiches ne seront pas systématiquement relevées ; un élève propose les réponses qu'il a apportées et les confronte avec celles de ses camarades : l'enseignant valide le corrigé mais délègue la conduite de l'activité à un élève. C'est aussi l'occasion de mener un travail sur l'oral : performance du « présentateur » et de ses pairs : discussion, explication, justification, dynamisme…

CORRIGÉ

1. Les personnages et leurs fonctions : Nef'eter : mère de Menî, épouse du roi. – Oubiou : chef de la maison royale – Afar : général des armées – Sinsaéré : favorite du roi – Antaref : roi de la Haute Égypte, Nésout.

2. Le roi oblige Menî à partir pour devenir un homme car il le juge trop douillet ; l'enfant, qui deviendra roi un jour, devra accomplir trois exploits.

3. Les mots de reprise :
– **forme :** « mon oiseau » ;
– **caractère divin :** « un mets pour les dieux », « l'onctueuse et divine pâtisserie » ;
– **caractère précieux :** « son petit chef d'œuvre », « cette merveille », « la merveille », « mon bijou », « mon soleil », « la perle de mes yeux ».

4. Le nez ou les mains (p. 24).

5. Thouyi est surnommée l'hirondelle (p. 28). Le lionceau, c'est Menî. Isis se serait transformée en hirondelle pour retrouver le corps d'Osiris assassiné par Seth.

6. La fronde. Elle s'en servira d'ailleurs pour sortir de situations périlleuses.

7. Les péripéties : 1. Affronter Sobek, le crocodile ; les héros l'immobilisent dans la cire et le réduisent en miniature. – 2. Affronter Sekhmet, la lionne ; ils s'en débarrassent en lui faisant boire un breuvage à base de bière, de jus de grenade, d'azurite… Transformée en dune de sable, elle est emportée par le vent. – 3. Affronter les babouins de la montagne ; ils leur échappent grâce à Râ et à Thot, transformé en babouin.

8. Menî aide le dieu faucon Horus à se poser sur son bâton, lui permettant ainsi de se reposer.

9. Râ a transmis à Horus le secret de l'immortalité.

10. Seth, le dieu malfaisant, tente d'imposer son pouvoir et de faire régner le malheur sur la terre.

11. Les babouins aident Seth, en empêchant Horus de se poser sur la montagne.

12. a. Menî invente l'écriture, les hiéroglyphes, pour qu'Horus puisse conserver et protéger son secret.

b. Menî utilise la peau d'oryx qu'il a et les poudres de couleurs de Thouyi. Horus lui donne une plume pour écrire.

13. a. Horus doit faire périr ceux qui connaissent le secret de l'immortalité.

b. Thouyi se bouche les oreilles avec de la cire, ferme les yeux pour ne pas voir ni entendre la formule que le dieu dicte à Menî. Ce dernier échappera à la mort grâce à Menî qui doit lui faire boire un philtre d'oubli ; ainsi il ne se souviendra de rien.

14. Horus offre à Menî le dessin de son œil (voir le titre du roman), qui lui apportera courage, force et pureté. Thouyi a le droit d'avoir l'œil d'Horus peint autour de ses propres yeux.

15. Râ crée le dieu Thot, le dieu ibis, pour enseigner l'art de l'écriture.

16. Menî et Thouyi échappent au poignard de Sinsaéré, la favorite, qui voulait prendre la place de la reine et imposer son propre fils comme successeur d'Antaref. Mais, avant d'accomplir son crime, Sinsaéré boit le philtre d'oubli préparé par Thouyi ; elle perd aussitôt la mémoire et erre dans le palais.

17. Les aventures de Menî et de Thouyi ne sont pas terminées puisque Menî n'a pas bu le philtre d'oubli ; il cherchera donc à retrouver son amie et ils vivront sans doute de nouvelles aventures.

18. Ces aventures ont permis à Menî de s'aguerrir, de devenir un homme, d'acquérir les qualités qu'il possédait mais qu'il ignorait posséder. Ce roman est un roman d'apprentissage, de formation, d'initiation.

BIBLIOGRAPHIE SOMMAIRE

CARMINATI (Muriel), *Mémoire d'éléphant*, Hachette Jeunesse, « Livre de Poche Jeunesse », 1991.

Contes et légendes du temps des pyramides, collectif Nathan, 2000.

ÉVANO (Brigitte), *Contes et légendes de l'Égypte ancienne*, Nathan, 1998.

GAUTIER (Théophile), *Le Roman de la momie*, Librio, 1995.

JACOBS (Edgar P.), *Le Mystère de la grande pyramide*, Dargaud, coll. « Blake et Mortimer ».

WEULERSSE (Odile), *Les Pilleurs de sarcophages*, Le Livre de Poche.

Chapitre 4

Il était une fois…
Étudier les caractéristiques du conte merveilleux

LES OBJECTIFS DU CHAPITRE

Objectifs généraux

Ce chapitre vise à **faire lire, écrire et parler autour du conte** abordé à la fois comme **texte narratif** et comme **genre littéraire.**

Le conte fait partie de la culture scolaire spécifique du premier degré. Il semble donc intéressant de prendre appui, au début du manuel de sixième, sur des savoirs déjà installés pour stabiliser et affiner ces savoirs, la transition avec l'école se construisant ainsi par paliers. La connaissance que les élèves ont acquise d'un grand nombre de contes qui leur ont d'abord été lus, puis qu'ils ont lus par eux-mêmes, facilite également des références plus ou moins implicites à des histoires qu'ils se sont déjà appropriées.

Cependant, l'approche d'un genre déjà abordé au cours des années antérieures doit éviter l'effet de redondance et répondre à des objectifs précis, définis par les textes officiels : ainsi le conte doit d'abord faire l'objet d'une étude **en tant que genre littéraire** ; le chapitre propose donc :

• d'en dégager les « principales lois », à savoir ses caractéristiques fondamentales (cadre spatio-temporel indéterminé, personnages stéréotypés, procédés du merveilleux, fonction didactique ou/et ludique) ;

• d'en montrer les variations en travaillant sur :

– **la mise en perspective historique ;** pour cette raison, il semble important que le professeur attire l'attention sur les encadrés rappelant le nom de l'auteur, mais surtout l'époque à laquelle il a vécu. L'intention est de sensibiliser les élèves à la dimension historique de la littérature. Ainsi, partant de Perrault, le chapitre conduit les élèves jusqu'au conte moderne du XXe siècle et au renouvellement du genre par Pierre Gripari;

– **la notion d'intertextualité** ; la spécificité du conte est sa constante circulation entre oral et écrit, entre pays, entre époques ; il existe de si nombreuses variantes d'un même conte que l'on est incapable d'en situer la source. Il est ainsi rappelé dans ce chapitre que les auteurs ont repris, de siècle en siècle, des contes oraux dont l'origine nous échappe. La présentation d'un conte africain qui présente de réelles similitudes avec un conte français permettra aussi de s'interroger sur des échanges et des contacts culturels. Enfin, les élèves vont être sensibilisés, par le biais d'activités de récriture, aux notions de pastiche et de parodie qui se trouvent souvent liées au genre du conte.

Le conte est également travaillé **en tant que récit** ; la caractéristique du conte est en effet de proposer des textes narratifs. Le travail à partir du conte permet donc de faire le point sur **l'organisation du texte narratif**, savoir déjà abordé à l'école élémentaire, afin de mettre en lumière « des constantes de la structure narrative » ; c'est pourquoi le chapitre propose des synthèses – adaptées au niveau des élèves, et donc simplifiées – sur le schéma narratif et sur le schéma actantiel.

Enfin, la **dimension discursive des textes** est également abordée : on attire l'attention des élèves sur la situation d'énonciation en analysant la présence du narrateur et les effets que la morale ou les formules de comptine produisent sur le lecteur.

Les textes ont été choisis en fonction de plusieurs critères :

• Le premier principe retenu a été de **faire circuler les élèves à travers les contes** en partant de ceux qui leur sont les plus familiers pour leur faire découvrir des textes plus originaux : ainsi, après les incontournables *Le Petit Chaperon rouge* et *Jeannot et Margot*, trouvent-ils un conte de Pouchkine, puis *Les Fées* de Perrault et, à côté de celui-ci, une version africaine et une récriture moderne. Le choix d'auteurs « canoniques » se justifie par le discours des textes officiels qui préconisent de construire un indispensable substrat culturel commun à tous ; les élèves « doivent connaître des textes qui tissent la vie culturelle de notre société ».

• Le deuxième principe a été de sélectionner à la fois de **brefs extraits** (*Le Petit Chaperon rouge* par exemple) de textes connus et **des textes longs proposés dans leur intégralité** (*Les Fées* de Perrault et *Les Deux Sœurs*, conte africain) au prix, parfois, de quelques coupures (*La Fée du robinet*).

• En troisième lieu, a été retenue l'idée de proposer **trois traitements d'un même conte** afin de développer des compétences opérationnelles chez les élèves.

Objectifs méthodologiques

• **En ce qui concerne la lecture,** l'objectif visé est la compréhension des textes. Pour cette raison, les textes de différentes longueurs permettent de faire alterner des démarches de lecture variées (lecture analytique et lecture cursive). Les notes explicatives sont apportées avec parcimonie afin que l'enseignant apprenne aux élèves à construire le sens d'un mot inconnu à l'aide du contexte. Les questions relatives aux coupures introduites dans le texte *Les Fées* de Pierre Gripari systématisent d'ailleurs cet **entraînement méthodologique à la lecture-compréhension.** Le second objectif est de développer la capacité à **comparer des textes entre eux** ; le professeur peut en effet faire confronter trois traitements différents d'une même histoire.

• **L'analyse de l'image**, qu'il semble judicieux de mener d'abord à l'oral en début d'année, vise deux grands champs de compétences : comprendre et parler.

Comprendre : on centre le questionnement de l'image sur l'identification de ce qui est représenté (niveau de **dénotation**) ; mais on aborde aussi le **sens connoté** afin de montrer en quoi ce qui est représenté peut être porteur d'une signification secondaire ; enfin, l'analyse de l'image s'accompagne d'un début d'instrumentalisation par des notions telles que le champ/hors champ et les lignes de force.

Parler : la pratique de l'oral ne prend de sens que si elle est motivée par une situation d'énonciation et d'échanges. L'analyse de l'image constitue l'une de ces situations. Elle permet de faire travailler par oral sur la description précise de ce que l'on voit (utilisation de termes précis, justes et variés), de faire passer du perçu à l'interprété, de faire justifier des interprétations.

• **Les activités d'écriture** suivent une progression : les premières activités visent **l'appropriation de savoirs et de savoir-faire fondamentaux** définis comme objectifs par les Instructions Officielles (respecter les éléments qui construisent la cohérence narrative, puis savoir reproduire une structure narrative). Les productions suivantes font aussi appel à l'invention des élèves et s'inscrivent dans une perspective de **pastiche** ou de **parodie** ; elles permettent ainsi à la fois le réinvestissement des savoirs acquis (et leur évaluation par le professeur) et le plaisir de jouer avec les codes et les conventions d'un genre ; l'écriture s'inscrit aussi alors dans une situation d'énonciation, puisque l'enjeu est d'écrire pour produire un effet, pour amuser le lecteur.

TABLEAU SYNOPTIQUE

SUPPORT	LECTURE	LANGUE	EXPRESSION
• John Auster Fitzgerald : *L'Etoffe dont sont faits les rêves*	• Lecture de l'image : lexique des couleurs, des étoffes ; lignes de force ; stéréotypes ; valeur dénotative et symbolique		
L'UNIVERS DU CONTE MERVEILLEUX			
• Perrault/Grimm : *Le Petit Chaperon rouge/ Jeannot et Margot*	• Spécificités génériques du conte ; manifestations du narrateur	• Vocabulaire : expressions figurées	• Orale : justifier un choix
• Illustration de Gustave Doré	• Lecture de l'image : champ/hors champ ; sémiologie des attitudes	• Grammaire : valeur de l'imparfait et du passé simple	• Écrite : écrire la partie centrale d'un récit (problèmes de cohérence)
• Pouchkine : *Le Petit Poisson d'or*	• Composantes du merveilleux ; structure du conte de randonnée	• Vocabulaire : polysémie du mot *merveilleux*	• Écrite : ajouter un épisode dans un conte, imaginer une fin.
REPÈRES : LA CARTE D'IDENTITÉ DU CONTE MERVEILLEUX			
ACTIONS ET PERSONNAGES			
• Perrault : *Les Fées*	• Structure du conte ; fonction des personnages	• Vocabulaire : synonyme, antonyme, mots vieillis	• Écrite : inventer un conte parallèle et inversé (pastiche)
• Images d'Épinal et illustration de D. Bour	• Lecture de l'image : démarche comparative ; style naïf	• Grammaire : mots de reprise	
• Jean Muzi : *Les Deux Sœurs* (texte écho)	• Lecture cursive		
• Tilly Willis, *Soeurs*	• Lecture de l'image : masses de couleur et formes géométriques		
REPÈRES : LES STRUCTURES DU CONTE			
LE CONTE MODERNE			
• Pierre Gripari : *La Fée du robinet*	• Lecture-compréhension ; démarche comparative ; parodie		• Écrite : jouer sur les décalages temporels (effets d'anachronisme, de parodie)
• Illustrations de Puig Rosado	• Lecture de l'image : stéréotype et schématisation		

ANALYSE DE L'IMAGE

John Auster Fitzgerald, « L'Étoffe dont sont faits les rêves »

(livre de l'élève, p. 74)

Ce tableau constitue une ouverture intéressante pour le chapitre : en effet, il peut faire l'objet d'une lecture à deux niveaux. Le personnage central peut être identifié comme étant la Belle au Bois Dormant, héroïne de conte familière aux élèves ; mais ce constat n'épuise pas le sens de l'image qui propose encore des éléments à faire analyser par la classe.

En effet, le titre du tableau (*L'Étoffe dont sont faits les rêves*) en suggère une lecture plus ouverte : le sommeil ouvre les portes des rêves heureux ou des cauchemars qui composent l'univers des contes. Ce tableau peut se définir comme **une synthèse emblématique**, comme **une allégorie du conte merveilleux**, puisque, de part et d'autre de la belle endormie, apparaissent en contrepoint les héros traditionnels de la princesse et du prince charmant et des êtres étranges, voire effrayants, qui, dans les récits, tourmentent parfois les héros pour les mettre à l'épreuve.

Étant donné la richesse de ce tableau, il conviendrait de le travailler en deux temps :

– le laisser regarder dans son ensemble afin que la classe puisse réagir et émettre spontanément diverses hypothèses de lecture en fonction d'une culture antérieure mais aussi en fonction du titre ;

– l'examiner ensuite d'une façon ordonnée dans une démarche de dévoilement progressif afin d'attirer l'attention des élèves sur sa construction et sa complexité.

1. La jeune fille est allongée, les yeux clos sur un lit, et semble profondément endormie. Ses vêtements ainsi que les tissus dont est orné le lit (coussins, dais) sont faits dans des matières luxueuses (dentelle, satin damassé, broché, fourrure, velours) aux couleurs chaudes (or pâle, rouge cramoisi, ocre et marron) et aux motifs recherchés (la robe s'agrémente de dessins en arabesques tout comme les tentures et le tapis). La jeune fille porte également des bijoux précieux et une couronne de roses autour de la tête. L'impression générale qui se dégage de ce tableau est celle de luxe et de raffinement.

Le travail sur l'image peut donner lieu à une recherche lexicale sur les couleurs et leurs nuances, sur les types d'étoffes.

2. Le corps de la jeune fille endormie n'est pas horizontal. Il est incliné du milieu de la partie droite vers le bas de la partie gauche ; en fait, il constitue une ligne diagonale qui sépare le tableau en deux parties. Cette ligne de force sert à construire le tableau et à le structurer. Elle oppose aussi un premier plan aux couleurs plus sombres et au tracé net à un arrière-plan dont les couleurs pâles se conjuguent avec des contours estompés.

3. Ce personnage fait songer à la Belle au Bois dormant, héroïne du conte de Perrault.

La fin du conte est en quelque sorte représentée par le couple qui figure en haut à gauche du tableau. Mais ce couple concrétise aussi le dénouement stéréotypé des contes « Ils se marièrent et furent heureux » qui alimente encore une grande partie de la littérature actuelle à vocation purement commerciale.

4. Les autres personnages sont des êtres difformes, plus ou moins consistants. Ils ont des membres disproportionnés, des têtes monstrueuses. Ce sont les êtres nés de l'imagination qui crée les contes.

Étudiée avant tout texte, cette image permet de rappeler un certain nombre d'éléments du conte merveilleux : thème de la princesse endormie, du couple parfait, univers de luxe, présence de l'étrange, voire de personnages repoussants, prédominance de l'imaginaire.

TEXTES D'ÉTUDE

• Charles Perrault, « Le Petit Chaperon rouge »
• J. et W. Grimm, « Jeannot et Margot »

(livre de l'élève, p. 76- 77)

Le choix de ces textes (débuts et fins de contes merveilleux) se justifie à deux niveaux ; ils permettent de :

• Replacer les auteurs de contes dans **une perspective historique** pour **évoquer la circulation des contes** entre tradition orale et tradition écrite mais aussi, dans cette dernière, d'un siècle à l'autre. On exploitera dans cette perspective les encadrés biographiques.

• Construire ou affermir les savoirs des élèves sur des **éléments narratologiques et discursifs** caractéristiques du genre.

L'ouverture se caractérise par l'imprécision des informations spatio-temporelles ; si elle figure dans le texte, l'information temporelle du type « Il était une fois » ou « Il y a de cela très longtemps » désigne une période indéterminée, perdue dans les brumes de la mémoire collective ; quant aux lieux, ils renvoient à la vie « de l'ancien temps », à l'existence des seigneurs dans leurs châteaux et des paysans dans les villages, la forêt se définissant comme un lieu privilégié de rencontres heureuses ou maléfiques.

La clôture apparaît comme l'une des caractéristiques les plus constantes du conte : **le récit fait coïncider achèvement de l'histoire et fin de la narration**. Ou le héros meurt, ou il entre dans une phase de son existence dont il n'y a plus rien à dire (« Ils se marièrent et furent heureux »).

Les personnages disposent rarement d'un état civil ; ils sont généralement désignés par un surnom, rarement par un prénom. Les personnages secondaires sont appelés par leur fonction sociale (le roi), par leur place dans la famille (la mère-grand), par un attribut merveilleux (la fée) ou une activité (le bûcheron).

Les nouveaux programmes soulignent la nécessité de situer le texte dans une perspective d'énonciation. Il est donc essentiel de mettre en valeur **la présence du narrateur dans les contes** et les deux formes essentielles qu'elle peut prendre :

– certains contes portent **des marques d'oralité** (intervention du narrateur qui s'adresse au lecteur ou auditeur, présence de formules rituelles proches de la comptine) rappelant quelles sont les origines de ce genre ;

– de nombreux contes se terminent par **des moralités** (Perrault affirme dans sa Préface aux *Contes en vers* que « partout la vertu y est récompensée, et partout le vice y est puni »).

ANALYSE DE L'IMAGE

Gravure de Gustave Doré, p. 76

1. Le loup tourne la tête vers le Petit Chaperon rouge ; les oreilles bien dressées, il semble écouter ce que dit la petite fille.

Le Petit Chaperon rouge montre avec l'index de la main droite quelque chose qui se trouve en dehors du champ de l'image, sans doute la direction du village de la mère-grand ou le chemin qu'elle va suivre pour s'y rendre. On peut introduire les notions de champ et hors champ (un élément de l'image peut parfois renvoyer à quelque chose qui n'est pas représenté sur l'image) et analyser l'effet produit par l'ouverture sur le hors champ.

Objectif visé : apprendre à lire une image (décoder les attitudes des personnages et leurs gestes), s'approprier des instruments d'analyse de l'image.

2. Cette image correspond à la fin du premier extrait du conte. Elle illustre la rencontre entre le Petit Chaperon rouge et compère le Loup (« elle rencontra compère le Loup »).

3. Cette question permet aux élèves de réinvestir des savoirs acquis grâce aux analyses proposées par les questions 1 et 2 (décodage des attitudes et des gestes des personnages, situation de l'image dans le contexte narratif).

LECTURE

Un lieu et une époque

1. Relevé des indications de lieu et d'époque sous forme de tableau :

Titre du conte	Indications de lieux	Indication d'époque
« Le Petit Chaperon rouge »	« Un village » « Le bois »	« Il était une fois »
« Jeannot et Margot »	« À l'orée d'un grand bois »	Ø

2. Le premier conte commence par la formule « Il était une fois ». On pourra faire remarquer que cette formule a pris la valeur d'indice pour identifier le genre, et on fera chercher d'autres stéréotypes du même type (« Dans un pays lointain vivait autrefois… », « Il y a de cela très longtemps, vivait…).

3. L'histoire des deux contes n'est située précisément ni dans le temps ni dans l'espace. Le conte de Grimm ne comporte même pas d'indication d'époque. L'expression « Il était une fois », commune à un grand nombre de contes, place l'histoire à une époque du passé très imprécise. La référence à un bois (textes 1 et 2), et à des villages (texte 1) ne permet pas de situer l'histoire dans une région, ni même dans un pays précis.

4. Un certain nombre de détails montrent néanmoins que ces contes appartiennent bien au passé : vie dans des villages (« une petite fille de village », « qui demeurait dans un autre village ») au milieu des bois (« en passant dans les bois », « à l'orée d'un grand bois »), présence de loups dans les bois (« elle rencontra compère le Loup), famine et pauvreté («une grande disette s'était abattue sur le pays»), situation (des enfants seuls dans une forêt).

On peut éventuellement faire remarquer que l'univers mis en place dans les contes ressemble beaucoup à celui de l'Ancien Régime, ce qui n'est pas étonnant, étant donné la date à laquelle les écrivains commencent à fixer les contes par écrit. Mais l'intention des conteurs est de n'enfermer le conte ni dans le temps ni dans l'espace afin qu'il continue à présenter de l'intérêt pour les lecteurs et auditeurs de tous les temps.

Ces questions visent surtout des compétences méthodologiques :
– sélectionner des informations dans un texte ;
– intégrer une référence au texte dans la réponse ;
– construire un tableau à double entrée.

Les personnages

1. Texte 1 :
– héros : le Petit Chaperon rouge ;
– liens familiaux : sa mère et sa grand-mère ;
– rencontre du loup lors de la traversée des bois.

Texte 2
– héros : Jeannot et Margot ;
– liens familiaux : le père – bûcheron – et la mère ;

Ce relevé montre aux élèves la nécessité de bien repérer les liens entre les personnages afin de comprendre l'histoire. L'enjeu est surtout méthodologique.

2. Les personnages ne sont pas décrits ; la seule information qui soit donnée concerne la coiffe du Petit Chaperon rouge.

3. Les héros de Grimm sont désignés par des noms propres ; celui de Perrault par un surnom qui lui vient de sa coiffe. Les autres personnages sont désignés par des noms communs.

4. Tout le monde donne son surnom au Petit Chaperon rouge parce qu'elle porte une coiffe qui convient bien à son visage.

Les questions 2-3-4 visent à construire l'univers du conte : les personnages y sont sans état civil et sans épaisseur (pas d'information sur l'âge, pas de description physique, vestimentaire, psychologique). À la différence des textes réalistes, le conte ne recherche pas l'effet de réalité. Le professeur trouvera ici l'occasion de faire rappeler la différence entre nom propre et nom commun.

Le narrateur

1. C'est le narrateur qui prend la parole à la fin des deux contes, comme le prouvent :
– le déterminant possessif (« mon conte est fini ») : texte 2 ;
– le mot « Moralité » qui suppose un jugement de celui qui raconte : texte 1.

Le questionnaire invite à relever la présence du locuteur. On peut aller, selon les classes, jusqu'à distinguer l'énoncé coupé de la situation d'énonciation (le conte lui-même) et l'énoncé ancré dans la situation d'énonciation (la morale et la comptine) en opposant les temps verbaux employés.

2. « Il ne faut pas que les enfants accordent leur confiance à n'importe qui ».

Le conte sert à éduquer les lecteurs, à leur donner des conseils sur la façon de se comporter dans la vie.

3. Les mots qui riment : *souris* et *fini*. Cette phrase fait penser à une comptine enfantine. Elle montre que :
– le conte est un texte à dire plutôt qu'à lire ;
– le conte est destiné à amuser les enfants.

ÉTUDE DE LA LANGUE

Vocabulaire

1. Cette expression signifie « ne rien avoir à manger ».

2. « Avoir l'*estomac* dans les talons » : « avoir très faim » ; « avoir l'eau à la *bouche* » : « saliver d'envie » ; « faire la fine *bouche* » : « faire le (la) difficile » ; « avoir une *dent* contre quelqu'un » : « garder rancune à quelqu'un ».

3. *Pin* : « Les pins du jardin ont été déracinés par la bourrasque ». *Peint* : « Le papier peint de ma chambre représente des personnages de contes ».

On peut aussi partir de certains mots du texte pour mettre au point des stratégies orthographiques avec, par exemple, cet exercice complémentaire :

« Certains mots comme « *pain* », « *faim* » comportent un son commun, mais s'écrivent de façon différente. On peut s'aider des mots dérivés (pour la définition de ce mot, voir la leçon de vocabulaire sur « Les mots complexes », p. 274) pour trouver la lettre finale d'un nom. Recherchez donc un mot dérivé de « pain », « faim », « crin » puis de « plomb », « tronc », « bon » et rédigez à votre façon la règle que vous pourrez utiliser pour trouver la lettre finale d'un nom. »

Grammaire

Les questions portent ici sur la grammaire du discours ; elles concernent l'une des valeurs aspectuelles des temps (l'opposition entre perfectif et imperfectif), c'est-à-dire la manière dont le locuteur envisage le déroulement de l'événement. Le passé simple donne une vision du procès nettement délimité dans son déroulement et orienté vers son terme final ; ceci explique que, dans la phrase, il soit le plus approprié pour marquer la succession chronologique des faits relatés. L'imparfait, lui, envisage le procès dans son déroulement, sans visée d'un terme final. L'enjeu, en 6e, est de montrer que l'imparfait est utilisé pour présenter les faits d'arrière-plan (description, commentaire, explication, etc.) et le passé simple pour présenter les faits de premier plan dans leur succession.

1. Les principaux temps verbaux employés sont l'imparfait et le passé simple.

2. Le passé simple sert à marquer la succession des faits (Exemple : « un jour sa mère lui dit » ; « le Petit Chaperon rouge partit aussitôt » ; « elle rencontra compère le Loup. »). Le second fait commence quand le premier est achevé.

3. L'imparfait évoque des faits en train de se dérouler dans le temps (Exemple : « il était une fois une petite fille de village » ; « sa mère en était folle. »)

4. L'imparfait est utilisé pour présenter les faits d'arrière-plan (description, commentaire, explication, etc.) et le passé simple pour présenter les faits de premier plan dans leur succession.

EXPRESSION

1. Le travail d'expression orale s'appuie sur une démarche personnelle de recherche au CDI et de lecture, et suppose un choix argumenté ; l'exercice constitue donc une sensibilisation au discours argumentatif.

2. Le travail d'expression écrite vise à développer des compétences logiques grâce à une double contrainte : les informations données par le début du texte et celles fournies par la fin du texte. De façon à créer une cohérence, les élèves doivent écrire entre des bornes :
– pauvreté initiale et richesse finale ;
– abandon dans la forêt et retour à la maison paternelle.

Les critères d'évaluation (à sélectionner éventuellement) peuvent être :

1. Le respect des informations données par le début du texte :
– personnages : Jeannot et Margot ;

– lieu : la forêt ;
– situation : enfants abandonnés.

2. L'introduction d'une ou de plusieurs péripéties :
– faisant progresser l'action ;
– en cohérence avec le lieu (Exemple : rencontre d'un ogre ou d'une fée qui habite la forêt, d'animaux dotés de pouvoirs magiques, de bûcherons, etc.).

3. La préparation de la fin du texte :
– découverte d'un trésor : comment, où, grâce à qui ou à quoi ?
– découverte du chemin pour revenir à la maison paternelle : comment, grâce à qui ?

TEXTE D'ÉTUDE

Pouchkine, « Le petit poisson d'or »

(livre de l'élève p. 79 à 81)

Le conte de Pouchkine, auteur russe, permet de continuer une sorte de « tour d'Europe » du conte littéraire. On pourra également faire lire le conte des frères Grimm (*Le Pêcheur et sa femme*) en lecture cursive afin de comparer les deux versions et de préparer les élèves à une réflexion sur l'intertextualité des contes.

La lecture de ce texte, ainsi que l'exploitation éventuelle du tableau de Paul Klee (p. 79) sera plus particulièrement centrée sur **la construction du registre merveilleux** : présence d'un être surnaturel, doté de pouvoirs magiques ; acceptation – après un étonnement rapidement surmonté – de ces manifestations surnaturelles par les personnages du conte.

Enfin, choix a été fait d'attirer l'attention des élèves sur **la construction répétitive** (de type « conte de randonnée ») **des divers épisodes qui se succèdent** afin qu'ils soient ensuite capables d'achever eux-mêmes un texte.

LECTURE

Un personnage surnaturel

1. Le poisson présente un caractère surnaturel qui se manifeste de deux manières : tout d'abord il est « en or » ; au-delà de toute logique, un animal vivant se trouve façonné dans un métal précieux réservé, dans le monde des contes, aux objets appartenant aux puissants et aux nantis ; de plus il parle « d'une voix humaine » et s'entretient avec le pêcheur.

2. La question n'attend pas de réponse précise (et pour cause !), mais offre à la classe l'occasion de s'exprimer, d'émettre des hypothèses. Ce poisson est sans doute l'un des êtres magiques qui interviennent dans la vie des héros de contes ; la lecture de textes fondateurs ou de récits de métamorphoses pourra aussi inciter à évoquer quelque dieu qui a pris une forme animale pour mettre les hommes à l'épreuve.

Des événements étranges

1. Le poisson d'or possède des pouvoirs magiques, puisqu'il exauce les vœux des hommes (posséder un nouveau cuveau, une nouvelle maison).

2. La vieille femme exige que soient réalisés des vœux de plus en plus ambitieux : posséder un cuveau neuf, une maison en matériaux solides, changer de statut social. Afin que ces demandes fassent sens dans l'esprit des jeunes lecteurs, il serait bon d'évoquer rapidement le mode de vie des paysannes russes dans les temps passés.

3. Cette question de lecture invite les élèves à repérer l'organisation des épisodes parallèles qui se succèdent de façon cyclique, à la manière d'un conte de randonnée. Elle constitue donc une aide à la lecture puisque les lecteurs, connaissant la structure récurrente, anticipent ainsi sur le contenu du texte ; elle prépare aussi l'expression écrite ; enfin elle offre l'occasion de travailler sur le passage de l'anecdotique à la formulation abstraite.

• Action n° 1 : la vieille femme envoie son époux réclamer un bien auprès du petit poisson d'or.

• Action n° 2 : le vieux pêcheur transmet cette demande au poisson d'or.

• Action n° 3 : le poisson d'or promet d'exaucer cette demande.

• Action n° 4 : la vieille femme reproche à son mari de s'être contenté de peu,

etc.

ÉTUDE DE LA LANGUE

Vocabulaire

Le travail sémantique permettra aussi de faire le point, d'une façon inductive, sur les composantes d'un registre littéraire.

1. La polysémie du mot « merveilleux » : 1-c ; 2-a ; 3-b.

2. Les expressions « ce n'était pas un poisson ordinaire », « un poisson étonnant », « un poisson d'or » » soulignent le caractère « magique » du poisson.

EXPRESSION ÉCRITE

Il s'agit d'inventer une suite et une fin de texte ; l'élève joue donc à son tour le rôle d'écrivain, dans une démarche créatrice proche de celle du pastiche : il s'agit d'achever le conte « à la manière » de Pouchkine.

La compétence visée à travers cet exercice d'écriture est celle de la maîtrise de la cohérence narrative ; elle se décline en deux temps :

1. savoir enchaîner de façon cohérente diverses étapes d'un épisode (à partir d'un travail de repérage effectué en lecture) ;

2. savoir faire progresser un récit vers son dénouement.

REPÈRES

La carte d'identité du conte merveilleux

(livre de l'élève, p. 83)

Ces trois exercices sont destinés à vérifier la compréhension des éléments de « leçon ».

1. Les extraits 1 et 5 sont des débuts de contes ; 2, 4 et 6 sont des fins de contes.

On retrouve dans ces extraits les formules consacrées (« il y avait une fois », « il était une fois »), les dénouements heureux (amour, mariage, richesse, bonheur, pouvoir), des personnages imprécis (un homme, une femme, la princesse, une fille) ou désignés par des surnoms (Blanche Neige, la Belle au Bois Dormant).

L'intrus est l'extrait 3 (incipit de *Voyage au centre de la terre* de Jules Verne) qui multiplie les précisions réalistes sur lieux, dates, noms propres.

2. Cet exercice a pour but de montrer la cohérence entre le personnage de conte et son surnom.

3. À travers cet exercice, on peut viser deux objectifs :
– vérifier si la notion de merveilleux a été comprise : ainsi les titres évoquant des contes merveilleux contiennent les mots « sorcière », « géant », « diable », « enchantée » ;
– développer des compétences de lecteurs autonomes dans leurs choix grâce à une première réflexion sur un titre de livre.

TEXTE D'ÉTUDE

Charles Perrault, « Les Fées »

(livre de l'élève, p. 84 à 87)

Le choix des textes s'explique de la façon suivante :
– le conte de Perrault, *Les Fées*, est assez court pour pouvoir être abordé rapidement dans sa totalité ; sa lecture permettra de procéder à **une approche « légère » d'une étude structuraliste aidant à prendre des repères pour lire et pour écrire**. « Conte en miroir », ce récit permet aussi de faire travailler les élèves sur la comparaison entre deux comportements de personnages et entre deux destins, ce qui peut introduire à la fois une réflexion historique (quel est le sort social des cadets sous l'Ancien Régime et en quoi le conte constitue une sorte de revanche sur le réel) et un élément d'éducation à la citoyenneté (liens entre comportements et récompenses/châtiments).
– la confrontation du conte écrit par Perrault et du conte oral africain rapporté par Jean Muzi ouvre de nombreuses perspectives (**voir les axes d'étude proposés p. 67**).

LECTURE

La structure du conte

Il serait dangereux de laisser croire aux élèves que l'organisation de tous les contes obéit aux principes d'une même structure ; l'utilisation des observations effectuées par le structuralisme est à conduire avec nuances. Cependant, il est avéré qu'une connaissance de certaines constantes présentes dans un genre aide à la lecture : les connaissances « derrière l'œil » facilitent l'acte de lecture grâce à l'anticipation qu'elles favorisent. Les questions posées sur *Les Fées* visent à aider les élèves à repérer un certain nombre de composantes à la fois grammaticales et sémantiques qui les familiariseront avec l'organisation de ce genre d'écrit.

1. Les lignes 1 à 9 sont consacrées à la présentation des trois personnages. L'objectif est de faire observer que la présentation des personnages constitue un préalable logique au récit des actions. Le temps employé (sauf dans l'aphorisme « comme on aime naturellement son semblable ») est l'imparfait dont la valeur (expression des faits d'arrière-plan, se déroulant dans le passé) a été découverte lors de la lecture du conte *Le Petit Chaperon rouge.*

2. L'action se met en route à la faveur de la rencontre entre la cadette et une vieille femme. Une rupture s'introduit dans la vie répétitive des personnages ; les élèves auront à repérer à la fois le complément de temps « un jour » et l'emploi du passé simple qui domine dans le récit des actions successives.

3. et **4.** Les élèves pourront traiter ces deux questions sous forme de tableau (**voir ci-dessous**).

La fonction des personnages

Sans parler de « schéma actantiel » (selon le modèle de A. J. Greimas), le professeur peut faire

Les deux filles	Quelle apparence prend la fée ?	Comment se comporte chaque fille ?	Quel don la fée offre-t-elle à chacune ?	Qu'arrive-t-il finalement à chaque fille ?
La cadette	Celle d'une pauvre femme.	Elle apporte son aide avec gentillesse.	Le don de cracher des fleurs et des pierres précieuses.	Elle se marie avec le fils du roi.
L'aînée	Celle d'une princesse.	Elle traite la fée avec brutalité.	Le don de cracher des crapauds et des serpents.	Elle est chassée par sa mère et va mourir au coin d'un bois.

remarquer aux élèves que, dans le conte, certains personnages (hommes, animaux), voire des objets, peuvent jouer le même rôle dans l'action narrative des contes. Les questions précédentes auront ainsi permis de construire la notion de « héros » de l'histoire. Les deux questions ouvrent des pistes pour deux autres fonctions :

1. On peut en effet noter que c'est la mère qui, en quelque sorte, déclenche la double action en envoyant ses filles puiser de l'eau à la fontaine.

2. La fée joue, elle, un rôle différent dans la vie des deux filles : si elle donne à la cadette un don qui l'aidera à trouver le bonheur, en punissant l'aînée, elle conduit cette dernière à sa perte.

La leçon proposée par les « Repères » (p. 90) mentionne les fonctions d'aide et d'opposant, mais laisse de côté celle de destinataire ; elle se limite à l'essentiel, même si la lecture du texte fournit l'occasion d'aborder une analyse plus fine.

ANALYSE DE L'IMAGE

L'activité de confrontation fait partie des compétences que veut développer l'enseignement au collège : elle contribue au développement de l'attention, entraîne aux stratégies de comparaison, sensibilise à la diversité des discours. Pour cette raison, la rubrique « Analyse de l'image » propose ici une lecture de deux illustrations très différentes du conte *Les Fées* (deux images d'Épinal et un dessin de Danièle Bour, illustratrice d'albums pour enfants).

1. Les élèves n'auront guère de difficulté pour repérer les trois personnages à leurs caractéristiques respectives (roses, serpents et crapauds).

2. Il sera intéressant de montrer que les images d'Épinal sont organisées comme des vignettes de bandes dessinées, associant texte de Perrault et illustrations très précises des sentiments des personnages grâce à leurs postures et jeux de physionomie. On étudiera notamment les gestes de menace de la mère, l'attitude de recul de la cadette et la façon dont est exprimé l'échec de l'aînée. Il y a là une représentation très théâtralisée, amplifiée par les mouvements et les plis des robes.

3. La moitié du dessin de Danièle Bour est consacré à la mise en scène d'un paysage (collines, village, chemins serpentant entre les champs), alors que les images d'Épinal sont centrées sur les personnages. Les enjeux sont manifestement différents : les images d'Épinal ont pour fonction de donner à voir les personnages d'un texte ; Danièle Bour place la scène dans un cadre naturel et donne à son image le statut d'une véritable œuvre d'art. On pourra montrer que le dessin de Danièle Bour s'apparente au style naïf (à rapprocher par exemple du Douanier Rousseau) : attitude figée des deux filles, représentation simplifiée de leurs traits, présence de détails de la vie domestique, absence volontaire de perspective des damiers du sol, représentation stylisée des arbres, couleurs acidulées et fraîches, etc.

ÉTUDE DE LA LANGUE

Vocabulaire

1. Les objectifs de cet exercice sont de trois sortes :
– faire manipuler un dictionnaire ;
– faire acquérir des outils de lexicologie : synonymie et antonymie ;
– faire revenir les élèves sur les sens de mots clés du texte en vue d'une meilleure lecture-compréhension.

a.

Honnête	Bien élevé, poli	Mal élevé, impoli (sens opposé)
Folle	Entiché de, épris de	Indifférent à (sens opposé)
« **Cette mère** »	Cette maman	Cette fille (sens complémentaire)
« **Oui-da, ma bonne mère** »	Ma brave femme	Mon brave homme (sens complémentaire)

b. Il est évident que l'emploi de *honnête* au sens de « bien élevé » semblera vieilli aux élèves ; on pourra éventuellement évoquer l'idéal de « l'honnête homme » et la dimension sociale qu'il prenait au XVIIe siècle.

L'emploi vieilli de *mère* au sens large peut être rapproché des habitudes villageoises (parler du « père X », de la « mère X » pour désigner des habitants d'un certain âge).

Grammaire

L'objectif visé par cet exercice est d'attirer l'attention des élèves sur l'importance sémantique que prend le mode de désignation des personnages dans un récit. Il s'agit donc de développer la vigilance des lecteurs afin qu'ils se servent des reprises nominales pour construire du sens, mais aussi pour qu'ils utilisent leurs savoirs dans leurs propres productions.

1. La fille aînée : « Cette brutale orgueilleuse » – « La brutale (2 fois) » – « La malheureuse » – « Ma fille » (2 fois) **;**

La fille cadette : « Cette pauvre enfant » (3 fois) – « Cette belle fille » (2 fois) – « Cette jeune fille » – « Cette pauvre fille » – « Ma fille » (« ce fut là la première fois qu'elle l'appela sa fille »).

2. Le tableau fait apparaître une mise en valeur :
– de la beauté de la cadette et de son malheur ;
– de la méchanceté de l'aînée ;
– de la préférence accordée par la mère à l'aînée (importance du commentaire de Perrault entre parenthèses).

3. Le narrateur s'apitoie sur le sort de la cadette : il la désigne en effet à plusieurs reprises en utilisant les expressions « pauvre fille », « pauvre enfant » ; à la fin du conte, il manifeste même une certaine pitié pour l'aînée, victime de sa propre méchanceté.

Il semble important de faire comprendre aux élèves que la façon de désigner un personnage n'apporte pas seulement des informations sur ce personnage, mais aussi sur celui qui parle (que ce soit ici le narrateur ou la mère).

EXPRESSION ÉCRITE

Le sujet s'inspire de la construction en miroir (deux héros qui agissent parallèlement, mais de façon différente) du conte *Les Fées.*

L'objectif visé est double :
– faire réinvestir des savoirs (reprises nominales pour désigner les personnages ; schéma narratif d'un conte) ;
– faire écrire selon un modèle, mais dans une perspective nouvelle (pastiche). La contrainte d'écriture a le double mérite de constituer un guidage fort et de fournir à l'élève le plaisir de marcher sur les pas d'un auteur connu.

L'évaluation prendra en compte essentiellement ces trois critères (respect du déroulement de l'histoire source, usage pertinent de mots de reprise, qualités d'invention).

TEXTE ÉCHO

Jean Muzi,« Les deux sœurs »

(livre de l'élève, p. 88)

Le texte de Jean Muzi, extrait des *Contes des rives du Niger*, place les élèves en situation de confrontation, comme le demandent les Instructions Officielles pour le collège. Le professeur pourra l'utiliser pour mettre en valeur **le jeu de circulation des contes**, non seulement **à travers les époques** (par exemple de Perrault aux frères Grimm) mais aussi **à travers les pays et les continents** (Europe et Afrique) ; ce texte offre aussi l'occasion de comparer un conte littéraire et une version orale consignée par écrit.

Nous proposons ici quelques axes d'étude possibles.

Conte français et conte africain

1. Cherchez des informations sur le pays d'où provient ce conte (Où coule le Niger ? Quelle est la faune de ce pays ? Quel est l'habitat traditionnel ?)

2. Quelles sont les réalités évoquées dans ce conte qui révèlent son origine géographique ?

3. Pourquoi, selon vous, l'œuf est-il un objet magique ? (À quoi vous fait songer sa forme ? Quelle est sa fonction ?)

Conte populaire et conte littéraire

1. Quelles sont les ressemblances entre *Les Fées* de Charles Perrault et *Les Deux Sœurs*, conte populaire des rives du Niger rapporté par Jean Muzi :
– entre les personnages ;
– entre les épreuves ;
– entre les situations finales ?

2. Il existe cependant une grande différence entre ces deux contes :
– en effet, Perrault s'est inspiré de contes oraux populaires mais il les a récrits ;
– Jean Muzi a seulement fixé par écrit un conte africain oral.

Où voit-on apparaître ces différences ? Vous pourrez comparer par exemple la longueur et le contenu :
– des descriptions initiales des personnages ;
– des éléments de résolution et des situations finales concernant les deux filles.

ANALYSE DE L'IMAGE

L'intérêt du tableau est qu'il présente des similitudes thématiques et culturelles avec le conte du Niger. On fera ainsi observer la parenté entre les titres (*Sœurs* et *Les Deux Sœurs*) ainsi qu'entre les univers représentés.

1. Tous les détails du tableau connotent une idée d'exotisme : le fleuve (plus logiquement que la mer), le ciel aux teintes violettes, la peau sombre des femmes, les espèces de calebasses que celles-ci portent sur la tête constituent des indices invitant à situer la scène en Afrique ; la présence d'ombres allongées permet d'imaginer que l'artiste a voulu montrer la beauté de l'instant où les femmes vont recueillir l'eau du fleuve nécessaire au repas vespéral ; mais ce sont surtout les couleurs chaudes dominantes, présentes dans les calebasses et les robes colorées (jaune et rouge), mises en valeur par les peaux sombres, qui installent l'atmosphère de gaieté et de vie que l'on associe traditionnellement à l'Afrique.

2. Les deux personnages occupent presque tout l'espace du tableau ; leur importance et leurs liens sont précisés par le titre (*Sœurs*). Le peintre s'est efforcé de suggérer à la fois leurs ressemblances et leurs différences. Leurs ressemblances sont évidentes : même attitude, même allure, même activité ; côte à côte, elles marchent d'un même pas vers le bord de l'eau pour accomplir leur tâche. Cependant, quelques détails font que ces deux sombres statues hiératiques prennent vie et s'individualisent : robes de couleurs différentes, même si celle de gauche semble capter le reflet jaune de celle de droite, légère supériorité en taille du personnage de gauche dont la main levée suggère peut-être un caractère plus altier.

3. La construction du tableau s'organise autour de quelques lignes géométriques : les corps des deux femmes constituent, au premier plan, deux verticales auxquelles s'opposent les horizontales dessinées par les masses du ciel et de l'eau situées en arrière-plan. Les diagonales produites par les ombres, ainsi que les courbes que forment les contours des calebasses, adoucissent la composition de l'ensemble.

L'organisation du tableau à partir de formes géométriques et de masses de couleur l'inscrit dans une esthétique moderne épurée.

4. Cette question sera naturellement traitée librement par les élèves. L'objectif visé est double : défendre leur opinion – j'aime/je n'aime pas – va leur permettre de se placer en situation d'argumentation ; or, si ce type de discours ne fait pas l'objet d'un apprentissage systématique en classe de sixième, il est fortement conseillé de susciter des occasions de les y sensibiliser. D'autre part, on attendra d'eux qu'ils utilisent les analyses produites par les réponses aux questions 1 à 3 pour nourrir et justifier leur prise de position.

REPÈRES

Les structures du conte

(livre de l'élève, p. 90-91)

Les exercices proposés dans cette leçon doivent permettre une évaluation sommative des connaissances des élèves concernant l'organisation narrative d'un conte. Le premier répond à l'un des objectifs fondamentaux visés en classe de sixième : **savoir construire un récit de façon cohérente**. Cette cohérence naît de la progression de l'histoire (d'une situation à une autre situation) et de la logique des enchaînements (liens sémantiques entre les phrases). Le second propose, dans la perspective d'une méthodologie de l'écriture, une **activité de planification** avant la création d'un conte. Le troisième incite à une **lecture cursive**, guidée par une recherche.

1. Il n'existe naturellement pas de corrigé « modèle » pour cet exercice. On peut par exemple songer au résumé suivant, produit par un groupe d'élèves qui a utilisé, pour s'aider, le schéma narratif en 5 parties :

Il était une fois une pauvre fille, appelée Cendrillon, que sa méchante belle-mère empêchait d'aller au bal du palais.

Par bonheur, sa marraine la fée l'habilla comme une princesse et transforma une citrouille en carrosse afin que la pauvre fille aille au bal.

Au palais, Cendrillon dansa avec le prince qui en tomba amoureux, mais elle quitta le prince et s'enfuit à minuit, comme l'avait exigé sa marraine.

Grâce à la chaussure qu'elle avait perdue en s'enfuyant, le prince put retrouver Cendrillon.

Le prince l'épousa et tous deux furent heureux et vécurent longtemps.

Les expressions soulignées constituent les éléments qui assurent une cohérence entre les différentes parties du résumé ; le groupe d'élèves a conseillé à François d'utiliser des liens de ce type pour créer une continuité dans son histoire.

2. L'exercice permettra aux élèves de se familiariser avec l'univers et le personnel du conte et de réfléchir à son architecture.

3. L'exercice 3 invite les élèves à introduire une perspective analytique et critique dans leurs lectures cursives.

TEXTE D'ÉTUDE

Pierre Gripari, « La Fée du robinet »

(livre de l'élève, p 92 à 94)

Le professeur pourra souligner la double caractéristique du texte de Pierre Gripari, à la fois conte d'auteur et conte parodique et expliquer qu'**en écrivant des contes parodiques, les écrivains modernes ne font que s'inscrire dans la culture des « variantes » qui caractérise ce genre**.

LECTURE

Comprendre un texte

La caractéristique de ce texte est d'être à la fois complet dans son déroulement d'ensemble et interrompu par des coupures. On pourra signaler aux élèves que tout texte, même complet, comporte des « blancs » ou des « silences » que le lecteur doit combler dans un acte de lecture créatrice. L'exercice de lecture consiste à faire construire par les élèves des inférences qui leur permettront de combler ces vides avec (ou sans) l'aide du questionnaire. Pour ce faire, ils doivent s'aider du contexte et des informations qu'il apporte, ainsi que de leurs propres savoirs sur le monde.

1. Résumé du passage supprimé :

Un jour, Martine prononce un mot « beaucoup plus vulgaire[1] » que le mot « zut » devant ses parents. « Et en même temps, voici que trois grosses perles, énormes, roulèrent sur la nappe. »

Élément d'aide figurant dans le texte : la découverte par le père de la relation entre les « gros mots » et la taille des perles.

2. Résumé du passage supprimé :

« Elle marcha tout le jour dans les rues de Paris, sans savoir où aller. Vers le soir, affamée et rompue de fatigue, elle s'assit sur un banc. »

Élément d'aide figurant dans le texte : « elle s'enfuit de la maison » induit le vagabondage dans la ville et l'expression « vint s'asseoir auprès d'elle » permet de songer à un banc public.

3. Résumé du passage supprimé :

« Martine, qui ne savait où aller, accepta de bon cœur. » Mais le jeune homme oblige Martine à dire des gros mots toute la journée afin de remplir une grande soupière de grosses perles.

Élément d'aide figurant dans le texte : la répétition des allusions à l'emprisonnement de Martine et l'allusion à « la soupière pleine ».

1. Nous citons le texte de Pierre Gripari.

4. Résumé du passage supprimé :

Les parents de Martine, désolés que celle-ci soit partie, obligent sa jeune sœur, Marie, à rencontrer, elle aussi, la fée du robinet.

Élément d'aide figurant dans le texte : le mot « sœur » prononcé par Marie.

5. Résumé du passage supprimé :

Chez le jeune médecin, Marie crache des couleuvres et des vipères. Le médecin la demande aussitôt en mariage.

Éléments d'aide figurant dans le texte : il faut se servir des expressions « demanda la mère » et « répondit le médecin » pour identifier les locuteurs des deux premières répliques.

Conte traditionnel et conte moderne

Pour tirer un véritable plaisir de la lecture d'un texte parodique, le lecteur doit nécessairement connaître parfaitement le texte source.

La reprise du conte de Perrault

1. Dans le conte de Gripari, comme dans celui de Perrault, les personnages principaux sont deux sœurs qui symbolisent l'opposition du Bien et du Mal. Dans le conte de Perrault, l'aînée est désignée comme une jeune fille désagréable, brutale et orgueilleuse et se fait reprocher par la fée son manque d'obligeance et d'honnêteté ; son homologue moderne est gourmande, mal élevée et hypocrite. La cadette, en revanche, possède les qualités que l'on attend d'une jeune fille… : douce et honnête dans *Les Fées,* elle joint à la bonté la modestie et la simplicité dans le conte de Gripari.

L'auteur moderne reprend dans son ensemble la structure en miroir adoptée par Perrault : les deux héroïnes rencontrent une fée qui leur demande un service et qui, en échange, leur attribue récompense ou punition.

2. Pour bien marquer la filiation entre les deux contes, Gripari transpose presque littéralement les formules par lesquelles la fée de Perrault attribue « un don » aux jeunes filles. Le professeur pourra faire repérer une expression parmi les suivantes :

Charles Perrault	Pierre Gripari
« Je vous donne pour don qu'à chaque parole que vous direz, il vous sortira de la bouche ou une fleur, ou une pierre précieuse. »	« Je vais te faire un don : à chaque mot que tu diras, il te sortira de la bouche une perle. »
« Je vous donne pour don qu'à chaque parole que vous direz, il vous sortira de la bouche un serpent ou un crapaud. »	« Je vous donne pour don qu'à chaque mot que vous direz il vous sortira de la bouche un serpent. »

Les nouveautés du conte de Gripari

La parodie se caractérise à la fois par sa fidélité à certains éléments du texte parodié (reprise des personnages et des actions principales) et par l'introduction de nouveautés et de transformations se situant à plusieurs niveaux (changement de l'époque et du cadre de l'histoire, modifications apportées dans le comportement des personnages, dans la structure et la morale, changements dans la façon de raconter).

1. L'histoire que raconte Gripari se situe dans une ville (référence à un immeuble, à l'Institut Pasteur) et se déroule à l'époque actuelle (long récit initial concernant l'adduction d'eau courante, référence au « frigidaire », etc.).

2. L'actualisation du texte d'origine est une pratique courante dans l'écriture parodique ; le professeur pourra souligner ce phénomène littéraire en faisant relever quelques éléments qui modernisent le conte de Gripari tels que :
– les précisions sur la condition sociale des personnages (les parents sont un couple d'ouvriers vivant dans un immeuble en ville : symbole de la vie moderne dans les années soixante ; c'est un médecin travaillant à l'institut Pasteur qui joue le rôle du Prince Charmant…) ;
– le cadre de la rencontre entre la fée et chacune des deux filles : une cuisine équipée d'un « frigidaire » (à comparer avec la rencontre au bord de la fontaine, motif littéraire au Moyen Âge) ;
– le nom des personnages (si le prénom de Marie est peu connoté temporellement, celui de Martine est très à la mode dans les années soixante) ;
– la façon de s'exprimer des personnages : Gripari rapproche l'univers du conte de celui du lecteur en plaçant dans la bouche de ses jeunes héroïnes des expressions actuelles (« j'ai tout intérêt à être bien avec » ; « ben çà alors ! »)

3. Le conte parodique modifie également des éléments de l'histoire, même si la structure d'ensemble (à savoir celle d'un conte en miroir) est respectée. Le tableau proposé aux élèves permettra de leur faire prendre conscience d'un certain nombre de différences dans le traitement de l'histoire :
– dans le texte 1 (Perrault), une même fée revêt deux apparences différentes ; dans le texte 2 (Gripari), elle conserve sa forme première ;
– de façon inversée, c'est l'aînée qui est punie dans le texte 1 et récompensée dans le texte 2 ; la cadette est récompensée dans le texte 1 et punie dans le texte 2.
– dans le texte de Perrault, la situation finale des deux sœurs est très opposée : l'une se marie avec un prince cependant que l'autre s'en va mourir misérablement au coin d'un bois ; Gripari propose une fin moins antithétique : certes Martine semble plus malheureuse que Marie ; cependant toutes deux sont finalement exploitées à cause de leur don !

La parodie

1. La parodie se caractérise ici par le mélange d'éléments qui appartiennent au conte merveilleux et de réalités modernes au caractère prosaïque. On peut donner un certain nombre d'exemples tels que :
– le fait que la fée « en robe mauve avec des ailes de libellule » sorte du robinet de la cuisine ;
– le fait que la fée volette autour de la cuiller pleine de confiture « en y donnant quelques coups de langue » ;

– le fait que Martine soit obligée de cracher ses perles dans un saladier.

Cette contamination du merveilleux par le prosaïque est d'ailleurs symbolisée par le titre lui-même : « La fée du robinet ». Elle est même poussée assez loin par l'auteur qui évoque le risque – heureusement évité – que la fée ne se soit appelée « la fée des cabinets ».

2. La contamination du conte merveilleux littéraire de Perrault par les réalités modernes, voire par des notes triviales, a pour effet de produire une tonalité comique. L'humour qui parcourt le récit de Gripari tient au fait que l'auteur ne semble pas prendre au sérieux ce qu'il raconte.

3. La lecture d'un texte parodique ne peut faire l'économie d'une réflexion sur son intentionnalité. L'auteur raconte cette histoire, et d'autres du même type, à la fois pour faire rêver et pour amuser ses lecteurs. Il les fait rêver en leur montrant que le merveilleux peut encore se manifester dans les temps modernes ; il les amuse en les faisant jouer avec des textes qu'ils ont en mémoire.

ANALYSE DE L'IMAGE

L'illustrateur Puig Rosado, qui est né un 1er avril, semble avoir placé son existence sous le signe de l'humour. Il sera intéressant de faire analyser dans ses dessins au crayon l'art de la schématisation (visages des personnages réduits à quelques traits suggestifs – tels que la forme des nez – ou expressifs – tels que le graphisme des sourcils et des bouches –) et de la caricature (représentation stéréotypée de la fée aux ailes de libellule, représentation de serpents aux traits cruels grouillant dans la baignoire).

EXPRESSION ÉCRITE

Ce travail d'écriture s'inscrit à la fois dans une perspective thématique très ouverte et dans un cadre d'écriture assez contraignant :
– les élèves peuvent choisir le personnage et les péripéties qu'ils souhaitent (le travail d'écriture s'inscrira par exemple dans le prolongement de lectures cursives auxquelles il apportera un sens supplémentaire) ;
– mais ils doivent s'aider de leur travail sur les procédés de la parodie qu'ils ont étudiés pour suggérer un décalage entre le monde merveilleux et le monde moderne, décalage qui sera, à leur guise, source de déboires pour le héros ou, au contraire, mobilisation d'une faculté d'adaptation astucieuse.

ATELIER D'ÉCRITURE

(livre de l'élève, p. 96-97)

1 Jouer avec les contes : parodie et récriture

1. Cet exercice permettra de faire travailler, sous une forme ludique, la notion de cohérence dans un récit : il faudra en effet que les modifications atteignant les personnages et leur langage soient en harmonie avec celles qui affecteront le cadre et les actions.

Voici, en guise d'exemple, un autre texte de Gilbert Lascaux, extrait de *Le Petit Chaperon rouge partout* :

> « Sur Véga, une brise perpétuelle agite le feuillage rose et noir des arbres. Dans les clairières de la grande forêt, trois races de ruminants broutent l'herbe indigo : les grands-mères, les Petits Chaperons Rouges et les loups. Ils vivent en bonne entente. Ils redoutent les papillons dont la piqûre est mortelle. Pendant les quatre mois de la saison des chasses, les chevillettes armées de mitraillettes et suivies de leur meute de bobinettes à huit pattes traquent les trois races de ruminants. »

2. Cet exercice, d'un niveau de difficulté supérieur au précédent, permet d'évaluer la connaissance que les élèves ont des codes génériques du conte. Le texte de Bernard Friot démonte un certain nombre de poncifs, qu'il s'agisse du personnel conventionnel du conte (roi, princesse, dragon, chevalier, fée) ou des péripéties convenues (enlèvement de la princesse par un monstre, noces de la princesse et du prince).

Cette activité pourrait s'articuler avec un travail de lecture en réseau centrée sur le conte ; les élèves auraient, par exemple, à établir, au cours de leurs lectures, la liste des personnages récurrents et des péripéties typiques du genre afin de s'approprier les référents littéraires nécessaires pour ce jeu d'écriture.

Il faut ensuite imaginer des incidents qui viennent « gripper » la machinerie traditionnelle du conte.

3. Ce dernier exercice a pour objectif de faire repérer par les élèves les péripéties essentielles d'un conte ; il constitue donc, sous une forme ludique, une aide à la lecture et à la compréhension. Il peut aussi être utilisé comme procédure de contrôle de lecture.

4. Proposition pour une autre activité

Les personnages de contes s'écrivent…

Imaginez que les personnages des contes s'écrivent les uns aux autres ; par exemple le Petit Chaperon rouge exige du loup qu'il lui paie un loyer pour son occupation de la maison de la grand-mère; les sept nains donnent à Blanche Neige des nouvelles de la forêt et des animaux qui y habitent ; Boucle d'Or s'excuse auprès des ours d'avoir mis du désordre dans leur maison…

Consigne : Écrire des lettres entre des personnages de contes ; il peut s'agir d'un véritable échange épistolaire entre les mêmes personnages ou de lettres isolées. Ces lettres pourront ensuite être réunies et accompagnées d'illustrations afin de former un album.

2 Créer un objet artistique

Cette activité, qui se situe délibérément dans une perspective d'interdisciplinarité et dans une logique de production collective, n'a pas pour fonction stricte d'évaluer les acquis des élèves sur le conte. Elle a surtout pour enjeu de montrer aux élèves qu'ils détiennent, eux aussi, le pouvoir de créer et que, sous leur regard, le monde réel, si prosaïque soit-il, peut se charger des richesses de l'imaginaire.

CORRIGÉ DE LA FICHE ÉLÈVE 10

Test de lecture compréhension

(ci-après, p. 231)

PRÉSENTATION

Objectifs

Faire lire une œuvre pour la jeunesse en rapport avec le genre du conte merveilleux étudié dans le chapitre 4.

Susciter chez l'élève un comportement de lecteur actif, c'est-à-dire veillant à donner du sens à ce qu'il lit, soit en construisant des inférences, soit en induisant le sens d'un mot inconnu à partir du contexte, soit en s'informant dans un dictionnaire encyclopédique sur une réalité historique ou géographique qui ne lui est pas familière.

Œuvre concernée

Comment Wang Fô fut sauvé, de Marguerite Yourcenar, Gallimard, « Folio cadet Rouge ».

Il s'agit d'une adaptation d'une histoire extraite des *Nouvelles orientales,* réalisée par Marguerite Yourcenar elle-même.

Conduite de l'activité

Comment Wang Fô fut sauvé pourra faire l'objet d'une lecture cursive en classe, par exemple dans le cadre de l'atelier lecture. L'exercice de lecture compréhension sera ensuite proposé aux élèves qui disposeront du livre et d'un dictionnaire. L'objectif n'est pas de vérifier si les élèves ont lu le livre et en ont retenu le contenu, mais de savoir ce qu'ils comprennent et ce qu'ils ne comprennent pas afin de faire ensuite un travail de remédiation sur la compréhension des textes. Un autre objectif, modeste, mais à prendre en compte est de faire copier correctement – à tous les sens du terme – des extraits du texte.

CORRIGÉ

1. b.

2. Le mot « Han ».

3. Parce qu'ils craignaient qu'un chien peint par Wang Fô ne soit vivant, puisque celui-ci avait le pouvoir de donner vie à ce qu'il représentait sur ses tableaux.

4. « Quand il peignait un cheval, il fallait toujours qu'il le montrât attaché à un piquet ou tenu par une bride, sans quoi le cheval s'échappait au grand galop du tableau pour ne plus revenir. »

5. b.

6. c.

7. L'Empereur de Chine.

8. « Il leva sa main droite, que les reflets du pavement de jade faisaient paraître verte comme une plante sous-marine. »

9. b.

10. Parce que Wang Fô a le pouvoir de créer des mondes qui sont parfaits et éternels.

11. a. et b.

12. – « une teinte de rose sur un nuage » ;
– « des petites rides sur la mer » ;
– « un canot ».

13. a.

14. b.

15. « Le frêle canot, grossi sous les coups de pinceau du peintre, occupait tout le premier plan du rouleau de soie. »

17. De ce conte se dégagent deux idées: tout d'abord l'art est plus puissant que le réel puisque, non seulement il peut l'imiter mais, de plus, il l'embellit; en second lieu, l'art permet de fuir le réel, de lui échapper et d'accéder à l'éternité.

CORRIGÉ DE LA FICHE ÉLÈVE 11

Les caractéristiques du conte

(ci-après, p. 233)

PRÉSENTATION

Objectifs

Évaluer les acquis des élèves concernant les caractéristiques du conte merveilleux :
– le registre du merveilleux ;
– le schéma narratif ;
– la fonction des personnages.

Œuvre concernée

La Princesse sur un petit pois de Hans-Christian Andersen est un conte très court et représentatif des caractéristiques du genre. C'est aussi l'occasion de faire découvrir un autre grand auteur de contes européen du XIXe siècle (1805-1875).

CORRIGÉ

1. – « il y avait une fois »
– « un château ».

2. b.

3. d. (On peut aussi accepter b.)

4. b., c., a.

5. « Voilà une histoire aussi véritable que la princesse ! »

6. Ordre : c., a., d., b.

7. 1. situation initiale – 2. élément déclencheur de l'action – 3. élément de résolution – 4. situation finale.

8. Il s'agit de l'action.

9. La vieille reine fit dormir la princesse sur un petit pois recouvert de vingt matelas et édredons ; au matin la princesse déclara à ses hôtes qui l'interrogeaient qu'elle avait mal dormi.

10. a-2 ; b-1 ; c-3

11. Le temps peut aussi jouer le rôle d'aide puisqu'il pousse la princesse à se réfugier au château.

CORRIGÉ DE LA FICHE ÉLÈVE 12

Les homonymes

(ci-après, p. 235)

PRÉSENTATION

Objectifs

Entraîner les élèves au repérage des homonymes avec des visées différentes selon qu'il s'agit d'homophones ou d'homographes:
– le travail sur les homophones favorise l'appropriation de l'orthographe lexicale tout en développant les connaissances lexicales;
– le travail sur les homographes joue le même rôle ; mais de surcroît, il aide à prévenir les hésitations et confusions en lecture.

CORRIGÉ

1. a. *gré* et *grès.*
b. a : agir contre son *gré* – b. les poteries en *grès.*
c. a : un *pot* – b. la *peau* – c. le *Pô* – d. *Pau.*

2. a. a : *mètre* doit être remplacé par *maître* – b. *comptes* par *contes.*
b. a. *dessein* doit être remplacé par *dessin* – b. *coing* par *coin* – c. *ancre* par *encre.*

3. Il était une **fois**... qui avaient **sept** fils... La **mère** dit au **père**... dans les **bois** car je **ne veux** pas les voir mourir de **faim...** répondit le **père**... nous les mènerons au **bois...**

4. 1. a et c – **2.** le mot « sol ».

BIBLIOGRAPHIE SOMMAIRE

Pour le professeur

Sur le conte

BETTELHEIM (B.), *Psychanalyse des contes de fées*, Laffont, coll. « Pluriel », 1976.

CAUVIN (J.), *Comprendre les contes*, éd Saint Paul, 1981.

DELARUE (P.), TENÈZE (M.-L.), *Le Conte populaire français*, Maisonneuve Larose, rééd. 1976.

PAULME (D.), *La Mère dévorante – Essai sur la morphologie des contes africains*, Gallimard, NRF, 1976.

PÉJU (P.), *La Petite Fille dans la forêt des contes*, Robert Laffont, 1981.

SCHNITZER (L.), *Ce que disent les contes*, Sorbier, 1981.

SORIANO (M.), *Les Contes de Perrault*, Gallimard, 1968.

Sur la parodie

GENARDIÈRE (C. de la), *Encore un conte ? Le Petit Chaperon rouge à l'usage des adultes*, Presses universitaires de Nancy, 1993.

GENETTE (G.), *Palimpsestes*, Seuil, 1982.

PETITJEAN (A.), « Le Petit Chaperon rouge : contes et anticontes », *Pratiques*, n° 42, juin 1984 (pp. 63-78).

Pour les élèves

Quelques contes

AYMÉ (M.), *Les Contes du chat perché*, Gallimard, « Folio », 1973.

CENDRARS (B.), *Petits Contes Nègres pour les enfants des blancs*, Gallimard, « Folio », 1988.

CLAVEL (B.), *Légendes de la mer*, Hachette Jeunesse, 1990.

CALVINO (I.), *Contes de l'Italie du Nord*, Denoël, 1980.

KHEMIR (N.), *L'Ogresse*, La Découverte, 1975.

SOUPAULT (R. et P.), *Histoires merveilleuses des cinq continents*, Seghers, 1990.

TOURNIER (M.), *Sept Contes*, Gallimard, 1998.

Les Plus Beaux Contes des Mille et Une Nuits.

Quelques contes parodiques

DAHL (R.), *Un conte peut en cacher un autre*, Gallimard Jeunesse, 1998.

DUMAS (P.) et MOISSARD (B.), *Contes à l'envers*, École des Loisirs, 1977.

RIVAIS (Y.), *Les Contes du miroir*, École des Loisirs, 1991.

Chapitre 5

Approches de la poésie
Lire et écrire des poèmes

LES OBJECTIFS DU CHAPITRE

Objectifs généraux

• Consacrer un chapitre à la poésie dans un manuel scolaire n'est jamais une chose anodine. Au-delà de ses implications pédagogiques et de la mise en œuvre des programmes, un tel chapitre doit permettre aux jeunes lecteurs que sont nos élèves d'*entrer en poésie.* Cela passe par la découverte **d'un autre langage, d'un autre regard porté sur le monde, d'une autre façon de concevoir le rapport que les mots entretiennent avec le réel.**

Dans cette perspective, l'essentiel du travail que nous proposons est moins destiné à définir les caractéristiques techniques du langage poétique qu'à **susciter le désir de lire et d'écrire de la poésie.**

• S'agissant d'élèves de sixième – qui confondent souvent poésie et récitations ânonnées –, il importe de promouvoir, ainsi que le préconisent les Instructions Officielles, une approche qui réponde « au goût qu'ont naturellement les enfants pour le langage et ses jeux. » Il s'agit donc moins de se livrer à des analyses approfondies qu'à « pratiquer des textes divers », susceptibles de favoriser une découverte ludique, créative, récréative ou re-créative de la poésie. Faire entrer l'élève en poésie, ce n'est pas se contenter d'enseigner la versification, mais trouver le moyen d'ouvrir, d'**offrir à l'autre un espace de sensibilité, une aire d'échanges vouée à la liberté d'interprétation et de parole.**

• Ces convictions ont en partie dicté l'organisation interne de ce chapitre qui ne propose pas *une* approche de la poésie, mais **diverses approches**, offrant à l'enseignant la possibilité de construire trois brèves séquences didactiques autour de la poésie.

– La première, consacrée aux **mots-images** et aux **calligrammes**, permettra à l'élève de découvrir les liens qui unissent le texte à l'image, le lisible au visible. L'écriture poétique y est essentiellement affaire de disposition dans l'espace de la page.

– La deuxième propose un **bestiaire poétique** que viennent enrichir trois fiches élèves consacrées au recueil de Robert Desnos intitulé *Chantefables.* Elle est l'occasion de montrer qu'en poésie les moyens d'expression s'adaptent fréquemment à la nature des thèmes abordés.

– La dernière partie du chapitre nous fait entrer dans l'univers ludique des **suppositions poétiques** par lesquelles advient ce qui semble souvent impossible dans le monde réel. Au terme de la séquence, les textes abordés induisent une réflexion sur les pouvoirs de la poésie.

Pour éclectique qu'il paraisse, ce chapitre n'est pas un simple montage de documents offrant des similitudes sémantiques et formelles. D'un groupement de textes à l'autre, une progression se dessine, autorisant une structuration des apprentissages. Il est donc recommandé de suivre (même dans la perspective d'un fractionnement du chapitre en trois brèves séquences) la trame de ce parcours inaugural.

Objectifs méthodologiques

• En ce qui concerne **la lecture,** l'objectif visé est moins la compréhension littérale des textes que la prise en compte de leurs spécificités sémantiques et formelles. L'accent sera mis en particulier sur l'importance que revêt **la mise en espace de l'écriture**, qui s'apparente parfois à un dessin.

Les questionnaires de lecture, volontairement succincts, ne tendent pas à une quelconque (et chimérique) exhaustivité. Les premières questions invitent généralement l'élève à observer et comprendre le fonctionnement du texte ; les suivantes, plus interprétatives, en appellent à sa compréhension d'une signification plurielle.

S'agissant de poésie, la lecture doit rester l'acte qui fait émerger la signification du texte.

• **Les activités de langue** proposées au cours de ce chapitre restent en lien constant avec les pratiques de lecture et d'écriture, mais il convient d'en relativiser l'importance. La poésie, dont nous entendons favoriser la découverte, n'est guère prétexte à pratiquer en classe la grammaire de phrase. Aussi nous a-t-il semblé préférable de privilégier l'observation des **jeux de sonorités** (assonances et allitérations), des **principaux éléments de versification** (strophes, vers, décompte syllabique) ou la découverte délibérément récréative des **mots-valises.**

• **Les activités d'écriture poétique** constituent, cela va sans dire, l'une des grandes priorités du chapitre. L'objectif avoué de ces activités scripturales est d'amener l'élève à pratiquer, avec le plus de spontanéité possible, **une écriture en liberté**, une écriture buissonnière qui fasse appel à sa créativité. Pour ce faire, une progression s'impose : les premières exercices privilégient **la réalisation de mots-images et de calligrammes.** Les suivants favorisent **l'écriture imitative** en invitant l'élève à écrire *à la manière de* Claude Roy, Jacques Roubaud ou Eugène Guillevic. L'atelier d'écriture sur lequel se clôt le chapitre permettra également à l'élève de s'initier à **l'art du haïku**.

Ces activités d'expression artistique peuvent enfin s'inscrire dans une logique de production collective, les textes rédigés individuellement pouvant faire l'objet d'un recueil collectif et d'une séance de lecture publique.

Dans la perspective de ces pratiques orales, on ne saurait trop recommander **un travail de mise en voix et de diction des textes poétiques** dont les rythmes ont partie liée à la respiration et au souffle.

ANALYSE DE L'IMAGE
Hokusaï, *Deux Oies sauvages*
(livre de l'élève, p. 99)

Cette gravure sur bois du peintre et dessinateur japonais Hokusaï (1760-1849) servira d'ouverture à la séquence. Le premier objectif de cette analyse de l'image est de sensibiliser les élèves à une esthétique picturale qui ne leur est pas familière. Nous verrons que l'œuvre du maître japonais peut être aussi un moyen, simple mais efficace, de susciter l'écriture créatrice.

1. Cette œuvre picturale frappe par son extrême simplicité. L'œuvre représente le vol en piqué de deux oies sauvages – l'une de couleur sombre, l'autre blanche – passant devant le disque lunaire. Dans la partie inférieure gauche de la toile se dressent également de hautes herbes effilées.

2. La magie toute poétique qui émane de cette composition est d'abord liée au choix des couleurs : blancheur de la pleine lune et de l'une des oies ; présence ombrageuse des hautes herbes, vaste étendue de

TABLEAU SYNOPTIQUE

SUPPORT	LECTURE	LANGUE	EXPRESSION
• Hokusaï, *Deux Oies sauvages*	• Lecture d'image		• Écriture créatrice à partir d'une image
MOTS-IMAGES ET CALLIGRAMMES			
• Jean Alessandrini, « Arbalète » • Miguel Angel Asturias, « Flèche » • Guillaume Apollinaire, « Cœur » et « Miroir »	• Distinguer mots-images et calligrammes • Observer la mise en espace des textes • Étudier la signification des poèmes		• Expression écrite : – concevoir des mots-images ; – rédiger des calligrammes
REPÈRES : LA MISE EN ESPACE DU POÈME			
BESTIAIRE POÉTIQUE			
• Jacques Roubaud, « Les vers à soie » • Jules Renard, « Le vers » • Luc Dietrich, « Le poussin » • Jacques Roubaud, « Ce que dit le cochon »	• Observer des éléments de versification • Montrer comment le langage poétique s'adapte au thème animalier • Comparer deux textes consacrés à un même animal	• Vocabulaire : assonances et allitérations • Orthographe : repérage et correction de déformations orthographiques	• Expression écrite : – écrire un poème à la manière de Jacques Roubaud ;
• Choix de haïkus	• Lecture cursive		– écrire des haïkus ;
• Robert Desnos, « Chantefables » (fiches élèves 13, 14 et 15)	• Lecture cursive d'une œuvre poétique intégrale	• Les graphies du son « ou »	– écrire un poème à rime unique et des acrostiches.
REPÈRES : ÉLÉMENTS DE VERSIFICATION			
SUPPOSITIONS POÉTIQUES			
• Claude Roy, « Supposons une supposition » • Claude Roy, « Avec des si » • Jacques Charpentreau, « Suppositions »	• Observer les caractéristiques syntaxiques et métriques des textes • Prendre en compte les jeux de langage et la fantaisie verbale • Étudier l'expression de l'hypothèse	• Vocabulaire : étudier et inventer des mots-valises • Grammaire : l'emploi et la valeur du conditionnel	• Expression écrite : – écrire un poème à la manière de Claude Roy ;
• Eugène Guillevic, « Bergeries »	• Lecture cursive		– écrire un poème, ou une série de poèmes, à la manière d'Eugène Guillevic
REPÈRES : LE CHANT DU MONDE			
• Vénus Khoury-Ghata, « Comment écrire un poème »	• Lecture cursive		

ciel gris bleu. Mais l'essentiel réside dans la place faite au vide qui joue, on le sait, un rôle prépondérant dans la peinture et la philosophie orientales : vide du cercle lunaire et de l'espace céleste, à peine traversé par le passage fugitif des oies et des feuillages battus par le vent ; vide favorisant la mise en mouvement des formes pleines que constituent les oies sauvages. Parce qu'il occupe une large surface uniforme, le ciel s'offre sans limite à la vue du spectateur. Rien ne vient arrêter le regard qui entre dans l'immensité bleutée de l'espace.

3. La manière dont se mêlent l'écriture et le dessin peut surprendre le spectateur occidental peu habitué à la calligraphie japonaise ou chinoise. Les inscriptions, placées de part et d'autre de la scène représentée, rappellent le tracé vif et rythmé des lignes végétales. Par leur verticalité, elles accompagnent aussi le vol plongeant des oiseaux, épousant ainsi le rythme d'un paysage dynamique.

S'il est difficile de savoir ce que signifient ces inscriptions calligraphiées, rien ne nous interdit d'imaginer la présence de quelque haïku offrant un équivalent verbal de l'image.

En voici quelques-uns (empruntés à l'anthologie de Maurice Coyaud) qui viendront compléter ceux de la page 106. D'autres pourraient être rédigés par les élèves au cours de la séquence.

Pas de corde à l'arc
De la nouvelle lune
Cri des oies sauvages
(Gonsui)

Sans calendrier
De pays en pays elles voyagent
Les oies sauvages
(Shanpa)

Elles volent bas
Les oies sauvages
Il va pleuvoir
(Shôha)

DOCUMENTS D'ÉTUDE

« Arbalète » et « Flèche »

(livre de l'élève, p. 100)

LECTURE

Les documents exploités lors de cette première étape permettront de mettre l'accent sur la dimension visuelle du texte poétique.

• Jean Alessandrini, « Arbalète »

Cette réalisation graphique est extraite d'un ouvrage à vocation pédagogique exclusivement consacré aux mots-images, « monstres hybrides, fruits du mariage hasardeux de l'écriture – non calligraphiée, il faut y insister – et du dessin, passerelle étroite jetée entre le fond et la forme » (Jean Alessandrini, « Notes pour les parents, les enseignants et les éducateurs », in *Quand le mot devient image,* éd. Retz, 1986).

1. Le mot

a et b. Ce premier exercice suppose que l'élève parvienne à déchiffrer le mot qui constitue l'ossature graphique de l'image proposée (→ A R B A L È T E).

Deux constats seront alors effectués :
– la disposition et la taille des lettres varient selon la partie de l'objet qu'il s'agit de représenter (exemple : les lettres « A » et « T » sont à la fois allongées et couchées) ;
– la technique du mot-image consiste à représenter le plus fidèlement possible l'objet que désigne un mot, à partir des seules lettres qui composent ce mot.

2. L'image

a. Le titre de l'ouvrage de Jean Alessandrini (*Quand le mot devient image*) paraît ainsi parfaitement justifié : les lettres qui composent le terme ARBALÈTE constituent les différentes parties du croquis représentant l'objet. Sans elles, le dessin n'existerait plus. L'image se trouve prise au pied de la lettre !

b. La réalisation de mots-images constitue une entreprise difficile qui fait appel à diverses compétences artistiques. Il ne suffit pas d'arrêter son choix sur un mot et d'être capable de dessiner la chose que désigne ce mot. La fabrication du mot-image implique davantage une mise en perspective des lettres qui devront conserver leur lisibilité, la lecture du mot devant toujours s'opérer de gauche à droite ou de haut en bas. Le mot-image est aussi un dessin qui implique souvent une multitude de croquis préalables. Une fois terminé, le mot-image doit pouvoir être simultanément lu et regardé !

• Miguel Angel Asturias, « Flèche »

Ce second document est extrait des *Poèmes indiens* de Miguel Angel Asturias (1899-1974), poète guatémaltèque profondément marqué par l'identité et la culture indiennes. Il permettra de sensibiliser les élèves à l'art du calligramme.

1. Le sens de lecture

a. Ce poème traduit de l'espagnol ne peut être lu de gauche à droite et de haut en bas, car sa mise en espace échappe aux critères de mise en page des textes traditionnels : justification à gauche, disposition parallèle des lignes, succession des phrases, ponctuation, etc.

b. Le texte est constitué d'une phrase unique qu'il convient de lire, successivement, de bas en haut (« Flèche qui en montant dans l'azur ») puis de haut en bas (« descend sur le miroir du lac »), à partir d'un terme qui n'est pas l'objet d'une décomposition syllabique (« Flèche »).

2. La mise en espace

a. La mise en espace de ce court poème est évidemment destinée à figurer, de diverses manières, l'image de la flèche :
– par sa disposition, l'ensemble du texte semble représenter, tel un gigantesque V retourné, la pointe d'une flèche orientée vers la partie gauche de la page (<) ;

– cette forme incurvée peut aussi suggérer la corde tendue d'un arc prêt à décocher la flèche sise en son milieu (là où se trouve précisément placé le terme « Flèche »).

b. Cette mise en espace est aussi destinée à suggérer le double mouvement d'ascension et de chute de la flèche. Le texte s'élève lorsqu'il est question d'une flèche qui monte vers l'azur, puis descend pour en figurer la chute sur le lac. Par cette disposition, le poème de Miguel Angel Asturias accomplit graphiquement ce que disent les mots.

c. Cela est d'autant plus vrai que les termes « azur » et « lac », placés en vis-à-vis, se répondent comme en miroir, figurant l'image poétique sur laquelle repose le texte : à mesure que la flèche monte dans le ciel, son reflet s'amenuise dans le miroir du lac.

Lisible et visible se trouvent ainsi singulièrement associés.

TEXTES D'ÉTUDE

« Cœur » et « Miroir »

(livre de l'élève, p. 101)

LECTURE

L'analyse de ces textes, extraits des *Calligrammes* de Guillaume Apollinaire, sera l'occasion d'identifier le procédé que les élèves auront découvert avec la *Flèche* de Miguel Angel Asturias.

• La nature des textes

1. Une observation du paratexte (notice biographique et références éditoriales en bas de page) devrait permettre aux élèves de découvrir seuls le terme de « calligrammes ». On expliquera alors que ce terme, qu'Apollinaire utilisa pour la première fois en 1918, désigne un texte dont la disposition représente un dessin.

2. *Cœur* et *Miroir* participent à la fois du texte et de l'image. Ils ne comportent que des mots, mais ces mots sont disposés de manière à figurer la réalité qu'ils désignent (*Cœur* a réellement la forme d'un cœur). Les calligrammes constituent le croisement de deux formes d'expression différentes, l'une linguistique, l'autre figurative.

• La signification des textes

1. Une observation des capitales M et C permettra d'abord de découvrir le sens de lecture de ce texte et d'en reconstituer le contenu (« Mon Cœur pareil à une flamme renversée »). On remarquera que la phrase non verbale qui le constitue repose sur une comparaison qui réactive l'un des grands clichés de la poésie amoureuse (l'amour ardent ; la flamme du cœur ; le coup de foudre). L'originalité de cette comparaison réside surtout dans le rapport qu'elle entretient avec la mise en espace du poème qui ressemble précisément à une « flamme renversée ».

2. L'originalité de ce calligramme réside également dans la mise en espace d'un poème que le lecteur parvient à saisir dans sa globalité.

• La forme du texte s'adapte au thème qu'aborde Apollinaire puisque les mots sont disposés de manière à suggérer le contour d'un miroir.

• Le nom du poète, « enclos » au centre du miroir comme pourrait l'être le reflet d'un visage, constitue l'acte de signature du texte.

REPÈRES

La mise en espace du poème

(livre de l'élève, p. 102)

La finalité de ces premiers « Repères » est de faire prendre conscience aux élèves qu'à l'écrit, la poésie est d'abord affaire de mise en espace de l'écriture.

1. Mots-images et calligrammes

Les trois questions que comporte cet exercice permettront d'effectuer une étude comparée de « L'Arbalète » de Jean Alessandrini et de « La Flèche » de Miguel Angel Asturias. Elles peuvent être posées au terme de la première séance de lecture.

• « L'Arbalète » est un simple mot-image.

• La technique employée par l'auteur des *Poèmes indiens* diffère totalement du travail de réalisation plastique réalisé par Jean Alessandrini : « La Flèche » n'est pas à proprement parler un croquis ; elle ne comporte ni surface ombrée ni représentation en perspective permettant de décomposer le mot en une succession de volumes.

• La phrase qui compose ce court poème est simplement disposée de manière à suggérer la réalité que désigne le mot *flèche.*

2. Éléments de mise en page

a. Ce second exercice invite les élèves à découvrir le poème de Jacques Charpentreau intitulé *Suppositions.*

• Ce texte est clairement délimité dans l'espace de la page :
– à gauche, par l'emploi de majuscules et par l'alignement des vers ;
– à droite, par des espaces blancs qui obligent le lecteur à pratiquer l'enjambement.

• La forme allongée de ce poème composé d'une unique strophe d'heptasyllabes n'est pas sans rappeler celle d'une bouteille.

• Partant de là, il serait aisé de faire de ce poème un calligramme. Deux possibilités s'offrent à l'élève :
– conserver la forme et la disposition du texte, en se contentant d'en aligner les vers (à gauche et à droite), et de réduire ceux qui sont destinés à représenter le goulot de la bouteille ;
– dessiner par les mots les contours d'une bouteille couchée (d'assez grande taille) dans laquelle seront représentés quelques éléments de décor parisiens : une petite tour Eiffel, un palais, une église, une voiture, etc.

Ce travail peut être l'occasion de faire découvrir le calligramme que Rabelais consacra à la « Dive bouteille ».

b. Enfin, les élèves seront amenés à comparer deux poèmes, de facture totalement différentes, consacrés (à peu de choses près) à un même animal. Ils percevront aisément ce qui les différencie :

• Le poème de Jacques Roubaud frappe par sa régularité métrique. Il s'agit d'un sonnet.

• Le texte de Jules Renard est composé d'un vers unique qui n'est pas sans rappeler la forme élastique et linéaire de l'annélide. Comme le ver dont il est question, cette phrase est constituée de segments articulés qui suggèrent, tour à tour, la rétraction puis l'allongement du lombric : « *En voilà un (4) qui s'étire (3) et qui s'allonge (4) comme une belle nouille (6).* »

L'étirement syntaxique que provoque la succession des propositions subordonnées relatives (*qui s'étire/et qui s'allonge)* nous invite à jouer sur l'homophonie : ce *vers* élastique de Jules Renard « s'allonge comme une belle nouille. »

TEXTES D'ÉTUDE

Bestiaire poétique

(livre de l'élève, p. 103 à 105)

LECTURE

Les poèmes susceptibles de constituer un bestiaire poétique à l'usage d'une classe de sixième sont innombrables, ne serait-ce que dans l'œuvre des auteurs que convoque cette séquence : Guillaume Apollinaire, Jacques Roubaud, Claude Roy ou Robert Desnos, sur lequel reposent les trois fiches élèves de ce chapitre.

Le choix de textes – nécessairement arbitraire – que nous proposons présente l'intérêt de faire apparaître d'emblée la problématique essentielle d'un groupement de ce genre : dans un bestiaire poétique, les moyens d'expression s'adaptent fréquemment à la nature et la personnalité des animaux représentés.

• « Les vers à soie » (p. 103)

1. Ce poème de Jacques Roubaud présente d'abord un intérêt quasi entomologique puisqu'il évoque la vie des vers à soie et l'activité humaine qui en découle. Le poète fait successivement allusion :

– au cadre de vie de l'insecte : le mûrier blanc, qu'il distingue des baies que l'on cueille en forêt à la fin de l'été (v. 1 à 4) ;

– à la manière dont la chenille du bombyx (le ver à soie) se nourrit des feuilles de l'arbre (v. 5) ;

– au fil de bave que sécrète l'insecte avant d'atteindre son état larvaire (v. 6 à 8) ;

– à la transformation artisanale de ce fil en étoffe : la soierie (v. 9 à 11).

2. Si les deux premières strophes de ce sonnet sont exclusivement consacrées à l'existence de l'insecte, les dernières (v. 9 à 14) font référence aux êtres humains qui travaillent la soie et s'en revêtent. En évoquant la mort de « la dame » que l'on enterre dans sa belle robe de soie (v. 12), puis le mûrier qui croîtra sur sa tombe (v. 13-14), le second tercet fait clairement allusion au cycle de la nature : le corps des défunts retourne à la terre qui les a vus naître et la vie succède à la mort. Cette évocation de l'éternel renouvellement de la nature est d'autant plus marquée que le dernier vers est la reprise à peine transformée du premier : « Les vers à soie murmurent dans le mûrier » (v. 1) → « un mûrier où sans fin murmurent les vers à soie. » (v. 14).

3. Tout le texte concourt d'ailleurs à créer l'illusion qu'un fil se dévide au gré de la lecture. En l'absence de ponctuation forte, les vers du sonnet s'enchaînent sans véritable pause. Assonances et allitérations créent également de subtils effets de continuité phonique : « murmurent dans le mûrier/ils ne mangent pas ces mûres blanches et molles » (v. 1-2) ; « ils tissent un c*o*c*on* r*on*d aux deux p*ô*les/... puis d*o*rment rassurés » (v. 7-8) ; « on fait pour une ***be***lle dame une ro***be***/***Be***lle également qu'elle porte avec allure » (v. 10-11). Le fait que le texte s'achève comme il a commencé renforce cette impression, suggérant à sa manière la transformation cyclique du ver en papillon et du papillon en ver. Comme ce sonnet de Jacques Roubaud, la nature paraît vouée à un éternel recommencement.

• « Le poussin » (p. 103)

1. Par sa taille, sa facture et le thème animalier qu'il aborde, ce poème de Luc Dietrich est évidemment très différent du précédent. « Le poussin » ne comporte qu'une strophe unique qui s'apparente à une sorte de définition poétique de l'animal (« C'est une graine... »).

2. Ce court poème paraît être parfaitement adapté à l'animal qu'il représente : énoncé concis ; phrase à la syntaxe simple ; termes connotant la légèreté duveteuse du poussin (une « graine enveloppée de plumes »).

3. La métaphore de la graine, sur laquelle repose le texte, est évidemment polysémique. Si elle fait allusion à la couleur de l'animal et à son alimentation, elle symbolise également la croissance par laquelle le poussin deviendra coq, poule ou poulet rapidement engraissé.

Sous l'attendrissante évocation du poussin se cachent de discrètes allusions au funeste destin des animaux de basse-cour.

• « Ce que dit le cochon » (p. 104)

Ce troisième poème s'adapte d'une manière plus évidente encore à la personnalité de l'animal qu'il évoque.

1. Jacques Roubaud y donne la parole au cochon, ainsi que le suggère l'emploi du discours direct et du pronom personnel sujet *je* (« Pour parler, dit le cochon/Ce que j'aime... », v. 1-2). À l'exception du titre (« Ce que dit le cochon ») et du segment de phrase comportant un verbe déclaratif (« *dit* le cochon »), ce poème est donc constitué du discours de l'animal.

2. Conformément à ce qu'il aime et à l'impression qu'il donne aux autres, le cochon s'exprime dans une langue familière, proche de la grossièreté. La déformation orthographique du deuxième vers (« J'aime les mots porqs ») donne le ton d'un discours émaillé de termes graveleux (« glaviot », « grumeau », « gueule », v. 3 ; « mâchon », « moche », « miches », v. 5 ; « je me les fourre », v. 14). Il n'est pas jusqu'à la forme du texte, composé d'une strophe unique, dense, compacte qui ne rappelle le physique monolithique de cet animal « sans jointure et sans cou qui fonce comme un soc » (Paul Claudel).

3. Les mots qu'aime le cochon peuvent être schématiquement répartis en deux catégories :
– Les uns désignent les aliments qu'aime la race porcine ou la nourriture que l'on tire de sa chair : « épluchure », v. 4 ; « lardon », v. 9 ; « couenne », v. 11 ; « navet », « choucroute », v. 11).
– Les autres plaisent au cochon pour leurs sonorités, ainsi que le suggèrent assonances et allitérations : « **ch**afouin pa**ch**a éplu**ch**ure », v. 4 ; « **m**â**ch**on **m**o**ch**e **m**i**ch**es **ch**ameau », v. 5 ; « b**ouill**aque tamb**ouille** », v. 10.

Le recours aux déformations (« porq », « pöeme », v. 15) et aux néologismes (« chouxgras », v. 6 ; « bouillaque », v. 10), les procédés d'accumulation et l'absence de ponctuation interne (« navet vase chose choucroute », v. 11) créent par ailleurs une sorte d'équivalent verbal des grognements porcins. Au point même que la diction du terme « pöeme » (v. 15) semble provenir du groin de l'animal !

ÉTUDE DE LA LANGUE

Orthographe

Cet exercice consiste à faire retrouver aux élèves deux termes courants mal orthographiés dans un poème qui comporte une multitude de mots qu'ils ne connaissent pas.

• Il s'agit des termes « porqs » (vers 2 et 15) et « pöeme » (vers 15), qui ont été volontairement déformés par l'auteur.

• Ces déformations, qui témoignent de la fantaisie du poète, permettent de faire entendre autrement deux mots essentiels du texte : le « c » de « porc » cesse d'être muet et la diérèse « po-è-me » devient une synérèse (pöe-me), provoquant un effet comique.

Voici la manière dont Jacques Roubaud commente une faute similaire, commise dans un poème consacré au *Lombric* :

« Dans le poème pour le lombric, "pöete", à l'avant-dernier vers, n'est pas une faute d'orthographe. Le lombric m'a demandé comme une faveur personnelle qu'il soit écrit ainsi, pour bien distinguer le *pöete* qui est digne d'être un lombric du *poète* ordinaire, banal. Un Pöete-Lombric doit avoir des anneaux bien soudés ; c'est ce qu'indique le tréma. (D'ailleurs "pöete", dans ce vers, compte pour une syllabe, et pas deux).

Jacques Roubaud, « Lettre de l'auteur au hérisson » in *Les Animaux de tout le monde*, éditions Seghers, « Volubile », 1990, p. 89.

Vocabulaire

Ce poème de Jacques Roubaud peut être l'occasion de faire découvrir aux élèves que l'écriture poétique repose fréquemment sur des jeux de sonorités.

1. « Ce que dit le cochon » comporte de nombreuses assonances et allitérations :

• Assonances en ***o, on, ou*** (m**o**ts, p**o**rqs, glavi**o**t, grum**eau**, gr**o**mmelle, mâch**on**, m**o**che, cham**eau**, emp**o**té, ch**ou**xgras, poliss**on**, c**om**p**o**st, lard**on**s, ch**ou**raver, b**ou**illaque, tamb**ou**ille, c**ou**enne, ch**o**se, ch**ou**cr**ou**te, b**on**s, f**ou**rre).

• Allitérations en ***g*** (**g**laviot, **g**rumeau, **g**ueule, **g**rommelle, **g**ras, **g**roin) et ***ch*** (**ch**afouin, pa**ch**a, éplu**ch**ure, mâ**ch**on, mo**ch**e, mi**ch**e, **ch**ameau, **ch**ouxgras, pe**ch**blende, **ch**ouraver, **ch**oucroute).

2. Ces assonances et ces allitérations ont d'abord pour effet de rappeler et de décliner les sonorités du terme « cochon » (voyelles « o » et « on » ; consonnes « ch »). Leur accumulation suggère également les grognements et les grommellements orduriers de l'animal.

EXPRESSION ÉCRITE

• Cette activité d'expression poétique – qui n'a pas nécessairement vocation à être notée – peut entrer dans le cadre de la réalisation d'un recueil collectif.

• L'essentiel de sa préparation résidera dans le fait de faire découvrir aux élèves la structure du poème de Jacques Roubaud, sur laquelle ils devront à leur tour prendre appui. On pourrait imaginer que l'enseignant utilise un transparent qui fasse apparaître, en deux couleurs, les éléments fixes et les éléments variables du texte de départ.

REPÈRES

Éléments de versification

(livre de l'élève, p. 107)

L'étude de cette fiche « Repères » consacrée à la versification sera l'occasion d'expliquer aux élèves que l'écriture poétique obéit à un certain nombre de règles, de contraintes. En sixième, les objectifs doivent être modérés en ce domaine. L'accent ne sera mis que sur quelques notions fondamentales :
– les principaux mètres (alexandrin, décasyllabes, octosyllabes) et le décompte syllabique ;
– les principales strophes (quatrain, tercet, distique) et deux poèmes à forme fixe découverts au cours de la séquence (le sonnet et le haïku japonais).

1. Repérer des éléments de versification

a. Ce premier exercice présente deux intérêts majeurs : il permet d'identifier différents types de vers et de souligner l'hétérométrie inhérente aux fables de La Fontaine (sur ce point, voir le chapitre 9 du livre de l'élève) :
– les trois vers qui composent cet extrait du *Héron* débutent par une majuscule et laissent place à un espace blanc ;
– constituée de deux alexandrins et d'un octosyllabe, *Le Héron* est une fable hétérométrique.

b. Ce second exercice invite l'élève à comparer la versification des deux poèmes de Claude Roy extraits d'*Enfantasques* que comporte la séquence.

• « Avec des “si” » est composé de trois distiques.

• « Supposons une supposition » est constitué de cinq quatrains.

2. Identifier un poème

a. La *Lettre de l'auteur au hérisson* et les questions qui la suivent seront l'occasion de sensibiliser les élèves à l'art du sonnet, poème à forme fixe qu'ils découvriront véritablement lors des années à venir.

• Les propos de Jacques Roubaud peuvent sans réserve s'appliquer au sonnet intitulé *Les Vers à soie.*

• Quatrains et tercets développent des thématiques sensiblement différentes :
– les quatrains évoquent la vie des vers à soie dans le mûrier ;
– les tercets font allusion à l'activité humaine qui en découle.

b. Pour découvrir des poèmes répondant à la définition du haïku, les élèves devront se reporter aux pages 106 et 115 du manuel. On leur fera néanmoins remarquer que la versification japonaise (17 syllabes réparties en trois vers de 5, 7 et 5 syllabes) peut difficilement être respectée dans le cadre d'une traduction.

TEXTES D'ÉTUDE

Suppositions poétiques

(livre de l'élève, p. 109 à 113)

Les poèmes qui composent cette troisième partie de la séquence possèdent bien des similitudes sémantiques et formelles. Tous formulent des suppositions, entraînant le lecteur dans un monde sans cesse réinventé par l'écriture poétique.

Claude Roy, « Supposons une supposition »

(p. 109)

LECTURE

1. L'analyse de ce poème extrait d'*Enfantasques* débutera par une observation de la typographie puisqu'un certain nombre de termes figurent en italiques. Ces derniers laissent clairement entrevoir en quoi consistent les suppositions du poète qui se plaît à prendre un mot pour un autre (« le mot *ver luisant* se prononce *escarcelle* », v. 2).

2. Les jeux de substitution auxquels se livre Claude Roy donnent un « air bien bizarre » aux dictées qui semblent perdre toute signification (« on mange à son goûter du pain et du violon », v. 8). Comme dans la pièce de Jean Tardieu précisément intitulée *Un mot pour un autre*, les mots paraissent avoir été choisis d'une manière aléatoire, « comme s'ils eussent (été) puisé(s) au hasard dans un sac. »

3. Ces substitutions de termes sont aussi pour Claude Roy l'occasion de signer, d'une manière fantaisiste et fantasque, le poème sur lequel se clôt *Enfantasques* : l'emploi du verbe *signer* (v. 20), l'utilisation de la majuscule (« Hérisson ») et l'absence de déterminant confèrent au terme *Hérisson* la valeur d'un nom propre.

Par cette ultime pirouette verbale, le poème se clôt sur une note d'humour inattendue.

Pour aller plus loin : sous ses apparences ludiques, ce poème de Claude Roy est implicitement porteur d'une réflexion sur le langage. En opérant comme il le fait des commutations de termes (« *Baluchon* » veut dire « *grosse bête* »), le poète laisse entendre que les mots ne ressemblent pas (sauf dans de rares exceptions comme les onomatopées) aux réalités qu'ils désignent. Les termes « chocolat », « tirelire », « ver luisant » résultent de signes conventionnels : la relation qui unit le signifiant au signifié est arbitraire.

Claude Roy, « Avec des “si” »

(p. 110)

LECTURE

1. Ce questionnaire de lecture invite d'abord l'élève à observer la structure du poème de Claude Roy.

a. Ces trois distiques reposent sur la même structure grammaticale : chaque strophe est composée d'une phrase unique comportant deux propositions :
– une proposition subordonnée introduite par « si » dont le verbe est à l'imparfait : « Si les poissons savaient marcher » (v. 1) ; « Si les canards savaient parler » (v. 3) ; « Si les escargots savaient téléphoner » (v. 5) ;
– une proposition principale dont le verbe est au conditionnel : « ils aimeraient bien aller le jeudi au marché. » (v. 2) ; ils aimeraient bien aller le dimanche au café. » (v. 4) ; « ils resteraient toujours au chaud dans leur coquille. » (v. 6).

La première proposition de chaque distique exprime une condition ; la seconde une supposition.

b. Les deux premières strophes reposent rigoureusement sur la même structure syntaxique, ainsi que le démontre la disposition suivante :
« Si les *poissons* savaient *marcher* »
" " *canards* " *parler*

« ils aimeraient bien aller le *jeudi* au *marché* »
" " " " *"dimanche"* *café*

c. Le troisième distique est en revanche l'objet de subtiles modifications qui marquent l'achèvement du poème : ouverture de la strophe par une conjonction de coordination, suppression de la rime, introduction de thèmes nouveaux dans le second vers :
« *Et* si les escargots savaient *téléphoner* »
« ils *resteraient toujours au chaud* dans leur *coquille.* »

2. Les élèves accéderont à la signification de ce poème en réfléchissant à son titre, segment de phrase qui laisse la pensée en suspens.

a. Ce titre fait référence au dicton populaire sur lequel se clôt le poème de Jacques Charpentreau : « Avec des SI on mettrait Paris en bouteille. »

b. Ce titre éclaire pleinement le fonctionnement du poème puisqu'*avec des « si »* tout devient possible : les poissons peuvent marcher ; les escargots savent téléphoner ; Paris peut entrer dans une bouteille.

Espace de liberté, l'écriture poétique nous offre ainsi ce que refuse la vie réelle.

ÉTUDE DE LA LANGUE

Vocabulaire

Les activités lexicales proposées à l'élève permettront d'abord de réfléchir à la signification du titre d'un recueil auquel ce manuel fait fréquemment référence (*Enfantasques* de Claude Roy). Elles seront également l'occasion de découvrir, de manière ludique, le fonctionnement des mots-valises.

1. Le titre du recueil de Claude Roy est constitué des termes *enfant(s)* et *fantasques.* Par ce mot-valise, les poèmes qui le composent se trouvent placés sous le signe de l'imagination enfantine, de la fantaisie et des jeux de langage.

Voici, à cet égard, la manière dont Claude Roy commente sa démarche poétique dans l'avant-propos du recueil :

« Il faudrait parvenir à ne pas écrire « des livres d'enfants » ou des livres « de grandes personnes ». Il faudrait arriver seulement, de quatre à cent quatre ans, à écrire pour être un délivre-enfants. »

2. La correction de cet exercice peut être l'occasion de présenter aux élèves les livres que Yak Rivais ou Alain Finkielkraut ont consacré aux mots-valises :
– Alain Finkielkraut, *Ralentir : mots-valises !,* éditions du Seuil, 1979.
– Yak Rivais, *Le Mot-valise,* in *Pratiques des jeux littéraires en classe,* éd. Retz, 1993.

Les définitions des mots-valises que nous proposons sont précisément empruntées à ces auteurs :
– *éléphantôme* : « pachyderme serviable qui se recouvre d'un long drap blanc pour effrayer l'un de ses compagnons et le guérir de son hoquet » ;
– *bidingue* : « qui délire en deux langues » ;
– *léoparapluie* : « panthère normande » ;
– *drolmadaire* : « chameau facétieux » ;
– *escargros* : « personne ventrue qui avance avec peine et à petits pas très lents » ;
– *caméléondulation* : « petit animal qui change de couleur en se tortillant ».

3. On rappellera préalablement aux élèves que l'on construit des mots-valises par le rapprochement de deux termes ayant en commun une syllabe de même sonorité, l'une en fin de mot, l'autre en début de mot.

Exemples :
– *élé**phant-fan**tassin* → *élé**fan**tassin.*
– *péli**can-kan**gourou* → *péli**kan**gourou.*

On leur donnera éventuellement une liste de termes disposés en deux colonnes en leur demandant d'associer ceux qui peuvent l'être.

Prolongement : l'image de la page 110 (H. Weiss, *Chat-Pot,* 1980) peut être l'occasion d'illustrer le fonctionnement des mots-valises.

EXPRESSION ÉCRITE

• Comme les précédentes, cette activité d'expression poétique peut entrer dans le cadre de la réalisation d'un recueil collectif.

• Les élèves partiront d'une minutieuse observation de la structure du poème de Claude Roy, sur laquelle ils devront à leur tour prendre appui.

• Voici, à titre indicatif, le poème rédigé en classe par une élève de sixième :

Avec des « si »

Si les moules dansaient le rock,
Elles inviteraient les bigorneaux chez Crapock.

Si les colombes dansaient l'tango,
Elles inviteraient les merles chez Boseau.

Mais si les hommes n'étaient pas tueurs
La vie des animaux n'en serait que plus belle.

Marie, élève de sixième.

Jacques Charpentreau, « Suppositions »

(p. 111)

LECTURE

1. Ce premier exercice permettra à l'élève de mettre en œuvre les éléments de versification précédemment découverts (« Repères », livre de l'élève, p. 107-108) et de réfléchir à l'organisation syntaxique du poème.

a. Ce poème est composé d'une longue strophe de 24 vers.

b. Une observation de la ponctuation démontre que ces 24 vers ne constituent syntaxiquement qu'une seule et même phrase.

2. Cette phrase est composée d'une succession de propositions subordonnées introduites par *si* (vers 1 à 23) et d'une brève proposition principale au conditionnel : « … on mettrait Paris dans une bouteille. » (v. 24). Le texte est donc rythmé par l'incessante répétition (l'anaphore) de la conjonction « Si », par laquelle s'ouvrent 15 des 24 vers du poème.

Les propositions subordonnées introduites par « si » constituent une longue montée rythmique (la protase) que clôt en un vers la brève proposition principale (l'apodose).

3. Cette structure rythmique est également destinée à préparer l'apparition du proverbe sur lequel repose la signification du texte (« Avec des SI on mettrait Paris dans une bouteille »). Le poète imagine les transformations que devrait subir Paris pour pouvoir ainsi entrer dans une bouteille : réduction de la tour Eiffel (v. 1-2), de l'Arc de triomphe (v. 3-4) ou de l'Opéra (v. 5) ; disparition du trafic automobile (v. 14) ; envol du Louvre (v. 21) ; tassement de la population (v. 8), etc.

L'essentiel du poème réside dans l'énumération fantaisiste de ces multiples suppositions poétiques.

ÉTUDE DE LA LANGUE

Grammaire

La découverte des poèmes de Jacques Charpentreau et de Claude Roy (« Avec des “si” ») peut amener l'élève à s'interroger sur l'emploi et la valeur modale du conditionnel.

Rappelons que les temps du conditionnel – qui fut longtemps considéré comme un mode – sont aujourd'hui classés parmi les autres temps de l'indicatif. À cela deux raisons :
1. parce qu'ils sont fréquemment employés avec une simple valeur temporelle.
2. parce que leur morphologie résulte de la combinaison de deux autres temps de l'indicatif (le radical du futur et les terminaisons de l'imparfait).

Dans les vers « Avec des *si*/on mettrait Paris dans une bouteille », Jacques Charpentreau s'exprime au conditionnel.

• Il respecte ainsi la règle de la concordance des temps puisqu'on trouve le conditionnel simple dans les propositions qui régissent une proposition subordonnée introduite par *si* à l'imparfait :

« Si la tour Eiffel était minuscule, on mettrait Paris dans une bouteille. »

• Cette forme verbale exprime une hypothèse. On parle parfois d'*irréel du présent* parce que l'action est irréalisable.

REPÈRES

Le chant du monde

(livre de l'élève, p. 113)

Cette troisième fiche « Repères », moins technique que les précédentes, est destinée à faire réfléchir les élèves à ce que peuvent être les pouvoirs de la poésie. La brève leçon que nous proposons pourrait être illustrée par ce poème de Jean Tardieu :

Outils posés sur une table

Mes outils d'artisan
sont vieux comme le monde
vous les connaissez
Je les prends devant vous :
verbes adverbes participes
pronoms substantifs adjectifs.

Ils ont su ils savent toujours
peser sur les choses
sur les volontés
éloigner ou rapprocher
réunir séparer
fondre ce qui est pour qu'en transparence
dans cette épaisseur
soient espérés ou redoutés
ce qui n'est pas, ce qui n'est pas encore,
ce qui est tout, ce qui n'est rien,
ce qui n'est plus.

Je les pose sur la table
Ils parlent tout seuls je m'en vais.

Jean Tardieu, « Poèmes pour la main droite »,
in *Formeries*, © éditions Gallimard, 1976.

1. Chanter ce qui est

a. Ce premier exercice tend à démontrer que la poésie permet de transformer les sentiments en paroles, les impressions en expression.

• Le calligramme intitulé « Cœur » (livre de l'élève p. 101) exprime clairement les sentiments de celui qui l'a écrit : Guillaume Apollinaire.

• Conformément à la technique du calligramme, ce texte est disposé de manière à rendre visible le *cœur* dont il est question.

• Par sa forme et son contenu sémantique, ce texte renvoie explicitement au domaine des sentiments humains : formulation personnelle (« Mon cœur ») ; évocation métaphorique de l'amour (« Mon cœur est pareil à une flamme ») ; tonalité élégiaque.

b. Les textes auxquels renvoie cet exercice célèbrent à leur manière la beauté et la richesse du monde qui nous entoure.

• Le sonnet de Jacques Roubaud intitulé *Les Vers à soie* fait allusion au monde animal (les vers) et à la flore (le mûrier).

• Un recueil de poèmes consacré aux animaux est un *bestiaire*.

• Tous les haïkus japonais de la page 106 évoquent un animal : grenouilles, oies ou corbeau.

• Le haïku est une manière de porter attention aux réalités les plus simples : le coassement des grenouilles dans la nuit, la migration des oies sauvages, l'image d'un corbeau posé sur une branche au crépuscule, le passage d'un nuage voilant soudainement la lune.

2. Faire surgir ce qui n'existe pas

a. Cet exercice permettra de revenir, d'une manière plus synthétique, sur les poèmes qui composent la troisième partie de la séquence.

• La signification du poème de Claude Roy intitulé *Supposons une supposition* (livre de l'élève, p. 109) repose sur des jeux de langage puisque les mots sont l'objet d'échanges, de substitutions. Les suppositions consistent ici à imaginer que les mots aient soudain un autre sens, que l'on puisse à loisir prendre un mot pour un autre.

• *Avec des « si »* permet au lecteur d'imaginer ce qui est impossible dans la réalité : voir les poissons marcher et faire leurs courses comme des êtres humains ; entendre les canards parler et les escargots téléphoner, etc.

• Le dicton sur lequel se clôt le poème de Jacques Charpentreau signifie que tout est possible dans le domaine des suppositions. Avec un peu d'imagination, Paris pourrait tenir dans une bouteille.

b. Le « Texte écho » de la page 112 permettra aux élèves de découvrir un recueil d'Eugène Guillevic constitué de cinquante-trois poèmes de même structure.

• Les anaphores « Suppose que » (v. 1) et « Et que je te demande » (v. 4), communes à tous les textes, placent l'écriture poétique de Guillevic sous le double signe de la supposition et de la demande.

• Employé au pluriel, le terme de *bergeries* – qui constitue le titre du recueil – désigne des poèmes, des récits ou de petites pièces de théâtre mettant en scène les amours des bergers.

• En faisant référence à un genre littéraire abondamment pratiqué au XVIIe et au XVIIIe siècle, le poète ancre les poèmes du recueil dans la double thématique de la nature et de l'amour. L'hypothèse et la demande que comporte chaque texte sont adressées à la femme aimée, dont la présence, féconde et rassurante, illumine le recueil.

Pour aller plus loin à partir de *Bergeries*

a. Atelier de lecture : le recueil de Guillevic intitulé *Bergeries* peut être l'occasion d'un travail de lecture, méthodique et approfondi. Voici quelques suggestions pour en aborder l'étude :

– découverte de la structure, métrique et syntaxique, sur laquelle repose chaque texte ;

– analyse de la situation de communication mise en œuvre dans le recueil : adresse à l'autre, jeux des pronoms personnels, thématique de l'échange, termes connotant la sensualité ;

– étude littéraire d'une série de poèmes consacrés à un même thème : l'oiseau, l'arbre, la mer, les objets, l'écologie, etc. ;

– réflexion sur l'architecture du recueil et les spécificités de l'écriture guillevicienne.

b. Atelier d'écriture : ce recueil, parfois utilisé en psychopédagogie (et en psychothérapie), se prête parfaitement à l'éveil de la créativité de l'élève et à la réalisation d'un recueil collectif. Deux modalités de travail peuvent être envisagées, éventuellement combinées :

• L'élève écrira à partir de la structure minimale proposée dans l'« Atelier d'écriture du manuel » (activité 4, p. 115), de façon à ce que son poème comporte une supposition et une demande :

Suppose
Que ....
....
Et que je te demande
....
....
....

• L'élève sera amené à poursuivre un poème de Guillevic dont ne lui seront donnés que les deux premiers vers, de manière à favoriser l'émergence d'images et de rythmes personnels :

Suppose
Que le bois de la table
....

Suppose
Que le feu te raconte
....

Suppose
Que l'horloge s'arrête
....

Suppose
Que la mer ait envie
....

Suppose
Que tu m'ouvres les bras
....

Suppose
Qu'un ange rencontré
....

CORRIGÉ DE LA FICHE ÉLÈVE 13
Jeux de lecture
(Ci-après, p. 237)

PRÉSENTATION

Objectifs

Faire découvrir et lire aux élèves un recueil de poèmes (recommandé par les Instructions Officielles) en rapport avec l'une des orientations thématiques du chapitre.

Œuvre concernée

Chantefables, de Robert Desnos.

Conduite de l'activité

Chantefables sera l'objet d'une lecture cursive laissée à l'initiative de l'élève (à qui on précisera qu'une œuvre poétique intégrale ne nécessite pas, comme un roman, une démarche de lecture linéaire). Le recueil sera distribué au moment où l'on abordera en classe le thème du bestiaire poétique. Les élèves répondront aux questions – souvent ludiques – de ce test de lecture avec le concours de l'ouvrage, sans que le travail soit nécessairement présenté comme un *devoir*.

Évaluation

La correction des exercices permettra d'évaluer les compétences de lecture des élèves. Cela n'implique pas cependant que ce travail soit l'objet d'une notation.

CORRIGÉ

Qui suis-je ?

1. Le tamanoir.

2. Le ver luisant.
(« Que se passe-t-il ? Neuf heures du soir et il y a encore de la lumière chez lui. », Jules Renard, *Histoires naturelles*).

3. Le papillon.

4. L'hippocampe.

5. La baleine.

(« Elle a bien dans la bouche de quoi se faire un corset, mais avec ce tour de taille !....», Jules Renard, *op. cit.*).

Charades

6. Camp – Goût – Roux → Kangourou.

7. Là – Ma → Lama.

8. Four – Mis → Fourmi.

Test de lecture

9. b. Un pélican.

10. c. La coccinelle.

11. b. Au blaireau.

12. a. Le homard.

13. a. L'hippocampe.

Vocabulaire

14. a. Les hiboux – **b.** Le coucou – **c.** Le léopard.

15. a. Le corbeau *croasse.*
b. Le crapaud *coasse.*
c. Le dromadaire *blatère.*
d. Le cheval *hennit.*
e. Le tigre *feule.*

Mots croisés

16. • Horizontalement
1. ALLIGATOR
2. KANGOUROU
3. ZÈBRE
4. HOMARD

• Verticalement
A. LÉOPARD
B. GIRAFE
C. BROCHET
D. OURS

CORRIGÉ DE LA FICHE ÉLÈVE 14

Les graphies du son *ou*

(Ci après, p. 239)

PRÉSENTATION

Objectifs

Étudier les diverses graphies du son *ou*, en particulier dans le cas des noms au pluriel.

Conduite de l'activité

Cette séance d'orthographe sera menée, d'une manière inductive, à partir d'une lecture des poèmes de Desnos et d'Apollinaire. Ces textes, qui viennent enrichir notre petit bestiaire poétique, pourront également faire l'objet d'une brève étude comparée.

CORRIGÉ

Robert Desnos, « Les Hiboux »

1. Tous les vers de ce poème s'achèvent sur une rime en *ou* destinée à rappeler le nom de l'animal éponyme (le hibou donne son nom au poème) et son hululement.

2. Le son *ou* est l'objet de trois graphies différentes :
• **oux** (exemple : *hib**oux***) ;
• **ous** (exemple : ***fous***) ;
• **ou** (exemple : *bamb**ou***).

3. Deux consonnes constituent la marque du pluriel :
– le **x** (exemple : des *bijou**x***) ;
– le **s** (exemple : des *Andalou**s***).

4. En français, tous les noms en *-ou* font leur pluriel en *-ous* à l'exception des termes *bijou, caillou, chou, genou, hibou, joujou, pou* qui prennent un **x**.

5. *Kangourou**s***, *hibou**x***, *caribou**s***, *gnou**s***, *toutou**s*** et *matou**s*** s'étaient donné rendez-vous à Moscou. Comme il fallait s'y attendre, les plus âgés étaient arrivés sur les *genou**x***, affamés, les cheveux couverts de *pou**x***. D'autres, plus élégants, s'étaient parés de *bijou**x*** et de vêtements à *froufrou**s***. La surprise vint des *sapajou**s*** que l'on n'avait pas vus depuis des lustres. À peine arrivés, ces *voyou**s*** lancèrent des *caillou**x*** à la foule venue les accueillir. Les policiers firent leur travail de *garde-fou**s*** en les plaçant sous les *verrou**s***.

Guillaume Apollinaire, « Le Hibou »

6. Certains termes comportant le son *ou* se terminent par un *-e* parce qu'il s'agit de verbes du premier groupe conjugués à la 1re et à la 3e personnes du singulier du présent de l'indicatif : *on cloue ; on décloue ; on recloue ; je loue.*

7. « Mon pauvre cœur est un hibou
Qu'ils clou**ent**, qu'ils déclou**ent**, qu'ils reclou**ent**. »

3. « il est à <u>bout</u> » → ils sont à <u>bout</u>.
Le terme souligné ne peut pas prendre la marque du pluriel car il est employé dans une locution adverbiale.

4. La répétition des sonorités en *ou* contribue à la mélancolie et à la gravité du quatrain d'Apollinaire. Le hibou y symbolise le cœur meurtri du poète.

CORRIGÉ DE LA FICHE ÉLÈVE 15

Petite fabrique de poèmes

(Ci-après, p. 241)

PRÉSENTATION

Objectifs

Susciter la créativité des élèves par des exercices de maniement de la langue particulièrement ludiques.

Conduite de l'activité

Cette fiche est d'abord destinée à prolonger la partie de la séquence consacrée au bestiaire poétique. Elle doit aussi permettre la découverte du recueil de Robert Desnos *(Chantefables)* amorcée dans les deux premières fiches.

CORRIGÉ

Rédiger un poème à la manière de Robert Desnos

1. Chacun de ces poèmes de Robert Desnos présente la particularité de ne comporter qu'une rime unique destinée à rappeler le nom de l'animal évoqué.

- Les hiboux : « poux », « choux », « genoux », « bijoux », « cailloux », « joujoux », « où », « Andalous », « Bambou », « Tombouctou », etc.
- Le pélican : « Jonathan », « ans », « Extrême-Orient », « blanc », « étonnamment », etc.
- Le tamanoir : « noir », « manoir », « éteignoir », « bougeoirs ».
- Le kangourou : « clou », « chou », « courroux », « sous », « roudoudous », « roux », « époux ».

2. Cet exercice, qui est quasiment impossible pour le terme « lynx », peut-être l'occasion de faire découvrir aux élèves ce qu'est un dictionnaire de rimes. Il sera suivi d'un travail de mise en relation sémantique des mots découverts.

3. Les deux premières strophes du texte que les élèves devront compléter sont empruntées aux poèmes de Claude Roy intitulés « La Huche de l'autruche » et « Les Raies du zèbre sans arrêt » (*Enfantasques*, éd. Gallimard, coll. « Folio Junior », p. 111-112).

Travail de création laissé à l'initiative de l'élève.

Réaliser des acrostiches

Le petit acrostiche réalisé par des élèves de sixième (« Dragon ») est extrait du livre de Yak Rivais, *Jeux de langage et d'écriture, Littératurbulence*, éd. Retz, coll. « Pédagogie pratique » 1992, p. 13.

4. Les élèves devront obtenir le terme « LÉZARD ».

5. Plusieurs mots peuvent être retenus pour chaque lettre, à condition qu'ils entretiennent un minimum de relations avec le thème de l'escargot.
En voici un exemple :
Eau
Salade
Coquille en **c**olimaçon
Antennes
Rapide ? (ou **R**ondelet)
Gastéropode **g**luant
Organe digestif (ou **O**vipare)
Traces...

Travail de création laissé à l'initiative de l'élève.

BIBLIOGRAPHIE SOMMAIRE

Pour le professeur

BERCOFF (Brigitte), *La Poésie*, Hachette, coll. « Contours Littéraires », 1999.

CAMPA (Laurence), *La Poétique de la poésie*, Sedes, coll. « Campus Lettres », 1998.

DESSONS (Gérard), *Introduction à l'analyse du poème*, Dunod, 1996.

DOUCEY (Bruno), *Lire la poésie contemporaine au collège*, Nathan, *NRP* n°1, septembre 1999. (Une partie de ce numéro est consacrée à *Bergeries* de Guillevic).

DUCROS (David), *Lecture et analyse du poème*, Armand Colin, coll. « Cursus », 1996.

Enseigner la poésie ?, ouvrage publié sous la direction de Jean-Yves Debreuille, Presses Universitaires de Lyon, coll. « IUFM », 1995.

JEAN (Georges), *Comment faire découvrir la poésie à l'école*, Retz, coll. « Pédagogie », 1997.

MARTIN (Marie-Claire et Serge), *Les Poésies, l'école*, PUF, coll. « L'Éducateur », 1997.

Pour l'élève

CORAN (Pierre) et LEMAÎTRE (Pascal), *L'Atelier de Poésie*, Casterman, 1999.

DESNOS (Robert), *Chantefables*, éditions Gründ, 1999.

Le Rire en Poésie, anthologie Gallimard, coll. « Folio junior », 1998.

Naturellement, Anthologie de poèmes sur la nature, l'homme et son environnement, Rue du Monde, La Poésie, 1999.

RENARD (Jules), *Histoires naturelles*, Flammarion, 2000.

ROUBAUD (Jacques), *Les Animaux de tout le monde et Les Animaux de personne*, Seghers, coll. « Volubile », 1990 et 1991.

ROY (Claude), *Enfantasques*, Gallimard, coll. « Folio Junior », 1974.

Chapitre 6

Métamorphoses
Mouvement et point de vue dans le récit

LES OBJECTIFS DU CHAPITRE

Objectifs généraux

Le choix du thème de la métamorphose prend sens dans une double perspective : guider des élèves de sixième dans **la découverte de l'univers de la mythologie antique et du conte merveilleux** ; accompagner des enfants dans les **transformations physiques, psychologiques et sociales** qui les font entrer dans l'adolescence et dans la vie de collégiens.

La métamorphose constitue en effet **un motif récurrent dans les récits mythologiques** gréco-romains ; il sera intéressant de montrer aux élèves que la tradition antique recourt souvent au récit de métamorphose pour **expliquer un phénomène naturel ou social**, pour justifier la présence de réalités familières aux hommes ; la légende ou le mythe prend alors **une valeur étiologique**.

Mais les récits de métamorphose rendent aussi compte d'un état de la pensée pré-scientifique qui ignorait le cloisonnement entre les éléments du monde en vertu d'une quelconque taxonomie et qui n'excluait pas la possibilité d'une circulation entre les règnes de la nature. Ils maintiennent ainsi des **liens entre la littérature et la vision animiste du monde** qui alimente toujours l'imaginaire poétique. On n'oubliera donc pas de montrer aux élèves que, au-delà de l'Antiquité, ces récits ont continué à parcourir la partie de la littérature qui reste en marge du rationnel, telle que les **contes merveilleux ou les nouvelles fantastiques.**

Si l'objectif culturel et littéraire reste premier et essentiel, il ne faut cependant pas négliger **l'intérêt que le thème présente à un âge où l'on cherche souvent à savoir qui l'on est**, ce que l'on veut devenir, en quoi on voudrait se métamorphoser pour « changer de peau ». Pour cette raison, les activités d'expression écrite et orale proposées dans le chapitre visent aussi à offrir aux élèves l'occasion de parler d'eux et sur eux.

Objectifs méthodologiques

• **Lecture :** le choix a été fait de sélectionner, sous ce thème fédérateur de la métamorphose, des textes appartenant à **des horizons culturels très différents.** Ainsi, ce chapitre propose des **textes de l'Antiquité** (d'Ovide mais aussi d'Apulée), un texte contemporain traduit de l'anglais et figurant dans le champ de la **littérature de jeunesse**, cette dernière étant aussi représentée par une légende de Bernard Clavel. Symboliquement, le thème permet de réunir des **œuvres européennes du passé et du présent**, des **textes fondateurs** et, signe de leur pérennité, leur adaptation pour la jeunesse actuelle.

Le thème de la métamorphose permet de travailler à la fois dans **le champ du narratif et du descriptif.** En ce qui concerne le discours narratif, ce thème offre en effet l'occasion de faire repérer le passage d'une situation initiale à une situation finale, et ce grâce à des indices clairement identifiables puisque le changement d'apparence physique renforce la lisibilité du schéma narratif. Le discours descriptif trouve naturellement sa place dans le travail sur les récits de métamorphose puisque le changement d'état, de nature, est généralement signalé avec une abondance de détails sur des couleurs et des formes.

Les textes offrent l'opportunité de nombreuses lectures analytiques, mais peuvent constituer aussi, si le professeur le souhaite, une base pour un travail de lecture en réseau débouchant sur une typologie du récit de métamorphose (voir la rubrique « Comparer des récits de métamorphoses » dans l'« Atelier d'expression », page 132 du livre de l'élève).

• **Lecture de l'image :** récit d'un mouvement, l'histoire d'une métamorphose met au défi les pouvoirs de suggestion de l'image fixe, les poussant à l'extrême limite de ce que peut faire un art qui s'inscrit dans une durée limitée. Aussi le chapitre consacre-t-il des lectures analytiques et des propositions d'activité concernant spécifiquement **l'image et sa capacité à dire le mouvement**.

• **Étude de la langue :** généralement intégrées dans les consignes de lecture, les activités sur la langue mettent l'accent sur **l'apprentissage des dictionnaires de toutes sortes** (dont les dictionnaires de la mythologie qu'un élève de sixième ne saurait ignorer).

L'un des objectifs du chapitre étant de faire prendre conscience de la **diversité des choix narratifs** (narrateur à la 1re personne ou à la 3e personne, empathie ou non du narrateur avec le personnage) **permettant de rendre compte d'un même événement**, d'une même histoire il propose d'étudier les outils de la langue dont un écrivain se sert spécifiquement selon le choix qu'il fait. Le travail sur la langue s'inscrit parfaitement dans une logique du décloisonnement et du besoin.

• **Écriture :** de façon progressive, le chapitre propose des situations d'écriture favorisant à la fois l'expression de l'élève et l'acquisition de techniques narratives. Le principe qui guide ce chapitre est celui de **la récriture guidée par des consignes précises** ; les élèves sont invités à écrire « à la manière de… » sur un sujet nouveau ou à transformer un texte pour éprouver **la diversité et les effets de sens des choix narratifs**. Si la narration et la description constituent les sujets privilégiés, il est aussi proposé une production qui relève du discours explicatif.

Voir ci-dessous le tableau.

ANALYSE DE L'IMAGE

Salvador Dali, *Cygnes reflétant des éléphants*

(livre de l'élève, p.117)

1. Le centre du tableau est occupé par une sorte d'île et par un groupe d'animaux, trois cygnes dans la partie supérieure et trois éléphants dans la partie inférieure ; une impression d'étrangeté se dégage de cette composition : est-il normal que des cygnes aient des éléphants pour reflets ? Les éléphants sont-ils vraiment des reflets dans l'eau ou sont-ils des animaux réels aux pattes bien posées sur le rivage ?

Si l'on regarde le tableau à l'envers, on découvre presque exactement la même scène ; on comprend aussi comment fonctionne l'illusion : les cous des cygnes deviennent les trompes des éléphants, les ailes des premiers sont les oreilles des seconds, les branches dénudées des arbres simulent les pattes des pachydermes.

2. Le monde minéral est représenté par les rochers qui cernent la toile, le monde animal par les cygnes et les éléphants, le monde végétal par les branches d'arbre mortes qui se dressent au milieu du tableau ; à gauche figure un homme – seule présence humaine – qui tourne ostensiblement le dos au spectacle offert à nos regards par le peintre ; au premier plan à gauche apparaît quelque chose de non identifiable – plante ou animal monstrueux ? – qui fait songer aux délires de Jérôme Bosch.

Tous les éléments du tableau – hormis l'eau et le ciel – sont traités dans les mêmes teintes beiges et ocre.

3. L'harmonie du tableau tient à l'équilibre des masses de couleurs et des lignes de force ; parmi celles-ci, on peut observer des courbes (courbure du rivage, têtes des cygnes), des obliques (cou du cygne de droite, mais surtout certaines branches des arbres se détachant

TABLEAU SYNOPTIQUE

SUPPORT	LECTURE	LANGUE	EXPRESSION
• Salvador Dali, *Cygnes reflétant des éléphants*	• Lecture d'image : décodage d'un tableau surréaliste ; couleurs, formes et lignes de force		
CHANGER DE FORME			
• Bernard Clavel, *Légendes de la mer*	• Réalités mythologiques (Circé, image de monstre) ; ellipse narrative	• Grammaire : déterminants, expansion du nom	• Expression écrite : décrire l'arrivée imprévue d'un monstre
•Apulée, *L'Âne d'or*	• Parallélismes dans le texte, écriture de la métamorphose	• Vocabulaire : connotations du mot *âne* ; mots suffixés	• Expression orale : interview, écoute et observation
• Jean Olivier Héron, *La Bisquine* • Frédéric Clément, *Le Peintre et les cygnes sauvages* • René Magritte, *Les Grâces naturelles*	• Lecture d'images : représentation du mouvement		
REPÈRES : LE MOUVEMENT DANS LE TEXTE ET DANS L'IMAGE			
CHANGER DE POINT DE VUE			
•Roald Dahl, *Sacrées Sorcières*	• Récit à la première personne	• Orthographe : terminaison de l'adjectif au masculin	• Expression écrite : justification d'un choix
• Ovide, *Métamorphoses*	• Lecture d'image : arrière-plan, premier plan ; légende • Texte : le dieu Apollon, le récit étiologique	• Vocabulaire : expressions à partir du mot *laurier*	• Expression écrite : récriture du texte d'Ovide à la première personne
• Ovide, *Métamorphoses*	• Lecture cursive		
REPÈRES : LES CHOIX NARRATIFS DANS LE RÉCIT			
• Arcimboldo, *L'Automne*			• Suggérer une métamorphose avec un collage d'images

sur le ciel) et des verticales (branches des arbres, cous des cygnes, corps de l'homme). Certains éléments du tableau introduisent des formes ovales : l'île, l'anse, un nuage, les corps des cygnes.

4. Il se dégage d'abord de ce tableau une impression de monotonie : l'unité des couleurs donne en particulier l'impression que le monde représenté est en quelque sorte minéralisé, figé. La présence centrale des arbres morts et l'omniprésence des rochers qui encadrent la scène font naître un sentiment de tristesse.

Pour aller plus loin : Même s'il est difficile de savoir ce qu'un artiste a voulu exprimer dans une œuvre, on peut utiliser ce tableau pour faire réfléchir les élèves et les faire s'exprimer. Il témoigne en effet de la réflexion surréaliste sur les rapports entre réel et imaginaire ; ce jeu de reflets en trompe-l'œil n'est pas éloigné de la technique de l'anamorphisme qui fit les délices de la Renaissance ; il souligne la faiblesse de la raison et révèle un goût ludique pour les vertiges sensoriels. Le professeur pourra, par exemple, lancer un débat sur les illusions d'optique et sur la prudence avec laquelle il faut se fier à ses sens ; c'est là un point qui peut entrer dans une éducation à la citoyenneté.

On pourra également évoquer le rôle de « clé » que joue l'étrange monstre qui figure au premier plan : il indique sans doute la dimension onirique du tableau.

TEXTE D'ÉTUDE

Bernard Clavel, « Glaucus et Scylla »

(livre de l'élève, p. 118)

Ce texte appartient à la littérature de jeunesse ; il favorise l'entrée dans le thème et prépare la lecture des textes d'Ovide. Il présente l'intérêt de fournir **une description très suggestive** d'un monstre marin et de **raconter une métamorphose sur le mode de l'ellipse**.

LECTURE

Le monstre et la magicienne

1. Glaucus est dépeint comme un être effrayant et repoussant à cause de « ses cheveux verts » et de « son corps couvert d'écailles » (l. 6). De fait, Glaucus présente certaines caractéristiques des êtres qui vivent dans la mer (couleur verte, écailles) ; sa laideur est surtout liée à son caractère monstrueux – au sens où les Grecs concevaient les monstres – c'est-à-dire à sa nature composite, mélangée : il est à la fois créature humaine et créature marine.

2. Glaucus veut se servir du philtre pour obtenir par la voie de la magie ce qu'il n'a pu obtenir de façon normale, c'est-à-dire que la nymphe Scylla tombe amoureuse de lui.

Pour aller plus loin : cette question peut déboucher sur un travail lexical à partir du mot grec *philein*, qui signifie « aimer » et que l'on retrouve dans la composition d'un grand nombre de mots français (*philosophie, Philippe...*). Un rapprochement peut être effectué avec l'histoire de Tristan et Iseut.

3. Le premier objectif de cette question est de faire découvrir le dictionnaire de mythologie par les élèves et de les accoutumer à son usage et à son utilisation. Le second objectif est de leur apprendre à sélectionner des informations ; il n'est en effet pas question qu'ils recopient tout l'article sur Circé, mais qu'ils choisissent ce qui leur semble éclairer le texte de Bernard Clavel.

Circé était une magicienne grecque qui excellait dans l'art de préparer des breuvages capables de transformer les hommes en animaux ; elle transforma ainsi la nymphe Scylla en monstre marin, le roi Picus en pivert, les compagnons du navigateur Ulysse en pourceaux.

4. Le comportement de Circé vis-à-vis de Scylla est expliqué aux lignes 25 à 27 : amoureuse de Glaucus, mais non aimée de lui, Circé a puni Glaucus en transformant en monstre la nymphe qu'il lui préférait.

La belle ou la bête

1. La nymphe Scylla est décrite à travers une comparaison : ses cheveux sont de la même blondeur et sa peau de la même douceur que le sable. Ces deux éléments ne sont pas très précis, mais ils correspondent à une vision symbolique et stéréotypée de la beauté féminine : blondeur et finesse.

Pour aller plus loin : certains tableaux de Botticelli (*La Naissance de Vénus*, par exemple) illustrent bien cette représentation conventionnelle de la beauté féminine qu'incarnent encore à l'époque actuelle certains *top models*.

2. La monstruosité de Scylla est liée :
– à la présence de caractéristiques animales (« pattes », « griffes », « gueules ») ;
– empruntées à des créatures repoussantes et dangereuses (« griffes acérées », « pattes velues », « dents de loups ») ;
– et en quantité insolite et excessive (« douze », « six », « triple »).

Extraits du texte	Effets
« douze pattes », « six cous », « six têtes »	impression d'excès, d'outrance
« hurlements terrifiants », « griffes acérées », « gueules ouvertes », « yeux rouge sang », « hurlements »	impression de cruauté
« pattes velues », « corps difforme », « cous très longs »	impression de laideur

3. Cette question permet de sensibiliser les élèves au fait qu'un écrivain peut effectuer des choix narratifs. Ces choix sont liés à l'effet qu'il veut produire sur le lecteur, donc à la dimension pragmatique du discours narratif.

Entre le moment où la belle nymphe plonge dans la mer et celui où apparaît le monstre a eu lieu la métamorphose. C'est justement cette transformation de la jeune fille en monstre qui n'est pas racontée dans le récit. Cette ellipse relève du choix du narrateur : elle crée un effet de surprise plus grand sur le lecteur, qui découvre le résultat d'une action dont il n'a pas été le témoin. Le lecteur peut ainsi mieux partager le sentiment « d'épouvante » que ressent le personnage, Glaucus, puisqu'il ne sait rien de plus que celui-ci et qu'il est surpris tout comme lui par l'apparition d'un monstre.

ÉTUDE DE LA LANGUE

Grammaire

L'objectif visé est de faire repérer, dans le texte lu par les élèves, le fonctionnement de certains outils de la langue dont ils auront besoin pour leur production écrite et qu'ils pourront ainsi utiliser de façon maîtrisée et autonome.

1. a. Le narrateur emploie d'abord l'article indéfini dans le groupe nominal « un monstre » (l. 17-18), puisque c'est la première fois qu'il parle de ce monstre ; en revanche, il utilise ensuite l'article défini « le monstre » puisque celui-ci est à présent connu du lecteur.

b. – déterminant numéral : « *douze* pattes » ;
– déterminant indéfini : « *quelques* minutes » ;
– déterminant démonstratif : « *cette* tempête » ;
– déterminant possessif : « *son* corps ».

2. « Six cous très longs qui portaient six têtes aux yeux rouge sang » :
– « très longs » : adjectif qualificatif au superlatif ;
– « qui portaient six têtes aux yeux rouge sang » : proposition subordonnée relative.

EXPRESSION ÉCRITE

L'entraînement à l'écriture porte, dans cette activité, sur le discours descriptif qu'il convient d'aborder en classe de sixième. Le thème choisi est familier aux élèves : il constitue un sujet privilégié des albums illustrés pour la jeunesse (par exemple : Maurice Sendak, *Max et les Maximonstres*) dans lesquels le professeur pourra éventuellement se procurer des images inductrices susceptibles d'alimenter l'imaginaire de sa classe.

La rubrique « Pour préparer le travail » signale clairement quel type d'aide, quels outils les élèves pourront trouver dans le manuel lui-même. Il ne s'agit pas d'inventer, mais d'écrire « à la suite de… » « à la manière de… », en s'inspirant d'un environnement culturel.

La consigne comporte deux parties qui serviront de base à l'évaluation. Il est en effet demandé aux élèves :
– de *décrire* un monstre ;
– qui *apparaît* de manière imprévue dans un lieu ordinaire : ceci impose donc une description en mouvement sur le modèle du texte de Bernard Clavel (exemple : « il *avançait* lourdement *sur douze pattes* »).

On peut donc leur proposer une grille de guidage – et, par conséquent d'évaluation – qui comprendrait les critères spécifiques suivants :
– détailler les parties du corps du monstre ;
– utiliser des expansions du nom pour enrichir les noms ;
– faire une description en mouvement ;
– chercher à faire peur au lecteur ;
– (de façon facultative) décrire la peur du narrateur ou celle d'autres personnes apercevant ce monstre.

TEXTE D'ÉTUDE

Apulée, « Un apprenti magicien »

(livre de l'élève p. 120)

Moins connu que l'œuvre d'Ovide, le roman d'Apulée offre aussi aux élèves l'occasion de découvrir un texte de l'Antiquité latine. De plus, le parallélisme entre les deux métamorphoses permet d'introduire **le thème de l'apprenti sorcier**.

LECTURE

Succès et échecs

1. Pamphilé se transforme en hibou (l. 13). Pour obtenir cette transformation, elle utilise un onguent dont elle se masse longuement.

2. Cette question vise à développer deux compétences : tout d'abord savoir relever des indices dans un texte à travers une démarche comparative, mais surtout savoir passer de la description concrète à une notion plus générale pour renseigner la colonne « opérations » (**voir le tableau ci-dessous**).

3. Lucius voudrait se transformer, lui aussi, en hibou ; mais il ne réussit qu'à se transformer en âne. Il échoue parce que Photis s'est trompée dans les boîtes d'onguent.

Opérations	Pamphilé	Lucius
n°1 : se déshabiller	« Pamphilé commença par se dévêtir entièrement »	« retirant à la hâte tous mes vêtements »
n°2 : se masser avec un onguent	« elle se massa longuement… de la tête »	« puisant une bonne quantité …. du corps »
n°3 : agiter les bras	« elle se mit à battre des membres à petits coups pressés »	« en agitant alternativement les bras »

Pour aller plus loin : il serait intéressant de dépasser la dimension narrative du texte et d'en faire percevoir l'aspect symbolique. Certes, la cause de l'erreur est imputable à Photis ; mais Lucius ne se conduit-il pas comme un apprenti sorcier – familier aux élèves grâce au dessin animé *Fantasia* de Walt Disney ? En effet, il essaie bien d'imiter la magicienne, mais, en agissant dans l'illégalité et la précipitation, il est aussi lui-même la cause de son échec.

4. Le terme d'*âne* est souvent employé avec une valeur d'injure ou de moquerie, comme synonyme de stupidité ou d'entêtement. Autrefois, dans les écoles, on affublait les mauvais élèves d'un « bonnet d'âne ». La transformation de Lucius en âne prend donc le sens d'une sanction.

Une double métamorphose

1. Transformations du corps de Pamphilé

ses bras	« il en jaillit un duvet encore tendre, puis l'on vit grandir de fortes pennes »
son nez	« son nez se durcit et se recourba »
ses ongles	« ses ongles devinrent épais et crochus »

2. Transformations du corps de Lucius

ses poils	« mes poils s'épaississent et deviennent des crins »
sa peau	« ma peau, si tendre, se durcit et devient un cuir »
ses doigts	« tous se ramassent en un seul sabot »
son dos	« au bas de mon dos pousse une immense queue »
son visage	« mon visage est difforme »
sa bouche	« ma bouche s'allonge »
ses narines	« mes narines sont béantes »
ses lèvres	« mes lèvres [...] pendantes »
ses oreilles	« mes oreilles grandissent démesurément et se hérissent de poils »

3. Les classes de mots les plus utilisées sont les verbes. Ils aident à décrire une métamorphose parce qu'ils permettent d'exprimer des actions en train de se réaliser.

ÉTUDE DE LA LANGUE

Vocabulaire

L'objectif de cet exercice est de faire manipuler des mots pour que les élèves prennent conscience de la façon dont ils ont été créés.

1. *Grandir* est formé à partir de *grand*, *s'épaissir* à partir de *épais*, *se durcir* à partir de *dur*, *s'allonger* à partir de *long*. Ces verbes sont des mots dérivés, formés à partir d'adjectifs auxquels ont été ajoutés des suffixes.

2. On peut remplacer ces verbes par les tournures suivantes : « devenir plus grand », «... plus épais », «... plus dur », «... plus long ».

3. « devenir plus petit » : « rapetisser » – « devenir plus tendre » : « s'attendrir » – « devenir plus souple » : « s'assouplir ».

EXPRESSION ORALE

Cette activité d'expression orale se rapproche de l'interview ; elle permet de faire réfléchir sur l'adéquation entre une question et une réponse, de travailler dans le domaine de la langue sur la phrase interrogative et les différents mots qui l'introduisent. Elle développe également des compétences d'attention et d'écoute : les deux élèves « en scène » doivent prêter une attention vigilante à la parole de l'autre pour garder le fil de l'entretien.

L'activité dévolue au troisième élève – qui joue en quelque sorte un rôle de jury – est également enrichissante : le fait d'observer, de devoir donner son avis l'aidera à affiner sa stratégie quand il occupera la place de l'un de ses camarades.

Le professeur pourra apporter des contraintes complémentaires à la consigne (par exemple sur le nombre de questions à poser, sur la durée maximale de l'interview, etc.).

ANALYSE D'IMAGES

(livre de l'élève, p. 122)

La Bisquine

Ce dessin de Jean Olivier Héron fait partie d'une série de cartes postales intitulée « Comment naissent les bateaux ».

1. Cette image raconte la transformation d'un oiseau des mers – une sorte d'albatros – en bateau (la bisquine est une barque de pêche à trois mâts des côtes de la Manche). Le point commun entre l'oiseau et le bateau est que tous deux semblent composés d'une partie plus horizontale – la coque du navire et le corps de l'oiseau – et d'une partie verticale, « aérienne » – les voiles du navire et les ailes de l'oiseau.

2. Cette transformation s'effectue en cinq étapes successives au cours desquelles :
– l'oiseau prend son envol et monte dans le ciel (dessins 1 à 3) ;
– il se rapproche de la mer et commence à replier ses ailes qui se sont agrandies (dessins 4 et 5) ;
– son corps se pose à la surface de l'eau et devient coque du navire (dessin 6) ;
– ses ailes s'agrandissent, se replient et se colorent pour devenir les voiles du navire (dessin 7) ;
– son bec s'agrandit et devient le foc du navire (voile triangulaire située à l'avant du navire) ; (dessin 8).

3. Jean Olivier Héron suggère le mouvement en juxtaposant des dessins qui représentent des attitudes différentes de son personnage et des moments différents d'une histoire. Cette technique ressemble à celle du dessin animé.

Le Peintre et les cygnes sauvages

Ces deux images sont extraites d'un album illustré écrit pour la jeunesse.

1. Les deux images représentent deux moments de l'histoire du peintre. Sur la première, le peintre est assis, les bras repliés sur la tête face aux cygnes qu'il a suivis sur l'île. Sur la seconde, la place du peintre est occupée par un cygne qui se repose, la tête cachée dans les ailes.

2. Sur la première image, le peintre est entouré de flocons de neige qui, en tombant sur lui, le recouvrent d'une couche blanche. La neige est remplacée, sur la seconde image, par des plumes blanches, provenant sans doute du plumage des cygnes qui se sont envolés. La blancheur et l'attitude de repos constituent des éléments communs entre le peintre et le cygne.

3. La similitude entre la position du peintre et celle du cygne laisse imaginer que l'homme s'est métamorphosé pour prendre l'apparence des cygnes qui l'ont fasciné. Le reflet du cygne dans l'eau constitue la trace de cette transformation : l'image encore humaine renvoyée par le lac conserve la mémoire de ce qu'était le cygne quelques instants avant la métamorphose.

Les Grâces naturelles

1. Le fond de la toile représente du feuillage ; le motif de la feuille se répète régulièrement en arrière-plan du thème central. Cette construction du tableau nous rappelle que Magritte a, durant un temps, dessiné des motifs décoratifs pour papiers peints.

2. Le groupe qui occupe le centre du tableau relève à la fois du monde animal et du monde végétal. On peut en effet discerner des oiseaux, identifiables à leurs têtes – dont les yeux, les becs sont peints avec une grande finesse – et à leurs ailes ; mais on perçoit également des feuilles dont les stries sont tracées avec précision dans la couleur vert foncé qui leur est habituelle.

3. Si l'on cache la moitié supérieure du tableau, on ne voit que les feuilles ; si l'on procède de manière inverse, on ne découvre que des oiseaux.

4. Magritte a donc choisi de suggérer une métamorphose en représentant des êtres ambigus, qui possèdent des caractéristiques animales et végétales, relevant de deux natures à la fois. À la différence de Jean Olivier Héron qui juxtapose les étapes pour montrer la métamorphose en train de se dérouler, ou de Frédéric Clément qui la laisse imaginer entre une situation initiale – déjà suggestive – et une situation finale, Magritte superpose, en un seul tableau, un état initial et un état final.

5. Il est de fait bien difficile de dire dans quel sens se produit la métamorphose dans ce tableau. S'agit-il d'oiseaux devenant feuillage, se posant et s'immobilisant ? En effet, la majorité des oiseaux semblent se laisser gagner par une sorte de rigidité. S'agit-il, au contraire, d'un feuillage s'animant, prenant vie, pour devenir oiseaux ? Un oiseau, sur la droite, semble être une feuille qui prend son envol. Le tableau garde son mystère. On pourrait songer à lui donner un titre composé comme un mot valise, tel que « À tire-feuille », inspiré de l'expression « À tire d'aile ».

<u>Pour aller plus loin</u> : le professeur pourra faire retrouver une construction similaire dans le tableau d'Antonio Pollaiolo à la page 128 (voir aussi les pages 118 et 130) ; il proposera également une recherche sur les êtres composites qui peuplent la mythologie grecque, tels les Centaures, les Sirènes, le Sphinx.

REPÈRES

Le mouvement dans le texte et dans l'image

(livre de l'élève, p.124)

Exercice 1

Cet exercice vise à faire créer une image, plutôt par collage que par réalisation totalement personnelle ; il s'inscrit dans une perspective d'évaluation formative : l'élève est amené à appliquer la leçon du « Repères », après avoir construit son savoir de façon inductive grâce à l'étude des images proposées dans le chapitre.

Exercice 2

Cet exercice, consacré, lui, à une production de texte, fonctionne sur le principe de l'écriture pastiche et permet également une évaluation formative : l'élève va tester sa compréhension des deux procédés narratifs analysés lors de l'étude des textes de Bernard Clavel et d'Apulée. La confrontation de deux démarches différentes mises en place pour traiter une même histoire présente une grande efficacité pour atteindre l'objectif fixé.

La consigne mentionne l'existence de forêts afin d'aider les élèves à imaginer en quoi se transforment les cheveux et la barbe du dieu ; le professeur pourra inventer des correspondances similaires entre un corps humain et un lieu géographique afin de faciliter l'écriture ; ce n'est pas en effet l'imagination qui fera ici l'objet de l'évaluation, mais la capacité à maîtriser une stratégie narrative.

Pour la correction, le professeur pourra s'aider du récit de la métamorphose d'Atlas par Ovide.

TEXTE D'ÉTUDE

Roald Dahl, « Je n'étais plus un petit garçon, mais un souriceau »

(livre de l'élève, p. 126)

Ce texte a été écrit par un auteur de littérature de jeunesse apprécié des élèves ; il sait associer le comique et l'inquiétant dans un dosage qui séduit les jeunes lecteurs. L'intérêt de ce texte est qu'il propose **un récit de métamorphose à la première personne** et qu'il sait rendre l'étonnement et l'angoisse qui s'emparent de la victime.

LECTURE

De cruelles sorcières

1. La transcription des paroles de la sorcière peut étonner les élèves : la question permettra donc de dissiper d'emblée toute interrogation sur l'orthographe !

On constate effectivement que les [y] sont prononcés [u], que le [ʀ] est redoublé dans les mots prononcés par la « Grandissime Sorcière ». Cette graphie permet de transposer à l'écrit une prononciation qui, semble-t-il, est censée se rapprocher de façon fantaisiste de l'accent russe.

L'objectif de Roald Dahl est naturellement d'amuser ses lecteurs en mettant en place un personnage étrange – et donc inquiétant – jusque dans sa façon de parler.

Cette question permettra au professeur de faire travailler sa classe sur l'alphabet phonétique international (voir page 351 du manuel de l'élève).

2. La méchanceté des sorcières se manifeste :
– par leur brutalité physique : elles s'emparent du narrateur sans douceur aucune, l'empêchent de parler, le tiennent suspendu en l'air, lui pincent le nez (l. 1 à 3, 5 à 8, 13) ;
– par les injures que profère la Grandissime Sorcière : « vermisseau », « cancrelat » ;
– par le plaisir qu'elles prennent à malmener le narrateur : « un affreux sourire » (l. 9), « des applaudissements éclatèrent » (l. 39) ;
– et, tout simplement, par le sort qu'elles font subir au narrateur : une transformation en animal.

3. Le héros est transformé en souriceau au moyen d'une potion que la Grandissime Sorcière lui fait avaler de force.

Un récit à la première personne

1. Les étapes de la transformation, perçue de l'intérieur, commencent avec l'impression de rétrécissement ; c'est pour cette raison que le tableau ne propose que trois étapes ; la sensation initiale de brûlure n'en fait pas partie.

Étapes de la transformation	Effet ressenti par le narrateur	Citation du texte
n°1	impression de rétrécissement	l. 24-27
n°2	sensation d'un durcissement de la peau	l. 28-29
n°3	sensation de picotement sur la peau	l. 30-33

2. Pour faire comprendre ce qu'il éprouve, le narrateur utilise des comparaisons :
– l. 29 : « comme une automobile à la casse » ;
– l. 31-32 : « comme si de minuscules aiguilles sortaient de mon épiderme ».

Pour aller plus loin : le professeur pourra faire analyser plus finement le bien-fondé « psychologique » de ces comparaisons ; elles révèlent l'effort fourni par le narrateur, qui ignore ce qui lui arrive – et qui donc ne peut l'expliquer rationnellement et simplement – pour rendre compte de son aventure.

3. On retrouve ce procédé de répétition :
– aux lignes 20-21 : « Cette épouvantable sensation de brûlure descendit dans mon estomac. Maintenant tout mon corps brûlait ! »
– à la ligne 29 : « Comme une automobile à la casse, sous presse. Oui, j'étais pressé ! »

Ce procédé traduit l'épouvante du narrateur en créant un effet d'insistance.

4. À la ligne 34, le narrateur emploie l'expression « au loin » parce qu'il éprouve le sentiment que la voix de la sorcière est lointaine, sans toutefois connaître encore la cause de cet éloignement : en réalité, il est devenu tout petit et une grande distance le sépare à présent de la bouche de la Grandissime Sorcière.

ÉTUDE DE LA LANGUE

Orthographe

1. « Des mains vigoureuses me pincèrent le nez. »

2. L'objectif de ce petit exercice, que le professeur pourra multiplier à sa guise, est de donner des repères pour la maîtrise des marques orthographiques : dans ce cas précis, les élèves pourront se souvenir que le passage du masculin au féminin permet parfois de retenir la façon d'orthographier le masculin. Ainsi, lorsque la dernière voyelle orale d'un adjectif au masculin est [ø] et que la forme féminine correspondante se prononce [øz], sa graphie est *-eux*.

EXPRESSION ÉCRITE

Cette activité s'inscrit dans l'un des objectifs généraux définis au début de ce chapitre et vise à mettre les compétences littéraires et linguistiques acquises par les élèves au service de l'expression d'eux-mêmes et de la construction de leur personnalité. Il s'agit ici, en l'occurrence, de **leur offrir l'occasion de parler de ce qu'il aiment ou espèrent**.

Ce travail permet aussi de sensibiliser les élèves, comme les Instructions Officielles en émettent le souhait, au **pôle argumentatif**, puisqu'il leur est demandé de justifier leur choix de métamorphose suivant un protocole bien établi (présenter deux ou trois justifications grâce à des formules précises).

Enfin, l'occasion est ainsi fournie de faire utiliser, dans une situation authentique de communication, la valeur du conditionnel.

TEXTE D'ÉTUDE

Ovide, « Ses cheveux s'allongent en feuillage... »

(livre de l'élève, p. 128-129)

Ce texte fait partie des textes fondateurs inscrits au programme de la classe de sixième. Il permet de comprendre la **fonction étiologique** remplie par un grand nombre de récits de métamorphose dans l'œuvre d'Ovide. Il favorise également la connaissance de l'une des grandes divinités, le dieu Apollon.

ANALYSE DE L'IMAGE

1. L'objectif de cette question est de faire travailler la description, celle d'un paysage, puis celle de personnages. Elle permet aussi d'aborder modestement certaines caractéristiques de l'art toscan au Quattrocento.

L'arrière-plan du tableau représente un paysage naturel de plaines, borné au lointain par une élévation du relief ; la partie droite est occupée par les méandres d'un fleuve qui coule paresseusement entre des bouquets d'arbres. Ce paysage peut faire penser aux environs de Florence, ville du peintre.

Le premier plan du tableau est occupé par un couple de jeunes gens, habillés à la mode toscane du XVe siècle, et qui représentent Daphné et Apollon, personnages de la mythologie gréco-romaine. On fera analyser à la fois la façon dont est suggéré le mouvement d'Apollon et la manière dont l'artiste met en scène la métamorphose de la nymphe en arbre.

On pourra attirer l'attention des élèves sur le contraste qui est ainsi constitué entre la sérénité du paysage et le double mouvement figuré au premier plan et exprimant le drame qui se joue.

Pour aller plus loin : il est possible de faire comparer quelques tableaux du Quattrocento (par exemple de Botticelli : *La Naissance de Vénus* et *Le Printemps*) afin d'en faire repérer quelques caractéristiques : peinture savante fondée sur la découverte de la perspective, importance accordée à la couleur, représentation de thèmes et de scènes de l'Antiquité.

2. Il s'agit d'abord de faire expliquer ce qu'est la *légende* d'une image : texte commentant cette image pour en éclairer le sens et en dissiper la polysémie. Il serait souhaitable que les élèves proposent – et défendent – plusieurs réponses. On pourrait retenir par exemple comme légende : « Puisque tu ne peux être mon épouse, tu seras mon arbre », afin d'éclairer à la fois la transformation de Daphné et l'attitude d'attachement passionné que manifeste Apollon.

LECTURE

Un univers de dieux

1. Dans l'Antiquité, les dieux sont considérés comme des divinités dotées de tous les pouvoirs, comme le prouvent à la fois la phrase de Daphné : « si vous, les fleuves, vous avez un pouvoir divin » et sa prière incitant le Pénée à user de son pouvoir pour la métamorphoser.

2. Une cithare est un instrument de musique en usage dans l'Antiquité et qui était une sorte de lyre. On en jouait en pinçant les cordes.

Un carquois est un étui à flèches.

Ces deux mots – *cithare* et *carquois* – font allusion aux deux fonctions du dieu Apollon : dieu de la musique et de la poésie, il est également dieu de la chaleur du soleil dont ses flèches représentent les rayons.

Amour et métamorphose

1. Daphné est transformée en laurier grâce au pouvoir de son père, afin d'échapper au dieu Apollon qui est amoureux d'elle.

2. Apollon ne cesse pas d'aimer Daphné après la métamorphose de cette dernière en laurier, comme le prouvent les lignes 11 à 14 (« Telle, Phébus l'aime encore... ; il couvre de baisers le bois »). Le dieu a transféré son amour sur l'arbre en quoi s'est métamorphosée Daphné : « Eh bien ! Puisque tu ne peux être mon épouse, tu seras du moins, dit-il, mon arbre. » (lignes15-16)

Une explication sur la nature

1. Le narrateur n'est pas un personnage de l'histoire ; il est extérieur à l'histoire qu'il raconte.

2. Apollon promet au laurier qu'il aura un feuillage persistant ; il s'engage aussi à ceindre sa tête de feuilles de laurier et à en orner sa cithare.

Les dictionnaires fournissent généralement les mêmes informations sur le laurier :

– il s'agit un arbre ou d'un arbrisseau aromatique méditerranéen aux feuilles persistantes ;

– dans l'Antiquité, le laurier était un arbre consacré à Apollon et il servait à couronner les vainqueurs ;

– il prend donc au sens figuré le sens de « gloire », comme dans l'expression « cueillir des lauriers » : « remporter des victoires ».

On peut constater que les informations contenues dans les dictionnaires correspondent aux promesses du dieu Apollon.

3. réponse : b.a.c. (ou b.c.a)

Le sens de cette légende est donc à analyser : le récit de métamorphose prend bien ici sa fonction d'explication du monde ; l'histoire de la métamorphose de la nymphe Daphné en laurier justifie la présence de cette plante, son nom (le laurier est appelé *daphné* en grec) et ses caractéristiques tant botaniques (la survie de ses feuilles en hiver) que culturelles (l'habitude de consacrer cette plante au dieu Apollon).

Il sera donc intéressant de montrer aux élèves que la légende étiologique sert à expliquer, a posteriori, une réalité du monde.

ÉTUDE DE LA LANGUE

Vocabulaire

1. « être couvert de lauriers » signifie « être couvert de gloire » ; « dormir sur ses lauriers » signifie « ne pas poursuivre une carrière glorieusement commencée ».

2. Le mot *baccalauréat* provient d'une étymologie amusante :
– le mot *bachelier* (en latin *baccalarius*), dont l'origine romane reste inconnue, désigne au Moyen Âge un jeune gentilhomme aspirant à devenir chevalier (d'où le sens du mot anglais *bachelor* : « célibataire »), puis un jeune homme accédant au premier grade universitaire ;
– le mot *baccalauréat* est apparu par contamination ludique de *baccalarius* avec les mots latins *bacca* (la « baie ») et *laurea* (« de laurier »).

EXPRESSION ÉCRITE

Cette activité joue le rôle d'évaluation sommative du travail effectué à partir du texte de Roald Dahl et de celui d'Ovide. Elle propose en effet une manipulation de texte, une récriture de la légende rapportée par Ovide, mais en recourant à des techniques narratives abordées lors de la lecture analytique du récit de Roald Dahl.

D'un narrateur extérieur à l'histoire, il faut passer à un narrateur à la première personne, c'est-à-dire que le personnage de Daphné devra rendre compte de ce qu'elle a éprouvé lors de sa transformation en arbre. On attendra donc des élèves qu'ils utilisent par exemple les procédés suivants :
– des répétitions pour souligner l'étonnement face au changement que ressent Daphné devenant bois et feuillage ;
– des comparaisons pour traduire les sensations éprouvées.

TEXTE ÉCHO

Ovide, « Scylla et Circé »

(livre de l'élève, p. 130)

Le texte d'Ovide, dont s'est inspiré Bernard Clavel, pourra faire l'objet d'une lecture cursive, en complément du travail réalisé sur le texte de la page 118. On peut envisager également de conduire une lecture comparative des deux textes afin de **faire repérer la spécificité d'un texte original et celle de sa récriture pour la jeunesse**.

Si l'on souhaite aborder la leçon de la rubrique « Repères », qui se propose, de façon très simplifiée, de sensibiliser les élèves à des problèmes de choix narratifs, il conviendra de mener une lecture analytique des lignes 8 à 16 afin de montrer que, même si le narrateur de l'histoire est à la 3e personne, comme dans la légende de Daphné, il adopte le point de vue du personnage, Scylla, pour décrire son angoisse face à une métamorphose qu'elle découvre progressivement et qu'elle ne comprend pas.

REPÈRES

Les choix narratifs dans le récit

(livre de l'élève, p. 131)

La leçon qui fait l'objet de ces « Repères » sera plutôt réservée à des élèves possédant déjà une expérience de la lecture suffisante pour leur permettre de s'interroger sur les choix narratifs que font les auteurs lorsqu'ils se proposent d'écrire un récit.

Exercice 1

Le travail de classification auquel cet exercice invite permet d'évaluer la compréhension de la leçon proposée dans ces « Repères » ; toutes les réponses figurent déjà dans cette leçon : la mise en tableau aidera les élèves à les fixer sous une forme qui aide à la mémorisation et à l'appropriation des savoirs.

	Narrateur personnage	**Narrateur effacé**
Point de vue externe	Ø	Ovide, *Daphné*
Point de vue du personnage	Roald Dahl, *Sacrées sorcières*	Ovide, *Scylla et Circé*

Exercice 2

Cet exercice vise l'appropriation du même savoir, mais par l'intermédiaire d'une transformation de texte. Il s'agit donc pour les élèves de prendre modèle sur la légende de Daphné et Apollon racontée par Ovide et :
– d'écrire un récit à la 3e personne ;
– de remplacer toute trace d'émotion et de subjectivité par une description précise et pittoresque.

Ce travail sera complété par la lecture de la légende d'Arachné, telle que la rapporte Ovide dans les *Métamorphoses*.

ATELIER D'EXPRESSION

(livre de l'élève, p. 132)

1 Suggérer une métamorphose avec une image

Cette activité fait appel à plusieurs savoirs et savoir-faire construits au cours du chapitre : analyser un tableau, créer un tableau par la technique du collage, écrire une légende.

2 Comparer des récits de métamorphoses

• Objectif : donner une finalité à des lectures cursives, c'est-à-dire à la lecture personnelle d'œuvres intégrales.

• Mise en œuvre : ce travail s'inscrit dans une démarche de lecture en réseau ; selon leurs capacités et leur appétence, les élèves liront des textes plus ou moins longs, plus ou moins complexes ; mais ils auront tous lu une œuvre intégrale traitant du même thème.

Le professeur pourra donc adopter par exemple la démarche suivante :

– faire rechercher au CDI ou présenter en classe un grand nombre de récits sur le thème abordé ;

– faire choisir un récit par chaque élève afin qu'il le lise chez lui (on peut aussi prévoir en classe des temps de lecture personnelle si cela semble nécessaire) ;

– travailler sur des textes du manuel en lecture analytique afin de familiariser la classe avec le thème et avec les choix narratifs ;

– inviter à des échanges de livres afin que chaque élève lise plusieurs récits ;

– faire remplir le tableau dans une séance de travail de groupe.

3 Imaginer des récits de métamorphoses pour donner vie au monde

• Objectifs : familiariser les élèves avec le récit étiologique en leur en faisant inventer un à leur tour ; créer une interaction entre activités de lecture – de textes et d'images – et activités d'écriture ; donner du sens aux lectures personnelles (voir atelier 2).

• Mise en œuvre : ce genre de récit exige une planification du travail d'écriture, c'est-à-dire un plan de travail que les élèves ne devront pas confondre avec le plan de leur récit.

Le professeur prévoira donc une phase de réflexion – de préférence en groupe – sur :

– les savoirs à réunir ;

– les textes de référence à utiliser ;

– les points à aborder dans le récit (voir les entrées figurant dans le tableau en haut de la page 133 du livre de l'élève).

CORRIGÉ DE LA FICHE ÉLÈVE 16

Le récit de métamorphose

(Ci-après, p. 243)

PRÉSENTATION

Objectifs

• Évaluer la capacité à comparer des textes portant sur un même thème.

• Évaluer la capacité à remplir une grille d'analyse d'un récit de métamorphose

Textes concernés

Deux textes fondateurs du poète latin Ovide. Ces textes présentent des ressemblances entre eux et avec ceux qui figurent dans le manuel de l'élève (transformation causée par l'amour ou le refus de l'amour, présence de la magicienne Circé dans le texte 1) ; mais ils présentent des variantes par rapport à ces derniers : transformation en animaux, métamorphose plutôt évoquée que précisément décrite.

Conduite de l'activité

Ce travail pourra être utilisé comme évaluation sommative, après une lecture analytique de textes figurant dans le manuel de l'élève ou après une activité de lecture en réseau, telle qu'elle est conseillée dans l'« Atelier d'expression » proposé dans le manuel de l'élève.

CORRIGÉ

1. et 2. Voir les tableaux ci-dessous.

3. a. Dans le texte 1, la métamorphose est évoquée rapidement et en quelques traits.
b. Dans le texte 2, elle est simplement annoncée.

4. la couleur de la pourpre – la couleur de l'or.

5. a. C'est parce que Picus est en colère à cause de sa transformation que le pivert frappe les troncs d'arbre de son bec.
b. C'est parce que Alcyoné est affligée par la mort de son époux que l'alcyon pousse des cris plaintifs.

Texte	Sujet de la métamorphose	État initial	État final
Picus	Picus	Un roi	Un oiseau (un pivert)
Céyx et Alcyoné	Céyx et Alcyoné	Un homme et une femme	Deux oiseaux (des alcyons)

Texte	Agent de la métamorphose	Moyen de la métamorphose	Cause de la métamorphose
Picus	La magicienne Circé	Des formules magiques	La jalousie et le désir de vengeance de Circé
Céyx et Alcyoné	Les dieux	Le pouvoir des dieux (non indiqué explicitement)	La souffrance d'Alcyoné et la pitié des dieux

CORRIGÉ DE LA FICHE ÉLÈVE 17

Utiliser un dictionnaire de mythologie

(Ci-après, p. 245)

PRÉSENTATION

Objectifs

• Familiariser les élèves avec le fonctionnement du dictionnaire de mythologie dont ils doivent se servir dans le cadre de la lecture des textes fondateurs (dont les *Métamorphoses* d'Ovide) inscrits au programme de la classe de sixième.

• Développer des connaissances sur les dieux et les héros de la mythologie.

• Développer des connaissances lexicales.

Support

L'ouvrage utilisé est le *Dictionnaire culturel de la mythologie gréco-romaine*, Nathan, 1992.

Conduite de l'activité

Cette fiche sera proposée aux élèves dans le cadre d'un travail au CDI.

Un groupe pourra travailler en autonomie à partir de cette fiche, cependant que d'autres groupes auront des activités guidées par le professeur de français et le (ou la) documentaliste.

CORRIGÉ

Savoir lire un article

1. de Danaé.

2. b.

3. a.

4. b.

La mythologie au quotidien

5. a. Cerbère : chien à trois têtes, gardien de l'entrée des Enfers.
b. Dédale : architecte, constructeur du labyrinthe dans lequel était enfermé le Minotaure crétois.
c. Hercule : héros doté d'une force surhumaine.
d. Mentor : ami d'Ulysse qui le chargea d'éduquer son fils Télémaque.
e. Narcisse : jeune homme d'une grande beauté, amoureux de son image.
f. Phénix : oiseau fabuleux, unique au monde.

6. a. On s'égare toujours dans le *dédale* des ruelles de cette ville.
b. L'athlète qui a gagné la médaille d'or au lancer de javelot est un véritable *hercule.*
c. Les élèves ont la chance de trouver dans leur professeur de français un *mentor* soucieux de les aider.
d. Les gardiens postés à l'entrée des grands magasins sont des *cerbères* vigilants.
e. Les élèves qui réussissent dans leurs études passent parfois pour des *phénix*, mais, même s'ils ont une bonne opinion d'eux-mêmes, ils doivent se méfier des effets du *narcissisme.*

Histoires de métamorphoses

7.

MÉTAMORPHOSE			
Nom du personnage	**Oui**	**Non**	**En quoi ?**
Zeus	oui		cygne, pluie d'or, aigle, taureau.
Protée	oui		lion, serpent, panthère, sanglier
Hector		non	
Philomèle	oui		rossignol
Pygmalion		non	
Arachné	oui		araignée

CORRIGÉ DE LA FICHE ÉLÈVE 18

L'organisation du texte : les mots de liaison

(Ci-après, p. 247)

PRÉSENTATION

Objectifs

• Évaluer la compréhension d'un texte narratif et d'un texte explicatif.

• Évaluer la capacité à tenir compte des liens temporels et logiques pour construire la signification d'un texte.

Textes concernés

Des extraits de textes littéraires : un résumé d'un conte aztèque et deux extraits d'un conte de Pierre Gripari, *La Sorcière et le commissaire.*

Conduite de l'activité

Le travail pourra être proposé soit comme une évaluation diagnostique – afin que le professeur puisse faire le bilan des savoirs existants chez les élèves au début d'une séquence sur le discours narratif ou le discours explicatif – soit dans une perspective d'évaluation sommative pour clore une séquence sur le discours narratif ou sur le discours explicatif.

CORRIGÉ

Les liens temporels

1. Jadis, la belle Ixtla était la fille du roi des Aztèques et elle aimait Popocatepetl, le plus courageux des soldats de son père. Or des ennemis décidèrent d'envahir le pays pour en piller toutes les richesses. **Immédiate-**

ment Popocatepetl se précipita au combat et **aussitôt** il écrasa l'armée ennemie qui s'enfuit. **Peu après,** certains ennemis, pour se venger, firent courir le bruit que Popocatepetl avait été tué au combat ; **pendant ce temps**, Ixtla annonçait, pleine de joie, à toute la ville ses fiançailles avec le jeune héros. **Soudain** elle entendit l'effroyable nouvelle, et elle tomba morte. **Alors** Popocatepetl prit le corps de Ixtla dans ses bras **puis** il s'en alla. **Le lendemain,** les Aztèques virent que deux volcans avaient surgi pendant la nuit sur leur territoire. C'étaient Popocatepetl et Ixtla changés en montagnes par la force de leur amour.

2. c.

3. Voir le tableau ci-dessous.

4. La colonne 1 est la plus remplie. En effet le récit accorde surtout de l'importance aux actions qui se succèdent.

Les liens logiques

5. *Parce que.*

6. *Pour que.*

7. b.

8. c.

BIBLIOGRAPHIE SOMMAIRE

• Pour le professeur

BARON (Anne-Marie), « La métamorphose d'Ovide à Gautier », *l'Ecole des lettres*, collèges, n° 9 et 10, 1993-1994.

BERTHELOT (Francis), *La Métamorphose généralisée*, Nathan Université, coll. « Le texte à l'œuvre », 1993.

BETIS (Christine), *Étude sur les métamorphoses*, Ellipses, 1995.

BRUNEL (Pierre), *Le Mythe de la métamorphose*, Armand Colin, 1974.

CALVINO (Italo), *Ovide ou la contiguïté universelle*, Seuil, 1980.

VERNANT (Jean-Pierre), *Mythe et pensée chez les Grecs*, Maspero, 1965.

Arts plastiques

DALI (Salvador), *Métamorphose végétale*, *Métamorphose de Narcisse.*

DELVAUX (Paul), *Femmes-arbres.*

MAGRITTE (René), *La Clé des songes*, *L'île au trésor.*

MASSON (André), *Tu deviens ce que tu manges*, *Fille-fleur*, *Métamorphose végétale.*

Pour l'élève

AULNOY (Mme d'), *Contes*, Hachette Jeunesse, 1992.

BICHONNIER (Henriette), *Le Monstre poilu*, Folio Benjamin, 1998.

CARROLL (Lewis), *Alice au pays des merveilles*, Livre de Poche Jeunesse, 1998.

CALVINO (Italo), *Romarine*, Pocket Jeunesse, 2000.

CAMUS (William), *Les Oiseaux de feu et autres contes peaux-rouges*, Folio Junior, 1978.

COLLODI (Carlo), *Pinocchio*, Livre de Poche Jeunesse, 1996.

DAHL (Roald), *Le Doigt magique*, Folio Cadet, 1998 ; *La Potion magique de Georges Bouillon*, Folio Junior, 1999.

FARRÉ (Marie-Raymond), *Ah ! Si j'étais un monstre…*, Livre de Poche Jeunesse, 1983.

GRIMM, *Le Roi grenouille et autres contes*, Livre de Poche Jeunesse, 1989.

LAGERLÖF (Selma), *Le Merveilleux Voyage de Nils Holgersson à travers la Suède*, Livre de Poche, 1991.

RIVAIS (Yack), *Pas de panique*, L'École des loisirs, 1987.

STINE (Robert Lawrence), *Méfiez-vous des abeilles*, Bayard Éditions / Le Centurion, 1996.

LIENS TEMPORELS PRÉCISANT SI LES ACTIONS		
se succèdent	**se produisent en même temps**	**se produisent rapidement**
peu après	pendant ce temps	immédiatement
alors		soudain
puis		aussitôt
le lendemain		

Chapitre 7

La Péniche aux enfants
Étude d'une nouvelle inédite de Didier Daeninckx

LES OBJECTIFS DU CHAPITRE

Objectifs généraux

• Ce septième chapitre présente la particularité, rare dans un manuel scolaire, de proposer **une nouvelle inédite, spécifiquement écrite pour les élèves de sixième**. *La Péniche aux enfants* de Didier Daeninckx est ainsi parfaitement adaptée à l'âge, aux préoccupations et aux compétences de nos jeunes lecteurs.

• Sur le plan strictement thématique, ce récit prolonge les chapitres qui ont précédemment induit une réflexion sur l'enfance (chapitre 1, « De l'école au collège ») ou le voyage (chapitre 3, « L'Egypte, terre des pharaons »), introduisant un thème qui revêt une importance capitale dans l'enseignement du français au collège : **celui du livre et de la lecture**.

• Sur le plan discursif, ce chapitre doit permettre **un approfondissement des textes dans lesquels domine la fonction narrative**. Les élèves découvriront ce qu'est **une nouvelle** et poursuivront l'apprentissage des données narratologiques les plus élémentaires : distinction entre auteur, narrateur et personnage ; analyse du récit à la première personne ; étude de la structure fondamentale du récit ; repérage des indices de temps et de lieu, etc.

• Pédagogiquement, ce chapitre permettra à l'enseignant de se conformer aux Instructions Officielles en intégrant, dans son projet pédagogique annuel, **l'étude d'une œuvre pour la jeunesse** rédigée par un romancier dont le nom figure dans les *Documents d'accompagnement des programmes de sixième*. La séquence didactique que nous proposons est donc consacrée à l'étude d'une **œuvre intégrale**.

Trois étapes, conçues au fil du récit, président à l'organisation de cette séquence :
– la première, qui correspond essentiellement à l'incipit de la nouvelle, sera centrée sur les liens qui unissent l'enfant à la rivière ;
– la deuxième, fondée sur une observation des indices de temps, de lieu et de personnes qui introduisent un changement dans le déroulement du récit, sera consacrée au thème du voyage ;
– la troisième, qui correspond à la dernière partie du récit, sera consacrée au monde des livres que découvre le narrateur.

Il va sans dire que cette organisation suppose une structuration des apprentissages. D'une étape à l'autre, d'un texte à l'autre, une progression se dessine. Il est donc recommandé de suivre la trame de ce parcours.

Objectifs méthodologiques

• **Lecture** : l'objectif visé est à la fois la compréhension de la nouvelle et la mise en œuvre d'un questionnement essentiel en classe de sixième : qui raconte l'histoire ? où et quand les faits se déroulent-ils ? quelle est la structure fondamentale du récit ? en quoi *La Péniche aux enfants* constitue-t-elle une nouvelle ?

L'accent sera mis, sans la moindre dérive techniciste, sur les points qui nécessitent une attention particulière en classe de sixième : la **dimension discursive du texte**, le repérage du **cadre spatio-temporel** et l'étude des **principaux thèmes**. Une première fiche « Repères » expliquera à l'élève, en termes simples, ce qu'est une nouvelle. Une seconde fiche sera consacrée à l'ordre du récit.

• **Étude de la langue** : les activités de langue proposées au cours de ce chapitre sont en lien constant avec les pratiques de lecture et d'écriture. En vocabulaire et en grammaire, l'accent sera mis sur l'étude des **champs lexicaux** et le repérage des **indices de temps et de lieu** qui contribuent à structurer le récit. En orthographe, l'ensemble de la séquence sera consacré à l'**accord des participes passés**.

• **Écriture** : l'objectif avoué des activités scripturales est d'amener l'élève à **conforter sa maîtrise du texte narratif en rédigeant intégralement une nouvelle**. Pour ce faire, une démarche progressive s'impose. Les sujets d'expression écrite proposés pour chacune des trois étapes reposent sur des concepts simples : décrire un lieu, utiliser des indications temporelles, relater une expérience personnelle. L'atelier d'écriture sur lequel se clôt le chapitre permettra, en revanche, de **réaliser des nouvelles individuelles ou collectives**, à partir de supports textuels (écrire à partir de fragments de texte) ou iconographiques (écrire à partir d'une photographie).

• **L'image** : elle joue un rôle déterminant dans ce chapitre puisque *La Péniche aux enfants* fut inspirée à Didier Daeninckx par une photographie de Willy Ronis. Certains documents iconographiques (carte, photographies) favoriseront la compréhension du récit ; d'autres suggéreront la dimension onirique de la lecture. Au terme du parcours, une seconde photographie de Willy Ronis sera l'occasion de faire vivre un temps d'écriture créatrice.

Dans ce chapitre, l'image est moins l'objet d'une analyse technique, qu'une manière d'accompagner la lecture et de susciter l'écriture.

TABLEAU SYNOPTIQUE

SUPPORT	LECTURE	LANGUE	EXPRESSION
• Photographie de Willy Ronis, *La Péniche aux enfants*	• Lecture de l'image		
REPÈRES : LA NOUVELLE			
ÉTAPE 1 : L'ENFANT ET LA RIVIÈRE			
• Didier Daeninckx, *La Péniche aux enfants*, p. 136-137 (l. 33)	• Observer le paratexte ; découvrir le cadre de la narration ; étudier le thème de la rivière	• Orthographe : accord du participe passé employé sans auxiliaire • Vocabulaire : champ lexical du bruit • Grammaire : termes permettant d'identifier l'espace	• Expression écrite : présenter et décrire un lieu
• Claude Roy, « Mon enfance habita… »	• Lecture cursive		
ÉTAPE 2 : L'INVITATION AU VOYAGE			
• Didier Daeninckx, *La Péniche aux enfants*, p. 137 (l. 34) à 139 (l. 86)	• Observer les marques d'un changement dans la narration des faits ; analyser les causes et les conséquences d'une rencontre ; étudier le thème du voyage	• Orthographe : accord du participe passé employé avec l'auxiliaire *être* • Vocabulaire : champ lexical de la navigation • Grammaire : termes permettant de situer une action dans le temps	• Expression écrite : raconter un événement en utilisant des indications temporelles
• Paul Alexis Robic, « Enfant qui t'en allais… »	• Lecture cursive	• Orthographe (fiche élève 20) : la lettre *-g-*	
• Bob Lescaux, « Garçon endormi sur un livre » ; « Paquebot dans une forêt »	• Lecture de l'image (fiche élève 21)		
ÉTAPE 3 : LA DÉCOUVERTE D'UN TRÉSOR			
• Didier Daeninckx, *La Péniche aux enfants*, p. 139 (l. 87) à la fin du récit, p. 140	• Observer le cadre de l'action ; étudier le thème de la découverte d'un trésor ; réfléchir au pouvoir des livres	• Orthographe : accord du participe passé employé avec l'auxiliaire *avoir* • Vocabulaire : champ lexical du livre • Grammaire : temps verbaux	• Expression écrite : relater une expérience personnelle
• Philippe Delerm, « Le bibliobus »	• Lecture cursive		
REPÈRES : L'ORDRE DU RÉCIT			
• Didier Daeninckx, *Le Chat de Tigali* • Robert Boudet, *La Petite Bête* • Willy Ronis, *Fondamente Nuove*, Venise	• Lecture cursive (fiche élève 19)		Écrire une nouvelle : – à partir d'une trame ; – à partir de fragments de texte ; – à partir d'une photographie

ANALYSE DE L'IMAGE

Willy Ronis, *La Péniche aux enfants*

(livre de l'élève, p. 135)

Cette photographie de Willy Ronis, qui est à l'origine de la nouvelle de Didier Daeninckx, servira d'ouverture à la séquence. L'objectif sera moins de proposer aux élèves une étude exhaustive de l'image que de les sensibiliser, par l'image, à la lecture et à l'écriture.

1. *La Péniche aux enfants* représente un convoi de péniches remontant la Seine, à Paris. Divers détails méritent d'être observés : présence du linge étendu sur un fil, enfants jouant dans la cale, progression d'une péniche parallèle au convoi tirant un petit canot, etc. Ces détails tendent à démontrer qu'une péniche est aussi le lieu dans lequel vivent les familles de mariniers.

2. Cette photographie a été prise sur le vif, depuis un pont qui enjambe la Seine. C'est la raison pour laquelle la péniche située au premier plan est vue en plongée.

3. Cette photographie prise en 1959 nous prépare indéniablement à lire le récit que Didier Daeninckx écrira quelque quarante années plus tard. Les deux œuvres portent le même titre et associent deux mêmes thématiques : celles de l'enfance et de la navigation fluviale. Que Willy Ronis, ami du romancier, soit le dédicataire de la nouvelle, renforce les liens qui unissent le texte à l'image.

4. Le photographe nous entraîne dans une époque qui correspond à l'enfance de Didier Daeninckx, né dans la banlieue parisienne en 1949. Sensible à l'atmosphère que restitue l'usage d'un cliché en noir et blanc, l'écrivain fait à cet égard remarquer que l'appareil photo de Willy Ronis « a inventé un temps, le passé indéfini, qui intègre le présent des êtres, des choses, et la nostalgie de leur soudaine absence. » On ne saurait mieux dire l'impression de fugacité soudainement saisie qui émane de cette *Péniche aux enfants* de Willy Ronis.

Pour aller plus loin

• Voici la manière dont Willy Ronis définit lui-même son art :

« Je suis le photographe du quotidien banal, et surtout pas de l'exceptionnel. Vous me direz qu'il y a de l'exceptionnel dans le quotidien ! C'est en fait le moment crucial dans le déroulement temporel d'un événement banal (quand on appuie sur le déclencheur). Est-ce le préconscient ? Je ne sais pas. À mon avis, c'est le hasard mérité. Il faut avoir l'appareil avec soi le plus souvent possible, après il arrive des choses extraordinaires ! »

• Willy Ronis et Didier Daeninckx ont réalisé ensemble plusieurs ouvrages qui associent l'écriture à la photographie, parmi lesquels :

– *À nous la vie !*, Paris, Hoëbeke, 1996.

– *Belleville-Ménilmontant*, Paris, Hoëbeke, 1999.

– *Willy Ronis, sur le fil du hasard*, Catalogue de l'exposition photographique de la Commanderie Saint-Jean de Corbeil-Essonnes, printemps 2000.

REPÈRES

La nouvelle

(livre de l'élève, p. 141)

Ces premiers « Repères », introduits en début de séquence, permettront aux élèves d'identifier le genre littéraire qu'illustre *La Péniche aux enfants*. Ce travail peut être l'occasion de les inviter à lire d'autres nouvelles.

1. Carte d'identité du texte

a. *La Péniche aux enfants* de Didier Daeninckx correspond aux critères définis lors de la leçon :

• Il s'agit d'un récit bref qu'il est possible de lire d'un coup, en une fois.

• Son sujet est limité à une seule et même histoire (celle que vit le narrateur-personnage) et ne comporte qu'un petit nombre de personnages (l'enfant, le vieux pêcheur, Marlène et Milou).

• L'histoire est à la fois vraisemblable et réaliste : elle fait intervenir des personnages empruntés à la réalité la plus ordinaire, se déroule dans des lieux qu'il est possible de repérer sur une carte, à une époque aisément identifiable.

b. L'ouverture et la clôture du récit participent également de l'art de la nouvelle :

• L'action commence avec la première phrase, qui plonge le lecteur *in medias res :* « Dès notre première rencontre, j'avais choisi l'Ourcq… ».

• Le récit ne s'achève pas d'une manière dramatique ou tragique. Le fait que l'enfant rende le livre dérobé à « la Très Grande Bibliothèque » constitue simplement un dénouement inattendu.

• La comparaison sur laquelle se clôt le texte (l. 32-33) appelle le lecteur à la rêverie : associant l'image des écluses à celle d'un livre ouvert, l'auteur laisse entendre que les mots peuvent être à la fois libération et invitation au voyage.

2. À chacun son livre

a. Romans

• Victor Hugo, *Les Misérables.*

• Susie Morgenstern, *La Sixième.*

• Daniel Pennac, *Cabot Caboche.*

• Louis Pergaud, *La Guerre des boutons.*

b. Contes

• Marcel Aymé, *Les Contes du chat perché.*

• Isaac Bashevis Singer, *Zlateh la chèvre et autres contes.*

• Pierre Gripari, *La Sorcière de la rue Mouffetard.*

c. Recueils de nouvelles

• Dino Buzzati, *Le K.*

• J.-M.G. Le Clézio, *Mondo et autres histoires, La Ronde et autres faits divers.*

ÉTAPE 1

L'enfant et la rivière

(livre de l'élève, p. 142)

LECTURE

Au seuil du récit

1. et **2.** La découverte de cette nouvelle inédite passe d'abord par une observation méthodique du paratexte, seuil destiné à faciliter et à orienter la réception de l'œuvre.

• On expliquera aux élèves que le paratexte comporte généralement :
– des informations inhérentes à l'édition de l'ouvrage : la couverture, la collection, le format ;
– des éléments introduits par l'auteur : le titre, la dédicace, une éventuelle préface ;
– des documents annexes servant à accompagner la parution du livre (l'épitexte) : introduction critique, analyse des thèmes, commentaires journalistiques, extraits d'interviews, etc.

• Le paratexte de ce récit se limite aux références éditoriales (Éditions Nathan, 1999), au nom de l'auteur (Didier Daeninckx) au titre *(La Péniche aux enfants)* et à la dédicace (« À Willy Ronis »).

À la découverte de la narration

Une lecture approfondie de l'incipit de cette nouvelle permettra aux élèves d'aller à la rencontre de la narration. Ces derniers seront amenés à répondre aux questions que se pose tout lecteur au seuil d'un récit : comment l'histoire est-elle racontée? qui en est le narrateur? où et quand les faits rapportés se déroulent-ils?

1. L'histoire est narrée à la première personne, ainsi que le suggère l'emploi des pronoms personnels et des adjectifs possessifs : « Dès *notre* première rencontre, *j'*avais choisi l'Ourcq comme paradis », (l. 1) ; « À la maison, *mes* parents… » (l. 8) ; « Encombré de *mon* histoire, de *mes* colères… » (l. 16).

2. Le récit met en scène un narrateur-personnage que l'on ne saurait confondre avec l'auteur. Ce narrateur relate un épisode de son enfance : ses escapades solitaires au bord de l'Ourcq (l. 1-2), la mésentente de ses parents (l. 8-9), le bonheur que lui inspire la nature (l. 4 à 8), les rêves que suscite en lui le passage des péniches venues de lointains pays (l. 20 à 23). Les dernières lignes du passage laissent entendre qu'il envie l'existence aventureuse des enfants de mariniers (l. 27 à 33).

3. Une observation des indices de lieu et de la carte proposée page 143 permet de déterminer avec précision l'endroit où se déroulent les faits : l'enfant vit à proximité du canal de l'Ourcq, dans la banlieue est de Paris. Le pont du Vert-Galant (l. 12), les villes de Pantin (l. 25), de Bobigny (l. 27) ou d'Aubervilliers (l. 26), cités dans le passage, font donc partie de son quotidien.

4. L'histoire se déroule à l'époque contemporaine, ainsi que le suggèrent l'évocation de la circulation automobile et ferroviaire (l. 13-14), les allusions aux activités industrielles de la banlieue parisienne (l. 24 à 27) et la référence à « la télé » (l. 10).

À la rencontre de la rivière

L'incipit que nous étudions peut être lu comme le récit d'une rencontre entre l'enfant et la rivière.

1. Dès les premières lignes de la nouvelle (l. 1 à 18) le narrateur explique les raisons qui le poussent à courir les bords de berges. La mésentente de ses parents (l. 9), les cris, le « bruit de la télé » (l. 10) ou la « rumeur obsédante de la circulation » (l. 13-14) sont autant d'agressions qui l'incitent à fuir le quotidien. En se rendant au bord du canal de l'Ourcq, l'enfant échappe aux réalités de la vie domestique pour vivre un moment de bonheur simple dans la nature.

2. L'intensité des liens qui unissent l'enfant à la rivière est exprimée dès la première phrase du texte. En témoignent la présence du terme *paradis*, mis en valeur en fin de phrase (l. 2), et la personnification de l'Ourcq clairement suggérée par la construction syntaxique et l'emploi de l'adjectif possessif *notre :* « Dès *notre* première rencontre, j'avais choisi l'Ourcq comme paradis. » (l. 1-2).

3. Les phrases qui suivent s'attachent à décrire le milieu naturel dans lequel évolue le narrateur : ce dernier se montre sensible aux odeurs (« un parfum de terre mouillée », l. 4), à la vie animale (« les chants d'oiseaux », l. 3 ; la présence « d'une sarcelle, d'un colvert », l. 7-8), aux végétaux que représentent les « feuillages » (l. 3), les « jeunes herbes » (l. 6) ou la branche de noisetier (l. 19). Le bonheur de l'enfant est également indissociable « des images d'eau » (l. 3) qui traversent le texte : clapotis, remous des bords de berges, reflet des feuillages et d'un pont de pierre, sillage des canards.

4. La dernière partie du texte (l. 21 à 33) laisse entendre que l'Ourcq est aussi, pour l'enfant, invitation au voyage et à la rêverie. L'attention portée aux noms des péniches, aux « ports d'attache » inscrits sur les coques, aux drapeaux multicolores « battus par le vent » révèle cette aspiration au départ. « Fuir, là-bas, fuir ! », semble dire le regard de l'enfant qui envie les gosses de mariniers courant sur les tôles bombées des péniches.

ÉTUDE DE LA LANGUE

• Orthographe

1. Cette première séance d'orthographe débutera par un simple relevé des participes passés employés sans auxiliaire que comporte le passage. Le détour systématique par une autre forme verbale (infinitif ou verbe conjugué) permettra aux élèves de ne pas confondre participes passés et adjectifs qualificatifs :
– « un parfum de terre *mouillée* (l. 4), de feuilles *brassées* » (l. 5) ;
– « un pont de pierre *troublé* par le reflet » (l. 7) ;
– « Encombré de mon histoire [...] je marchais tête *baissée* » (l. 16-17) ;
– « je rêvais aux pays du Nord *résumés* en deux, trois couleurs sur les drapeaux *battus* par le vent » (l. 22-23) ;
– « les embarcations, *engoncées* dans les eaux noires » (l. 24) ;
– « des enfants couraient sur les tôles *bombées* et *ondulées* » (l. 28) ;
– « des gestes *calculés* » (l. 32).

2. Ces participes passés seront ensuite classés selon le genre et le nombre des mots auxquels ils se rapportent.

• Masculin singulier : « *Encombré* » (« je », l. 16) ; « *troublé* » (« le reflet », l. 7).

• Masculin pluriel : « *calculés* » (« des gestes », l. 31-32) ; « *résumés* » (« les pays du Nord », l. 22) ; « *battus* » (« les drapeaux », l. 23).

• Féminin singulier : « *mouillée* » (« la terre », l. 4) ; « *baissée* » (« la tête », l. 17).

• Féminin pluriel : « *brassées* » (« les feuilles », l. 4-5) ; « *engoncées* » (« les embarcations », l. 24-25) ; « *bombées* et *ondulées* » (« les tôles », l. 28).

3. La règle d'accord sera formulée au terme de ces exercices de repérage :

Le participe passé employé sans auxiliaire s'accorde, comme un adjectif qualificatif, en genre et en nombre avec le nom auquel il se rapporte.

Remarque : On attirera l'attention des élèves sur le fait que ce nom puisse aussi bien occuper la fonction de sujet que celle de complément :
– « Encombré de mon histoire [...] *je* marchais... » : sujet.
– « je rêvais aux *pays du Nord* résumés... » : complément.

• Vocabulaire

1. Le travail proposé à l'élève suppose d'abord un relevé précis des termes appartenant au champ lexical du bruit. Ces derniers seront classés, de manière *objective*, en fonction de leur provenance :

• Bruits provenant des êtres humains : « les cris » (l. 9-10) ; « le bruit de la télé » (l. 10) ; « le claquement de porte » (l. 10), « les ordres brefs » (l. 33).

• Bruits provenant de la ville : « la rumeur obsédante de la circulation » (l. 13-14) ; « le feulement des écluses » (l. 33).

• Bruits provenant de la nature : « les chants d'oiseaux » (l. 3) ; « les pépiements », « les clapotis », « les bruissements » (l. 15-16).

2. Ces bruits peuvent également être classés, de manière *subjective*, selon la façon dont les perçoit le narrateur :

• Les bruits qui l'agressent proviennent de la vie familiale et de la ville : « les cris », « la télé », « la rumeur obsédante de la circulation ».

• Ceux qui l'apaisent émanent de la nature : « les chants d'oiseaux », « les pépiements », « les clapotis », « les bruissements ».

3. D'autres termes désignant les bruits de l'eau peuvent être cités : le *clapotis* des vagues ; le *clapotement* de la barque ; le *ruissellement* de l'eau sur les tuiles ; le *chant mélodieux* de la rivière ; le *crépitement* de la grêle ; le *fracas* de la cascade ; les *murmures* du ruisseau, etc.

Les eaux calmes sont généralement associées au silence puisque l'on parle d'*eaux dormantes.*

• Grammaire

1. Ces exercices grammaticaux associent l'étude des champs lexicaux au repérage des indicateurs spatiaux.

a. Deux champs lexicaux peuvent être aisément identifiés dans la liste de termes proposée aux élèves. À chacun d'eux correspond un type de lieux :

• Champ lexical de la ville : « mairie », « quartier », « quai de la Gare ».

• Champ lexical du cours d'eau : « *pont* », « talus », « bords de berges », « chenal », « quai (de la Gare) ».

b. et **c.** Le tableau ci-dessous démontre que les termes permettant d'identifier l'espace peuvent également être classés à partir d'une distinction entre noms propres et noms communs. La liste proposée à l'élève sera enrichie d'autres termes empruntés aux pages 137 et 138 du manuel.

2. Cette analyse des termes désignant l'espace devrait permettre une meilleure compréhension du texte. Les élèves diront précisément où se trouve l'enfant après avoir observé la carte présentée page 143.

– Pays : France.

– Région : Île-de-France (ou région parisienne).

– Département : Seine-Saint-Denis.

– Villes situées à proximité : Tremblay-en-France, Villeparisis, Bondy, Bobigny, Aubervilliers, Paris.

– Cours d'eau : canal de l'Ourcq (auquel le narrateur accède par le pont du Vert-Galant, clairement situé sur la carte).

3. Dans la première partie du texte, l'enfant ne se trouve pas *sur* l'eau, mais *au bord de* l'eau, ainsi qu'en témoignent prépositions et compléments circonstanciels de lieu : « descendre *le long du chemin de terre* » (l. 13) ; « je marchais tête baissée.... *à l'approche des écluses* » (l. 18) ; « Je venais m'asseoir *sur le talus* » (l. 19) ; « en attendant qu'une péniche se présente *en amont ou en aval des vannes* » (l. 20-21).

	Mots de la liste	**Termes complémentaires**
Noms propres	« Ourcq », « Pantin », « Bobigny », « Quai de la Gare »	• Étape 1 : « pont du Vert-Galant » (l. 12), « Aubervilliers » (l. 26) ; • Étape 2 : « Villeneuve-la-Garenne » (l. 36), « l'Ile-Saint-Denis » (l. 42).
Noms communs	« pont », « mairie », « talus », « bords de berge », « quartier », « chenal »	• Étape 1 : « le raccourci du petit bois » (l. 11), « le long du chemin de terre » (l. 13) ; • Étape 2 : « le lit du canal (l. 36) ; sur la rive » (l. 41).

EXPRESSION ÉCRITE

• Le sujet proposé invite l'élève à présenter et à décrire un paysage aquatique qu'il aime particulièrement.

• Plusieurs critères d'évaluation pourront être pris en compte :
– respect de la situation d'énonciation et du cadre spatial : emploi de la première personne ; évocation d'un lieu comportant un point d'eau (canal, étang, ruisseau, rivière, torrent, cascade, etc.) ;
– respect des consignes d'écriture : présentation puis description du lieu ;
– utilisation de la structure et des thèmes adoptés par Gaston Bachelard ;
– maîtrise de la langue et lisibilité du texte.

• Seront valorisées les copies qui suggéreront, par leur éventuelle dimension poétique, l'enchantement que procure le paysage aquatique.

ÉTAPE 2

L'invitation au voyage

(livre de l'élève, p. 145)

LECTURE

Un événement nouveau

(Réponse aux questions **1.**, **2.**, **3.** et **4.**)

Le passage débute par une indication temporelle qui introduit un changement dans le déroulement des faits (« Un jour, une des portes s'était bloquée... », l. 34) confirmé par l'emploi des temps verbaux :

• La première partie du texte était essentiellement narrée à l'imparfait, temps verbal servant à décrire le décor et à raconter des actions répétées ou habituelles (« Je *venais* m'asseoir sur le talus », l. 18-19 ; « Quelquefois des enfants *couraient* sur les tôles ondulées », l. 27).

• Le passage que nous étudions s'ouvre, en revanche, sur une série de verbes au plus-que-parfait qui marquent un changement de perspective narrative : « une des portes *s'était bloquée* », l. 34 ; « l'on *avait fait* venir des hommes-grenouilles [...] qui *avaient sorti* une carcasse de gazinière », l. 35 ; « L'incident m'*avait rapproché* d'un vieux pêcheur de gardons », l. 36. À l'évocation des promenades renouvelées que le narrateur effectue sur les berges de l'Ourcq succède le récit d'un événement unique dont le narrateur évoque les origines.

Une rencontre décisive

(Réponse aux questions **1.**, **2.** et **3.**)

La première partie du passage (l. 34 à 67) relate les circonstances qui permettront à l'enfant de vivre une expérience décisive.

• Tout débute par un événement mineur : « Un jour, une des portes de l'écluse s'était bloquée à mi-mouvement et l'on avait fait venir des hommes-grenouilles », l. 34-35).

• L'incident rapproche l'enfant d'un « vieux pêcheur de gardons » qui connaît bien le petit monde de la batellerie (l. 37-38).

• Le vieil homme et l'enfant se revoient « moins d'une semaine plus tard » (l. 50-51) et engagent une conversation qui permettra au plus jeune d'entre eux de vivre son baptême de navigateur (l. 67).

Un voyage inoubliable

(Réponse aux questions **1.**, **2.** et **3.**)

La seconde partie du passage (l. 67 à 86) relate précisément cette expérience.

• L'enfant effectue son premier voyage sur La Wazemmes, péniche remontant vers Paris (l. 67-68), en compagnie d'un couple de mariniers : Milou et Marlène.

• Les explications fournies par le narrateur, la carte de la page 143 et les indications de lieu proposées aux élèves permettent de reconstituer l'itinéraire de *La Wazemmes* : de la gare de Freinville, la péniche passe sous le pont de Bondy, longe le terminus Picasso, atteint Paris, traverse le parc de la Villette avant d'arriver à la jonction des canaux de l'Ourcq et de Saint-Denis.

• Cette aventure fluviale permet à l'enfant de porter un autre regard sur les lieux qui lui sont familiers, le paysage urbain défilant devant lui « à la manière d'un interminable travelling » (l. 75-76).

ÉTUDE DE LA LANGUE

• Orthographe

Les exercices proposés à l'élève sont de difficulté croissante et obéissent à une démarche inductive. Le premier n'implique qu'un relevé des participes passés ; les suivants supposent en revanche un effort d'identification et de réécriture aboutissant à la formulation de la règle d'accord.

1. Le passage comporte six participes passés employés avec l'auxiliaire *être* :
« s'était bloquée » (l. 34) – « étaient surmontés... » (l. 46) – « étions revus » (l. 50) – « suis assis » (l. 55) – « s'est levé » (l. 64) – « était gouvernée ».

2. – « était bloquée » : féminin singulier (« l'une des portes) ;
– « étaient surmontés » : masculin pluriel (« le casque de cuivre à hublot », « la pèlerine en caoutchouc », « les chaussures à semelles de plomb », « les tuyaux de conduite d'air », « la boucle en bronze... ».
– « était gouvernée » : féminin singulier (« la seconde embarcation »).

3. On invitera les élèves les plus à l'aise dans ce type d'exercices à changer le genre et le nombre des participes passés utilisés :
– Les portes de l'écluse étaient *bloquées* depuis plusieurs jours.

– Le toit de la cabine de pilotage était *surmonté* d'une antenne destinée à la réception des messages radiophoniques.
– Marlène et l'éclusière ne s'étaient pas *revues* depuis longtemps.
– La jeune femme est *assise* sur le pont du navire.
– Ce matin, les enfants se sont *levés* avec l'envie d'explorer les cales du bateau.
– Les péniches qui remontent la Seine sont *gouvernées* par des mariniers expérimentés.

4. Règle d'accord à retenir :

Le participe passé employé avec l'auxiliaire être *s'accorde en genre et en nombre avec le sujet du verbe.*

• Vocabulaire

Les exercices proposés supposent que l'élève soit capable de relever et de classer selon leur sens les termes appartenant au champ lexical de la navigation. Certains éléments du texte, comme le terme « batellerie » (l. 38) ou l'expression « garder le cap » (l. 54-55), ne trouveront pas leur place dans cette classification. Les autres seront répartis de la manière suivante :

• Types d'embarcations : « une péniche *en bois* » (l. 41) ; « une embarcation passant *à pleine vitesse* » (l. 51).

Dans les textes échos : « les gabares » (p. 144) ; « les bricks » (p. 147).

• Parties d'un bateau : « le moteur » (l. 54) ; « la cambuse » (l. 72) ; « le poste de pilotage » (l. 72) ; « le bastingage » (l. 73) ; « l'hélice » (l. 74) ; « la cabine » (l. 83).

Dans les textes échos : « les voiles », « les cordages », « les ancres », « les poupes » (p. 147).

• Aménagement du cours d'eau : « l'une des portes de l'écluse » (l.34) ; « le lit du canal » (l. 36) ; « le *bassin* de la Villette » (l. 64) ; « les écluses » (l. 66) ; « le chenal » (l. 70).

Dans les textes échos : évocation du « moulin », de la « grande roue à aubes », de la « maison de l'éclusier » (p. 144) ; évocation du « port » et des « rades » en bord de mer (p. 147).

• Grammaire

1. Ce premier exercice suppose que l'élève soit capable de distinguer les indices de temps des indices de lieu précédemment étudiés (voir corrigés de l'étape 1, p. 101). La liste que l'on sera amené à retenir peut également permettre d'approfondir le travail sur les classes de mots (adverbes et groupes nominaux) :

« Puis » – « un matin » – « moins d'une semaine plus tard » – « un jour » – « il n'était pas midi » – « sur l'heure » – « sitôt » – « plus tard ».

2. Par cette question, les élèves seront invités à rechercher dans le texte une indication de temps qui ne figure pas dans la liste initialement proposée.

Ils découvriront qu'une petite semaine s'écoule entre les deux journées au cours desquelles le narrateur rencontre le vieux pêcheur de gardons : « Nous nous étions revus un matin, moins d'une semaine plus tard » (l. 50-51).

3. Une relecture attentive du passage (l. 34 à 86) prouve que deux journées bien distinctes sont concernées :

• La première, évoquée de la ligne 34 à la ligne 49, relate l'intervention des hommes-grenouilles venus débloquer l'une des portes de l'écluse. Ce récit est introduit par une brève indication de temps (« Un jour », l. 34), mais les événements qui s'ensuivent ne sont pas relatés selon l'ordre chronologique.

• Le récit de la seconde journée (l. 50 à 86), qui se déroule « moins d'une semaine plus tard », suit en revanche la chronologie des événements :
– le narrateur rencontre le vieux pêcheur le matin (« Nous nous étions revus un *matin* », l. 50) ;
– il dialogue avec lui jusqu'en fin de matinée (« il n'était *pas midi*, qu'il savait tout de moi », l. 57-58) ;
– le pêcheur organise *sur l'heure* (l. 66) son « baptême de navigateur » ;
– l'enfant prend son repas de midi sur *La Wazemmes* en compagnie de Milou (l. 80-81) ;
– il rejoint ensuite Marlène dans la cabine (« Plus tard, j'ai rejoint Marlène », l. 82).

4. Cet exercice, plus délicat que le précédent, invite l'élève à déceler le rapport temporel qui unit deux événements et deux propositions. Sa réalisation suppose que l'on soit capable d'identifier les indices de temps et de retrouver la chronologie des faits :
– phrase 1 : simultanéité suggérée par l'emploi du gérondif « En arrivant » ;
– phrase 2 : antériorité suggérée par l'emploi de l'adverbe de temps « Jadis » ;
– phrase 3 : postériorité suggérée par l'adverbe de temps « puis » ;
– phrase 4 : simultanéité suggérée par l'emploi du gérondif « tout en surveillant » ;
– phrase 5 : postériorité suggérée par l'indication de temps « une semaine plus tard ».

EXPRESSION ÉCRITE

• Ce devoir d'expression écrite pourrait faire l'objet, fût-ce au cours d'une séance de correction, d'une formulation collective en demi-groupe. On veillera simplement à respecter l'ordre d'apparition des indices de temps proposés.

• Voici, à titre d'exemple, le texte collectivement rédigé par des élèves de sixième :

Un matin, à l'approche d'une péniche, l'éclusier découvre avec consternation qu'une des portes de l'écluse refuse de s'ouvrir. Il fait alors appel à des hommes-grenouilles. *Dans un premier temps, l*es plongeurs se contentent d'aller explorer le lit du canal à hauteur de l'écluse. *Tout à coup*, l'un d'eux aperçoit une masse sombre partiellement enlisée dans la vase. Toute l'équipe refait surface afin de rassembler le matériel nécessaire à leur travail. Le plus expérimenté de ces hommes redescend *ensuite* pour attacher une corde autour de l'objet qu'ils réussiront *enfin* à extirper à l'aide d'un treuil.
Quelle ne sera pas leur surprise de découvrir une carcasse de gazinière qui dormait sans doute *depuis de longues années* au fond de l'eau !

ÉTAPE 3
La découverte d'un trésor
(livre de l'élève, p. 148)

LECTURE

• Le cadre de l'action

1. La dernière page du récit permet de définir, avec plus de précision, l'époque où se déroulent les faits. Les allusions à la « Très Grande Bibliothèque » « qui s'est ouverte en bord de Seine » (l. 103-104) ancrent le récit dans une contemporanéité que précise l'allusion aux vacances scolaires (l. 129).

2. Diverses indications de lieu nous renseignent également sur le voyage de *La Wazemmes.* Nous apprenons qu'elle vient du nord de la France (l. 101) et qu'elle se rend à « Très Grande Bibliothèque » qui s'est ouverte « sur le quai de la Gare », à Paris (l. 103).

3. La péniche sur laquelle le narrateur effectue son baptême de navigateur ne transporte pas une cargaison ordinaire puisqu'il s'agit de « collections d'ouvrages rares » (l. 100). Cette présence pour le moins inattendue de livres fait de *La Wazemmes* une sorte de bibliothèque flottante.

• La découverte d'un trésor

1. Le premier paragraphe du passage (l. 87 à 96) assimile clairement la cargaison de *La Wazemmes* à un trésor. La cale de la péniche recèle une « mystérieuse marchandise » (l. 88) ; l'enfant se hisse sur la pointe des pieds « pour découvrir le trésor » (l. 94-95) ; il écarquille les yeux pour se convaincre de ce qu'il voit (l. 95-96).

2. La découverte des livres entraîne un double mouvement de surprise et de déception chez l'enfant qui pensait sans doute découvrir le trésor de quelque lointain flibustier (l. 87-88). La cargaison de *La Wazemmes* inspire, par ailleurs, de la fierté et de l'émerveillement au marinier, qui puise dans les ouvrages rares qu'il transporte des trésors de connaissance et de sagacité.

3. La dernière page du texte (p. 140) est exclusivement consacrée aux réactions de l'enfant devant la découverte des livres. Le premier paragraphe (l. 117 à 123) relate la manière dont il dérobe le petit ouvrage sans mention d'auteur que lui a présenté Milou. Le second (l. 124 à 133) évoque l'importance que le livre acquiert dans la quotidienneté de l'enfant et la démarche qui le conduira à la « Très Grande Bibliothèque ». Chacune de ces réactions démontre que les livres sont entrés, d'une manière brutale et décisive, dans son petit univers.

• Le bonheur de lire

1. Il est d'ailleurs significatif que le narrateur ait choisi de dérober un livre consacré aux *Rivières et Canaux de Paris et des environs.* Par cet ouvrage, l'enfant retrouve le monde fluvial qui l'attire, l'apaise et le délivre des conflits familiaux. Le fait que ce petit livre ait été publié « sans mention d'auteur » facilite également, sans doute, son appropriation.

2. Ce livre, lu et relu le soir, se présente comme l'antithèse (et l'antidote) de la télévision qui règne en maître sur la vie familiale. Alors que « la télé » est associée aux bruits, aux disputes et à l'enfermement (l. 10 et 126), le livre est une invitation silencieuse à découvrir les richesses du monde extérieur.

3. et 4. Deux phrases du texte assimilent clairement le livre au canal de l'Ourcq : « Le canal a fini par prendre la forme des lignes imprimées. » (l. 126-127) ; « Devant moi les écluses libèrent leurs eaux, comme un livre ouvert offre ses mots. » (l. 137-138).

Par cette comparaison, le narrateur laisse entendre que la lecture prolonge l'expérience vécue au bord de l'eau et sur l'eau. Elle est une invitation à l'évasion, au voyage et à la découverte des réalités fluviales. Parce qu'il offre ses mots comme « les écluses libèrent leurs eaux » (l. 137), le livre est ouverture sur un ailleurs, promesse de départ et garantie de liberté. Pour imaginaire qu'il soit, ce voyage n'en est pas moins fécond, le livre offrant ce que la vie réelle refuse parfois.

OUTILS DE LA LANGUE

• Orthographe

1. Le parcours orthographique proposé à l'élève débute par un simple relevé des participes passés employés avec l'auxiliaire *avoir.*

« Milou m'a *demandé* » (l. 87) – « Il a *soulevé* le couvercle » (l. 93) – « j'ai *écarquillé* les yeux » (l. 95) – « il a *sorti* plusieurs volumes reliés [...] et les a *posés* à plat sur le couvercle » (l. 104-105) – « J'ai *appris* plein de choses sur l'Ourcq » (l. 111) – « ce qui m'a *pris* » (l. 119) – « j'ai *glissé* le livre » (l. 119) – « J'ai *grimpé* l'escalier » (l. 120) – « J'ai *insisté* » (l. 120) – « j'ai *regardé* La Wazemmes » (l. 122) – « j'ai *caché* le livre » (l. 124) – « Je l'ai *lu* et *relu* le soir » (l. 125) – « Le canal a *fini* par prendre » (l. 126) – « J'ai *monté* les escaliers » (l. 131) – « j'ai *déposé* le livre » (l. 132).

2. Par cet exercice de réécriture, les élèves découvriront que le participe passé employé avec l'auxiliaire *avoir* ne s'accorde jamais avec le sujet du verbe.

1. Ils m'ont *demandé* de descendre. – **2.** Nous avons *appris* plein de choses sur l'Ourcq dans ce livre. – **3.** Les péniches ont *emprunté* le chenal. – **4.** Les hommes-grenouilles ont *libéré* la porte de l'écluse.

3. L'analyse grammaticale de cette phrase leur permettra de découvrir de quelle manière se fait l'accord.

a. Le pronom personnel « Il » est sujet de chacun des deux groupes verbaux : « Il *a sorti* plusieurs volumes reliés et (il) les *a posés*... »

b. Le second participe passé (« a *posés* ») ne peut nullement s'accorder avec le sujet car il porte la marque du pluriel.

c. Il s'accorde en revanche avec le COD *les* placés avant le verbe. (« il *les* a *posés*... »).

4. Règle d'accord à retenir :
Le participe passé employé avec l'auxiliaire avoir *ne s'accorde jamais avec le sujet du verbe. Il s'accorde en genre et en nombre avec le COD lorsque celui-ci est placé avant le verbe.*

• Vocabulaire

1. Plusieurs termes du passage appartiennent au champ lexical du livre. Ces termes peuvent être classés selon leur nature grammaticale :

• Noms communs : « collections » (l. 100), « ouvrages » (l. 100), « volumes reliés » (l. 104), « titres » (l. 105), « livre » (l. 119), « lignes imprimées » (l. 127), « bibliothèque » (l. 102 et 130), « mots » (l. 138).

• Verbes : « feuilleter » (l. 108), « lire » (l. 118).

2. Les termes proposés dans ce second exercice seront classés selon leur signification, dans un ordre croissant, de la plus petite à la plus grande unité :
lettre – mot – ligne – paragraphe – page – chapitre – livre – collection – bibliothèque.

3. Cet exercice suppose la relecture attentive d'un court passage de la nouvelle (l. 104 à 110).

• Les ouvrages rares que Milou fait découvrir à l'enfant ont en commun d'aborder le thème de la navigation.

• L'ouvrage sans mention d'auteur intitulé *Rivières et Canaux de Paris et des environs* permettrait de suivre avec précision l'itinéraire de *La Wazemmes*. C'est d'ailleurs le livre que dérobe le narrateur du récit.

• Grammaire

1. *La Péniche aux enfants* est essentiellement rédigée au passé, ainsi qu'en témoignent les phrases qui ouvrent chacune des trois étapes étudiées :

• « Dès notre première rencontre, *j'avais choisi* l'Ourcq comme paradis » (l. 1-2).

• « Un jour, l'une des portes *s'était bloquée* à mi-mouvement... » (l. 34).

• « Après l'Hôtel du Nord, Milou *m'a demandé* de descendre avec lui dans la cale... » (l. 87-88).

2. Le passé simple n'est pour ainsi dire jamais utilisé dans la nouvelle ; le narrateur privilégie le passé composé, temps verbal exprimant des faits passés qui ont encore un lien avec le moment de l'énonciation.

3. Cette frise chronologique met en évidence l'antériorité exprimée par le verbe au plus-que-parfait :

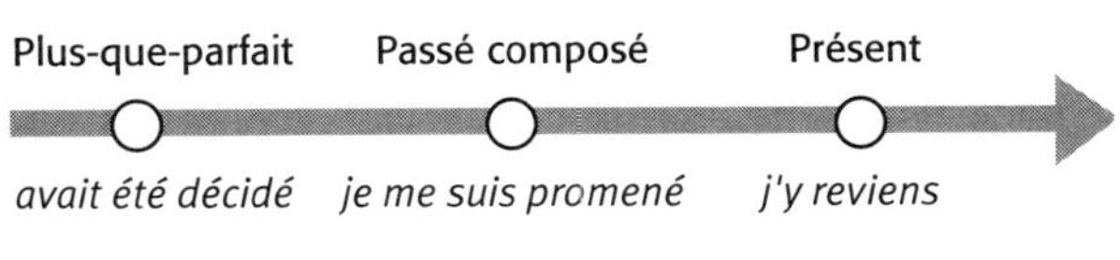

4. Les dernières phrases du texte (l. 134 à 138) comportent cinq verbes au présent introduits par l'indice de temps « Depuis » qui actualise le récit.

• Les trois premiers verbes (« je *reviens* », « je *dévisage* », « je *scrute* ») expriment une action répétée ou habituelle, ainsi que le suggère le groupe nominal « chaque matin ».

• Le suivant (« Devant moi, les écluses *libèrent* leurs eaux ») relate un événement d'actualité.

• Le dernier (« comme un livre ouvert *offre* ses mots ») exprime une vérité générale.

EXPRESSION ÉCRITE

• Le sujet proposé invite l'élève à évoquer le rapport, réel ou imaginaire, qu'il entretient avec les livres.

• Plusieurs critères d'évaluation pourront être pris en compte :
– respect de la situation d'énonciation (texte écrit à la première personne) ;
– compréhension du sujet et possible référence à la nouvelle de Didier Daeninckx ;
– maîtrise de la rédaction : présence d'une brève introduction, d'un développement et d'une conclusion ; cohérence de l'emploi des temps verbaux ; qualité de l'expression.

• Les reproductions des tableaux de Bob Lescaux proposées aux pages 140 et 146 du manuel *(Enfant endormi sur un livre* et *Paquebot échoué sur une forêt)* serviront éventuellement de support de travail aux élèves (sur ce point, voir Fiche élève n° 21 ci-après, p. 253).

REPÈRES

L'ordre du récit

(livre de l'élève, p. 151)

Ces seconds « Repères » permettront d'abord d'**approfondir l'étude du schéma narratif**, abordée au cours du chapitre 4 du livre de l'élève (voir les « Repères », p. 90). Ils seront également l'occasion de revenir sur **la place et le rôle des indices de temps et de lieu** qui contribuent à structurer le récit.

1. L'ordre du récit

Pour réaliser convenablement cet exercice, l'élève devra tenir compte des ellipses que supposent les fragments de texte proposés (il n'y est, par exemple, jamais question du vieux pêcheur de gardons). L'idéal serait, par ailleurs, que l'élève soit capable de reconstituer de mémoire l'ordre des événements vécus par le narrateur, sans recourir à la nouvelle de Didier Daeninckx.

4. Quand il en a assez d'entendre ses parents se disputer à la maison, l'enfant sort et va se réfugier sur les berges du canal de l'Ourcq, où il regarde passer les péniches. – **3.** Un jour, l'occasion lui est donnée de faire son baptême de navigateur. – **5.** Marlène le laisse tenir la barre de *La Wazemmes* sur une centaine de mètres, puis Milou l'entraîne dans la cale où se trouve une mystérieuse marchandise. – **1.** Resté seul dans la cale, l'enfant dérobe un livre. – **7.** Il le lit et le relit, le soir, quand tout redevient calme à la maison. – **6.** Il dépose le livre sur le comptoir de la Très Grande Bibliothèque. – **2.** Depuis, il revient chaque jour au bord de l'Ourcq.

2. Le schéma narratif

Ce deuxième exercice suppose que l'élève soit capable de réorganiser les éléments qui lui sont proposés en suivant la structuration quinaire du schéma narratif.

– Situation initiale : élément 4.

– Élément modificateur : élément 3.

– Péripéties : éléments 5, 1, 7.

– Élément de résolution : élément 6.

– Situation finale : élément 2.

3. Les indices de temps et de lieu

Les exercices proposés démontrent que les indices de temps et de lieu accompagnent la progression du récit. Le premier invite l'élève à retrouver le lieu dans lequel se trouve l'enfant à chacune des étapes du récit. Le second, consacré aux indications temporelles, implique un travail sur la fréquence des événements vécus par le narrateur.

A. – Situation initiale : à la maison ; sur les berges de l'Ourcq.
– Élément modificateur : sur les berges de l'Ourcq ; sur *La Wazemmes.*
– Péripéties : sur *La Wazemmes* ; à la maison.
– Élément de résolution : dans la Très Grande Bibliothèque.
– Situation finale : sur les berges de l'Ourcq.

B. • Actions accomplies une seule fois :
– regarder les hommes-grenouilles sortir une carcasse de gazinière du lit du canal : « Un jour, l'une des portes s'était bloquée.... » (l. 34) ;
– piloter *La Wazemmes* : évocation du « baptême de navigateur » (l ; 67) ; emploi du passé simple (« Milou *accepta* de me prendre à bord », l. 69) et de l'indice de temps « un matin » (l. 50) ;
– dérober un livre rare : « Je ne sais pas ce qui m'a pris... » (l. 119) ;
– se rendre à la Très Grande Bibliothèque : « Je me suis décidé à traverser Paris... » (l. 129-130).

• Actions accomplies plusieurs fois :
– quitter la maison en claquant la porte : répétition suggérée par l'emploi de l'imparfait (« Quand ils *couvraient* le bruit de la télé, je *sortais* en claquant la porte », l. 10) ;
– se promener au bord de l'Ourcq : répétition suggérée par l'emploi de l'imparfait («... je *marchais...* » , l. 16-17) et l'indice de temps « Depuis, je reviens *chaque matin* au bord de l'Ourcq » (l. 134) ;
– discuter avec le vieux pêcheur de gardons : répétition suggérée par le verbe *revoir* et l'emploi d'une indication temporelle (« Nous nous étions *revus* un matin, *moins d'une semaine plus tard.* », l. 50) ;
– lire ce livre en cachette : répétition suggérée par la phrase « Je l'ai lu et relu le soir... » (l. 125).

ATELIER D'ÉCRITURE

(livre de l'élève, p. 152)

Les activités proposées au cours de cet *atelier* ont pour but d'amener l'élève à écrire une courte nouvelle. Ces pistes de travail, de difficulté croissante, impliquent l'observation d'un support, textuel ou photographique, et la prise en compte de consignes précises.

1 Écrire à partir d'une trame

• Cette première activité sera réservée aux élèves qui n'ont pas lu *Le Chat de Tigali* de Didier Daeninckx (sur ce point, voir ci-après la fiche élève n° 19, p. 249).

• Les élèves en difficulté pourront éventuellement se contenter d'étoffer la trame qui leur est proposée sans bouleverser la chronologie des événements. Les autres seront amenés, s'ils le souhaitent, à concevoir leur texte sous la forme d'un journal intime.

• La correction du devoir sera l'occasion de lire le court récit de Didier Daeninckx à l'ensemble de la classe puis d'engager un débat sur le thème du racisme.

2 Écrire à partir de fragments de texte

• Cette deuxième activité demande à l'élève de compléter un texte dont il ne possède que l'ouverture et la clôture.

• Cela suppose qu'il porte attention aux indices que recèlent les fragments de texte proposés :
– <u>situation initiale</u> : ambiguïté de la phrase d'ouverture (« Il était ») qui se démarque légèrement de l'entrée en matière des contes (« Il était une fois ») ; présentation d'un héros dont nous ne connaissons que le surnom ; discrète allusion à la bravoure médiévale (Richard Cœur de Lion) ; évocation du monde animal ; jeu sur les diverses significations du terme « communauté ».
– <u>situation finale</u> : révélation tardive de l'identité de Cœur de Lion ; emploi d'une tournure restrictive (« quand on n'est qu'un mulot ») ; allusion à la mort du héros ; formulation d'une morale ironique.

• Seront valorisées les histoires qui ne dévoileront pas avant le dénouement l'identité de Cœur de Lion.

3 Écrire à partir d'une photographie

• Cette activité est celle qui s'apparente le plus à la genèse de la nouvelle étudiée.

• Elle suppose que l'élève se laisse entraîner, guider, susciter par la photographie de Willy Ronis.

• Elle peut être l'occasion de faire fabriquer à l'élève un petit livre qui permettra de vérifier ou de développer sa maîtrise du traitement de texte.

Les résultats obtenus en classe de sixième à partir de cette photographie ont été remarquables.

CORRIGÉ DE LA FICHE ÉLÈVE 19

Test de lecture

(Ci-après, p. 249)

PRÉSENTATION

Objectifs

Faire découvrir aux élèves une œuvre pour la jeunesse (recommandée par les *Documents d'accompagnement des programmes de sixième*) rédigée par l'auteur de *La Péniche aux enfants.*

Œuvre concernée

Le Chat de Tigali de Didier Daeninckx, éditions Siros, coll. « Mini Souris noire », 1990.

Modalité de travail

Les élèves répondront aux questions de ce test de lecture sans le concours de l'ouvrage.

CORRIGÉ

1. Il s'agit d'un texte narratif.

2. L'histoire est narrée à la première personne.

3. Narrateur du récit : François Huet, instituteur.

4. Sous la forme d'un journal intime.

5. Il s'agit d'une narration chronologique, ainsi qu'en témoignent les dates qui précèdent le récit de chaque journée.

6. Sonia, la maman. Vanessa, la petite fille. Amchiche, le chat. Aurélie, la poupée.

7. Le nom du pays : l'Algérie. Un nom de village : Tigali, en Kabylie.

8. Amitié et sincérité.

9. Le nom du pays : la France. Un nom de ville ou de village : Saint-Martin, au nord de Marseille.

10. Saison : l'automne.
Indices : allusions aux vendanges, à l'ouverture de la chasse, à la cérémonie du 11 novembre.

11. Premier événement dramatique : Amchiche est blessé le jour de l'ouverture de la chasse.

Second événement : le vendredi 13 novembre, Amchiche meurt empoisonné par des boulettes de viande fourrées à la mort-aux-rats.

12. Eugène Mouillot, le maire ; Jean-Marie Piquebois, le président du syndicat d'initiative ; Lambert, le dresseur de chiens d'attaque et une femme blonde qui portait un drapeau lors du défilé du 11 novembre.

13. En surprenant une conversation.

14. « Il n'est pas près de venir le jour où les Arabes feront la loi chez nous ! » (p. 24).

15. Le jour de Noël, les enfants viennent offrir à Vanessa de minuscules chatons nés des amours d'Amchiche et des chattes du voisinage.

16. Première raison : les enfants agissent ainsi par amitié envers Vanessa.
Deuxième raison : ils ont également honte de leurs parents.

17. L'auteur de ce récit se bat contre le racisme et les idéologies qui en appellent à la discrimination.

18. (Commentaire personnel de l'élève).

CORRIGÉ DE LA FICHE ÉLÈVE 20

Orthographe : la lettre *-g-*

(Ci-après, p. 251)

PRÉSENTATION

• Objectifs

Distinguer les diverses prononciations de la lettre *-g-* et les diverses graphies du son [g].

• Conduite de l'activité

Cette fiche d'orthographe lexicale prend appui sur la lecture du poème de Paul Alexis Robic (« Texte écho », livre de l'élève p. 147). Elle vient donc compléter la seconde étape de l'étude de la nouvelle de Didier Daeninckx.

CORRIGÉ

1.
- **g**rand (v. 3)
- lar**g**e (v. 3)
- **g**ai (v. 5)
- corda**g**es (v. 6)
- ron**g**ées (v. 10)
- man**g**ées (v. 10)
- al**g**ues (v. 10)v
- voya**g**e (v. 13)
- **g**rince (v. 16)
- **g**randes (v. 19)
- navi**g**ateurs (v. 21)
- **g**arde (v. 26)

2.
- lar**g**e (v. 3)
- corda**g**es (v. 6)
- man**g**ées (v. 10)
- voya**g**e (v. 13)
- ron**g**ées (v. 10)

Explication : La lettre *-g-* se prononce [ʒ] parce qu'elle est placée devant la voyelle *-e*.

3. Dans le mot *anthologie*, la lettre *-g-* se prononce [ʒ] car elle se trouve placée devant la voyelle *-i*.

4.– Phrase 1 : un plon**ge**on.
– Phrase 2 : diri**ge**a, s'enga**ge**ait.
– Phrase 3 : je man**ge**ais ; une oran**ge**ade.
Explication : pour obtenir le son [ʒ] devant les voyelles *-a* et *-o*, on écrit *-ge*.

5.
- **g**rand (v. 3)
- **g**ai (v. 5)
- al**g**ues (v. 10)
- **g**rince (v. 16)
- **g**randes (v. 19)
- navi**g**ateurs (v. 21)
- **g**arde (v. 26)

6. Le son [g] est orthographié *-g-* devant la consonne *-r* (**g**rand) et les voyelles *-a* et *-u* (**ga**i/al**gu**es).

7. Dans le mot *algues*, le son [g] est orthographié *-gu* devant la voyelle *-e*.

8. Pour obtenir le son [g], on écrit *-gu-* devant *-e* et *-i*, mais *-g* devant *-a*, *-o*, *-u*.

9. Un navi**g**ateur ; une car**g**aison ; une la**gu**ne ; une a**gg**lomération ; des **g**abares ; un **g**arage ; le bastin**g**age ; les va**gu**es ; une **g**azinière ; un ar**g**ument ; l'irri**g**ation ; un tobo**gg**an ; un iceber**g** ; un **gu**ide ; un han**g**ar ; un **gu**et-apens ; une **gu**itare ; une a**gg**ravation ; le ru**g**by.

10. – Phrase 1 : en navig**uant**.
– Phrase 2 : prodig**ue**.
– Phrase 3 : en larg**uant** ; en vog**uant**.
– Phrase 4 : plongent; dégagent (intrus).
– Phrase 5 : tang**ue** ; en zigzag**uant**.

CORRIGÉ DE LA FICHE ÉLÈVE 21

Observer et comparer des images

(Ci-après, p. 253)

PRÉSENTATION

• Objectifs

Initier les élèves à l'étude de l'image.

• Conduite de l'activité

Cette fiche est essentiellement consacrée à l'observation et à l'étude comparée des tableaux de Bob Lescaux reproduits aux pages 140 et 146 du manuel. On sera sensible à la dimension onirique de ces œuvres qui contrastent avec le réalisme des photographies proposées dans le chapitre.

CORRIGÉ

1. Nom de l'auteur : Bob Lescaux. Titre : *Garçon endormi sur un livre.* Date de réalisation : 1993.

2. Une peinture.

3. Un enfant ; un cartable ; de l'eau ; des lignes imprimées ; des livres ouverts ; des livres fermés ; l'image d'une ville.

4. Un jeune garçon, dont la tête repose sur un cartable, s'est endormi sur un livre ouvert que les flots recouvrent partiellement. À l'arrière-plan figurent d'autres livres, ouverts ou fermés, portés par les eaux.

5. Cette image n'est nullement réaliste. En témoignent la disproportion entre l'enfant et le livre, la présence de l'eau sur la page imprimée et le caractère onirique de l'ensemble.

6. Il y est question de Venise – ville photographiée par Willy Ronis (*Fondamente Nuove, Venise,* p. 153) – et du « grand canal », maintes fois évoqué dans le livre sur lequel s'est endormi l'enfant.
Le tableau de Bob Lescaux peut faire songer à cette phrase de *La Péniche aux enfants* : « Le canal a fini par prendre la forme des lignes imprimées. » (p. 140).

7. Seconde œuvre de Bob Lescaux : *Paquebot échoué sur une forêt,* page 146.

8. Thèmes communs aux deux œuvres : l'enfance, le monde des livres, le voyage maritime.

9. Principales différences entre les deux œuvres :
• Dans le premier tableau, l'enfant est allongé sur un livre ; certains livres sont ouverts ; l'eau ruisselle sur les pages et les ouvrages voguent sur les flots.
• Dans le second tableau, l'enfant est perché sur une pile de livres fermés ; le paquebot s'est échoué sur une forêt.

10. (Commentaire personnel de l'élève).

BIBLIOGRAPHIE SOMMAIRE

DAENINCKX (DIDIER), *Écrire en contre,* éd. Paroles d'Aube, 1997. (Entretiens avec Robert Deleuse, Christiane Cadet et Philippe Videlier).

WOLF (EDITH) et DOUCEY (BRUNO), *numéro spécial Didier Daeninckx,* Nouvelle Revue Pédagogique, éditions Nathan, février 2000. (À noter la présence d'une séquence consacrée au *Chat de Tigali.*)

Chapitre 8

Être conteur
Écouter et raconter des histoires

LES OBJECTIFS DU CHAPITRE

Objectifs généraux

• Ce chapitre vise essentiellement à **faire lire, écouter, rédiger et raconter des histoires aux élèves.** Il s'inscrit donc dans le prolongement des chapitres 4 et 7, respectivement consacrés aux contes (« Il était une fois... ») et à l'art de la nouvelle (« La Péniche aux enfants »). Sa finalité est double puisqu'il s'agit à la fois :

– de développer les compétences des élèves dans le domaine de la lecture des textes narratifs ;

– de les inciter à écrire et conter oralement des histoires.

• Sur le plan discursif, ce chapitre doit **permettre un approfondissement des textes dans lesquels domine la fonction narrative.** Prenant appui sur des savoirs installés lors des séquences précédentes, il ne saurait être abordé en début d'année. Il paraît souhaitable, en effet, que les élèves maîtrisent quelques-uns des principes narratologiques les plus élémentaires : distinction entre auteur, narrateur et personnage ; distinction entre narration à la première personne et narration à la troisième personne ; connaissance de la structure fondamentale du récit ; repérage des indices de temps, de lieu et de personne ; maîtrise minimale de la carte d'identité du conte merveilleux établie dans le chapitre 4 du manuel (cf. page 82). Dans cette perspective, le groupement de textes que comporte ce chapitre permettra d'enrichir et d'affiner la découverte des mécanismes sur lesquels repose le texte narratif.

• Ce souci de réinvestissement des acquis et de complexification croissante dicte en partie l'organisation interne de la séquence. Deux étapes président à son organisation :

– la première présente à l'élève des **figures de conteurs** vivant dans ce que l'on pourrait somme toute nommer des *sociétés traditionnelles* : la Bretagne de Pierre-Jakez Hélias et le sud marocain que décrit le roman de J.-M. G. Le Clézio intitulé *Désert.* À leur manière, chacun de ces textes présente un intérêt sociologique ;

– la seconde partie prolonge cette présentation de figures de conteurs en l'enrichissant d'une donnée discursive supplémentaire puisque chaque texte comporte **un récit dans le récit**, une histoire seconde enchâssée dans l'histoire principale. Ces mises en abyme impliquent que l'élève apprenne à repérer des spécificités de mise en page, des changements de narrateur ou des modifications dans l'emploi des temps verbaux.

Cette organisation suppose une structuration des apprentissages. D'une étape à l'autre, d'un texte à l'autre, une progression se dessine. Il est donc recommandé de suivre, autant que faire se peut, la trame de cet itinéraire littéraire.

Objectifs méthodologiques

• Lecture

On remarquera d'abord que ce chapitre présente des **textes, empruntés à la littérature universelle,** d'une indéniable qualité littéraire : écrivains français de premier ordre (Pierre-Jakez Hélias, Le Clézio, Georges Jean), romancier de l'Afrique noire francophone (Étienne Goyémidé), texte fondateur issu de l'héritage antique (les voyages d'Ulysse), extraits des *Mille et Une Nuits,* conte étiologique de N. Scott Momaday, chef de file incontesté de la littérature indienne nord américaine.

La première des fiches élèves qui accompagnent ce chapitre (voir ci-après, p. 255) propose, en sus, la lecture cursive d'une œuvre pour la jeunesse en rapport avec l'orientation thématique du chapitre : *Le Chat qui parlait malgré lui* de Claude Roy.

L'objectif visé par les activités de lecture est à la fois la compréhension littérale des textes et la prise en compte de leurs spécificités narratologiques. L'accent sera mis en particulier sur les changements de perspective narrative que suppose la présence de récits dans le récit.

• Étude de la langue

La plupart des activités de langue envisagées dans ce chapitre sont liées aux deux axes retenus :

a. La présentation de figures de conteurs implique la mise en place d'une **grammaire de l'oralité** : travail sur les onomatopées, les phrases non verbales, les interjections, les injonctions, etc.

b. La **technique du récit emboîté** suppose que l'on prenne principalement en compte :

– les effets de mise en page et de progression thématique (grammaire de texte) ;

– la situation d'énonciation et les changements de narrateur (grammaire du discours) ;

– les changements de temps verbaux et de pronoms personnels (grammaire de la phrase).

Il va sans dire que ces activités de langue restent en lien constant avec les pratiques de lecture, d'expression écrite et d'expression orale.

• L'expression orale

Les pratiques orales constituent l'une des grandes priorités de ce chapitre. L'objectif avoué de cette séquence est d'**amener l'élève à mieux comprendre ce qu'est l'art de conter pour devenir à son tour conteur**. Cela passe d'abord par ces exercices de mise en voix des textes que sont la lecture expressive et la récitation ; mais cela suppose aussi – et surtout – **un travail spécifique sur la structure des textes et l'émergence d'images**, de représentations mentales des personnages, des lieux, des faits rapportés, sans lesquelles l'art de conter devient périlleux.

On mettra enfin l'accent sur la communication et sur **l'éducation citoyenne qu'implique le fait de conter à l'autre une histoire** : en ce domaine, l'expérience prouve que la qualité d'écoute du public dépend en grande partie de l'aptitude du locuteur à *donner* son récit.

TABLEAU SYNOPTIQUE

SUPPORT	LECTURE	LANGUE	EXPRESSION
• Horace Vernet, *Le Conteur arabe*	• Lecture d'image : indices de personnes, de lieu et de temps		
FIGURES DE CONTEURS			
• Pierre-Jakez Hélias, *Le Cheval d'Orgueil*	• Relevé des indices de temps, de lieu et de personnes ; évocation des veillées d'autrefois	• Vocabulaire : onomatopées • Grammaire : phrases non verbales et interjections	• Expression orale : apprendre à débattre avec les autres
• Georges Jean, *Le Temps des contes*	• Lecture cursive		• Expression orale : apprendre à réciter un poème
• J.-M.G. Le Clézio, *Désert*	• Circonstances de l'action ; art de conter et pouvoirs du conte	• Vocabulaire : noms propres de personnes et de lieux • Grammaire : temps verbaux (présent et imparfait)	• Expression écrite : poursuivre un récit
REPÈRES : PAROLES DE CONTEUR			
RÉCITS DANS LE RÉCIT			
• Étienne Goyémidé, *Le Dernier Survivant de la caravane*	• Observation de la structure du texte ; changement de narrateur ; pouvoirs de la parole	• Vocabulaire : noms propres de personnes et de lieux • Grammaire : phrase injonctive et impératif	
• Anne-Catherine Vivet-Rémy, adaptation de l'*Odyssée* d'Homère	• Observation de la mise en page du texte ; changement de narrateur ; technique du récit dans le récit	• Grammaire : temps verbaux (présent et passé simple) • Vocabulaire : recherche lexicale sur l'aède	• Expression orale : reformuler une histoire
• N. Scott Momaday, *Le Chemin de la montagne de pluie*	• Observation de la structure du texte : récit cadre et récit encadré	• Vocabulaire : étymologie des homophones *compter* et *conter*	• Expression écrite : écrire un conte étiologique
• Florence Langevin, adaptation des *Mille et Une Nuits* : a. extrait 1 b. extrait 2	 • Lecture cursive • Lecture cursive (Fiche élève 23)	 • Grammaire : la situation de communication	 • Expression orale : apprendre à lire de manière expressive
• Claude Roy, *Le Chat qui parlait malgré lui* • Iconographie du chapitre	• Lecture cursive (Fiche élève 22) • Lecture de l'image : identifier des images ; comparer texte et image (Fiche élève 24)		
REPÈRES : RÉCITS EMBOÎTÉS			
• Robert Davie, *Rencontre en forêt*			• Expression orale : faire vivre une image

ANALYSE DE L'IMAGE

Horace Vernet, *Le Conteur arabe*

(livre de l'élève, p. 155)

L'huile sur toile d'Horace Vernet (1789-1863) intitulée *Le Conteur arabe* constitue une ouverture intéressante pour le chapitre parce qu'elle présente un intérêt tout à la fois esthétique et culturel. Elle est l'œuvre d'un peintre, ami de Géricault, qui s'illustra dans la peinture d'histoire militaire, qu'il s'agisse des batailles napoléoniennes ou de la conquête de l'Algérie où il suivit les troupes françaises. *Le Conteur arabe*, réalisé en 1833, témoigne de l'intérêt que l'artiste porta aux scènes de la vie quotidienne et aux mœurs bédouines. Il s'inscrit également dans le vaste courant orientaliste qui marqua la peinture et la littérature européennes, de la fin du XVIIIe siècle à 1850.

L'exploitation pédagogique de cette œuvre picturale – qui n'est pas sans rappeler les tableaux de Delacroix – pourra s'effectuer en deux temps :
– on laissera d'abord aux élèves le loisir d'observer le tableau et d'émettre en toute spontanéité diverses hypothèses de lecture ;
– on reprendra ensuite, sous la forme d'une brève synthèse rédigée, les éléments de réponse qu'appelle le questionnaire de lecture.

1. Ce tableau d'Horace Vernet représente un groupe de bédouins paisiblement assis sous un arbre, à deux pas de leur campement.

2. Une multitude de détails permettent d'identifier sommairement le lieu où se trouvent les personnages : leurs tenues vestimentaires, la taille des pipes avec lesquelles ils fument le narguilé, l'herbe roussie et la couleur ocre du sol au premier plan, la forme des tentes, les nattes tissées sur lesquelles reposent les hommes, la couleur de leur peau sont autant d'indices qui inscrivent la scène dans le contexte musulman de l'Afrique du nord.

3. Ces hommes sont assemblés en demi-cercle au pied d'un arbre parce qu'ils écoutent un conteur.

Deux observations complémentaires pourront être menées avec les élèves :

a. On constatera d'abord que quelques détails significatifs permettent d'identifier le conteur : l'homme fait face à ses auditeurs et il est le seul à ne pas fumer ; ses mains sont ouvertes en signe d'offrande ; sa djellaba est de couleur plus sombre que celles des autres et il ne porte pas de turban ; sa natte est colorée et il est assis sur un léger monticule.

b. Le cercle que forme ce groupe de bédouins reste ouvert, au premier plan, comme si le spectateur du tableau allait pouvoir prendre part au récit du conteur. Cette impression est corroborée par la présence des babouches qui semblent suggérer le mouvement des pas d'un homme qui approche.

4. Ce tableau représente une scène de la vie quotidienne du monde arabe. La présence des tentes situées à l'arrière-plan laisse entendre que ces hommes sont des nomades, temporairement établis dans une région verdoyante. L'œuvre d'Horace Vernet témoigne également de l'importance que revêt l'oralité dans les sociétés traditionnelles. Contrairement aux idées reçues, la veillée n'est pas nécessairement le moment du conte. Même en pleine journée, ce dernier est l'occasion d'une pause et d'un rituel qui ne paraît pas avoir été laissé au hasard : le lieu représenté, l'occupation de l'espace, le choix d'auditeurs exclusivement masculins, tout indique qu'il s'agit d'un moment d'importance au cours duquel le conteur, mémoire vive de la communauté, jouit d'un statut particulier. Chacun écoute confortablement installé sur une natte, et cette écoute prolongée, à laquelle se mêle la fumée du tabac, alanguit les attitudes et les positions. L'art de conter repose sur des pratiques ancestrales qui confèrent un réel pouvoir à la parole.

TEXTE D'ÉTUDE

Pierre-Jakez Hélias, « Mon grand-père le conteur »

(livre de l'élève, p. 156)

Les deux textes extraits du *Cheval d'Orgueil* de Pierre-Jakez Hélias que propose ce chapitre (p. 156 et 172) offrent l'intérêt de mettre en scène la figure traditionnelle du conteur en milieu rural. Ils présentent un caractère autobiographique puisque l'auteur du roman fut « élevé au sens propre du terme par ses deux grands-pères, conteurs impénitents l'un et l'autre, le premier fort connu pour son répertoire traditionnel et ses inventions humoristiques, le second atteignant au surréalisme en suivant la pente naturelle de son esprit. En breton, bien sûr ! » (Avant-propos du *Cheval d'Orgueil).*

LECTURE

Le lieu et le moment

1. Le premier paragraphe du texte permet de situer l'action en milieu rural, le grand-père du narrateur devant ramener « sa vache au logis » avant la tombée de la nuit (l. 2). La comptine entonnée par les personnages dans la dernière partie du texte (l. 23 à 25) nous renseigne également sur la région dans laquelle se déroulent les faits : le jeune narrateur de ce texte vit en Bretagne, plus précisément dans le pays bigouden, ainsi qu'en témoigne l'évocation des villes de *Quimper*, *Pont-Croix* et *Pont-l'Abbé.*

2. D'autres indices permettent de situer l'action dans le temps : nous savons que les faits se déroulent lors d'une veillée (« Aussitôt après commence la veillée », l. 5-6), au mois de novembre (« Le mois de novembre est le mois des contes », l. 1). Une multitude de détails suggèrent également une époque, celle de l'enfance de Pierre-Jakez Hélias, né en 1914 : le logis qu'éclairent « un feu de souches » et « une lampe à pétrole » (l. 3) ne dispose pas encore de l'électricité ; les veillées se déroulent au coin de l'âtre (et non devant la télévision !) ; les villageois vont « quérir du gruau » à la ville voisine (l. 24-25) ; à l'école, le narrateur a perdu les clous et les boutons en corne qu'il avait misés « en jouant aux billes » (l. 13 à 15).

3. Plusieurs facteurs expliquent que novembre soit « le mois des contes » : en cette période de l'année, les jours sont courts (« la nuit tombe vite », l. 1), ce qui oblige les villageois à passer de longues veillées au coin du feu. Novembre est aussi l'époque où l'on recommence à vivre à l'intérieur après de longs mois consacrés aux travaux des champs.

Les personnages en présence

1. Deux personnages sont évoqués dans ce texte : un enfant et son grand-père.

2. L'enfant s'exprime à la première personne, ainsi qu'en témoignent l'emploi du pronom personnel sujet *je* (« *J*'ai oublié les dix-huit clous... que *j*'ai perdus en jouant aux billes », l. 13-14) et de l'adjectif possessif *mon* (« *mon* grand-père », l. 2) : il est le narrateur-personnage de ce récit. Nous découvrons son cadre de vie (l. 2 à 5), ses jeux (l. 13 à 16), son peu de goût pour l'école (l. 16 à 19), sa passion des contes (l. 20 à 30).

3. Le texte est essentiellement consacré à l'évocation du second personnage qu'est le grand-père : le premier paragraphe laisse supposer que ses activités dépendent du milieu rural dans lequel il vit puisqu'il « ramène sa vache au logis » (l. 2). Viennent ensuite diverses allusions à son *métier* de conteur, qui est sans doute la raison d'être de son existence.

L'évocation de la veillée

1. La veillée que relate le texte est essentiellement un temps de repos, d'échanges entre les membres de la famille (ou de la communauté villageoise), de paroles et d'écoute. Le second extrait du *Cheval d'Orgueil* (p. 172) laisse entendre que ces veillées traditionnelles sont fréquemment laissées à l'initiative des conteurs qui en deviennent « les maîtres absolus ».

2. Pour l'enfant, le conte est un moyen d'échapper au quotidien, un temps d'évasion et de pure magie verbale, ainsi que le suggèrent les expressions suivantes : « grand-père selle son cheval de fumée et me donne un poulain bleu pour le suivre à la recherche d'un pays étrange... » (l. 20-21) ; « Ses marionnettes commencent à vivre sur sa langue » (l. 26-27) ; « Chaque soir, nous poursuivons toutes sortes d'aventures... » (l. 28-29).

3. Le « pays étrange » où l'enfant « connaît tout le monde » (l. 21-22) est moins le pays bigouden, dont le grand-père narre les histoires traditionnelles, que la *terra incognita* des contes et des légendes. Les personnages, que le conteur emprunte à la réalité (l. 26 à 28), sont entraînés dans des aventures dont le dénouement n'est jamais prévisible (l. 29-30). Le conteur est un magicien de la parole.

ÉTUDE DE LA LANGUE

Les outils de la langue dont nous proposons l'étude participent de ce que nous pourrions nommer une *grammaire de l'oralité*. Onomatopées, phrases nominales et interjections font généralement partie des procédés rhétoriques qu'utilisent les conteurs.

Vocabulaire

Ces exercices amorcent un travail sur les onomatopées qui sera approfondi lors de l'étude du texte d'Étienne Goyémidé (voir ci-après, p. 116).

1. Le texte comporte une onomatopée particulièrement suggestive : « Grand-père bourre sa pipe (...) et aspire, aspire, et *pop, pop, pop* ! » (l. 10-11).

2. Cette onomatopée suggère le bruit répété que produit le grand-père tirant sur sa pipe.

Grammaire

Ces exercices supposent que l'élève soit capable de repérer des phrases non verbales et d'en dégager la valeur.

1. Ce texte comporte diverses phrases non verbales :
– le titre : « Mon grand-père le conteur » ;
– une phrase du deuxième paragraphe : « Aussitôt me voilà d'un bond près de lui, sur le banc. » (l. 12-13) ;
– les trois exclamations suivantes : « Au diable ! » (l. 19), « Et hue ! » (l. 22), « *Hue à Quimper, hue à Pont-Croix !* » (l. 20).

2. Les deux premières exclamations ne sont que de simples interjections (« Au diable ! », l. 19 ; « Et hue ! », l. 22), termes invariables employés isolément pour traduire une vive émotion ou un cri. Leur brièveté les rend aisément identifiables.

Remarque : les onomatopées font généralement partie des interjections : *Brrr !, Ouf !, Paf !, Peuh !, Psitt !*

3. Interjections, phrases non verbales et onomatopées sont utilisées par Pierre-Jakez Hélias dans le but de rendre le texte plus vivant. Le document écrit se trouve ainsi porteur de marques d'oralité qui suggèrent l'enthousiasme de l'enfant et l'expressivité du conteur.

EXPRESSION ORALE

• Le sujet proposé invite la classe à débattre autour d'un thème de société puisqu'il s'agit à la fois de se demander :
– si la télévision est ou non l'équivalent des veillées d'autrefois ;
– quels sont les bienfaits et les méfaits de cette invention de la vie moderne.

• Ce débat peut être l'objet d'une préparation individuelle à la maison qui permettra à l'élève de rassembler des documents (sur les veillées, l'art du conteur, les programmes de télévision, etc.) et des idées.

• La finalité et le fonctionnement du débat seront clairement expliqués aux élèves, qui devront :
– prendre part de façon constructive à un échange d'idées ;
– trouver des arguments et savoir les formuler ;
– être capables d'écouter et de respecter les idées d'autrui.

• Le débat sera mené de préférence en demi-groupes et n'excédera guère une dizaine de minutes.

TEXTE D'ÉTUDE

J.-M. G. Le Clézio, « Parle-moi de l'Homme Bleu… »

(livre de l'élève, p. 159)

LECTURE

Sur le plan pédagogique, ce beau texte de J.-M. G. Le Clézio, extrait de *Désert,* offre un double intérêt :
– comme le texte de Pierre-Jakez Hélias, il met d'abord en scène une figure de conteur ;
– il révèle aussi au lecteur ce qu'est concrètement l'art de conter et quels sont les pouvoirs du conte.

Les circonstances

1. Comme le texte extrait du *Cheval d'Orgueil,* ce passage s'organise autour de la relation qu'entretiennent deux personnages : Lalla, une jeune orpheline élevée aux portes du désert marocain, et Aamma, la tante qui prend en charge son éducation.

Il peut être intéressant d'expliquer aux élèves que le nom de la vieille femme signifie « tante paternelle » en arabe : Aamma est à la fois substitut de la mère disparue et souvenir du père que la fillette n'a pas connu. Elle est le lien qui unit Lalla à ses origines.

2. À la différence du texte de Pierre-Jakez Hélias, cet extrait de *Désert* démontre que dans les sociétés traditionnelles le temps des contes n'est pas exclusivement réservé à la veillée. Les allusions au travail de Aamma (l. 1-2 et 51-52) ou l'évocation des guêpes qui vrombissent au soleil (l. 33) nous rappellent que le conte fait partie intégrante de la vie quotidienne.

3. Le récit de Aamma n'est pas narré dans un lieu qui présente un caractère exceptionnel pour les personnages, mais dans la maison au toit de « tôle » (l. 32) où les deux femmes partagent leur quotidien. Cet endroit ordinaire – qui s'apparente à ce que nous nommons un *bidonville* – n'empêche en aucun cas la conteuse de subjuguer son auditrice.

L'art de conter

1. Les premières lignes du texte démontrent qu'Aamma ne s'est nullement préparée à raconter une histoire. Répondant à la demande réitérée de Lalla (l. 1 et 6), elle interrompt son travail (l. 10), « s'assoit par terre » et entame le récit (l.10). Une observation de la structure du texte souligne le caractère improvisé de cette *racontée* : Aamma, d'abord laconique (« Pas maintenant », l. 4), se laisse progressivement entraîner par sa propre parole. Elle se substitue alors au narrateur du roman, offrant au lecteur le plaisir de découvrir un récit dans le récit.

2. Les propos qu'échangent les personnages laissent clairement entendre que Lalla connaît déjà cette histoire : Aamma fait remarquer à la jeune fille qu'elle a « *déjà* raconté tout ce qu'(elle) savai(t) » sur l'Homme Bleu (l. 7) ; Lalla affirme vouloir « *encore* entendre parler de lui » (l. 8). Dans le passage qui suit ce bref échange dialogué, le narrateur signale à son tour que Lalla connaît parfaitement le nom et l'histoire des personnages du récit de Aamma (l. 17 à 20).

3. Ce n'est pas dire pour autant que la vieille femme se contente de répéter un récit maintes fois relaté depuis l'enfance. L'art de Aamma réside au contraire dans la manière d'enrichir, de modifier (et non de momifier) l'histoire que Lalla ne se lasse pas d'entendre : un « nouveau détail », « une phrase nouvelle », de menus changements (l. 29) maintiennent en éveil l'intérêt de la jeune auditrice. Depuis des années, Aamma conte à Lalla l'histoire de l'Homme Bleu, mais elle ne la conte jamais deux fois de la même manière.

Les pouvoirs du conte

1. La mission de Aamma ne se limite pas à nourrir physiquement Lalla. Par ses récits, la vieille femme apporte aussi à la jeune fille la nourriture affective, culturelle et spirituelle dont elle a besoin. En demandant à sa tante de lui parler de l'Homme Bleu (l. 1), Lalla exprime son désir d'entendre parler de ses origines personnelles (l'histoire de sa mère et « de la grand-mère de [sa] mère ») et des origines de son peuple (l'histoire des guerriers du désert).

2. Le récit de Aamma entraîne Lalla dans un autre espace-temps. En écoutant l'histoire d'Al Azraq, l'Homme Bleu, la jeune marocaine est entraînée dans le désert, « tout à fait au sud, au-delà du Draa, au-delà même de la Saguiet el Hamra » (sur ces indications géographiques, voir ci-après, les questions de **vocabulaire**). Elle est alors amenée à revivre, par le conte, une époque qu'elle n'a pas connue : celle qui précède l'arrivée « des étrangers », des « Chrétiens » venus coloniser le Sahara occidental (l. 21 à 27).

3. L'évocation poétique de ce lointain passé n'empêche pas le narrateur de faire allusion à la tâche quotidienne qu'Aamma est amenée à interrompre pour conter son histoire : la fabrication du pain, évoquée à deux reprises, au début et à la fin de cet extrait (« Aamma est en train de pétrir la pâte pour le pain sur le grand plat de terre », l. 1-2 ; « … elle se tait pendant un long moment, penchée sur le grand plat de terre, occupée à briser la pâte du pain… », l. 50-52).

4. L'évocation de cette tâche n'est pas seulement destinée à rappeler combien le travail des femmes est essentiel à la survie de la famille et de la communauté. Elle possède aussi une forte valeur symbolique : Aamma parle d'Al Azraq, l'Homme Bleu, en pétrissant « la pâte pour le pain » afin que les ferments qu'elle contient puissent entrer en action. Cette pâte pétrie de ses mains est le symbole de la jeune personnalité qu'elle façonne par la parole. L'histoire que narre Aamma accomplira, en effet, un long travail de fermentation dans l'esprit de Lalla. Comme la pâte devient pain, le conte se transformera en nourriture affective et spirituelle.

ÉTUDE DE LA LANGUE

Vocabulaire

Les exercices lexicaux proposés à l'élève seront l'occasion d'une **ouverture interdisciplinaire**, en direction de la **géographie** (situer des noms sur une carte ; identifier un peuple du désert) et de l'**histoire** (découvrir un personnage et un contexte historiques).

1 et 2. • Noms propres désignant une personne : Lalla – Aamma – Ma el Aïnine – Al-Azraq.

• Noms propres désignant un lieu : le Draa – la Saguiet el Hamra – la ville sainte de Chinguetti.

3. Les élèves trouveront ces trois noms sur une carte du Sahara occidental.

• Le Draa est un fleuve (un oued) d'Afrique du Nord qui prend sa source dans le Haut Atlas et se jette dans l'océan Atlantique.

• La Saguiet el Hamra est une vallée du grand sud marocain.

• Chinguetti est une ville du Sahara occidental, actuellement située en Mauritanie.

4. Conformément à la signification de son nom (qui signifie « le bleu »), Al Azraq est également nommé « l'Homme Bleu ». Dans l'histoire que raconte Aamma, cette figure légendaire est le prophète qui révéla à Ma el Aïnine sa vocation religieuse.

5. Outre leur dimension interdisciplinaire, ces recherches montreront aux élèves que le conte de Aamma est ancré dans un contexte historique, narré aux portes de la légende.

a. Les Hommes Bleus du désert sont les Touaregs, populations nomades du Sahara. On les nomme ainsi parce que le chèche dont ils se protègent le visage est de couleur indigo.

b. Ma el Aïnine, dont le nom signifie « l'Eau des Yeux », est l'une des grandes figures historiques du Sahara occidental. De son vrai nom Moulay Ahmed ben Mohammed el Fadel, ce fils de marabout naquit vers 1838. Il mena une existence nomade avant d'écrire des ouvrages de théologie et de devenir un grand cheikh. Ma el Aïnine est également le fondateur de la ville sainte de Smara dans le sud marocain, qui deviendra l'un des hauts lieux de la résistance contre la colonisation. Dès 1905, il prêcha la guerre sainte contre les troupes européennes venues s'emparer des terres qui ne leur appartenaient pas. Vaincu et désespéré, il se retirera dans le désert où il mourra en 1910.

Indications bibliographiques :

Deux romans, publiés à la même époque, accordent une place prépondérante à la figure de Ma el Aïnine :

– *Désert* de J.-M G. Le Clézio, éd. Gallimard, 1980 ;

– *La Prière de l'absent* de Tahar ben Jelloun, éd. du Seuil, 1981.

Grammaire

Ces exercices de grammaire permettront à l'élève de distinguer les deux énoncés que comporte le texte (l'histoire de Lalla et l'histoire qu'Aamma raconte à Lalla). Ils ont donc essentiellement pour objectif de préparer la seconde partie de la séquence consacrée à la mise en abyme.

1. (a et b). Tous les verbes soulignés sont conjugués au présent de l'indicatif, temps utilisé par le narrateur pour rendre vivant le récit qui met en scène Lalla et sa tante Aamma. Il s'agit donc d'un présent de narration.

2. (a et b). Les faits rapportés dans ce second extrait sont antérieurs à ceux du passage précédent (texte de l'exercice 1), ainsi qu'en témoigne l'emploi du complément circonstanciel de temps « en ce temps-là ». Par son récit, Aamma entraîne Lalla dans un lointain passé.

c. Les trois verbes soulignés sont conjugués à l'imparfait, temps verbal permettant à Aamma de restituer par la parole un passé indéterminé. Le personnage d'Al Azraq n'est jamais situé précisément dans le temps historique. L'imparfait peut donc être considéré comme le temps du conte.

EXPRESSION ÉCRITE

• Ce sujet de rédaction invite l'élève à poursuivre le récit de Aamma en narrant le miracle par lequel Al Azraq fit jaillir une source en plein désert.

• Un tel devoir fait appel à diverses compétences, ce qui implique une évaluation fondée sur des critères précis. L'élève devra notamment parvenir à maîtriser :

– le cadre énonciatif : tenir compte de l'identité de la conteuse et de ses choix narratifs (évocation d'Al Azraq à la troisième personne ; utilisation des temps du passé) ;

– la cohérence historique et géographique : éviter les anachronismes et les contresens sur le cadre de vie de l'Homme Bleu (le désert, l'importance de l'eau, le nomadisme) ;

– la cohérence narrative : prendre en compte les spécificités du personnage (mode de vie, tenue vestimentaire, sainteté) et ses motivations (donner à boire à son peuple, faire naître la vie dans le désert).

• La correction du devoir sera l'occasion de lire à la classe l'ensemble du récit de Aamma. Les élèves découvriront alors que le « miracle de la source d'eau » est « l'histoire que Lalla aime le mieux au monde » (J.-M. G. Le Clézio, *Désert,* Folio Gallimard, p. 122 à 125).

REPÈRES

Paroles de conteur

(livre de l'élève, p. 162)

Cette première fiche « Repères » répond à deux objectifs qui paraissent fondamentaux dans un tel chapitre :

• Montrer quel est **le rôle joué par le conteur dans les sociétés traditionnelles** : transmission d'un savoir ancestral, évocation du passé, explication des phénomènes naturels, etc.

• Expliquer aux élèves **en quoi consiste l'art du *contage*** : mémorisation d'une trame narrative, improvisation, variations sur un même thème, communication avec l'auditoire, etc.

Certains de ces exercices invitent l'élève à relire les textes précédemment étudiés. D'autres supposent qu'il prenne connaissance des extraits que comporte le deuxième groupement de textes (« Récits dans le récit », p. 163 à 169).

1. Les figures de conteurs

a. – Texte 1 (p. 156) : le grand-père du texte de Pierre-Jakez Hélias est un être respecté, non pour sa fortune (c'est un homme pauvre), mais pour son âge (il s'agit d'un vieillard) et pour les pouvoirs que lui confère le statut de conteur.

– Texte 2 (p. 159) : pour la toute jeune Lalla, Aamma est à la fois mère adoptive et mémoire d'une époque révolue. Les récits de la vieille femme permettent à Lalla de connaître l'histoire de ses origines et d'entretenir le souvenir de ses ancêtres disparus. Sa parole est le fil qui relie le présent au passé.

b. – Texte 3 (p. 163) : la figure principale du texte d'Étienne Goyémidé est le vieux Ngalandji, dit Ngala, le seul personnage dont nous connaissons l'identité. Le narrateur le présente comme « le patriarche du village de Létrogo » (l. 9).

– Texte 4 (p. 165) : ce texte narre le moment de l'*Odyssée* où Ulysse devient le conteur de sa propre histoire. Dès les premières lignes, ce personnage est l'objet d'une évocation laudative : « Tous admirèrent la force et la beauté du *sage* Ulysse. » (l. 2-3).

– Texte 5 (p. 168) : la légende indienne que relate ce texte de N. Scott Momaday (l. 10 à 21) fut rapportée au narrateur par sa propre grand-mère. Cette dernière assura donc, à sa manière, la transmission d'un mythe fondateur.

2. La transmission du savoir

a. En racontant l'histoire de l'Homme Bleu et de Ma el Aïnine, Aamma transmet oralement à Lalla un savoir ancestral. Elle lui apprend qu'Al Azraq « était de la tribu de la grand-mère de (sa) mère » (l. 21). Elle entreprend également de raconter la vie, en partie légendaire, de ce fils de cheikh devenu saint (l. 36-37). Le récit de Aamma possède donc une **dimension hagiographique.**

b. La légende que relate le texte de N. Scott Momaday laisse supposer que les Indiens kiowas ne connaissaient pas l'écriture. Ce récit explique, d'une manière onirique, l'origine d'un phénomène céleste (la naissance de la Grande Ourse), établissant une sorte de filiation entre le peuple kiowa et « le ciel nocturne » (l. 23). L'histoire que rapporte la grand-mère du narrateur peut être considérée comme un **conte étiologique.**

3. La prise de parole

a. Le texte de J.-M. G. Le Clézio (p. 159) évoque la manière dont la conteuse Aamma enrichit son histoire de détails ou d'épisodes nouveaux : « Chaque fois qu'Aamma raconte l'histoire d'Al Azraq, elle ajoute un nouveau détail, une phrase nouvelle, ou bien elle change quelque chose, comme si elle ne voulait pas que l'histoire fût jamais achevée. » (l. 28 à 31).

b. Lors de son séjour en Phéacie, Ulysse est amené à conter sa propre histoire d'une manière totalement improvisée. Son impréparation est perceptible dans la question qui introduit sa prise de parole : « Par où commencer ? » (l. 38).

c. Deux personnages de ce chapitre inventent sans cesse de nouveaux épisodes pour que leurs histoires restent inachevées : Aamma, la tante de la jeune Lalla (p. 159) et Schéhérazade, l'héroïne des *Mille et Une Nuits* (« Texte écho », p. 170). Leurs motivations sont cependant différentes : si Aamma entend seulement maintenir en éveil l'intérêt de Lalla, Schéhérazade remet chaque nuit le dénouement de son conte au lendemain pour échapper à la mort que le roi de Perse inflige à ses épouses.

d. Ce beau texte de la conteuse Suzana Azquinezer laisse d'abord entendre que le conte relève du don : on ne récite pas un conte, on le donne et on ne le donne jamais deux fois de la même manière.

On ajoutera également, en paraphrasant les propos de Pierre-Jakez Hélias (p. 172) que « conter est un métier qui se perd si on ne le pratique pas » : on ne garde trace du conte que si on a l'occasion de le communiquer aux autres. Le garder pour soi-même, c'est en revanche courir le risque de l'oublier.

TEXTE D'ÉTUDE

Étienne Goyémidé, « Le récit du vieux Ngala »

(livre de l'élève, p. 163)

LECTURE

Étienne Goyémidé, né en Centrafrique en 1942, est l'une des grandes figures de la littérature africaine francophone. Dans *Le Dernier Survivant de la Caravane*, (publié par les éditions Hatier en 1985, puis repris par les éditions du Serpent à Plumes), le romancier « explore l'histoire de son pays à travers la violence de l'esclavage et celle, plus insidieuse, de la colonisation. » (Avant-propos du roman)

L'extrait proposé dans le livre de l'élève met en scène un patriarche africain qui entreprend de raconter la douloureuse histoire de son peuple.

Pédagogiquement, ce texte permettra d'abord d'approfondir les notions abordées dans la première fiche « Repères » (le rôle de la transmission orale et l'improvisation). Il sera aussi l'occasion de travailler sur **le changement de perspective narrative qu'implique la présence d'un récit dans le récit.**

La structure du texte

1 et 2. Cet extrait du roman d'Étienne Goyémidé comporte deux parties nettement distinctes séparées par un astérisque :
– la première (l. 1 à 13) est essentiellement consacrée à Ngalandji, dit Ngala, « patriarche du village de Létrogo » en Afrique équatoriale ;
– la seconde, de longueur équivalente (l. 14 à 29), rapporte les paroles que ce vieillard prononce « à haute voix ».

3. En dépit de la rupture que supposent la présence d'un astérisque et le changement de perspective narrative, le récit du vieux Ngala (l. 14 à 29) est habilement annoncé dans la première partie du texte. Le second paragraphe du passage (l. 5 à 7) rapporte d'abord, au style direct, les propos empreints de mystère prononcés par le patriarche qui semble vouloir « se parler à lui-même » (l. 2). Les lignes qui suivent (l. 8 à 14) annoncent alors clairement sa prise de parole (« Ngalandji ... entama sa longue histoire », l. 8-9), introduite par une exhortation à écouter le récit que constitue la seconde partie du texte (« – Écoutons-le. », l. 13).

Le changement de narrateur

1 et 2. Aux deux parties de ce texte correspondent deux histoires et deux narrateurs différents.

• L'identité du narrateur de la première partie (l. 1 à 14) nous est inconnue, mais nous savons qu'il était enfant au moment des faits : « Ngalandji ... entama sa longue histoire, non pour *les gamins* pétrifiés par la peur *que nous étions*, mais pour lui. » (l. 10-11)

• Le vieux Ngala est explicitement présenté comme le narrateur de la seconde partie (l. 14 à 29) puisqu'il raconte une histoire qui nous entraîne au temps de son enfance.

Les deux parties de ce texte présentent donc aussi deux aspects de la vie de ce personnage fascinant : son enfance dans un village niché « au confluent des rivières Kossio et Yingou » (l. 14) et sa vieillesse dans le « village de Létrogo » (l. 9).

3. Le pronom personnel sujet *nous* régulièrement employé dans le texte laisse entendre que chaque narrateur s'exprime au nom d'une communauté :
– par ce pronom au pluriel, le narrateur anonyme désigne le groupe de « gamins » du village de Létrogo auquel il appartient (l. 10-11) ;
– le vieux conteur emploie à son tour ce pronom (l. 25) ainsi que les adjectifs possessifs *notre* et *nos* (l. 14, 21, 22, 29) pour évoquer la tribu dans laquelle il est né.

Dans l'un et l'autre cas, l'individu se fond dans le « clan » qui lui permet d'affronter un milieu difficile.

Les pouvoirs de la parole

1. Le récit du vieux Ngala nous entraîne au cœur de la vaste forêt équatoriale ainsi qu'en témoignent :
– le champ lexical de la végétation : « les *galeries forestières* (...) constituaient une véritable *forêt* aux *arbres gigantesques*, au *feuillage dense et perpétuellement vert, aux lianes innombrables* » (l. 15 à 17) ;
– l'évocation des animaux sauvages : la forêt abritait « un nombre incroyable d'*animaux de toutes tailles et de toutes espèces.* » (l. 19-20) ; les rivières « où pullulaient de *grands caïmans mangeurs d'homme* » (l. 27-28).

Le village dans lequel vivaient les membres de la tribu du vieux Ngala est également présenté comme un lieu protégé par les rivières et « forteresses naturelles » qui l'entourent (l. 14 et 25-26).

2. Le patriarche de Létrogo parle d'une époque qui n'est pas clairement déterminée, ce que suggère l'emploi réitéré de verbes à l'imparfait (« Notre village *nichait* », l. 14 ; « une grande forêt qui *abritait...* », l. 19). Ses propos laissent cependant entendre qu'il s'agit de la lointaine époque de son enfance, dominée par les guerres tribales et les conditions d'une survie toujours menacée. (l. 23 à 25).

3. Cette indétermination temporelle contribue au « mystère » d'un récit que les « gamins » de Létrogo (l. 10) écoutent subjugués. À la fascination qu'exerce sur eux l'évocation d'une nature foisonnante (l. 14 à 20) s'ajoute le fait que le vieillard semble s'adresser à lui-même, « à haute voix », comme s'il était en transe. La magie de l'histoire tient enfin au statut et à la personnalité de l'homme qui en assure la transmission : la parole du patriarche est essentielle puisque c'est elle qui relie la communauté présente à son passé et à ses mythes fondateurs.

ÉTUDE DE LA LANGUE

Les exercices proposés à l'élève permettront de poursuivre la découverte des outils de la langue propres à l'oralité : approfondissement du travail sur les onomatopées ; adresse au destinataire par l'emploi de phrases injonctives.

Vocabulaire

Dans le deuxième paragraphe du texte (l. 5 à 7), les propos du vieux Ngala font allusion au « cri du hibou », symbole annonciateur « de la mort qui rôde à la croisée des chemins ».

1. L'onomatopée, à laquelle recourt Robert Desnos dans le poème intitulé *Les Hiboux* (voir fiche élève n° 14, p. 239) pourrait aisément suggérer ce cri : « Hou ! Hou ! ».

2. Le second de ces énoncés – qui pourrait être emprunté à un ouvrage d'ornithologie – comporte une onomatopée : « Sur les aires de nidification, le mâle émet des "tyii tyii" doux et mélodieux. »

3. Les termes proposés dans le livre de l'élève désignent des cris d'animaux :
– le *hululement* est le cri des oiseaux de nuit ;
– les autres désignent respectivement les grognements du sanglier (le *grommellement*), les cris des oisillons (le *pépiement*), du corbeau (le *croassement*), du dindon (le *glouglou*) et de l'oie (le *piaillement*) ;
– l'un de ces termes est une onomatopée : le *glouglou.*

Grammaire

Les paroles du vieux Ngala sont introduites par une phrase qui invite le lecteur à prendre part au récit : « Écoutons-le » (l. 13).

1. Il s'agit d'une phrase injonctive (ou impérative).

2. Le verbe *écouter* est conjugué à la première personne du pluriel de l'impératif présent.

3. Dans ce contexte, le groupe verbal exprime moins un ordre qu'une invitation, une exhortation à écouter le vieux conteur.

Pour aller plus loin :

• Ces exercices peuvent être l'occasion de faire découvrir aux élèves les caractéristiques grammaticales et orthographiques de l'impératif : absence de sujet exprimé, conjugaison réduite à trois personnes (*écoute, écoutons, écoutez*), deuxième personne du singulier en *-e* pour les verbes du premier groupe (*écout**e**-le*).

• Les élèves qui maîtrisent déjà la conjugaison de l'impératif pourront aller plus loin en recherchant d'autres manières d'exprimer l'ordre ou l'interdiction : verbe à l'infinitif (*ne pas fumer*), emploi du subjonctif (*qu'ils viennent*!), utilisation d'un verbe de volonté (*vouloir, falloir*), etc.

TEXTE D'ÉTUDE

« Ulysse conteur de sa propre histoire »,

adaptation de l'*Odyssée* d'Homère par Anne-Catherine Vivet-Rémy

(livre de l'élève, p. 165)

LECTURE

Ce texte, qui est sans doute l'un des plus beaux passages de la littérature universelle, narre le moment où Ulysse entreprend de conter sa propre histoire afin que ses hôtes le conduisent jusque dans son pays.

Au-delà de sa dimension humaine (pratiquer l'hospitalité, faire don d'une histoire, retrouver le passé pour inventer l'avenir), **ce texte présente la particularité de comporter deux récits.** On sera donc sensible à la manière dont s'effectue le changement de narrateur que suppose la prise de parole du conteur.

On veillera également à ce que les élèves saisissent la spécificité du récit d'Anne-Catherine Vivet-Rémy : *Les Voyages d'Ulysse* ne constituent pas une traduction, mais une adaptation de l'*Odyssée* d'Homère, vaste épopée composée de vingt-quatre chants.

La mise en page du texte

1. La mise en page de ce texte présente la particularité de faire se succéder deux parties nettement distinctes :

• La première, essentiellement constituée d'un récit et de passages dialogués, relate les événements qui accompagnent le « grand festin » qu'Alkinoos fit préparer « en l'honneur de [son] hôte ». Cette partie représente approximativement les trois-quarts du texte (l. 1 à 42).

• La seconde, située à la fin du passage (l. 43 à 56), est constituée d'un récit dépourvu de dialogue. Sa mise en page diffère de la précédente puisqu'elle est précédée d'un retrait à gauche.

2. Ce retrait et l'espace blanc par lequel les deux parties du texte se trouvent séparées signalent un changement de perspective narrative.

• La première partie du texte (l. 1 à 42) repose sur une narration à la troisième personne : « *Alkinoos* se rendit avec *Ulysse* à l'agora… », (l. 1-2) ; « *On* retourna enfin au palais… » (l. 28).

• La seconde est narrée à la première personne : « D'abord *nous* abordâmes à Ismaros… (l. 43) ; « *Nous* reprîmes la mer mais Zeus *nous* envoya une terrible tempête qui brisa *nos* mâts et déchira *nos* voiles. » (l. 49-50).

La préparation du récit

1. La partie du texte qui précède le retrait (l. 1 à 42) narre la manière dont Alkinoos reçoit l'homme dont il ne connaît pas encore l'identité. Le passage évoque successivement :
– le moment où le roi des Phéaciens présente l'étranger à son peuple (l. 1 à 5) ;
– le chant que l'aède Démodocos entonne à la fin du banquet (l. 5 à 10) ;
– les épreuves sportives auxquelles Ulysse se trouve convié (l. 10 à 27) ;
– le récit de la prise de Troie qu'entonne une nouvelle fois l'aède (l. 27 à 33).
– le moment où l'étranger est amené à dévoiler son identité et à raconter son histoire (l. 34 à 42).

2. Ulysse prend la parole dans un contexte particulier. Le roi d'Ithaque se trouve alors dans le palais d'Alkinoos où « les plus nobles Phéaciens » viennent de lui offrir des présents (l. 28-29). Ses auditeurs sont entièrement acquis à sa cause puisque l'on vient de conter les exploits qui permirent aux Grecs de vaincre les Troyens. On notera enfin que le récit d'Ulysse est d'emblée placé sous le signe de l'échange, du partage, Alkinoos se proposant d'aider le conteur à rejoindre son pays (l. 36-37).

3. Le récit narré dans la seconde partie est préparé par les chants qu'entonne l'aède Démodocos, véritable conteur des prouesses d'Ulysse. Deux épisodes de la guerre de Troie sont en effet relatés par cet aède aveugle (qui n'est pas sans rappeler la figure d'Homère) : « la querelle d'Ulysse et d'Achille pendant le siège de Troie » (l. 8-9) et l'épisode du « grand cheval de bois » qui assura la victoire des Grecs (l. 30 à 32).

La prise de parole du conteur

1. La seconde partie du texte (l. 43 à 56) se trouve encadrée par des guillemets (« D'abord nous abordâmes à Ismaros ... Le dixième jour, nous abordâmes au pays des Lotophages. ») qui indiquent la prise de parole d'un personnage.

2. Ulysse, devenu conteur de sa propre histoire, est le narrateur de ce second récit adressé aux Phéaciens qui l'ont royalement accueilli. Le fils de Laerte entreprend de raconter, par le détail, « tous les maux (qu'il a) endurés depuis (son) départ de Troie » : combats contre les Kikones (l. 44 à 48), tempêtes en mer (l. 49 à 53), arrivée au pays des Lotophages (l. 55-56). Suivront alors, nous le savons, les épisodes épiques de la lutte contre le cyclope Polyphème, de la rencontre avec la magicienne Circé ou de la descente au royaume des Morts.

3. La seconde partie du texte constitue ce que l'on pourrait appeler l'ouverture d'un récit dans le récit, puisque les épisodes de l'*Odyssée* narrés à la première personne se trouvent enchâssés dans un récit à la troisième personne.

Le passage que nous venons d'étudier relate donc le moment, essentiel dans l'épopée homérique où, de simple personnage, Ulysse devient, pour ainsi dire, aède.

ÉTUDE DE LA LANGUE

Grammaire

Ces exercices de grammaire de phrase permettront d'approfondir le travail amorcé à partir du texte de J.-M. G. Le Clézio (voir ci-dessus, p. 00) en amenant les élèves à distinguer temps du récit et temps du discours.

1. a. Le présent de l'indicatif est le temps verbal le plus fréquemment utilisé dans les passages dialogués de la première partie du texte (l. 1 à 42). Ulysse recourt au présent parce que les faits qu'il évoque sont contemporains du moment où il s'exprime : « Je *suis* Ulysse dont on *chante* les ruses... Mon pays, c'*est* Ithaque, île de roches qui *nourrit* de jeunes hommes robustes. »

b. Dans la dernière phrase de cet extrait, le présent de l'indicatif exprime un futur proche puisque Ulysse s'apprête à conter son histoire : « Je *vais* maintenant vous raconter... ».

2. a et b. Les verbes de ce second extrait ne sont pas conjugués au présent, mais au passé simple, ainsi qu'en témoignent les terminaisons : « nous abord*âmes* », « Un combat *eut* lieu », « nous sort*îmes* », « mes hommes s'attard*èrent* ».

c. Ce temps verbal est utilisé à l'écrit pour évoquer une action située dans le passé que l'on considère comme achevée.

Dans une narration, le passé simple est fréquemment utilisé avec l'imparfait. Ce dernier permet d'évoquer le cadre, l'arrière-plan de l'action, le passé simple servant au contraire à détacher les actions que l'on situe au premier plan.

Vocabulaire

Ce travail de recherche débutera par la définition du terme *aède*, conteur, poète chanteur de l'Antiquité grecque narrant de longs poèmes épiques.

1. L'aède n'est pas un écrivain au sens où nous l'entendons aujourd'hui, la transmission de la culture étant presque exclusivement orale à cette époque.

2. Les aèdes allaient de ville en ville, racontant par exemple les aventures de l'*Iliade* et de l'*Odyssée*. Ils puisaient leurs sources dans les légendes populaires, les mythes, les récits des héros grecs. S'ils connaissaient la structure de chaque histoire, leurs chants pouvaient comporter une part d'improvisation qui entraînait, à terme, l'enrichissement ou la déformation des récits.

3. Tel Orphée et Démodocos (l. 8), l'aède accompagnait son chant d'une cithare.

<u>Pour aller plus loin</u> :

Cette recherche peut également être l'occasion d'expliquer à la classe qu'à l'origine l'*Odyssée* n'était pas écrite. Homère, à qui l'on attribue cette œuvre, ne fut probablement que l'un des aèdes qui racontèrent les aventures d'Ulysse ; mais sa version de l'histoire fut si précise et si belle qu'on décida de l'immortaliser par l'écriture au VIe siècle avant notre ère.

EXPRESSION ORALE

• Bien préparé, un tel sujet peut donner des résultats étonnants et apporter la preuve que des élèves en difficulté à l'écrit sont capables de performances probantes à l'oral.

• Le passage concerné (la rencontre entre Ulysse et le cyclope Polyphème) sera préalablement l'objet d'une lecture expressive et d'une analyse en classe. Le travail de préparation consistera alors à mémoriser la structure du texte et à faire émerger des images et des représentations mentales de l'épisode. Sans doute sera-t-il nécessaire d'expliquer à l'élève que l'art de conter ne s'apparente pas à une récitation du texte d'appui.

• Il paraît souhaitable de donner à l'élève la possibilité de conter plusieurs fois un même passage de l'histoire afin qu'il puisse affiner sa perception du récit et du contexte dans lequel il s'exprime. On accordera alors une attention particulière à tout ce qui relève :

– de la *proxémie* : prise en compte des qualités acoustiques de l'espace occupé, des interférences sonores, de la disposition des lieux, de la distance qui sépare le conteur de son auditoire, etc.

– de la *kinésique*, prise en compte de tous les éléments relevant d'une communication non verbale : positions et déplacements du corps dans l'espace, mouvements de la tête, des bras et des mains, mimiques du visage, expression du regard, recours au silence, etc.

TEXTE D'ÉTUDE

N. Scott Momaday, « Légende indienne »

(livre de l'élève, p. 168-169)

LECTURE

Des textes étudiés dans la séquence, cet extrait du *Chemin de la Montagne de Pluie* de N. Scott Momaday est sans doute celui qui offre le plus bel exemple de **mise en abyme, puisqu'une légende indienne est enchâssée dans le récit du narrateur.**

Pour le romancier américain d'origine kiowa et cherokee, ce procédé est l'occasion de donner à la mythologie indienne, de tradition orale, ce que l'écrivain Mouloud Mammeri nommait « la vie demi-morte de l'écriture ». Mythes, légendes, récits étiologiques, traditions ancestrales sont ainsi sauvés de l'oubli par un écrivain que l'on considère aujourd'hui comme le chef de file de la littérature indienne.

La structure du texte

1. La mise en page et la structure de ce texte révèlent au lecteur la présence d'un récit enchâssé. Ce extrait du *Chemin de la Montagne de Pluie* comporte en effet deux énoncés nettement distincts :
– le premier, imprimé en caractères romains, ouvre et clôt le passage étudié (l. 1 à 9 et l. 22 à 26) ;
– le second, imprimé en italique et disposé en retrait, se trouve littéralement inséré dans le récit principal (l. 10 à 21).

2. Ces deux énoncés n'en restent pas moins articulés, ainsi qu'en témoigne, à la fin du premier paragraphe, la présence d'un verbe servant à introduire le récit : « Ma grand-mère me *raconta.* » (l. 8-9).

3. À ces deux récits que constituent respectivement le *récit-cadre* et le *récit encadré* correspondent deux narrateurs :

• Le premier s'exprime à la première personne (« *j'*aperçus la Tour du Diable », l. 2 ; « *Ma* grand-mère *me* raconta », l. 8-9), mais son identité nous est inconnue. (On pourrait néanmoins admettre que les élèves la confondent avec l'identité de l'auteur, parti lui aussi à la recherche de ses origines kiowas.)

• La grand-mère peut être considérée comme la narratrice du second récit (l. 9 à 21) raconté à la troisième personne (« *Il* était une fois huit frères et sœurs… », l. 10).

On fera éventuellement remarquer aux élèves que le personnage de la grand-mère n'intervient pas directement dans le texte qui relate son histoire.

Le récit du narrateur

1. Le premier paragraphe du récit-cadre (l. 1 à 9) prépare habilement le lecteur à entrer dans l'univers du conte :
– le narrateur décrit d'abord un paysage empreint de poésie et de mystère : « Une brume sombre s'étendait sur les *Black Hills* » (l. 1) ;
– il fait explicitement référence à la création du monde : « … comme si, à la naissance du temps, le noyau de la terre en avait percé la croûte, mettant le monde en mouvement » (l. 3 à 5) ;
– les indications de lieu sont chargées de connotations oniriques : les « *Black Hills* » (l. 1) et la « Tour du Diable » (l. 2 et 6).

2. L'histoire racontée par la grand-mère du narrateur nous est présentée, à deux reprises, comme une légende : « les Kiowas firent de ce rocher une légende » (l. 8) ; « il en sera ainsi tant que vivra la légende. » (l. 23).

3. En tentant de retrouver la terre de ses ancêtres kiowas, le narrateur effectue un voyage à remonter le temps. Diverses strates temporelles se trouvent d'ailleurs successivement évoquées dans le texte :
– le passage s'ouvre sur ce que l'on pourrait appeler le présent du narrateur, qui s'approche du territoire de ses ancêtres (l. 1-2) ;
– l'évocation d'un paysage aux formes antédiluviennes est l'occasion d'évoquer « la naissance du temps » et la mise en mouvement du monde (l. 3 à 5) ;
– viennent enfin des allusions à la légende conçue « il y a deux siècles » (l. 7) et au récit de la grand-mère (l. 9).

Une frise chronologique permettra aux élèves d'imaginer cette succession d'époques :

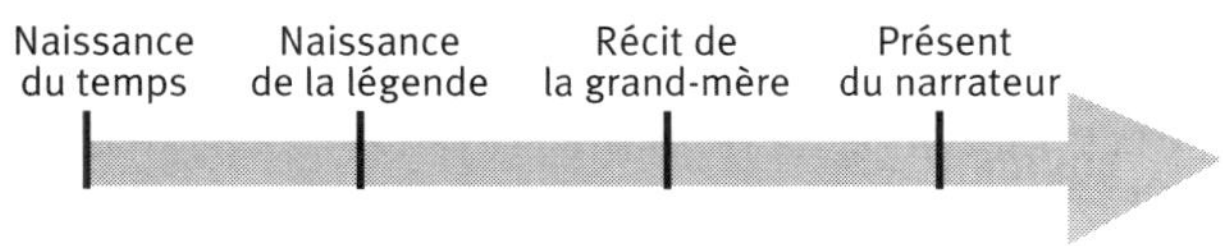

Le récit dans le récit

1. Le récit encadré débute comme un conte traditionnel par la formule « Il était une fois… » (l. 10), véritable sésame introduisant le lecteur dans l'univers du récit merveilleux. À cette entrée en matière s'ajoutent d'autres caractéristiques des contes : l'action, narrée à l'imparfait, se déroule dans un milieu et une époque indéterminés ; les personnages, dépourvus d'identité et de psychologie, sont réduits à leur fonction narrative (les sœurs, le frère, l'ours) ; les événements racontés ne se produisent jamais dans le monde réel.

2. En dépit de sa brièveté, le récit de la grand-mère constitue un *conte intégral* dont on peut dégager l'organisation interne :
– la situation initiale présente les personnages et leur principale activité : « *Il était une fois huit frères et sœurs, sept filles et un garçon, qui jouaient.* » (l. 10-11) ;
– l'élément modificateur relate la soudaine aphasie du garçon : « *Soudain le jeune garçon perdit l'usage de la parole ;* » (l. 11) ;
– les péripéties narrent les épreuves que traversent les personnages : transformation du garçon en ours (l. 12 à 14) ; effroi des sept filles dangereusement poursuivies (l. 15-16) ; intervention d'un arbre providentiel (l. 16-17).

– l'élément de résolution met fin à la menace en relatant la manière dont les fillettes échappent à l'ours (l. 17 à 20).
– la situation finale marque le retour à la stabilité puisque les sept sœurs deviennent « les étoiles de la Grande Ourse ». (l. 20-21).

3. Comme bien des contes merveilleux, le récit de la grand-mère repose sur une succession de métamorphoses :
– les premières lignes de l'histoire narrent les étapes par lesquelles le garçon se transforme en ours : il perd *« l'usage de la parole »* (l. 11), se met *« à courir à quatre pattes »* (l. 12) ; ses doigts se changent en griffes et son corps se couvre de fourrure (l. 13) ;
– les dernières lignes du récit relatent la manière dont les sept filles, *« emportées dans le ciel »*, deviennent *« les étoiles de la Grande Ourse »* (l. 20-21).

Au terme de l'histoire, aucun des *« huit frères et sœurs »* n'a conservé son identité initiale, leurs métamorphoses respectives permettant d'expliquer l'origine d'un phénomène naturel : la naissance d'une constellation que l'on nommera la Grande Ourse. Cette légende indienne offre un exemple parfait de conte étiologique.

ÉTUDE DE LA LANGUE

Vocabulaire

Cet exercice invite l'élève à découvrir l'étymologie du terme *conte* et à en comprendre l'évolution. Il peut également être l'occasion d'amorcer une réflexion sur la symbolique des nombres.

1 et 2. Les homophones *conter* et *compter* ont une origine commune puisqu'ils sont issus du terme latin *computare* qui signifiait initialement « calculer », « penser ».

• Le verbe *conter,* attesté dès 1080, est directement issu du verbe latin *computare* qui désignera au Moyen Âge le fait d'énumérer des événements, de relater, de narrer.

• Le verbe *compter* résulte d'une réfection étymologique récente puisqu'il faudra attendre l'âge classique pour que soit effective la distinction graphique et sémantique des deux termes. « Après une période de flottement, qui ne prend vraiment fin qu'au XVIIe siècle, le sens de "calculer" a été réservé à *compter*, orthographié d'après le mot latin. » (Alain Rey, article « Conter », *Dictionnaire historique du français)*

3. Le terme *comptine* – qui désigne un texte enfantin destiné à être joué ou chanté – nous rappelle qu'au-delà des différences graphiques les mots *conte* et *compte* ont une origine commune.

Pour aller plus loin

• Parce qu'il est issu du verbe latin qui désignait le fait de calculer et de penser, le *conte* est autre chose qu'une banale histoire racontée aux enfants par des grands-mères à la voix chevrotante. Étymologiquement, le conte est avant tout l'incarnation d'une pensée.

• La parenté des termes *conte* et *compte,* dont témoigne encore la *comptine,* nous renvoie aussi aux rapports de la lettre et du nombre. Sans vouloir entrer dans un débat difficile, nous ferons simplement remarquer :

a. Que la plupart des contes traditionnels accordent une place prépondérante à la symbolique des nombres (ce dont témoigne la présence des *sept sœurs* devenues les *sept* étoiles de la Grande Ourse).

b. Que les contes peuvent permettre de développer les capacités logiques des élèves (souvenons-nous, par exemple, qu'*Alice au Pays des merveilles* est la mise en œuvre littéraire des principes de logique formelle que développait Charles Lutwidge Dodgson, alias Lewis Carroll, à l'université d'Oxford).

EXPRESSION ÉCRITE

• Ce sujet d'expression écrite s'inscrit dans le prolongement de l'étude du texte puisque l'élève doit écrire un conte étiologique en imaginant l'origine d'un phénomène naturel.

• Il semble nécessaire de donner, au préalable, plusieurs exemples de ce type de textes que l'on empruntera au répertoire traditionnel ou aux *Histoires comme ça* de Rudyard Kipling. Le texte que ce dernier intitula « L'enfant d'éléphant » permet, par exemple, de répondre d'une manière imaginaire et fantaisiste à la question : « Pourquoi les éléphants ont-ils une trompe ? »

• On rappellera à la classe, exemples à l'appui, qu'il s'agit d'écrire une histoire totalement imaginaire, sans la moindre prétention de véracité.

• L'évaluation du devoir suppose enfin la mise en place de critères qui seront clairement révélés à l'élève : compréhension du sujet ; pertinence des choix narratifs ; organisation interne du récit ; maîtrise de l'expression et lisibilité de la copie.

REPÈRES

Récits emboîtés

(livre de l'élève, p. 171)

Sur le plan discursif, cette fiche « Repères » doit permettre un approfondissement des données narratologiques sur lesquelles repose l'analyse des quatre derniers textes étudiés dans la séquence : « L'histoire de L'Homme Bleu » de J.-M. G. Le Clézio, « Le récit du vieux Ngala » d'Étienne Goyémidé, « Ulysse conteur de sa propre histoire » (adaptation de l'*Odyssée*) et la « Légende indienne » de N. Scott Momaday.

Chacun de ces textes – auxquels pourrait être ajouté l'extrait des *Mille et une Nuits* (« Texte écho », p. 170) – présente la particularité de comporter deux histoires : celle qui met en scène un conteur et celle que raconte précisément ce conteur. Dans certains textes, ces deux récits se suivent ; dans d'autres, en revanche, un récit second est enchâssé, mis en abyme, dans le récit principal.

Un travail sur l'image devrait permettre aux élèves de saisir, sans trop de difficulté, ce qu'est la mise en abyme.

1. Lecture de textes

a. • Le texte de Pierre-Jakez Hélias (p. 156-157) ne comporte pas, à proprement parler, un récit dans le récit, mais une chanson venue se glisser dans la narration (« *Hue à Quimper, hue à Pont-Croix !* », *l.* 23 à 25).

• Les autres textes du chapitre comportent un récit emboîté que la mise en page et la ponctuation permettent d'identifier :
– texte 2 (p. 159-160) : les passages dans lesquels Aamma narre l'histoire d'Al Azraq sont encadrés par des guillemets (l. 12 à 16 ; l. 21 à 27 ; l. 34 à 48) ;
– texte 3 (p. 163 à 164) : le récit du vieux Ngala est précédé d'un astérisque et encadré par des guillemets (l. 14 à 29) ;
– texte 4 (p. 165-166) : le passage où Ulysse devient conteur de sa propre histoire est délimité par des guillemets (l. 43 à 56) et par un léger retrait à gauche. (À noter que dans l'édition Retz, le changement de narrateur est fortement signalé en marge par un filet de couleur.)
– texte 5 (p. 168-169) : la légende indienne enchâssée dans le récit de N. Scott Momaday n'est pas délimitée par des guillemets. Un retrait à gauche et une composition en italique permettent cependant au lecteur de percevoir aisément la présence d'une mise en abyme.

• Les textes d'Étienne Goyémidé et N. Scott Momaday indiquent clairement le changement de narrateur :
– le récit du vieux Ngala est introduit par les phrases suivantes : « Ce fut en ces termes [...] que Ngalandji [...] entama sa longue histoire » ; « Écoutons-le. » (texte 3, l. 9 à 13) ;
– la légende indienne est introduite par une courte phrase comportant un verbe déclaratif : « Ma grand-mère me raconta. » (texte 5, l. 8-9).

• Les textes de J.-M. G. Le Clézio (texte 2) et d'Anne-Catherine Vivet-Rémy (texte 4) nous font passer d'un récit à la troisième personne à un récit à la première personne.

• La situation inverse se produit dans la *Légende indienne* de N. Scott Momaday (texte 5) puisque le narrateur, qui s'exprime à la première personne, rapporte l'histoire que la grand-mère raconte à la troisième personne.

b. • Le texte écho extrait des *Mille et Une Nuits* (p. 170) présente une mise en page particulière puisque la seconde partie du passage (l. 6 à 23) est placée, à la fois, entre guillemets et en retrait.

• Ce texte débute par une narration à la troisième personne (l. 1) et se poursuit par une prise de parole de Schéhérazade qui recourt au pronom personnel sujet « nous » (l. 2).

• Plusieurs narrateurs se succèdent dans ce court passage : un narrateur anonyme (l. 1) laisse place au récit de Schéhérazade (l. 2 à 5) qui rapporte les paroles de la princesse de Deryabar (l. 6 à 23). Cette dernière relate à son tour les propos que lui adressa le « prince à la couronne d'or » (l. 18 à 20).

2. Lecture d'images

a. • L'exercice invite l'élève à identifier la célèbre *Vache-qui-rit* dessinée par Benjamin Rabier pour une marque de fromage.

• « Cette vache porte en pendants d'oreilles deux boîtes de fromage de cette marque sur laquelle est naturellement reproduite la même image avec ses pendants d'oreilles, etc. » (Michel Tournier, « L'image abîmée », *Des clefs et des serrures*, Chêne/Hachette, 1979).

• Le regard s'enfonce dans le dessin, « perd pied, se trouve pris au piège d'un processus infini qui n'est freiné que par le rétrécissement que subit l'image à chaque étape » (Michel Tournier, *ibidem*). Ce procédé se nomme la mise en abyme.

b. • Le tableau de Joseph Davie intitulé *Rencontre en forêt* (p. 173) représente une silhouette humaine de grande taille.

• Ce personnage possède essentiellement deux particularités :
– il est vêtu d'un costume composé d'une multitude de motifs différents ;
– son visage et ses mains, recouverts par ces mêmes motifs, ne se distinguent pas des vêtements.

• On parlera volontiers de dessins dans le dessin puisque chacun de ces motifs représente une petite scène de la vie agraire. Sur la poitrine du personnage, une sorte de blason de couleur jaune représente un vêtement comparable à ceux que portent certains des personnages dessinés sur la figure principale.

ATELIER D'EXPRESSION ORALE

(livre de l'élève, p. 172)

Les activités proposées au cours de cet *atelier* ont pour but d'amener l'élève à s'exprimer oralement dans le cadre de la classe. Ces pistes de travail, de difficulté croissante, impliquent **l'observation d'un support, textuel ou iconographique**, et la **prise en compte de consignes précises.**

• Les deux premières activités de cet atelier (« Lire un texte de manière expressive » et « Réciter un poème ») font appel à des compétences qui sont plus complexes qu'on ne le croit généralement : aptitude à déchiffrer le texte ; prise en compte de la mise en page, de l'organisation en paragraphes ou en strophes, de la ponctuation, des rythmes, des jeux de sonorités ; compréhension du contenu ; oralisation de l'écrit, etc. C'est la raison pour laquelle une démarche progressive et méthodique s'impose.

• Les activités suivantes (« Raconter une histoire » et « Faire vivre une image ») invitent moins l'élève à restituer un texte écrit qu'à le **produire**. L'une et l'autre privilégient la **forme narrative**, qui est, on le sait, le principal objet de travail en classe de sixième. De nombreuses difficultés accompagneront sans doute cet oral narrativisé : mémorisation de l'histoire et sens de l'improvisation ; emploi des connecteurs chronologiques et maîtrise de la langue ; prise en compte de l'auditoire et recours à la communication non verbale, etc.

L'apprentissage de ces savoir-faire est essentiel si l'on veut éviter que l'élève ne se sente mis à l'épreuve lors de telles situations de communication orale. Abordées dans le respect de ses compétences et de ses limites, elles peuvent être d'une grande richesse humaine et pédagogique.

CORRIGÉ DE LA FICHE ÉLÈVE 22

Test de lecture

(Ci-après, p. 255)

PRÉSENTATION

Objectifs

Faire lire une œuvre pour la jeunesse (recommandée par les *Documents d'accompagnement* des programmes de sixième) en rapport avec l'orientation thématique et narratologique du chapitre.

Œuvre concernée

Le Chat qui parlait malgré lui, de Claude Roy, Gallimard, coll. « Folio Junior », 1982.

Conduite de l'activité

Ce récit sera l'objet d'une lecture cursive. La fiche élève peut être utilisée de deux manières nettement distinctes :

• Rédigée à la maison, elle accompagnera et guidera la lecture personnelle de l'élève. L'objectif sera alors moins de vérifier que ce dernier ait lu le livre, que de guider et de conforter ses pratiques de jeune lecteur.

• Rédigée en temps limité dans le cadre de la classe, elle permettra d'évaluer le travail personnel et l'aptitude de l'élève à retrouver des informations disséminées dans le récit.

Dans l'un et l'autre cas, il est recommandé de laisser l'ouvrage à l'élève qui devra se montrer capable de copier correctement – ce qui n'est pas une moindre compétence en sixième – des extraits du récit.

CORRIGÉ

1. a. Claude Roy.
b. *Le Chat qui parlait malgré lui.*
c. Gallimard.
d. Folio Junior.
e. 1982.
f. Patrick Couratin.
g. Willi Glasauer.

2. a. Une dédicace.
b. Un calligramme.
c. Une silhouette de chat.

3. a. Gaspard Mac Kitycat.
b. Gaspard Mac Kitycat.
c. Thomas.

4. Parce qu'il a mangé une herbe bizarre dans le jardin.

5. « L'idée qu'on allait l'entourer et l'interroger, l'examiner et l'interviewer, lui faire passer des tests et le soumettre à des tas d'analyses, l'obliger à assister à des réunions scientifiques, à des congrès, à des colloques, des tables rondes, des assemblées, des séminaires, qu'il allait être obligé de répondre à des enquêtes et des questionnaires, de présider des cérémonies et des remises de récompenses, tout cela rendit Gaspard profondément triste. » (p. 20).

6. a. Cette phrase est d'abord prononcée par Gaspard (p. 24), avant d'être reprise par Thomas.
b. Cette phrase constitue le dernier vers d'un poème.

7. a. « Je me suis aperçu que la <u>parole</u>, c'est comme un oiseau : on croit la prendre, et elle vous échappe. »
b. « De toute façon, le métier de poète, c'est une vie de <u>chien</u> pour un chat. »

8. Au terme de la soirée passée au cirque, Thomas envisage de devenir *ventriloque* (p. 38-39) : parents, amis et voisins mettront ainsi les paroles que prononce Gaspard sur le compte de la ventriloquie de Thomas.

9. Les propos par lesquels Gaspard raille l'attitude des êtres humains (les parents, Madame Tétu, la Mère Michel) sont généralement attribués à Thomas qui court le risque de se faire gronder à la place de son chat.

10. « Et depuis que je parle, je me suis aperçu que je n'arrive pas à garder ma <u>langue</u> dans ma poche, comme disent les Personnes. » (p. 51).

11. « L'amère-commère-vipère-sorcière » (p. 59 et 64).

12. a. Il s'agit de l'auteur qui intervient directement dans le récit. (« J'ai demandé à Gaspard la permission d'écrire son histoire. », p. 88).
b. Il s'adresse aux lecteurs. (« Amis lecteurs, ne le répétez surtout pas… », p. 87).

CORRIGÉ DE LA FICHE ÉLÈVE 23

La situation de communication

(Ci-après, p. 257)

PRÉSENTATION

Objectifs

• Faire lire un autre extrait des *Mille et Une Nuits* reposant sur le procédé de la mise en abyme.

• Évaluer l'aptitude des élèves à distinguer quelques principes de narratologie élémentaires : auteur – narrateur – personnage ; narration à la 1re et à la 3e personne.

• Étudier une situation de communication en grammaire de l'énonciation : qui parle ? à qui ? de qui ?

Conduite de l'activité

Cette fiche élève sera distribuée lors de la dernière partie de la séquence (« Récits dans le récit »), au moment où sera lu le « Texte écho » extrait des *Mille et Une Nuits* (p. 170). Les activités qu'elle comporte permettront de savoir si les élèves sont ou non capables d'étudier une situation de communication, rendue complexe par de fréquents changements de locuteurs.

CORRIGÉ

Auteur, narrateur(s) et personnage(s)

1. a. Auteur : Florence Langevin.

b. Titre : *Schéhérazade, Les Mille et Une Nuits* (Il s'agit en réalité d'une adaptation des *Mille et Une Nuits.)*

2. a. Ces deux phrases sont rédigées à la troisième personne.

b. Elles sont prononcées par un narrateur anonyme.

3. a. Schéhérazade – le calife Haroun al-Rashid – Abou Hassan – le sultan Shahriar – le vizir Giafar.

b. Schéhérazade – Abou Hassan – le sultan Shahriar.

4. a. Passages dans lesquels Schéhérazade n'est qu'un simple personnage : l. 1 et l. 21.

b. Passage dans lequel Schéhérazade est la narratrice d'une histoire : l. 2 à 20.

Le récit dans le récit

5. La partie centrale du texte (l. 7 à 12) est présentée à la fois entre guillemets et en retrait. Cette mise en espace indique un changement de locuteur, révélant par là même la présence d'un récit dans le récit, d'une mise en abyme.

6. Personnages échangeant des propos dans la partie centrale (l. 7 à 12) : Abou Hassan et sa mère.

7. Leurs propos sont rapportés par Schéhérazade.

Les indices de personnes

8. a. Cette phrase est prononcée par Schéhérazade.

b. Cette dernière parle d'Abou Hassan.

c. Elle s'adresse au sultan Shahriar (« Sire… »).

9. « … vous en souvient-il ? » (l. 17-18).

10. « Bien sûr (…) nous l'avons déjà vu (…) dans l'histoire de la dame assassinée ! » (l. 19-20).

CORRIGÉ DE LA FICHE ÉLÈVE 24

Analyse d'images

(Ci-après, p. 259)

PRÉSENTATION

Objectif

Initier les élèves à l'étude de l'image et travailler sur les liens qui unissent l'iconographie du chapitre aux différents textes qu'il comporte.

Conduite de l'activité

Le travail proposé à l'élève ne porte pas sur une image, mais sur l'ensemble de l'accompagnement iconographique du chapitre 8. Les dix exercices de cette fiche font appel à des compétences précises :
– savoir identifier une œuvre picturale à l'aide des références que comporte une légende (auteur, titre, date de réalisation, etc.) ;
– être capable de distinguer le pays d'origine de l'artiste et le pays (ou la civilisation) représenté(e) sur la toile ;
– percevoir les relations qu'entretiennent le texte et l'image.

Cette fiche sera l'objet d'un travail, individuel ou collectif, de fin de séquence. Elle permettra, le cas échéant, de préparer la dernière activité de l'« Atelier d'expression orale » : « Faire vivre une image ».

CORRIGÉ

Observer et identifier des reproductions

Exercices 1 à 3 : (voir tableau page suivante)
Réponse 2. b. : Horace Vernet et Paul-Élie Dubois.

4. Le tableau de Paul-Élie Dubois intitulé *Guerrier touareg à la lance* (p. 161) rappelle nettement le personnage d'Al Azraq, l'Homme Bleu, dont Aamma narre l'histoire dans le texte de J.-M. G. Le Clézio (p. 159-160).

5. a. L'image de la page 171 constitue une affiche publicitaire (« Droste's cacao »).
b. Cette affiche illustre le procédé de la mise en abyme puisque l'image de la boîte de cacao est reproduite sur la boîte de cacao que tient la religieuse.

Comparer textes et images

6. a. Œuvres picturales dans lesquelles domine nettement la couleur bleue :
• *L'Oiseau bleu* de Frederick Cayley Robinson (p. 158).
• *Guerrier touareg à la lance* de Paul-Élie Dubois (p. 161).
• *Sagesse, Sagesses* d'Alphonse et Julien Yèmadjé p. 163).
b. Textes faisant allusion à la couleur bleue :
• Georges Jean, « Le temps des contes » (p. 158) :
« S'il était encore une fois / Vers les châteaux des contes bleus » (v. 5-6).

Page	Nom du peintre	Titre	Date	Nationalité de l'artiste	Civilisation représentée	Représente ou non un conteur
155	Horace Vernet	*Le Conteur arabe*	1833	France	africaine	oui (un conteur arabe)
156	Gilbert Spencer	*Le Preneur de rats*	1922	Grande-Bretagne	européenne	discutable
158	Frederic Cayley Robinson	*L'Oiseau bleu*	1911	Grande-Bretagne	européenne	non
161	Paul-Élie Dubois	*Guerrier touareg à la lance*	XIXe s.	France	africaine	non
163	Alphonse et Julien Yèmadjé	*Sagesse, Sagesses*	1995	Bénin	africaine	oui (un patriarche)
165	Antoine Félix Boisselier	*Homère racontant*	XIXe s.	France	grecque	oui (Homère)
167	anonyme	Apollon, dieu de la poésie	IVe s. av. J.-C.	Grèce	grecque	oui (Apollon)
168	anonyme	Mythe de la création d'une constellation	(?)	Australie	australienne	non
170	Léon Bakst	*Le Salon de Schéhérazade*	déb. XXe s.	russe	arabo-musulmane	non
171	anonyme	Publicité pour une marque de cacao	XXe s.		européenne	non
173	Joseph Davie	*Rencontre en forêt*	1998	Grande-Bretagne	indéterminée	discutable

• J.-M. G. Le Clézio, « Parle-moi de l'Homme Bleu... » *(Désert) :*
« La couleur bleue restait sur son visage et sur ses mains... » (l. 44 à 48).
c. Le texte de Pierre-Jakez Hélias (p. 156-157) fait également allusion à cette couleur : « Grand-père selle son cheval de fumée et me donne un poulain bleu pour le suivre à la recherche d'un pays étrange... » (l. 20-21).

7. Cette peinture sur écorce d'eucalyptus et la légende indienne n'appartiennent pas à la même civilisation (Australie / Amérique du nord), mais leurs points communs sont particulièrement évidents puisque l'une et l'autre évoquent la naissance d'une constellation (Wuripirimba / La Grande Ourse).

8. « ... malgré la robe de laine usée, ils comprenaient que ce n'était pas un mendiant, mais un vrai guerrier du désert, un homme bleu que Dieu avait appelé. » (p. 160, l. 45 à 47).

9. L'œuvre d'Alphonse et Julien Yèmadjé et celle d'Étienne Goyémidé possèdent bien des points communs :
• Il s'agit dans les deux cas d'œuvres provenant d'Afrique noire (Bénin / Centrafrique).
• Des jeunes gens, respectueux et intimidés, écoutent un vieillard qui semble se parler à lui-même.
• Ce vieillard paraît arrivé au terme de son existence.

10. (Commentaire personnel de l'élève).

BIBLIOGRAPHIE SOMMAIRE

Pour le professeur

• Sur les contes :

GILLIG (Jean-Marie), *Le Conte en pédagogie et en rééducation,* Dunod, 1997.

JEAN (Georges), *Le Pouvoir des contes,* Casterman, coll. « E3 », 1981.

LOISEAU (Sylvie), *Les Pouvoirs du conte,* PUF, coll. « L'Éducateur », 1992.

• Sur l'enseignement de l'oral :

BESSON (Jean-Jacques), *L'Oral au collège,* CRDP de l'Académie de Grenoble et Delagrave, 1999.

CHARLES (R.) et WILLIAME (C.), *La Communication orale,* Nathan, coll. « Repères pratiques », 1998.

FERNANDEZ (D.) et MEYER (B.), *Enseigner le français au collège,* Armand Colin, 1995.

Pour l'élève

KIPLING (Rudyard), *Histoires comme ça,* Gallimard, coll. « Folio Junior », 1997.

LANGEVIN (Florence), *Schéhérazade, les Mille et Une Nuits,* Retz, coll. « Un récit, des jeux pour découvrir ses classiques », 1998.

ROY (Claude), *Le Chat qui parlait malgré lui,* Gallimard, coll. « Folio Junior », 1982.

SILVER (Norman), *Le Cheval bleu,* l'École des Loisirs, coll. « Neuf », 1999.

VIVET-RÉMY (Anne-Catherine), *Les Voyages d'Ulysse,* Retz, coll. « Un récit, des jeux pour découvrir ses classiques », 1997 ; *Agamemnon, la guerre de Troie,* Retz, coll. « Un récit, des jeux pour découvrir ses classiques », 1997.

Chapitre 9

Fabuleux fabulistes
Étudier les caractéristiques de la fable

LES OBJECTIFS DU CHAPITRE

Objectifs généraux

• Sur le plan thématique, ce groupement de fables s'articule autour de **la figure du chat**. Un thème fédérateur favorise l'unité du groupement et facilite les confrontations. Par ailleurs, ce choix renvoie au chapitre 2, « Quand on parle du loup », d'une part, parce qu'il est centré sur un animal, d'autre part, parce qu'il expose les représentations les plus communes sur cet animal.

• Sur le plan générique, ce chapitre construit **le genre de la fable**, tantôt considéré comme un **genre narratif**, tantôt comme un **genre argumentatif**. Les Instructions et Programmes de sixième recommandent d'ailleurs l'étude de « textes poétiques, dont plusieurs fables de La Fontaine ». Cette séquence peut être rapprochée de celle qui est consacrée à la poésie (chapitre 5).

• Sur le plan pluridisciplinaire, la fable, par sa fonction didactique, permet d'**associer français et éducation civique** : « Au professeur d'histoire d'analyser des faits et des événements significatifs d'une époque donnée ; au professeur de lettres de travailler un texte, un poème, une scène de théâtre. »

• Sur le plan didactique, ce chapitre se fonde sur :
– le réinvestissement des savoirs sur le texte et le discours narratifs ;
– une première approche de l'explicatif et de l'argumentatif, leur reconnaissance ;
– la diversité et l'amplitude diachronique, puisque la fable est étudiée dans ses formes les plus variées, depuis Ésope jusqu'à Jacques Prévert et Claude Roy ;
– les principaux caractères de la fable, à travers des auteurs essentiels, comme La Fontaine et Florian ;
– la perception de la « norme » et de l'« écart », puisque la parodie se retrouve avec Pierre Perret, mais aussi à travers diverses activités de réécriture (« Atelier d'écriture »).

Objectifs méthodologiques

• L'oral est étroitement associé à la lecture et à l'écriture, qu'il s'agisse de mémoriser une fable afin de la réciter de manière expressive, de débattre des moralités ou des constats faits par les fabulistes, les moralistes, ou encore de « mettre en scène » une saynète résultant d'une transposition de fable.

• La lecture vise essentiellement la compréhension des textes, leurs structures (récit et moralité), les personnages et leurs caractérisations, leurs stratégies argumentatives ; elle s'appuie également sur des savoirs construits au fil des chapitres précédents (narrateur, personnage).

Voir le tableau synoptique page suivante.

ANALYSE DE L'IMAGE

Julien Yèmadjè, « Bestiaire » de La Fontaine et « comédie humaine »

(livre de l'élève, p. 175)

Cette illustration rompt avec l'iconographie habituellement utilisée pour accompagner l'étude des fables, en particulier celles de La Fontaine. Certes, Gustave Doré, Jean-Baptiste Oudry, Jean-Ignace-Isidore Grandville ont merveilleusement illustré ces recueils, mais nous retrouvons en Afrique la **tradition de la littérature orale**, de la **littérature animalière** : la plupart des animaux mis en scène par La Fontaine vivent dans les milieux naturels africains. Mais l'intérêt majeur réside dans la matière du support utilisé : Julien Yèmadjè appartient à la lignée des tisserands et brodeurs attachés aux maisons royales africaines : leur art est **un art de cour, à visée éducative**. Il nous semblait donc pertinent de proposer cette illustration originale, une cotonnade colorée, à l'étude des élèves. Nous vous invitons d'ailleurs à admirer les autres illustrations réalisées dans l'ouvrage *Fables choisies de La Fontaine*, éditions Sépia, 1994.

1. Les personnages représentés sont des hommes de couleur, des animaux : lion, lièvre, tortue, grenouille, chauve-souris… qui évoquent le bestiaire africain et le bestiaire de La Fontaine.

2. Le personnage principal semble être l'homme, placé en position centrale et entouré d'animaux.

3. Les quatre couleurs représentent certainement les couleurs des hommes : le blanc, le jaune, le rouge et le marron (vraisemblablement variante du noir, à cause de la couleur du fond, ou synthèse de plusieurs pays : Amérique latine, Inde, Océanie). On notera la volonté de montrer l'homme dans sa diversité et sa différence.

4. Les attitudes des animaux sont parfois étranges : le renard et le lièvre jouent du tambour, l'oiseau sur la branche joue de la flûte et laisse tomber un

TABLEAU SYNOPTIQUE

SUPPORT	LECTURE	LANGUE	EXPRESSION
• Julien Yèmadjè, « Bestiaire de La Fontaine »	• Lecture d'image : – composantes de l'illustration : personnages principaux et secondaires, objets, – codes des couleurs, – impression, effet : scène(s), attitudes		• Expression écrite ou orale : description, interprétation, justification
LE PETIT MONDE DES FABLES			
• Pierre Gamarra, « La souris, le saucisson et le chat »	• Le récit : schéma narratif • Le genre de la fable : récit et moralité	• Les vers et le « dessin » du poème sur la page • Les valeurs du présent • Substituts et informations	
• La Fontaine, « Le Cochet, le Chat et le Souriceau »	• Schéma et programme narratifs, résumé • Hypothèses de lecture • Description, point de vue • Formes de la moralité	• Périphrase, hyperbole • Substituts et classe grammaticale • Phrases verbale et non verbale • Recherches lexicales, • Rimes et sens	• Expression écrite : – changement de point de vue ; – argumentation simple, justification
• Florian, « Les deux chats »	• Codes de la fable : couples d'animaux, moralité, portrait symbolique, valeurs • Approche de l'explicatif • Lecture d'image : types de personnage, texte et image, recherches documentaires	• Syntaxe et effet • Mots de liaison : opposition, concession	• Expression orale : débat et argumentation : expliquer, justifier, convaincre, arguments et efficacité
• Trois fables d'Ésope	• Lecture cursive		
• A.E. Yakovlev et V.I. Shukhaev, *Autoportraits en Arlequin et en Pierrot*	• Lecture d'image : réflexion sur la transposition du monde des animaux à celui des hommes		
REPÈRES : EXPLIQUER, ARGUMENTER			
LES ANIMAUX, MIROIRS DES HOMMES			
• La Fontaine, « Le Chat et le Rat »	• Titre et hypothèses de lecture, • Schémas narratif et actantiel • Codes de la fable : moralité, programmes narratifs, • Le dialogue	• Le dialogue : marques, verbe introducteur, inversion du sujet	Expression orale : explication de proverbes • Expression écrite : Écrire une histoire à partir d'un proverbe
• Jacques Prévert, « Le chat et l'oiseau » • Claude Roy, « Le petit chat blanc »	• Codes de la fable : récit et moralité, types de personnages	• Jeux de sonorités • Valeurs du présent • Ponctuation • Vers et strophes	• Expression orale : récitation : mémorisation, expressivité • Expression écrite : écrire une lettre de « réclamation »
• Pierre Perret, « Le rat et l'éléphant »	• Lecture cursive		
• Florian, « L'Enfant et le Miroir »	• Éducation à la citoyenneté : les valeurs	• Recherches lexicales	• Expression orale : confronter des définitions, construire ensemble une définition de concept
REPÈRES : LA FABLE			
• Illustration de la chaîne alimentaire • Fresques du château du Haut Kœnigsbourg			• Imaginer une fable à partir de personnages et de situations fournis par l'image

fromage (?), la cigogne chante devant un micro (objet anachronique dans l'univers de La Fontaine). Les autres animaux sont montrés dans des attitudes plus conformes aux attentes et représentations du lecteur : la lionne est couchée, l'aigle et la chauve-souris volent, la tortue semble courir et la grenouille prête à bondir. La volonté de mêler univers du fabuliste et univers actuel s'affirme dans cette présentation d'animaux dont on « matérialise » en quelque sorte le chant, le ramage et peut-être le cri ou le bruit.

L'impression générale est plutôt gaie, joyeuse, festive, peut-être éloignée de la violence de certains récits. On privilégie ici la musique, le chant, le récit (suggéré par la position des hommes).

Au-delà d'une interprétation unique, l'important est de favoriser les échanges, l'expression de l'imaginaire et des représentations, de construire une démarche argumentative : énoncé d'une interprétation/ justification/ confrontation/ validation. Cette démarche heuristique favorise la construction de savoirs de manière interactive.

TEXTE D'ÉTUDE

Pierre Gamarra, « La souris, le saucisson et le chat »

(livre de l'élève, p. 176)

LECTURE

Le récit

1. L'événement qui déclenche l'histoire (élément modificateur, ou perturbateur) est le départ de Margoton, après qu'elle a posé l'assiette sur la table ; après la présentation (situation initiale) exprimée à l'imparfait, le passé simple marque le début de l'action, enclenchée par la négligence de la fermière et son départ.

2. Les péripéties de l'histoire :
– l'arrivée d'une souris qui est « à l'affût » ;
– le festin de la souris ;
– le retour de Margoton, alertée par le bruit que fait la souris ;
– le chat mange la souris et surveille le saucisson pour le protéger des attaques des autres souris.

3. Margoton, rassurée, se rend au jardin, provoquant ainsi le dénouement de l'histoire, car elle n'a pas mis le saucisson à l'abri ! À son retour, le saucisson a été mangé ; la formule est indirecte, on ne dit pas clairement que le chat l'a mangé, on constate seulement que « [l']assiette était vide ».

4. L'emploi, au vers 6, de l'expression « sans méfiance » annonce la mésaventure de la fermière.

La moralité

1. Comme la plupart des fables, celle-ci comporte deux parties : l'histoire (vers 1 à 35) et la moralité (vers 36-39), que La Fontaine, dans sa préface, nomme le corps et l'âme : « Le corps est la fable ; l'âme, la moralité » ; il y parle aussi de la narration et de la moralité.

2. La moralité est énoncée par le narrateur-fabuliste.

3. Réponse c. : « Pour vous protéger des voleurs, ne faites pas appel à un voleur ».

ÉTUDE DE LA LANGUE

Versification

L'observation du dessin de la fable sur la page révèle immédiatement la différence de longueur des vers : du vers d'une syllabe (« Or ») à l'alexandrin, en passant par des vers de deux, de six, sept ou huit syllabes. Si les élèves connaissent le nom qui désigne les vers selon le nombre de syllabes, il est pertinent de les revoir.

Grammaire

Présent de narration	Présent de vérité générale	Présent de l'énonciation
s'approche, escalade, mord ; appelle, mande, croque, veille, entrouvre, reste, se rassure, va	soyez (2 fois), appelez	vois, dévaste, dévore, vais ; comporte

a. Dans la plupart des cas, le présent de narration peut être remplacé par un passé simple (« s'approcha », « escalada », « mordit », « appela », « manda », « croqua », « veilla », « se rassura », « alla ») ; deux occurrences réclament peut-être l'imparfait : « entrouvrait », « restait » ; le passé simple est admissible, l'effet n'est pas le même. La discussion permet d'étudier la valeur de ces temps et les effets qu'ils créent dans la narration.

b. Les trois occurrences n'appartiennent pas à l'indicatif mais ont néanmoins cette valeur de vérité générale car on peut les paraphraser ainsi : si vous habitez Brest ou Nice, vous ne devez pas appeler le chat pour garder la saucisse ni le saucisson.

Vocabulaire

Substituts	Information
Les savoureuses rondelles	Forme du saucisson/goût agréable, délicieux
Mon saucisson	Mon : propriété de Margoton
L'assiette charcutière	Le plat qui contient la charcuterie (le saucisson, la chair de porc transformée, cuisinée – voir l'étymologie de charcuterie) ; emploi d'un terme générique, englobant.
Ce festin	Ce repas excellent, de fête.

On notera qu'à la fin, il ne reste que l'assiette, vide ! À confronter, par exemple, avec « l'assiette charcutière ».

TEXTE D'ÉTUDE

La Fontaine, « Le Cochet, le Chat et le Souriceau »

(livre de l'élève, p. 178)

LECTURE

L'histoire

1. L'activité de résumé permet de vérifier la compréhension première chez les élèves : elle révèle souvent de curieuses surprises…

Un souriceau, jeune et inexpérimenté, parti fièrement à la découverte du « monde », rencontre deux animaux inconnus : l'un lui paraît sympathique, doux et inoffensif, ressemblant même aux souris ; l'autre est agité, bruyant, étrange. Puisqu'il n'est jamais sorti, le souriceau ne connaît ni le chat ni le cochet. Ce dernier l'effraie et le fait fuir quand il s'approche du chat pour lier connaissance. Notre héros raconte son aventure à sa mère qui le met en garde contre les apparences.

2. Le narrateur principal est le souriceau ; en effet, le premier narrateur, le fabuliste, lui délègue le récit de cette aventure afin de conserver son point de vue, celui du naïf, ignorant, ne sachant comment nommer ce qu'il découvre.

3. La Fontaine met en scène un souriceau, c'est-à-dire une jeune souris ; il le qualifie de « tout jeune », insistant ainsi sur sa jeunesse et sur son inexpérience, son ignorance, précisées dans la relative « et qui n'avait rien vu ». Ces qualifications annoncent une mésaventure provoquée par l'extrême jeunesse et l'inexpérience.

4. Les fables de La Fontaine reposent souvent sur des « programmes narratifs » définis par un ou plusieurs verbes :
– le souriceau : *voyager, apprendre, s'enfuir* ;
– le chat : *se nourrir, chasser* ;
– le cochet : *défendre son territoire, mettre en garde* (?).

On peut s'interroger sur le bruit que fait le cochet : le fait-il pour avertir le souriceau du danger qui le menace ? Bat-il des ailes seulement parce qu'un intrus pénètre sur son territoire ? Ces possibilités donneront sans doute lieu à une discussion, qui permettra de développer les compétences argumentatives des élèves (justifier, discuter, défendre ou critiquer une opinion…).

Les étapes du récit

1. • Étape 1 (situation initiale) : « Découvrir le monde » (vers 4 à 6).

• Étape 2 (modification) : « Étranges rencontres » (vers 7).

• Étape 3 (action) : « Une amitié impossible » (vers 8 à 30).

• Étape 4 (dénouement) : « Courage, fuyons ! » (vers 31 à 32).

• Étape ((situation finale) : « Une bonne leçon » (vers 33 à 42).

Ces titres sont indicatifs. Il importe de faire remarquer que, contrairement à de nombreuses fables, l'histoire finit bien : le souriceau n'est pas mangé. Le dénouement constitue donc une étape essentielle et originale car le cochet interrompt, volontairement ou non, une action qui semblait irréversible.

2. Portraits :
– le cochet : « la voix perçante et rude » ; « sur la tête un morceau de chair » = la crête ; « une sorte de bras dont il s'élève en l'air » = une aile ; « la queue en panache étalée » ;
– le chat : « doux », « velouté comme nous », « marqueté », « longue queue », « une humble contenance », « un modeste regard », « l'œil luisant », « des oreilles en figure aux nôtres pareilles ».

On notera l'emploi de substituts pronominaux : « il », « l'un, l'autre » ; nominaux : « deux animaux », « cet animal » (termes génériques) ; ces mots de reprise ainsi que certaines périphrases révèlent l'ignorance du souriceau qui ne peut nommer ni les animaux ni certaines parties de leur corps. Il utilise le vocabulaire qu'il connaît pour décrire ce qu'il ne connaît pas. C'est le point de vue du personnage principal qui domine : les animaux sont nommés soit par le fabuliste (vers 15) soit par la mère (vers 33).

3. Le souriceau inverse les relations : pour lui, le chat est un ami, le cochet un ennemi. Pourtant, l'œil « luisant » (v. 27) de cet animal « doux », « bénin », « humble », « modeste », aurait dû alerter le souriceau.

4. Les qualifications du souriceau (vers 1) annoncent la suite ; le vers 2 annonce que l'histoire se terminera bien : le souriceau « fut *presque* pris au dépourvu ». Le lecteur s'attend à ce qui va se passer, peut formuler quelques hypothèses à partir de sa connaissance des fables qu'il a lues, de la nature qu'il a observée.

La moralité

1. La mère du souriceau, adulte expérimentée, énonce la moralité, qui prend la forme d'une mise en garde (« Garde-toi »).

2. Il ne faut pas se fier aux apparences. L'habit ne fait pas le moine.

ÉTUDE DE LA LANGUE

Grammaire

1. Les mots de reprise (voir le tableau page suivante)

Cette activité permet de revoir le pronom personnel de 3ᵉ personne masculin singulier et d'aborder les pronoms indéfinis désignant deux personnages (programme du cycle central). On peut également préparer un travail de différenciation d'emploi des pronoms personnels : la troisième personne comme mot de reprise dans la cohésion textuelle, les première et deuxième personnes comme désignations de l'émet-

LE SOURICEAU	LE CHAT	LE COCHET
Un souriceau tout jeune, et qui n'avait rien vu : Il (v. 3, 18 : pronom personnel) <u>Notre</u> souriceau (v. 15 : groupe nominal)	**Deux animaux :** L'un (v. 8 : pronom indéfini) Cet animal qui m'a semblé si doux (v. 24 : groupe nominal étendu) Il (v. 25, 29, 40 : pronom personnel) Le, l'(v. 28, 31 : pronoms personnels) Qui (v. 34 : pronom relatif) Le chat (v. 40 : groupe nominal)	**Deux animaux :** L'autre (v. 9, 32 : pronom indéfini) Il (v. 10, 12, 18 : pronom personnel) Un cochet (v. 15 : groupe nominal) Le (v. 22 : pronom personnel) Lui (v. 23 : pronom personnel) L'autre animal (v. 37 : groupe nominal)

teur et du destinataire (approfondissement au cycle central). Les groupes nominaux, étendus ou non, peuvent s'étudier en fonction des informations apportées (apparence, caractère, espèce).

2. Il est velouté comme nous, son pelage porte des taches ; il a une longue queue ; sa contenance est humble ; malgré son regard modeste, son œil luit.

Avant de demander de ne pas utiliser « être » ou « avoir », on peut exiger des phrases ou des propositions rédigées selon un schéma minimal, afin d'éviter les nombreuses énumérations souvent utilisées. On peut comparer les propositions des élèves entre elles puis avec le texte original afin de mettre en lumière les effets, les impératifs de brièveté de la fable.

Vocabulaire

1. « Et trottais comme un jeune rat/Qui cherche à se donner carrière » (v. 6), « moi, qui, grâce aux Dieux, de courage me pique » (v. 20), « Messieurs les Rats » (v.29). La naïveté du souriceau le rend téméraire, inconscient du danger. Il se vante aussi lorsqu'il se dit courageux, alors qu'il fuit !

2. L'objectif de l'exercice est de développer la conduite explicative chez les élèves, en les plaçant dans une authentique situation d'explication qui les oblige à s'adapter à un destinataire. La plupart de ces noms étant polysémiques, ils devront choisir le sens d'après le contexte :
– panache : assemblage de plumes ornant un casque, un drapeau… ;
– mine : aspect extérieur, comportement apparent ;
– minois : visage frais, éveillé ; aspect du visage ;
– contenance : attitude, manière de se tenir dans des circonstances définies ;
– vouloir : dispositions favorables ou défavorables, bonne ou mauvaise volonté.

Versification

Les mots à la rime des vers 39 à 41 sont importants car ils renvoient à l'enjeu de l'histoire : pour le souriceau, survivre, en évitant de devenir le *repas*, la *cuisine* du chat ; pour *vivre*, il ne faut pas juger sur la *mine.* Ainsi, on notera la place privilégiée que constitue la fin du vers, la rime. Ultérieurement, les élèves découvriront les règles qui régissent le choix des mots à la rime.

EXPRESSION ÉCRITE

1. Le changement de point de vue est un exercice intéressant de réécriture : il oblige à se décentrer, à sélectionner…

2. L'objectif est d'amener les élèves à un petit texte argumentatif, justifiant un avis ; en effet, le souriceau l'a échappé belle, mais la leçon aura-t-elle été profitable ? On peut s'interroger aussi sur le pouvoir des fables : le lecteur saura-t-il profiter de cet enseignement ?

TEXTE D'ÉTUDE

Florian, « Les deux chats »

(livre de l'élève, p. 180)

LECTURE

Portrait de famille

1. Les titres de fables, notamment chez La Fontaine, comportent souvent des noms d'animaux ennemis, opposés, appartenant à des espèces différentes… Or, Florian met en scène deux animaux semblables, deux chats ; le nombre *deux* favorisera sans doute la différence, l'opposition, mais dans d'autres domaines que celui de l'espèce ou de la nature. Cette réflexion permet d'émettre des hypothèses, de susciter des attentes de lecture que l'étude validera ou non.

2. Le tableau met au jour les différences de physique, de comportements, de « caractère » ; l'opposition se manifeste au niveau des voies de la réussite.

	L'aîné	Le cadet
Portraits	Noble origine, gras à lard, mine de chanoine, dodu, potelé, frais et beau	Noble origine, peau collée à sa tranchante échine
Actions	Ne rien faire, rester auprès du maître, l'amuser, je prends de bons morceaux, je les demande, faisant patte de velours → Être adroit	Trottait, courait, travaillant toujours, tu cours, manger une maigre souris, servir (le maître) → Être utile

1. Florian suggère l'activité intense du cadet grâce :

– au complément circonstanciel de temps : « du matin jusqu'au soir » (durée) ;

– au complément circonstanciel de lieu : « de la cave à la gouttière » ;

– aux verbes de mouvement : « trottait, courait » ;

– au commentaire du narrateur : « il fallait voir ! ».

L'objectif, modeste à ce niveau de classe, est de développer des compétences de lecture élargies, dans la mesure où les instruments d'analyse sont multiples et variés : syntaxe, rythme, lexique, énonciation...

2. L'aîné incarne la flatterie, l'hypocrisie, l'intérêt ; le cadet, le dévouement, le sens du devoir, l'utilité, et peut-être, étant donné le contexte, une certaine naïveté ; en effet, dans le monde des hommes, nous retrouvons la figure du courtisan flagorneur et celle du serviteur honnête et fidèle, soucieux de l'intérêt commun.

LE DÉSIR DE COMPRENDRE

1. Dans le dialogue (vers 15 à 30), le cadet demande des explications ; le verbe « expliquer », au mode impératif (vers 15), précise l'intention et l'attente du cadet.

2. Toute explication suppose une ignorance, une relation dissymétrique entre celui qui sait et celui qui ne sait pas ; une question de type « pourquoi ? » entraîne alors une explication. Dans cette fable, le cadet désire comprendre pourquoi lui, qui se dévoue totalement au maître, est si mal récompensé (si mal nourri), alors que son frère, qui ne fait rien, est si bien récompensé. Pourquoi l'un réussit-il tandis que l'autre échoue ?

3. La réponse apparaît dans les derniers vers :

« Va, le secret de réussir,
C'est d'être adroit, non d'être utile. »

Florian oppose « adroit » et « utile », qui renvoient à des systèmes de valeurs bien définis.

Travail et récompense

1. Une moralité est énoncée aux vers 29 et 30.

2. Le travail, valeur essentielle dans la société, n'est pas récompensé : le « salaire » du cadet n'est pas proportionnel à son investissement, à son dévouement ; c'est pourquoi le fabuliste a pris soin de mettre en relief l'activité intense de l'animal, dans les vers 9 à 11. Son intention est de faire percevoir au lecteur l'injustice de cette situation.

3. Le lecteur peut tirer une leçon évidente du constat de cette réalité injuste : la travail, le mérite ne sont pas toujours récompensés. N'oublions pas le contexte dans lequel s'inscrit cette fable : le XVIIIe siècle. Mais ce constat n'est-il pas éternel et universel, comme la plupart des moralités des fables ?

ANALYSE DE L'IMAGE

1. Arlequin et Pierrot sont deux personnages de la *commedia dell'arte*. Arlequin, au costume à losanges et au masque noir, est un valet malin et cupide ; Pierrot est un serviteur naïf et maladroit.

2. L'objectif de cette confrontation est d'amener l'élève à réfléchir sur une illustration « indirecte » de la fable ; en effet, *Autoportraits en Arlequin et en Pierrot* ne représente pas directement les chats de Florian mais conserve l'idée d'opposition entre les deux frères, entre un Arlequin adroit et cupide et un Pierrot maladroit et naïf. D'ailleurs, l'étude des costumes met au jour cette différence. L'activité peut être poursuivie par l'étude d'illustrations de Gustave Doré : par exemple, « La Cigale et la Fourmi » de La Fontaine, incarnées par deux femmes différentes ; « Les deux Coqs ». La confrontation avec les gravures « traditionnelles » correspondantes de Jean-Baptiste Oudry ou d'autres illustrateurs permettra de mieux en saisir l'originalité. L'idée de transposition, de figuration indirecte nous semble importante ici : si les animaux des fables renvoient aux hommes, les illustrateurs peuvent les représenter sous des traits humains.

ÉTUDE DE LA LANGUE

Grammaire

1. « Cependant » (vers 9) marque l'opposition entre le physique (maigreur) et l'activité intense.

2. Dans les vers 21 à 23, l'aîné, dans un premier temps, approuve les propos de son frère (« N'est-ce pas mon devoir ? ») : « *D'accord*, cela *peut* être ; ». Dans un second temps, il les désapprouve : « *Mais* moi... ». Cette première approche de la concession permet de mettre en place des éléments importants de la conduite, de la stratégie argumentative ; ainsi, on peut montrer comment prendre en compte l'opinion de l'autre pour mieux affirmer la sienne ensuite.

D'accord, tout le monde parle de ce film, mais moi, je n'irai pas le voir.

D'accord, Pierre a eu la meilleure note de la classe, mais moi, j'ai fait mon devoir tout seul !

EXPRESSION ORALE

En sixième, l 'argumentation fait surtout l'objet d'une identification à l'écrit ; des situations d'argumentation orale sont mises en place pour l'apprentissage du discours argumentatif à partir de la pratique naturelle et intuitive des élèves.

L'activité de débat proposée se fonde sur le développement des compétences et une première sensibilisation à la force de conviction ou de persuasion des arguments utilisés, à leur efficacité ; c'est pourquoi nous mettons en place ce dispositif qui permet d'observer le comportement des élèves, puis de l'analyser.

Par ailleurs, l'apprentissage de l'oral passe par de telles activités qui favorisent la prise de parole, l'écoute de l'autre, le développement du volume et du temps de parole de l'élève : il ne suffit pas qu'il parle, il faut qu'il développe son propos en expliquant, en justifiant.

REPÈRES

Expliquer, argumenter

(livre de l'élève, p. 183)

Les exercices proposés doivent permettre une évaluation des apprentissages de l'explication et de l'argumentation dans la fable ; **nous avons volontairement associé ces deux discours car tous deux visent une transformation des savoirs du destinataire mais selon une intention différente**. Ces notions seront reprises et développées au cycle central puis au cycle d'orientation. La progressivité des approches constitue une nécessité.

1. Distinguer explications et arguments

Explications : 2 et 3 ; arguments : 1 et 4.

On notera la présence de connecteurs logiques : *mais, puisque* (extrait 1).

2. Relever des arguments et rétablir des mots de liaison

Le chat	Le hibou
sagesse, respect des lois, instruction, piété, discrétion, respect des dieux.	esprit (intelligence), grâce, audace.

Ma foi, disait le chat, c'est aux Égyptiens que je donne le prix *car* c'est un peuple sage, un peuple ami des lois ; *de plus*, il est instruit, discret, pieux, rempli de respect pour ses dieux ; *c'est pourquoi* cela seul, à mon gré, lui donne l'avantage.

– J'aime mieux les Athéniens, répondit le Hibou, *parce qu*'ils ont beaucoup d'esprit et de grâce. *En outre*, dans les combats, ils montrent une grande audace.

Il convient de faire percevoir les différences syntaxiques entre la version originale et la version réécrite : la présence de mots de liaison modifie la construction des phrases. La brièveté constitue une nécessité de la forme poétique : l'énumération ne nécessite aucun lien. Cet exercice permet d'approcher les relations logiques implicites : usage des deux points à valeur d'explication et/ou de justification, de la virgule à valeur d'addition.

TEXTE D'ÉTUDE

La Fontaine, « Le Chat et le Rat »

(livre de l'élève p. 184)

LECTURE

Mésaventures

1. Le titre comporte deux noms d'animaux ennemis, le chat et le rat ; le lecteur s'attend à retrouver les aventures de ces deux animaux : chasser, se nourrir, survivre…

2. Un chat, un hibou, un rat et une belette vivent dans un arbre. Un jour, le chat, tombé dans un piège, sollicite l'aide du rat, ravi de voir son mortel ennemi en fâcheuse posture. Malgré les promesses d'alliance du chat, le rat refuse de le libérer ; mais le hibou et la belette guettent le rongeur ; aussi, contraint et forcé, il délivre le chat. Plus tard, le chat rencontre son sauveur, méfiant, car le naturel l'emporte toujours.

3. Opposants du rat : chat, hibou, belette. Aides du rat : homme, chat.

L'homme est une aide du rat car il élimine un de ses ennemis (piège). Mais le plus important est de montrer la double fonction actantielle du chat, selon l'étape du schéma narratif : au début opposant, ensuite aide. À la fin, comme le suggère le rat, opposant possible.

4. Le rat énonce la moralité de la fable. *Chassez le naturel, il revient au galop. Il ne faut pas juger les gens sur la mine.* Il convient de montrer que, dans les fables, la moralité est énoncée soit par le fabuliste soit par un personnage. De même, dans l'étude du genre, la place de la moralité varie : au début (« Le Loup et l'Agneau »), au milieu ou à la fin.

Dialogues de bêtes

1. Les animaux dialoguent aux vers 14-34, 46-55. Verbes introducteurs, guillemets, tirets marquent les limites du discours direct.

2. Le chat veut que le rat le libère du piège où il est tombé. En échange, il promet aide et protection : il protègera le rat contre ses autres ennemis, le hibou et la belette.

3. Pour convaincre le rat, le chat utilise trois arguments :
– le rat a toujours été bienveillant à l'égard du chat (vers 14 à 16) ;
– le chat a toujours aimé le rat, et lui seul de son espèce (vers 18 à 20) ;
– le chat promet de s'allier au rat pour le défendre contre le hibou et la belette.

4. Le titre de la fable a permis de définir les rapports naturels du chat et du rat, le prédateur et la proie. Or, le chat promet de devenir l'ami du rongeur : les noms « (mortel) ennemi » et « (cher) ami », placés à la rime des vers 13 et 14, résument la situation.

« Protégerai » et « mangerai » (vers 30-31) résument l'enjeu de l'argumentation du chat. « Idiot » et « sot » (vers 33-34) résument la réaction du rat aux propositions du félin. D'autres associations sont intéressantes : « allié » et « oublié », (vers 48-49) « traité » et « nécessité » (vers 52-55), « reconnaissance » et « alliance » (vers 53-54).

5. Le rat ne conclut pas d'alliance avec le chat ; c'est la nécessité, la présence du danger, qui l'obligent à délivrer le chat : le hibou et la belette le menacent, seul le chat pourra les faire fuir et donc protéger le pauvre rat : « *Dangers* de toutes parts ; *le plus pressant* l'emporte. » (vers 38). Les derniers vers contiennent bien les données de la situation : « Aucun traité/Peut-il forcer un Chat à la reconnaissance ?/S'assure-t-on sur *l'alliance*/Qu'a faite la *nécessité* ? »

ÉTUDE DE LA LANGUE

Grammaire

1. « Le pauvre Chat dit » (vers 14), « reprit le Rat » (vers 26), « repartit le Chat » (vers 28), « Le Rat dit » (vers 33), « dit-il » (vers 46), « reprit le Rat » (vers 51).

2. Les verbes « reprendre » et « repartir » indiquent qu'il s'agit d'une deuxième prise de parole, en l'occurrence une réponse. Plus tard, une distinction sera établie, dans le cas d'une deuxième prise de parole, entre réponse et addition de paroles par le même locuteur (*ajouter*).

3. On notera la place du verbe introducteur et l'ordre sujet-verbe : inversion lorsque le verbe se situe au milieu des paroles ou à la fin. Cette observation sera réinvestie lors d'activités d'écriture incluant un dialogue, afin de varier les procédés.

4. Les marques du dialogue sont souvent mal maîtrisées. Il importe donc de les rappeler en contexte :
– les guillemets, facultatifs, délimitent le dialogue inséré dans le récit, et non pas les paroles de chaque interlocuteur : on les trouve donc au vers 14, pour ouvrir, et au vers 33, pour clore le premier échange ;
– les deux points suivent le verbe qui introduit les paroles : « Le Rat dit : « Idiot ! » ;
– le tiret signale le changement de locuteur ;
– l'alinéa se remarque moins bien ici, à cause de la longueur variable des vers. La confrontation avec un texte de prose permettra de l'observer.

EXPRESSION

Expression orale

L'objectif est de favoriser l'expression orale, l'explication, la justification, l'argumentation, en cas de désaccord. Les proverbes ont une signification souvent connotée, symbolique, à cause de la polysémie des termes ou de l'emploi intransitif de certains verbes (*tenir, courir, embrasser…*) ; c'est pourquoi cette activité oblige l'élève à trouver le sens contextuel.

Expression écrite

À partir des définitions des proverbes, l'élève doit rédiger un récit qui illustre la morale. Exercice d'imitation, la rédaction de cette histoire permettra de vérifier les acquis de la fable mais aussi les schémas narratif et actantiel, étudiés précédemment. Parmi les critères d'évaluation, on choisira, par exemple, le respect de la ponctuation du dialogue.

Voici, à titre d'exemple, une production d'élève.

Le Chien, le Ver et la Pie

Une pie affamée volait au-dessus d'un jardin quand elle prit un ver en flagrant délit de promenade sur le sol humide. Elle se posa et dit malicieusement au ver : « Petit ver, toi qui es si minuscule, tu dois avoir bien faim ; viens par ici, je t'apporte quelques débris de racines. » Le ver reprit : « Tu me crois donc sot ? Mes compagnons se sont fait manger par des gens de ton espèce ! » Le chien du jardinier entendit ces paroles. La pie, de fureur, se jeta sur le ver, qui rentra aussitôt dans la terre. La pie enfonça son bec dans le sol mais trop tard. Le chien en profita pour l'attraper et la tuer.
De cette fable nous apprenons que tel est pris qui croyait prendre.

Jean-Claude.

TEXTES D'ÉTUDE

• Jacques Prévert, « Le chat et l'oiseau »
• Claude Roy, « Le petit chat blanc »

(livre de l'élève, p. 186)

LECTURE

La fable

1. Dans ces deux fables, le récit est séparé de la moralité par un blanc ; de plus, chez Claude Roy, le terme « moralité » apparaît.

2. Ce poème joue sur les sonorités à la rime : le son [ã] est souvent associé au chat : « blanc », « semblant », « dents », « miaulant », « moment », « délicatement », « obligeamment », « enfant », « sentiments », « inconvénients », « souvent ». À la souris est associé le son [i] : « amie », « souci », « dit », « guéri », « souris », « ennuis ». Le poète a utilisé les sons qui rappellent le chat blanc et la souris. On peut illustrer cette technique par d'autres poèmes fondés sur ces jeux sonores, notamment l'emploi d'un seul son à la rime (Claude Roy, « Les raies du zèbre sans arrêt », *Enfantasques*).

3. a. La première moralité, si elle possède une authentique vérité, est illustrée de manière surprenante, décalée par le récit de ce chat qui « a à moitié dévoré » l'oiseau. La seconde correspond bien au récit, histoire que l'on trouve chez La Fontaine : c'est en quelque sorte une autre version de « Le Cochet, le Chat et le Souriceau », mais celle-ci se termine mal pour la souris, trop naïve.

b. La moralité du « Petit chat blanc » a une portée très large ; certes, elle s'adresse aux souris, aux « petits enfants » mais aussi aux adultes.

Sales bêtes !

1. La mort de l'oiseau est une catastrophe pour le village et pour la petite fille car c'était le seul oiseau du village (vers 3) : les villageois n'entendront plus le chant de l'oiseau. C'est un peu de vie, de gaieté et de bonheur qui disparaît. Bien évidemment, la mort d'une souris aurait causé moins de chagrin car cet animal est moins bien considéré, moins apprécié que l'oiseau : c'est un nuisible.

2. a. Le texte 2 met en lumière l'hypocrisie du chat, son caractère sournois (« qui faisait semblant/ d'avoir mal aux dents »).

b. La souris est trop naïve, crédule (« bonne enfant »).

3. Les chats représentés dans ces deux textes ressemblent à ceux de La Fontaine et de Florian : ce sont des prédateurs qui se nourrissent de souris, de rats et d'oiseaux ; ils sont aussi hypocrites, sournois. L'originalité de Prévert réside dans l'association du chat et de l'oiseau ; ce félin semble plus gentil, mais seulement avec la petite fille.

ÉTUDE DE LA LANGUE

Vocabulaire

Le sens du nom « village » varie : aux vers 1 et 9, il désigne les habitants, les villageois ; aux vers 3 et 4, il désigne l'agglomération, l'ensemble des maisons et des bâtiments.

Grammaire

1. Le présent de l'indicatif a une valeur de vérité générale.

2. Cet exercice vise à travailler la ponctuation, la syntaxe par la déclamation, le rythme. Cette démarche réflexive vise une appropriation véritable de la segmentation du texte et de la phrase en passant par l'oralisation.

Versification

1. Le choix des élèves se portera sans doute sur le texte de Claude Roy à cause du jeu sur les sonorités étudié en lecture : la brièveté des vers, les assonances qui reviennent fréquemment créent un effet musical plus perceptible.

2. • Paragraphe : division d'un texte en prose, constituée d'une ou plusieurs phrases.

• Strophe : division d'un poème, constituée d'un nombre défini de vers. Seule la fable « Le Rat et l'Éléphant », de Pierre Perret, page 188, présente deux strophes.

3. « Le petit chat blanc » compte des strophes de quatre vers, ou quatrains, et une strophe de six vers, ou sizain.

EXPRESSION

Expression orale

La récitation est une activité appréciée mais également redoutée des élèves ; en effet, la mémorisation pose quelques problèmes à certains, c'est pourquoi il convient de mettre en place des exercices d'entraînement : texte à réciter « à trous » qu'il faut compléter, restitution du texte par écrit...

Il est aussi possible de permettre aux élèves de réciter plusieurs fois afin de dépasser l'angoisse de la mémorisation, qui ne favorise guère l'expressivité ; ce dispositif permet, une fois la mémorisation acquise, de réciter de manière expressive ; la note s'améliore régulièrement. Il convient de ne pas multiplier inutilement les passages et de fixer une limite (trois passages).

EXPRESSION

Expression écrite

Ce sujet propose une situation d'énonciation précise, un destinataire identifié, une forme précise et codifiée (la lettre). L'ensemble des productions peut être regroupé en un recueil ou faire l'objet d'une exposition au CDI, accompagné d'illustrations choisies, de fables mettant en scène le chat...

On peut attendre un réinvestissement du travail sur la lettre dans le chapitre 1 (texte de J-M. G. Le Clézio, p. 24, et « Atelier d'écriture », p. 32-33).

L'élève devra respecter :
– l'émetteur, le destinataire, leurs marques (noms, pronoms personnels, déterminants possessifs de première et deuxième personne) ;
– la mise en page : nom de l'émetteur et du destinataire, date, lieu de rédaction, formule d'ouverture et de politesse (clôture), signature de l'émetteur ;
– la visée spécifique du discours : se plaindre de l'image négative qu'il donne de lui dans ses textes ;
– l'adaptation du langage au destinataire.

ÉDUCATION CIVIQUE

Florian, « L'Enfant et le miroir »

(livre de l'élève, p. 189)

LA COHÉRENCE DE L'ÉDUCATION CIVIQUE : LA PLACE DES CONCEPTS

Comme le soulignent les documents d'*Accompagnement des programmes de sixième*, la **formation aux concepts** demeure un objectif majeur qui mobilise tous ceux qui ont la responsabilité de l'éducation civique. L'enseignant invente des situations favorisant l'élucidation des concepts, leur verbalisation, afin d'en fixer le sens. Les contes de fées, les fables permettent de distinguer le bon et le méchant, le juste et l'injuste, de se réjouir du triomphe du bien et de manifester une vraie compétence morale (sens des valeurs, conceptualisation).

Les activités écrites et orales sur la fable de Florian s'inscrivent dans ce **cadre pluridisciplinaire. Puisque la fable véhicule des valeurs, des principes et des préceptes, on amène les élèves à réfléchir sur certaines des notions de l'éducation civique.**

Le chapitre 1, « De l'école au collège », a favorisé l'approche du « collège, un lieu pour apprendre, une communauté éducative », ce chapitre-ci s'intéresse plus généralement aux « droits et devoirs de la personne », à « la citoyenneté », à « l'environnement et au cadre de vie ».

LE RESPECT D'AUTRUI

L'autre

2. « travers » : « petit défaut ridicule » ; « dépit » : « contrariété, blessure d'amour-propre provoquée par une déception » ; « irritation forte » (sens classique).

3. Surprise, au début, dépit ensuite, agressivité et violence, colère et désespoir enfin.

4. La mère énonce la moralité, comme dans « Le Cochet, le Chat et le Souriceau » : l'adulte, sage et expérimenté, transmet le savoir et la sagesse acquis au cours de l'existence. « Ne fais pas à autrui ce que tu ne voudrais pas qu'on te fît. »

5. Le miroir, dans ce texte, représente l'autre, au travers de l'image de l'enfant qu'il reflète.

Droits et devoirs du citoyen

1. Citoyen : personne officiellement reconnue comme membre de la communauté politique que forment les habitants d'une cité, d'une ville, d'un pays, soit parce qu'ils y sont nés, soit parce qu'ils ont été naturalisés.

2. « Tous les êtres humains naissent libres et égaux en dignité et en droits. » (Déclaration Universelle. 10 décembre 1948.) « Les droits et les devoirs sont corrélatifs ; ils sont en parallèle ; l'on ne peut parler des uns sans parler des autres, de même qu'ils ne peuvent exister l'un sans l'autre, ils présentent des idées qui les embrassent tous les deux… » (Abbé Grégoire, 4 août 1789). Les documents d'*Accompagnement des programmes de sixième* proposent un tableau intéressant à travailler avec les élèves (livret 1, page 54).

3 et 4. Ces questions visent à définir, au niveau d'une classe de sixième, certains concepts essentiels de la citoyenneté ; il est important aussi de montrer comment ils s'actualisent dans la vie d'un collégien. Le débat, la confrontation permettront de « verbaliser » ces concepts, de les construire et de les fixer, au moins momentanément, avant des approfondissements ultérieurs.

REPÈRES

La fable

(livre de l'élève, p. 190)

1. Identifier des moralités de fables parmi des extraits de récits brefs

Extraits a, e : fins de conte ; b : début de conte ; c, d, f : moralités de fable.

2. Les types de moralités

Règle de conduite	C, D, F, « Le lion et le renard », « Le chat et l'oiseau », « L'Enfant et le Miroir »
Mise en garde	A, E, G, « La souris, le saucisson et le chat », « Le Cochet, le Chat et le Souriceau », « Le pêcheur jouant de la flûte », « Le Chat et le Rat », « Le petit chat blanc », « Le Rat et l'Éléphant »
Constatation d'une réalité injuste	B, « Les deux chats », « Les deux chiens »

ATELIER D'ÉCRITURE

Jouer avec les fables

(livre de l'élève, p. 192)

1 De la fable à la scène de théâtre

L'objectif est d'exploiter la théâtralisation des histoires racontées dans les fables pour les transposer en comédie, en petit drame. Les élèves pourront réinvestir les acquis des études de textes, « transcoder » du point de vue générique, écrire les dialogues, discuter de la mise en scène… Cette situation requiert un véritable « public », un destinataire réel ; de plus, la socialisation du travail réalisé constitue un facteur très positif dans les apprentissages. On pourra se reporter à la rubrique 3, « Jeux oraux » (IV- L'oral, A. L'expression orale préparée, *Accompagnement des programmes de sixième*, livret 1, page 24).

2 Écrire à partir d'une image

• Sujet 1

L'analyse de l'image et la moralité proposée mettront les élèves sur la voie ; en effet, cette image représentant la chaîne alimentaire permet de comprendre que, bien souvent, « tel est pris qui croyait prendre ». Les personnages et la situation sont fournis par l'image, à l'élève de mettre en récit et en texte.

Voici, à titre d'exemple, la fable imaginée par Bertrand, élève de sixième.

Un jour de pluie et de vent, le chat noir de la ferme du village ne savait pas quoi faire car il ne voulait pas se mouiller. Il passa donc la matinée au coin du feu. Soudain, il pensa à cette petite souris cendrée aux yeux noirs et aux moustaches blanches. Cela faisait une éternité qu'il courait après elle sans pouvoir mettre la patte dessus. Il eut l'idée, pour attraper ce maudit rongeur, de se servir d'un de ces pièges qu'utilisait la fermière. D'un bond il courut jusqu'au grenier à blé. « Là, elle viendra sûrement prendre son repas. » Il réussit à faire glisser le piège près du tas de grains, et après plusieurs essais, à tendre le ressort. Il se blottit derrière un sac et attendit patiemment sa proie. Le temps semblait s'être arrêté quand il entendit enfin la souris trotter sur le plancher. Le chat frémissait d'impatience. Mais la souris fit le tour du tas de blé sans se soucier du piège. Il n'était pas bien placé. Il décida de le pousser contre le mur, près du trou. Mais en regagnant sa cachette, horreur ! une effroyable douleur le saisit. Le chat avait oublié que sa queue traînait derrière lui ! Il se mit à courir pour se débarrasser de cette pince.

Quant à la souris, elle vaquait tranquillement à ses occupations.

Et puis nous pouvons y apprendre que tel est pris qui croyait prendre.

• Sujet 2

Voici, à titre d'exemples, deux productions d'élèves réalisées à partir des photographies de fresques du Haut Koenigsbourg.

Le Basset et la Chenille

Sur le haut d'une muraille,
Deux animaux se chamaillent.
C'est un basset
Qui regarde gloutonnement une chenille.
Soudain, le basset engage la conversation :
– Mademoiselle Chenille, bien le bonjour ! Je vous souhaite un excellent repas sur cette feuille de chêne.
– Merci, de même ! Mais au fait, qu'allez-vous manger puisque le garde est en congé et que vous n'avez rien à croquer ? Vous n'avez même pas un morceau de pâté !
– Eh bien, je me contenterai d'une des feuilles que vous savourez avec délice sur cet arbre propice, si vous le voulez bien.
– Mais bien volontiers ! Goûtez ! Goûtez ! Je ne sais si vous les apprécierez… Elles n'ont ni le goût de lapin ni celui de marcassin.
– Là, vous me vexez. J'ai changé depuis le mois dernier. Je suis devenu… végétarien ! Je ne me nourris que de morceaux de pain.
– Mais voyons, végétarien veut dire sans pain, sans viande, sans rien !
– Pardon, que dites-vous ? Rapprochez-vous, je n'entends point.
– Pauvre chien ! Les instruments de troubadour vous auront rendu sourd.
La chenille s'approche du chien,
Ne se doutant de rien.
– Ma parole, dame Chenille, vous avez mis votre robe verte. Je préfère celle du dimanche, rose et blanche. Celle-ci vous boudine et vous ne semblez point fine.
– Insinueriez-vous que je suis… GROSSE ?
La chenille, folle de rage,
Rampe aussi vite qu'elle le peut vers le chien.
Celui-ci avance le plus près possible à petits pas.
Soudain, ils se retrouvent nez à nez,
Museau contre museau.
– Adieu, chenille, vous allez bientôt vous retrouver comme une petite frite dans mon estomac qui le mérite.
Et sans perdre un instant,
Le Basset ouvre grand la gueule
Et avale la Chenille.
Il est tout content
De s'être mis
Quelque chose
Sous la dent.

Muriel et Émilie.

L'Abeille la plus belle, le Corbeau le plus beau

« Ah, corbeau ! Si seulement tu pouvais cesser
De t'égosiller toute la journée !
La nuit, j'en perds mon sommeil, foi d'abeille.
De plus, tes yeux globuleux me font peur,
Ils ont toutes les couleurs,
Et cela me met de mauvaise humeur.
Tu sens le camembert jusqu'à mon repaire.
Et vite, je me faufile, tel un reptile, en dessous des tuiles
Du chenil. »
Le corbeau réplique bien haut, par ces gros mots :
« Toi, abeille, tu es plus méchante qu'une corneille.
Tu piques sans raison les vilains polissons
Qui jouent sur le pont.
Pendant que chevaliers et nobles festoient
Tu tournoies autour des plats,
Tu zozotes comme une sotte,
Tu es pire qu'une tique.
Tu t'habilles de rayures jaunes et noires
Comme un prisonnier mal réveillé.
Insecte ! Il faut que tu me respectes
Car je suis le corbeau le plus beau
De tout le château !
Mais… je me défie de toi car, sournoise comme toi,
Il n'y en a pas trois.
Tu finiras bien par me piquer
Le bout des doigts de pied,
Nom d'un corvidé ! »
L'abeille se défend avec cran :
« Tu es noir comme le désespoir et l'on pourrait
Faire un plumeau avec tes oripeaux.
Tes griffes agrippent les murailles du château,
Elles sont mangées par les asticots,
Vraiment pas beau, ce corbeau !
De ton bec large et noir, on ferait un miroir
Et de tes pattes d'aristocrate des accoudoirs. »
L'abeille se tord de rire,
Le corbeau voudrait voler pour la manger
Mais il est attaché à une chaîne
Et cela le gêne.
« Monsieur Schnug, sortez votre petite clé, délivrez-moi
Les pieds ! »
La corbeau délivré déploie ses ailes
Et gobe l'insecte.
Il va se poser sur une gargouille
Et digère la petite nouille.
Mais soudain, une aigreur à l'estomac !
Il se tord de remords,
Il se roule de douleur.
La maligne, avec son épine,
A piqué dans le gras de l'estomac.
Depuis ce jour, le corbeau
Ne cause plus aux insectes
Car il regrette d'en avoir englouti
Sans avoir réfléchi.

Muriel.

3. Transformations

Ces activités visent l'appropriation de la fable par le jeu de la parodie, de la transformation, de la récriture ; de tels exercices ont pu être menés au cours de l'étude du conte. La diversité et la variation des supports, considérés comme des lanceurs d'écriture, sont importantes dans cet atelier ; l'écriture créative favorise le développement de la sensibilité et de l'imagination, dans une dimension ludique, et, par conséquent, le plaisir d'écrire.

Le sujet 1 conduit à intégrer les deux textes proposés ; le sujet 2 joue avec le vocabulaire et le sens, comme l'ont fait les membres de l'Oulipo ; le sujet 3 porte sur une possible actualisation des fables : les élèves qui ont pratiqué cette transformation y ont, en général, pris beaucoup de plaisir.

CORRIGÉ DE LA FICHE ÉLÈVE 25

Les noms de la fable

(Ci-après, p.261)

PRÉSENTATION

Objectifs

Les activités de cette fiche visent la maîtrise orthographique de noms, de mots fréquemment rencontrés dans les fables. Leur caractère ludique rend l'exercice plus attractif que la dictée de mots, par exemple.

Un exercice de récriture vise la maîtrise de l'orthographe grammaticale.

Conduite de l'activité

Cette fiche peut être proposée aux élèves après l'étude de deux ou trois fables ; elle servira d'évaluation d'orthographe. Elle peut être associée au parcours orthographique 6, « Les accords dans la phrase simple » (livre de l'élève, p. 268) ; en effet, l'exercice 7 propose des substitutions qui modifient la chaîne d'accords : on évalue alors une compétence particulière et non toutes les compétences à la fois. Ce dispositif permet d'éviter les notes souvent catastrophiques de certains élèves.

CORRIGÉ

1. « Le Renard et le corbeau » – « Le Rat des villes et le Rat des champs » – « Le Loup et l'agneau » – « Le Chêne et le Roseau » – « La Cigale et la Fourmi » – « La Grenouille qui se veut faire aussi grosse que le bœuf » – « Les Animaux malades de la peste ».

2. « L'Éléphant blanc » – « Le Lièvre et la Tortue » – « Le Corbeau et le Renard » – « Le Coq et la Mouche » – « Le Jardinier et son Seigneur ».

3. « Les deux lions sots » – « Le chevalet Lane/Le Chevalier Lanne » – « Les deux Pi**gn**ons » – « Laide Coque ».

4. La carpe, la mouche, le singe, le mouton, le lion, le rat, le cerf, le tigre, le berger, le lapin.

5. La poule, le chien, l'aigle, le singe, le canard, la carpe (disparition de l'accent).

6. Cheval, mouche, narval, castor, chaton, tortue, congre, chacal, condor, faucon, perche, seiche.

7. Monsieur Théodule était **un chat roux**, à poitrail blanc, à nez rose et à prunelles vertes.
Il était ainsi **nommé** parce qu'**il** vivait avec nous dans une intimité tout à fait conjugale, dormant sur le pied de notre lit [...].
Une fois, un de nos amis, partant pour quelques jours, nous confia **sa perruche** pour en avoir soin tant que durerait son absence.
La perruche se sentant **dépaysée**, était **montée**, à l'aide de son bec, jusqu'au haut de son perchoir et roulait autour de lui, d'un air passablement effaré, des yeux semblables à des clous de fauteuil.

CORRIGÉ DE LA FICHE ÉLÈVE 26

Récit et moralité

(Ci-après, p.263)

PRÉSENTATION

Objectifs

• Vérifier la compréhension d'un texte.
• Vérifier les acquis sur la fable et ses codes.
• Mettre la langue (grammaire de texte et de discours) au service de la lecture.

Conduite de l'activité

Ce questionnaire peut servir :
– d'évaluation formative : il vérifie les acquis au cours de l'apprentissage et permet d'adapter la séquence, d'en modifier éventuellement la progression et la programmation ;
– d'évaluation sommative : il vérifie les acquis en fin de séquence : les caractéristiques de la fable, les éléments narratologiques, les mots de reprise. Il permet de programmer pour des séquences ultérieures certains apprentissages encore mal maîtrisés.

CORRIGÉ

1. Un chat fait des ravages chez les souris qui n'osent plus quitter leur trou. Le chat fait donc semblant d'être mort. Croyant que leur ennemi mortel a été puni, la gent trotte-menu sort, après quelques hésitations. Le chat en profite pour en dévorer quelques-unes. Plus tard, il se couvre de farine et se cache dans une huche. Les souris, naïves, se font prendre à cet autre piège ; mais un vieux rat, méfiant, reste loin du félin.

2. a. Les acteurs du récit
• Acteur 1 : le chat : « Un second Rodilard », « l'Alexandre des chats », « l'Attila, le fléau des Rats », « ce Chat exterminateur », « Vrai Cerbère », « le galant », « la bête scélérate », « le mauvais garnement »,

« le pendu », « notre maître Mitis », « ce bloc enfariné », « général des chats ».
• Acteur 2 : les rat : « ces derniers », « souris », « le peuple des souris », « les plus paresseuses », « la gent trotte-menu ».
• Acteur 3 : un rat : « un vieux routier ».

b. Le chat est le plus richement caractérisé car c'est lui le personnage principal ; il est le prédateur, le chasseur ; l'histoire est racontée de son point de vue.

3. Ces désignations insistent sur le caractère rusé du chat mais surtout sur la cruauté du prédateur, qui se manifeste par les ravages qu'il fait dans le peuple des rats : les références à Alexandre le conquérant, à Attila, le « fléau », au général, signalent qu'il s'agit d 'un exterminateur redoutable et redouté.

4. Les étapes du récit (proposition de titres possibles ; un découpage plus précis n'est pas forcément souhaitable) :
– vers 1-11 : le Chat exterminateur ;
– vers 12-34 : la résurrection du pendu ;
– vers 35-49 : le chat et le vieux rat, ou un rat expérimenté ;
– vers 50-53 : la moralité.

5. Le chat ne parvient pas à ses fins quand il met en place son second piège : un vieux rat, qui a de l'expérience, se méfie, se montre prudent, contrairement aux autres. Ainsi, le chat ne pourra dépeupler le pays de tous les rats et souris.

6. La moralité se trouve dans les derniers vers ; elle est énoncée par le narrateur, le fabuliste (« j'approuve sa prudence… méfiance est mère de sûreté. »)

7. Dans une fable, l'histoire sert à illustrer la moralité, elle offre un exemple. Histoire et morale sont indissociables : selon La Fontaine, la fable (l'histoire) est le corps, la moralité l'âme.

CORRIGÉ DE LA FICHE ÉLÈVE 27

Transformer des phrases

(Ci-après, p.265)

PRÉSENTATION

Objectifs

- Vérifier les acquis de grammaire de phrase ;
- Manipuler la phrase et ses constituants.

Conduite de l'activité

Les notions de grammaire de phrase doivent faire l'objet d'activités et d'évaluations ; en effet, la catégorisation est nécessaire : il importe de savoir rédiger des phrases simples et complexes, d'étendre ou de réduire des groupes ou des phrases… Ces acquis seront réinvestis en grammaire du discours : par exemple, pour créer une impression de peur, d'angoisse et de suspense dans un récit, on utilisera plutôt des phrases simples, des phrases non verbales ; en revanche, pour expliquer, on utilisera plutôt des phrases complexes par juxtaposition (deux-points), par subordination (« parce que »), ou par coordination (« car »).

CORRIGÉ

1. « Les hommes bien légers de l'apprendre aux marmots » – « Son morne regard allumé ». → Les hommes <u>sont</u> bien légers de l'apprendre aux marmots. On <u>sentait</u> son morne regard allumé.

2. « On sentait dans sa voix sa haine satisfaite. »

3. a. Phrases complexes par juxtaposition :
« La morale en est détestable ; les hommes bien légers de l'apprendre aux marmots. » « Le vent se lève sur ces mots, l'orage gronde. »
b. Phrase complexe par subordination :
« Le vent qui secoue vos ramures/(Si je puis en juger à niveau de roseau)/ Pourrait vous prouver, d'aventure,/ Que nous autres, petites gens,/ Si faibles, si chétifs, si humbles, si prudents,/ Résistons pourtant mieux aux tempêtes du monde/Que certains orgueilleux qui s'imaginent grands. »

4. a. « Pourrait » : sujet : « le vent » (v. 8) – **b.** « Résistons » : sujet : « nous autres » (v. 11) – **c.** « Eut » : sujet : « le géant » (v. 27).

5. Le souffle jette le chêne par terre.

6. Le vent se lève sur ces mots, l'orage gronde. → Le vent d'ouest se lève sur ces mots, l'orage gronde. → Le vent d'ouest, qui amène les nuages, se lève sur ces mots, l'orage gronde. → Le vent d'ouest, qui amène les nuages, se lève sur ces mots, aussitôt l'orage gronde jusqu'au fond de l'horizon.

7. a. Vous êtes lassé d'écouter cette fable. – **b.** Je ne suis plus un chêne.

8. a. L'Aigle donnait la chasse à Maître Jean Lapin qui s'enfuyait au plus vite.
b. Sur la branche d'un arbre était en sentinelle un vieux coq adroit.
c. Un vieillard sur son âne aperçut un pré plein d'herbe.

BIBLIOGRAPHIE SOMMAIRE

ANOUILH (Jean) , *Fables*, Gallimard Poésie.

Anouilh, Florian, Queneau,… Fables d'hier et d'aujourd'hui, collectif, Nathan, « Les grands classiques », 1994.

CHARPENTREAU (Jacques) , *La Cigale, le renard et les autres*, Hachette Jeunesse, 1991.

DESNOS (Robert) , *Chantefables et chantefleurs*, Gründ, mars 2000.

ÉSOPE, *Fables*, Mango Jeunesse, 1994.

LA FONTAINE (Jean de), *Fables*, Livre de Poche.

ROY (Claude) , *Enfantasques*, Gallimard Jeunesse, Folio Junior, 1993.

Chapitre 10

Crimes et mystères
Découvrir des textes de l'Antiquité

LES OBJECTIFS DU CHAPITRE

Objectifs généraux

• Sur le plan culturel, ce chapitre correspond à un des objectifs majeurs du programme de sixième, **la sensibilisation à l'héritage antique**. « La sensibilisation aux langues anciennes, aux littératures et aux civilisations antiques, fait partie intégrante de l'enseignement du français en classe de sixième. Elle s'insère logiquement dans les séquences didactiques. Elle est favorisée par l'inscription au programme de la Bible, et de textes grecs et latins (l'*Odyssée*, l'*Énéide*, les *Métamorphoses*), modèles importants pour la culture française et européenne.

L'objectif est double :

1. initier tous les élèves à la connaissance d'une culture fondatrice (étude des grands mythes, éléments de civilisation) ;

2. permettre à chacun de repérer dans le monde actuel l'héritage gréco-latin. [...] »

« Sources culturelles : l'héritage antique

La lecture de quelques œuvres qui sont des sources culturelles majeures a pour objectif, avant tout, de permettre à l'élève de se situer dans le temps et d'acquérir des références culturelles, en découvrant l'Antiquité dans ses deux grandes dimensions : la Bible pour l'héritage judéo-chrétien, et pour l'héritage gréco-romain, l'*Odyssée* d'Homère, l'*Énéide* de Virgile et les *Métamorphoses* d'Ovide. Le but est que l'élève ait un contact personnel (par sa propre lecture) avec ces œuvres, et sache les contextualiser. »

Accompagnement des programmes de sixième, livret 1, 1996.

Le chapitre 11 (« De la genèse au déluge ») complète cette approche des textes de l'Antiquité en se centrant sur des mythes essentiels pour l'humanité.

• Sur le plan thématique, ce chapitre privilégie **une entrée « ludique » dans les œuvres de l'Antiquité** : les crimes et les mystères mettent en avant **le héros épique**, demi-dieu ou guerrier, et **le héros sagace**, première figure du « détective ».

• Sur le plan didactique, le groupement de textes permet d'associer, autour du thème fédérateur, des textes des héritages judéo-chrétien et gréco-romain, en ouvrant sur des recherches documentaires, **l'origine des mots et le temps**. Par ailleurs, cet ensemble renvoie à **des mythes fondateurs** : celui du **fratricide**, omniprésent dans les mythologies et les religions, celui d'**Hercule**, que l'on retrouve, avec des variantes, en Égypte, en Crète, en Phénicie, aux Indes et en Gaule, celui d'**Œdipe**...

Objectifs méthodologiques

• **Lecture :** l'objectif visé est la compréhension des textes, par un développement de l'interprétation, l'observation et l'appropriation de codes d'écriture (récits de meurtre, d'énigme), une réflexion sur la violence et la mort dans les univers présentés. La dimension culturelle constitue bien évidemment un objectif majeur : elle tend également à sensibiliser les élèves aux valeurs que ces textes fondateurs transmettent. Une fiche « Repères » proposera un bilan sur la notion de temps, très importante pour des enfants de cet âge, puisque ce type de repérage est en cours d'acquisition.

• **Étude de la langue** : les activités de langue visent à dresser un bilan des notions étudiées et maîtrisées par les élèves : types de phrases, phrases simple et complexe, indices de temps, valeurs des temps verbaux, mots de reprise... L'étude du vocabulaire privilégie l'étymologie ; une fiche « Repères » y est d'ailleurs consacrée.

• **Écriture :** les activités proposées servent à vérifier le degré de maîtrise du texte narratif, principal objectif de la classe de sixième. Elles répondent parfois à des objectifs plus ludiques, en liaison avec l'énigme : rédaction de « portraits-devinettes ». Une fiche de lecture « traditionnelle » permet aussi de vérifier la lecture cursive d'une œuvre de la littérature policière. L'« Atelier d'écriture » est consacré à la rédaction guidée d'un récit d'énigme ; cet exercice peut constituer une première étape vers un projet d'écriture longue, à mener dans le cycle central, une nouvelle policière en cinquième, ou une nouvelle fantastique en quatrième.

• **Image :** les illustrations qui accompagnent les textes peuvent servir de support à de multiples activités écrites ou orales : description, analyse, récit, écrit documentaire...

Voir le tableau synoptique page suivante.

ANALYSE DE L'IMAGE

Le meurtre d'Abel par Caïn (Rimini, milieu du XVIe siècle)

(livre de l'élève, p. 195)

1. C'est une assiette de faïence. Il est utile de montrer la diversité des supports utilisés par les artistes : bois, toile, papier...

TABLEAU SYNOPTIQUE

SUPPORT	LECTURE	LANGUE	EXPRESSION
• Le meurtre d'Abel par Caïn	• Lecture de l'image : les supports ; les plans ; les personnages : représentation, gestes, objets…	• Étymologie	• Expression orale ou écrite : observer, décrire, justifier
PREMIERS MEURTRIERS			
• *Genèse*, IV « Le premier meurtre »	• Caractérisation des personnages ; compréhension, interprétation, enjeux du texte	• Grammaire : types de phrases, phrases simple et complexe • Vocabulaire : étymologie, famille de mots, sémantique et polysémie	• Expression écrite : récit à poursuivre et terminer ; codes d'un genre ; réinvestissement des acquis (narrateur, temps, lieu, schémas narratif et actantiel)
• Homère, « Le massacre des prétendants », *Odyssée*, XXII	• Récit de meurtre : personnages, mobiles ; narration et effets ; confrontation de deux récits de meurtres	• Vocabulaire : étymologie, sémantique • Grammaire : indices de temps, catégories grammaticales • Orthographe : accord du participe passé employé avec *avoir*	• Expression écrite : écrire les épisodes intermédiaires d'un récit ; parodie
• Virgile, « Hercule et Cacus », *Énéide*, VIII • Plutarque, « Frères ennemis », *Vies*	• Références culturelles d'un texte ; désignation et substituts ; l'espace et sa caractérisation ; la scène de combat • Lecture cursive	• Vocabulaire : lexique des sentiments ; champ sémantique ; quelques procédés de l'épopée • Grammaire : temps du récit, schéma narratif (élément modificateur) ; chaîne des substituts	• Expression écrite : écrire un récit à partir d'un scénario, d'un résumé ; imiter des structures et des procédés
REPÈRES : L'ORIGINE DES MOTS			
PREMIERS DÉTECTIVES			
• Ancien Testament, « Les prêtres de Bel », *Livre de Daniel*	• Le récit d'énigme : l'énigme, l'enquêteur, le récit et ses codes	• Grammaire : justification ; chronologie ; temps du récit, schéma narratif (situation initiale) • Orthographe : désinences verbales (impératif) ; infinitif	• Expression écrite : lecture cursive et fiche de lecture : un roman policier
• Édith Hamilton, « Œdipe et le Sphinx », *La Mythologie* • *Genèse*, « Le songe de pharaon »	• Le récit d'énigme : l'énigme, l'enquêteur, le récit et ses codes, le suspense, hypothèses et attentes de lecture • Lecture cursive	• Grammaire : justification et mots de liaison ; complément circonstanciel de temps (classes grammaticales) • Conjugaison : passé simple de *croire, mourir, prendre, vivre* • Vocabulaire : étymologie, famille de mots	• Expression orale : devinette, construction collective d'une réponse • Expression écrite : rédiger des énigmes, des devinettes ; résumer la fin du mythe d'Œdipe ; rédiger un petit récit d'énigme
REPÈRES : L'EXPRESSION DU TEMPS			

2. *Majolique* : mot apparu au milieu du XVIe siècle, dérivé de l'italien *majorica* ou *majolica*, de l'île de Majorque. Ce terme désigne une faïence commune d'Italie, ainsi appelée parce que l'art de la fabriquer aurait été introduit en Italie par des ouvriers venus de Majorque, la plus grande des îles Baléares, situées au large de l'Espagne.

3., **4.** et **5.** L'illustration permet de travailler les différents plans, par un repérage assez aisé ; en effet, trois plans se succèdent ; par ailleurs, les personnages principaux sont centrés, dans l'axe d'Ève ; Adam et Ève sont décalés dans la partie gauche, tandis que Yahvé occupe la partie supérieure droite.

• Le premier plan présente les deux protagonistes du premier meurtre biblique : la mise en relation de la scène et du titre, « Le meurtre d'Abel par Caïn », révèle leur identité. Le personnage debout, tenant un bâton, accomplissant le geste de frapper (le coup est armé) est Caïn ; la victime, dans une attitude de faiblesse, tentant d'éviter le coup en se protégeant la tête, est Abel.

• Le deuxième plan présente Adam et Ève, parents d'Abel et Caïn.

• Le troisième plan représente Yahvé, Dieu, sous la forme d'un vieillard barbu, sur un nuage et étendant le bras.

TEXTE D'ÉTUDE

Genèse, IV, 1-15, « Le premier meurtre »

(livre de l'élève, p. 196)

LECTURE

Les premiers enfants

1. Portraits

Caïn	Abel
Fils aîné d'Adam et Ève	Fils cadet d'Adam et Ève
Cultivateur	Pasteur
Moins/pas aimé de Yahvé ?	Aimé de Yahvé

2. Le tableau vise à mettre au jour l'attitude, les sentiments de Yahvé à l'égard de Caïn : il serait faux de dire qu'il est détesté de Dieu mais le texte reste muet sur les sentiments de ce dernier ; la difficulté réside donc dans la définition des raisons, des motifs qui sont à l'origine de l'opposition entre les deux frères. Les interprétations des élèves seront sans doute diverses et entraîneront une discussion intéressante.

3. Caïn offre des produits du sol qu'il a cultivés ; Abel offre des premiers-nés de son troupeau et de la graisse animale.

4. Le texte de la *Genèse* ne dit rien des motifs qui ont poussé Yahvé à refuser l'offrande de Caïn, tandis qu'il acceptait celle d'Abel. L'offrande d'Abel comportait des animaux, « et même de leur graisse » ; cette formulation tend-elle à montrer que cette offrande est supérieure à l'autre ? Il est difficile de l'affirmer. Ce silence tend, bien entendu, à justifier la rivalité qui va s'instaurer entre les frères. Parmi les interprétations proposées, on parle d'une rivalité entre les peuples de pasteurs nomades et de cultivateurs sédentaires. Nous nous orientons alors vers une interprétation plus historique.

5. Yahvé met Caïn en garde contre la colère (« irrité », « visage abattu »), sans doute aussi contre la jalousie, c'est-à-dire contre le pêché.

6. La métaphore de la « bête » évoque ces sentiments de colère, de jalousie. La bête est tapie, elle guette, cherchant à s'emparer du cœur et de l'esprit de Caïn.

Le meurtre du frère

1. Caïn tue Abel sous l'emprise de la colère, de la jalousie, par vengeance, parce que Yahvé a préféré l'offrande de son frère et a rejeté la sienne.

2. Yahvé lance une malédiction contre Caïn et le bannit ; il le condamne à devenir un « errant parcourant la terre », sans feu ni lieu.

3. Yahvé marque Caïn d'un signe afin qu'il ne soit pas tué ; cette attitude rappelle celle qu'il avait eue avec Adam et Ève, après la transgression de son interdiction : quand ils ont pris conscience de leur nudité, Yahvé les a vêtus. Il punit donc les coupables mais se montre aussi clément à leur égard. Pour Caïn, plusieurs hypothèses peuvent être émises : Yahvé souhaite-t-il que l'expiation du meurtre soit longue ? A-t-il conscience d'avoir été injuste envers Caïn, en lui préférant Abel ?

Pour cette question encore, les réponses des élèves seront multiples et variées.

4. « Tu ne tueras point », *Exode*, XX.

ÉTUDE DE LA LANGUE

Grammaire

Ces exercices visent à vérifier les acquis des élèves ; en effet, si cette séquence est réalisée au cours du dernier trimestre, il est utile d'évaluer le degré de mémorisation, de maîtrise de notions souvent revues en début d'année (voir l'évaluation à l'entrée en sixième).

1. « Elle donna aussi le jour à Abel, frère de Caïn. » (déclarative) – « Pourras-tu la dominer ? » (interrogative) – « Allons dehors » (impérative) – « Qu'as-tu fait ! » (exclamative).

2. • Phrase simple : « Or Yahvé agréa Abel et son offrande. »

• Phrase complexe par coordination : « Or Abel devint pasteur de petit bétail *et* Caïn cultivait le sol. »

• Phrase complexe par subordination : « *Si* tu es bien disposé, ne relèveras-tu pas la tête ? »

Vocabulaire

1. *meurtre* : action de tuer volontairement un être humain – *assassinat* : action de tuer un être humain avec préméditation (avec l'intention de tuer avant que le meurtre soit accompli) – *homicide* : action de tuer un être humain – *crime* : action de tuer volontairement un être humain. Certains de ces noms sont synonymes, d'autres non. L'*homicide* peut être volontaire (crime, meurtre), involontaire ou par imprudence. L'*assassinat* insiste sur la notion de préméditation.

2. Pasteur : ① celui qui garde les troupeaux – ② nomade vivant d'élevage – ③ ministre du culte protestant – ④ prêtre ayant charge d'âmes – ⑤ le Christ (le Bon Pasteur, le Pasteur des âmes). Ce mot est polysémique puisqu'il possède plusieurs sens (champ sémantique).

3. *Pasteur* (Louis, 1822-1895, biologiste français) : *pasteurisé* – *pasteur* (berger) : *pastorale, pasteur.*

4. Caïn est *cultivateur* (il « cultivait le sol »). Synonymes : *agriculteur, exploitant agricole, paysan, fermier, métayer.* Quelques synonymes du registre très familier, à valeur péjorative : *bouseux, croquant, cul-terreux, péquenot.*

Abel est *pasteur.* Synonymes : *berger* (courant), *pâtre* (soutenu), *gardien de troupeaux.*

EXPRESSION ÉCRITE

Suite de texte

Cet activité d'écriture est fréquente au collège. Elle doit néanmoins faire l'objet d'un apprentissage méthodologique particulier, à cause des contraintes qu'elle génère. À titre indicatif, le tableau suivant constitue une aide pour mettre en place des procédures adaptées à la rédaction d'une suite de texte narratif. En

ÉCRIRE UNE SUITE DE TEXTE NARRATIF

RÉALISATION	RÉUSSITE
I. Conserver	
1. Les éléments de l'intrigue : les personnages présents dans le début du texte.	A. Conservation continue B. Cohérence avec le début C. Absence de répétition
2. La situation dans le temps : – l'époque ; – la durée (si elle est indiquée).	A. Conservation continue B. Cohérence avec le début C. Absence de répétition
3. La situation dans l'espace : – les lieux de l'action ; – la valeur des lieux pour le héros (sauf changement).	A. Conservation continue B. Cohérence avec le début C. Absence de répétition
4. La caractérisation des personnages (sauf changement) : – l'identité ; – le physique ; – le caractère ; – les objets attributs.	A. Conservation continue B. Cohérence avec le début C. Absence de répétition
5. La situation d'énonciation : – le narrateur du début ; – le point de vue du début ; – le temps de référence de la fiction.	A. Conservation continue B. Cohérence avec le début
6. Le genre, tel qu'il est défini par le début ou la consigne	A. Conservation continue B. Cohérence avec le début
II. Compléter	
1. L'intrigue : – les personnages, si nécessaire ; – les actions (schéma narratif).	A. Les personnages existants ne tenaient pas le même rôle B. Schéma narratif complet C. Cohérence interne
2. La situation de la fiction : – caractériser l'époque ; – caractériser l'espace (nature et valeur des lieux, raisons des déplacements des personnages).	A. Indices spatiaux et temporels B. Cohérence des indices avec le début
3. Les personnages : – identité ; – physique ; – caractère ; – attributs.	A. Cohérence interne B. Absence de répétition
Conditions de réalisation	
I. Analyser le texte-support	
1. Identifier l'histoire, l'intrigue : – actions réalisées au début (étape du schéma narratif) ; – situation du héros par rapport à sa « mission », à l'objet ; – rôle des personnages (schéma actantiel) ; – caractère des personnages (évolution ?).	A. Complétude B. Pertinence C. Cohérence interne
2. Identifier la situation d'énonciation : – le narrateur ; – le point de vue ; – le temps verbal de référence.	A. Pertinence
3. Identifier le cadre spatio-temporel : – époque ; – lieux.	A. Pertinence des relevés B. Relevés complets C. Pertinence de la déduction

4. Identifier les personnages : – identité ; – physique, caractère ; – rôle actantiel.	A. Pertinence des relevés B. Relevés complets C. Pertinence de la déduction
5. Identifier le genre	A. Pertinence des relevés
II. Planifier : les choix effectués	
1. La situation : – actions prévues pour compléter le texte (fin du schéma narratif) ; – le cadre spatio-temporel : éléments de caractérisation.	A. Conformité au schéma B. Complétude C. Cohérence interne
2. Les personnages : – prévision d'ajout ou de suppression de personnages ; – prévision d'évolution des personnages (?), indices de modification.	A. Conformité au schéma B. Complétude C. Cohérence interne

sixième, des allégements sont souhaitables, en fonction des compétences déjà maîtrisées par les élèves, et par souci d'éviter toute surcharge cognitive ou procédurale ; ce tableau permet également une individualisation des tâches de récriture. Enfin, il est aisément transposable à d'autres activités d'écriture : rédaction du début, d'épisodes intermédiaires…

TEXTE D'ÉTUDE

Homère, « Le massacre des prétendants »

(livre de l'élève, p. 198)

LECTURE

La colère d'Ulysse

1. Les personnages : Ulysse, les prétendants, parmi lesquels se détache la figure d'Antinoos ; Homère oppose ainsi le héros, individu, à un groupe, en focalisant l'attention sur un membre représentatif de cet ensemble.

2. La vengeance d'Ulysse est motivée par le comportement indigne des prétendants, qui occupent son palais, convoitent son royaume, son épouse Pénélope, dilapident ses richesses en banquets incessants (lignes 33 à 38).

3. Un indice annonce particulièrement les intentions d'Ulysse : il verse à ses pieds son carquois plein de flèches ; cette manœuvre lui permettra de tirer plus rapidement ses flèches ; d'ailleurs, une fois ce geste accompli, il provoque les prétendants : « c'est une tout autre cible que je vais viser ».

La mort d'Antinoos

1. Comme Diane (Artémis), sa sœur jumelle, Apollon est souvent représenté avec un arc et un carquois ; il est le dieu des archers. Plusieurs de ses aventures le montrent transperçant de ses flèches redoutables le serpent Python, à Delphes, les Cyclopes, les enfants de Niobé. Dans toutes les mythologies, les flèches des dieux sont d'une absolue précision. Ulysse invoque donc Apollon pour que ses flèches atteignent leur cible.

2. Antinoos ne s'attendait pas à mourir en ce lieu, à ce moment ; en effet, « celui-ci s'apprêtait à porter à ses lèvres une belle coupe en or, à deux anses ; déjà il la tenait dans ses mains : il allait boire du vin. La pensée de la mort était loin de son cœur : qui pouvait supposer que seul, en un banquet, parmi tant de convives, un homme […] s'apprêtait à faire tomber sur lui la mort funeste et le noir destin ? » (l. 8 à 14). Antinoos fait la fête, et n'a aucune raison de penser à la mort dans un tel contexte.

3. La mort d'Antinoos provoque l'inquiétude (« inquiets », l. 23), la colère (« avec colère », l. 25), le désir de vengeance (venger la mort de leur compagnon), et enfin la peur la plus forte (« la pâle terreur », l. 39). On notera la gradation du sentiment de peur : de l'inquiétude à la terreur.

Le récit d'un meurtre

1. Homère détaille le récit de la mort d'Antinoos pour mettre en valeur le héros, Ulysse : les détails servent à annoncer les réactions des prétendants devant cette mort inattendue ; ils créent un effet de « suspense » en retardant l'évocation de leurs sentiments et réactions. Ce récit sert aussi à montrer la puissance d'Ulysse, sa détermination. Dans cet univers de guerriers, d'exploits épiques, la scène de mort est destinée à frapper l'esprit de l'auditeur (récit oral), du lecteur. Nous sommes proches des récits hyperboliques de la chanson de geste du Moyen Âge. Dans la Bible, il suffit d'évoquer le meurtre, car l'intention est morale, didactique : « tu ne tueras point ».

2. La mort de tous les prétendants est annoncée par les expression suivantes : « Ils s'imaginaient qu'Ulysse avait tué Antinoos sans le vouloir ; insensés, ils ne voyaient pas que sur eux tous le trépas était suspendu ! » (l.30-32), « sans craindre… ni la vengeance qu'un jour les hommes pouvaient tirer de vous ! et maintenant sur vous tous le trépas est suspendu. » (l. 37-38).

3. Le débat qui risque de s'engager autour de cette question s'appuiera sur le sens des noms qui évoquent le meurtre (voir question 1 de **vocabulaire**, livre de l'élève p. 197). Le débat portera sans doute sur la notion de vengeance, sur la justification morale de ce geste. Il importe de faire émerger les arguments et les valeurs qui les sous-tendent afin de construire une véritable réflexion sur la violence, la mort, la responsabilité, la justice. Des causes justes peuvent-elles être défendues par des moyens violents ? La formation de l'homme et du citoyen passe par ces phases de réflexion et de discussion, grâce auxquelles les enfants construisent les notions de bien et de mal, de juste et d'injuste... il importe également de montrer l'évolution des sociétés et des civilisations, des systèmes de valeurs.

ÉTUDE DE LA LANGUE

Vocabulaire

1. Ulysse est le nom du héros formé sur le latin, *Ulixes.* En revanche, *l'Odyssée* se dit en latin, *Odyssea.* Le nom grec du héros est Οδυσσευς (*Odusseus*), sur lequel est formé *Odyssée.* Actuellement, en langue soutenue, « odyssée » désigne un voyage riche en aventures, comme le voyage de retour d'Ulysse à Ithaque, après la prise de Troie.

2. L'image du vautour représente ici la mort : la périphrase « les vautours te dévoreront ici » signifie que les prétendants promettent la mort à Ulysse. Ce rapace est un mangeur de cadavres.

Grammaire

Adverbes : « Alors » (l. 1, 25) – « puis » (l. 3) – « Or » (l. 8) – « Aussitôt » (l. 17)
Groupes nominaux : « à ce moment » (l. 8-9)

D'autres indices marquent les étapes de ce récit : la formule récurrente « Il dit, et... » (l. 8, 39), la subordonnée temporelle « quand ils virent l'homme à terre » (l. 21).

Les principales étapes sont signalées par :
« alors » (l. 1)... « se dépouilla », « s'élança », « versa » – « puis » (l. 3)... « s'adressant », « dit-il » – « il dit, et il lança »// « or, à ce moment » (l. 8) – « aussitôt » (l. 17)... « coula » – « quand ils virent l'homme à terre » (l. 21... « tumulte » – « alors » (l. 25)... querellaient » – « il dit, et » (l. 39)... « saisit ».

Orthographe

a. C'est un tout autre *but* que je vais viser : nul ne l'a encore *atteint.*

b. C'est un tout autre but que je vais viser : nul ne l'a encore *frappé.*

Cette opération de substitution permet de travailler l'accord du participe passé employé avec l'auxiliaire *avoir* dans ses dimensions écrites et orales : d'abord, l'élève passe d'une forme dans laquelle la marque du féminin est perceptible à l'oral, *atteinte*, à une forme masculine dans laquelle la consonne finale ne se prononce pas, *attein(t)* ; ensuite, l'élève remplace *atteindre* par *frapper* : l'accord est plus difficile car le participe passé des verbes en *-er* ne change pas sa prononciation quand il prend la marque du féminin.

Les opérations de manipulation sont présentées dans *Terminologie grammaticale*, CNDP, réédition juin 1998, p. 5-6 : elles peuvent donner lieu à de multiples activités réflexives particulièrement efficaces.

EXPRESSION ÉCRITE

Cet exercice comporte des extraits, un début et une fin, qui constituent des « lanceurs » de l'écriture. Pour planifier la rédaction, le tableau présenté précédemment, « Écrire une suite de texte narratif », (voir p. 141-142) peut être adapté.

Le texte à produire renvoie à la parodie, au jeu sur la tonalité : on peut imaginer les péripéties de la capture du chat de la voisine... La fin suggère l'échec des tentatives de Caïn : le meurtre n'est pas perpétré. Cet exercice doit engendrer le plaisir d'écrire.

TEXTE D'ÉTUDE

Virgile, « Hercule et Cacus »

(livre de l'élève, p. 200)

LECTURE

Héros et demi-dieux

1. • Cacus (du grec κακος, « méchant ») : fils de Vulcain (Héphaïstos), demi-homme et demi-satyre, ce colosse vomissait des tourbillons de flammes et de fumée. L'entrée de sa caverne (au pied du mont Aventin, dans le Latium) était décorée de têtes sanglantes.

• Géryon : fils de Chrysaor et de Callirhoé, il était, selon Hésiode, le plus fort de tous les hommes ; selon d'autres poètes, c'était un géant à trois corps ; roi d'Érythie, contrée d'Espagne, il possédait un magnifique troupeau de bœufs, gardé par un dragon à sept têtes et un chien à deux têtes. Lors de son dixième travail, Hercule s'empare de ce troupeau.

• Hercule (Héraclès) : fils de Jupiter (Zeus) et de la mortelle Alcmène. Doté d'une force surhumaine, il devient le symbole de la puissance courageuse, le héros le plus prestigieux de la mythologie grecque. Il est célèbre pour les douze travaux qu'il a dû accomplir pour expier le meurtre de ses propres enfants, perpétré dans un moment de folie.

• Vulcain (Héphaïstos) : fils de Zeus et d'Héra (Junon), dieu du feu (terre, volcans), époux d'Aphrodite (Vénus), il est laid, boiteux. Dieu forgeron, il fabrique les foudres de Zeus, les flèches d'Apollon et d'Artémis (Diane).

2. Tous ces substituts renvoient à un seul et même personnage, Hercule :
– « le Vengeur très grand » : tueur de monstres, Hercule reçoit le surnom de sauveur, libérateur et vengeur ;

« très grand » est une marque honorifique (voir *Jupiter Optimus Maximus*, « Jupiter Très bon Très grand ») ;
– « Alcide » : « descendant d'Alcée » ; Alcée, père d'Amphitryon. Ce surnom est utilisé comme prénom encore aujourd'hui ;
– « le fils d'Amphitryon » : Hercule a pour père officiel Amphitryon, arrière petit-fils de Zeus et époux d'Alcmène ;
– « le Tyrinthien » : ce nom vient de Tyrinthe, ville d'Argolide où Hercule aurait été élevé et dont Amphitryon était le roi.

L'analyse de ces substituts nominaux permet de découvrir diverses informations sur Hercule et ses origines.

3. Hercule, lors de son dixième travail, avait dérobé ce troupeau au monstre Géryon, après l'avoir tué. Cacus vole donc quelques bêtes du troupeau qu'Hercule lui-même a dérobé.

Les lieux

1. L'histoire se déroule en Italie, dans le Latium, au pied du mont Aventin, une des sept collines de Rome, sur la rive gauche du Tibre (l. 17).

2. Les expressions qui caractérisent les lieux où vit Cacus : « grotte inaccessible aux rayons du soleil » (l. 2-3), « ténébreuse » (l. 11), « antre profond » (l. 15), « l'énorme palais de Cacus » (l. 26), « la caverne énorme » (l. 35), « noire demeure » (l. 39).

Ces caractérisations font apparaître l'aspect obscur, ténébreux, sinistre de cette caverne. Cette impression dominera encore plus lorsque Cacus vomira flammes et fumée : celle d'une atmosphère étrange, d'une sorte d'enfer, dans les entrailles de la terre.

3. Ténèbres, feu, fumée, lumière, énormité, rugissement étrange du montre ; lutte contre le monstre, mort… contribuent à créer une atmosphère *étrange*, *fantastique*.

Le combat

1. La ruse utilisée par Cacus aurait pu être efficace ; en effet, en traînant les bêtes par la queue pour les faire entrer dans la grotte, Cacus brouillait les traces, les empreintes conduisant hors de la grotte. Malheureusement pour lui, les mugissements des génisses révèlent le vol et la cachette.

2. Les sentiments des personnages sont opposés. Hercule est furieux (l. 16, 21) ; plusieurs signes expriment cette colère : « il saisit ses armes… gagna les hauteurs » (l. 16-17), « chercha partout un accès » (l. 21) ; il ne peut se contenir… Cette violence effraie même la nature (« le fleuve épouvanté recula », l. 24-25). Cacus, lui, est saisi par la peur (« tremblant, les yeux hagards, [il] fuit […] la peur lui avait mis des ailes aux pieds », l. 18-19), et se barricade.

3. Hercule attaque avec ses armes, sa massue noueuse, des branches, de gros blocs de pierre… Il tuera Cacus en l'étranglant de ses mains. Cacus se défend en vomissant flammes et fumée. Chaque personnage lutte avec ses armes naturelles : la force prodigieuse, le feu de Vulcain.

4. La mort de Cacus n'intervient pas au terme d'un véritable combat : Hercule cherche à l'attraper ; quand il réussit à l'empoigner, il l'étrangle. C'est plus une poursuite qu'un combat acharné.

ÉTUDE DE LA LANGUE

Vocabulaire

1. Héros : demi-dieu, grand homme divinisé ; personnage légendaire à qui on attribue des exploits extraordinaires ; être qui se distingue par ses qualités exceptionnelles ; principal personnage d'une œuvre littéraire ou cinématographique ; personne qui occupe la première place, le rôle principal dans un événement, l'actualité (fait divers, sport…).

Cette analyse du champ sémantique du mot *héros* peut s'accompagner de la rédaction d'une phrase pour chaque sens ; ainsi, l'élève fixera mieux cette polysémie.

2. L'objectif visé est de sensibiliser l'élève aux effets produits par le texte ; cette dimension discursive, pragmatique, doit faire l'objet d'un apprentissage progressif. La dimension épique se fonde sur les éléments surnaturels du texte : les personnages sont des êtres surhumains, demi-dieu et monstre ; l'auteur appuie les effets de contraste entre les ténèbres, l'obscurité des profondeurs de la caverne et la lumière qui l'envahit à la fin ; la nature elle-même est personnifiée : « les deux rives sursautèrent, le fleuve épouvanté recula » ; les expressions hyperboliques de la force, de la peur, de l'immensité de l'espace… contribuent à ce registre épique.

Dans le cadre d'une progression et d'une programmation, il est intéressant de mettre en place des notions que l'élève retrouvera pour les approfondir et les complexifier : l'épopée pourra être reprise en cinquième avec la chanson de geste, le roman de chevalerie, en particulier dans les scènes de combat, qui montrent la vaillance, le merveilleux, la courtoisie… Plus tard, le registre épique apparaîtra, par exemple, dans certains passages de romans de Zola.

Grammaire

1. L'événement qui déclenche l'histoire, l'élément modificateur, est exprimé au passé simple : « le Vengeur très grand […], Alcide, *passa* en ces lieux ; vainqueur, il poussait devant lui des taureaux énormes. Mais Cacus, l'âme en proie aux furies, […] *déroba…* ».

Le caractère exceptionnel de cet événement est renforcé par le complément circonstanciel de temps « Un jour », qui signale qu'un jour est extrait de la longue suite des jours qui se ressemblent.

2. La chaîne substitutive de « grotte » : « sa caverne » (l. 9, 18), « sa grotte ténébreuse » (l. 11), « la caverne » (l. 12), « l'antre profond » (l. 15), « sa retraite » (l. 20), « la grotte » (l. 26), « son rocher » (l. 28), « sa demeure » (l. 31), « son antre » (l. 32), « la caverne énorme » (l. 35), « la noire demeure » (l. 39).

Plusieurs activités de classement peuvent être conduites en définissant des critères comme le déterminant, le genre, l'expansion, le sémantisme du nom ou du qualificatif (habitation, matière, lumière, taille...).

Ce travail sur la reprise, la synonymie et la caractérisation est à réinvestir dans une production écrite qui peut être, par exemple, une activité de remédiation : comment varier les mots de reprise dans un texte ? La leçon de grammaire qui est consacrée aux mots de reprise (livre de l'élève, p. 336) propose une synthèse et des exercices sur ce fait de grammaire de texte (cohésion textuelle) et de discours (effet produit).

EXPRESSION ÉCRITE

Cet exercice propose une activité d'expansion à partir du résumé d'un épisode de la vie d'Hercule. Il importe de mettre en place des situations d'écriture dans lesquelles l'élève doit résumer un texte narratif et développer un récit à partir d'une sorte de scénario. Le tableau de procédure présenté dans ce chapitre reste un outil utile pour planifier la production (brouillon, récriture).

On pourra définir un contexte précis, une situation d'énonciation qui prenne en compte un destinataire spécifique : le récit imite les récits des ouvrages mythologiques que l'élève consulte ; dans ce cas, il écrit pour d'autres élèves (exposition au CDI, échange entre classes, dossier sur quelques grandes figures légendaires, sur quelques aventures d'Hercule...).

REPÈRES

L'origine des mots

(livre de l'élève, p. 203)

1. *détective* : du mot anglais *detective*, de *to detect*, « découvrir », formé sur la participe passé du verbe latin *detergere*, « découvrir » – *crime* : du latin *crimen,-inis*, « accusation », « grief » – *meurtre* : de *murdrir*, *murtrir*, venant du francique **murthrjan* – *assassiner*, *assassinat* : de l'italien *assassinato*, emprunté à l'arabe *hachchâchi* « fumeur de hachisch » – *homicide* : de *homicidium*, « action de tuer un homme », du latin *homo, hominis*, « homme » et de *caedere*, « tuer ».

2. a. Dans cette liste de mots formés sur *aqua*, « l'eau » (latin), l'adjectif *aquilin* est l'intrus car il est formé sur *aquila*, « l'aigle » (latin).

b. Dans cette liste de mots formés sur *oculus*, « l'œil » (latin), *oïl* est l'intrus car il vient de l'ancien français *o*, « cela », du latin *hoc*, « cela », et de *il*, pronom de 3e personne, du latin *ille*, « celui-ci », « il » ; il s'agit peut-être d'une condensation de *hoc ille fecit*, « il a fait cela ».

3. Mots formés à partir des trois radicaux suivants :

-géo- : géographie, géologie, géologue, géologique, géophysique, géopolitique, géoacoustique, géobiologie, géobotanique, géocentrique, géocentrisme, géochimie, géode, géométrie, géomètre, apogée, hypogée, etc.

-hydr- : hydrater, déshydrater, hydraulique, hydravion, hydre, hydrocarbure, hydrocution, hydrogène, hydro-électrique, hydrofuge, hydrophile, etc.

-socio- : sociable, social, société, sociétaire, sociologie, sociologue, socialisme, socialiste, associer, dissocier, association, etc.

4. *Insecticide – régicide – fratricide – parricide – herbicide.*

5. Mots d'origines différentes

a. latin : cirque, pomme, camp, marin, bain.
germanique : guerre, hache, jardin, képi, bleu.

b.

grec	latin
héliotrope, pyromane, ophtalmologiste, polyglotte, astre	tournesol, incendiaire, oculiste, multilingue, étoile

c. arabe : zéro, matelas, alcool, amiral, sirop.
espagnol : cigarette, maïs, laquais, matador, cédille.

Pour les mots grecs et latins, il convient de mettre en relation les formations sur les deux radicaux qui donnent des termes synonymes.

TEXTE D'ÉTUDE

Ancien Testament, « Les prêtres de Bel »

(livre de l'élève p. 204)

LECTURE

L'énigme

1. Daniel doit résoudre l'énigme de la disparition de la nourriture, la nuit, dans le temple du dieu Bel. Qui la mange : le dieu ? quelqu'un d'autre ?

2. Daniel se montre incrédule, sceptique : pour lui, le dieu Bel, idole d'airain, ne mange pas. Il importe d'amener les élèves, par un travail de réflexion et de verbalisation, de dérivation, si nécessaire, à la formulation de ces deux adjectifs (ou des noms qui leur correspondent).

3. Daniel risque la mort s'il ne trouve pas la solution, s'il ne parvient pas à prouver que ce n'est pas le dieu qui avale toute cette nourriture. Son blasphème sera puni de la peine capitale.

L'enquête

1. Les qualités de l'enquêteur, qu'il faut déduire des informations fournies par le texte, sont la perspicacité, la sagacité, l'intelligence et la ruse, sans oublier le courage.

2. Contrairement à certains récits d'énigme, Daniel ne mène pas une véritable enquête : il a déjà quelques soupçons, qu'il doit vérifier. Le texte ne présente pas toutes les étapes d'un récit d'énigme.

3. Daniel soupçonne les prêtres du temple de manger toute cette nourriture. Mais pour les démasquer et établir la vérité, il doit valider son hypothèse en tendant un piège : à l'insu des prêtres, et en présence du roi, il fait répandre une fine cendre sur le sol du temple. Ainsi cette cendre, invisible, gardera les empreintes de pas. Si elle ne porte pas de traces, c'est bien le dieu Bel qui dévore la nourriture ; dans le cas contraire, les soupçons de Daniel à l'encontre des prêtres se trouvent confirmés. C'est le principe des empreintes digitales qui est ici utilisé pour identifier le coupable.

4. Le roi punit les prêtres avec sévérité, d'une part, parce qu'il avait promis la mort à Daniel en cas d'échec, d'autre part, parce que les prêtres l'ont trompé, ont abusé de sa confiance, de son sentiment religieux ; enfin, ils ont volé le roi et l'État en mangeant cette nourriture abondante.

Le récit d'énigme

1. Ce texte ne comporte pas de « suspense » ; en effet, le lecteur n'est pas tenu en haleine par le récit, sa curiosité n'est pas sans cesse sollicitée, stimulée ; il n'existe pas de tension puisque la clé de l'énigme est vite donnée.

2. Le narrateur fournit les explications qui donnent la clé de l'énigme aux lignes 23-25 : le coupable est désigné : les prêtres, le mystère élucidé : un passage secret permet d'entrer dans le temple.

3. Les principales étapes d'un récit d'énigme :
1. Une énigme est posée. – **2.** Un enquêteur est appelé. – **3.** Une enquête commence. – **4.** Les données et les indices sont examinés. – **5.** Des hypothèses sont émises. – **6.** Une hypothèse est vérifiée. – **7.** La solution est trouvée.

4. L'énigme à résoudre est la suivante : **b.** « Comment la nourriture disparaît-elle dans une chambre fermée ? » La chambre close est une énigme classique de la littérature policière (*La Bande mouchetée*, de Sir Arthur Conan Doyle ; *Le Mystère de la chambre jaune*, de Gaston Leroux…).

ÉTUDE DE LA LANGUE

Grammaire

1. « *Parce que* je ne vénère pas des idoles faites de main d'homme, mais le Dieu vivant, qui a fait le ciel et la terre et qui a puissance sur toute chair. » (l. 5-8) « Ne t'y trompe pas, ô roi, *car* il est d'argile à l'intérieur et d'airain à l'extérieur, et il n'a jamais mangé ni bu. » (l. 10-12) « Daniel mourra, *parce qu'il* a blasphémé contre Bel. » (l. 15)

D'autres occurrences offrent moins de clarté, à cause de l'absence de lien logique explicite : « Est-ce que Bel ne te paraît pas un dieu vivant ? Ne vois-tu pas tout ce qu'il mange et boit chaque jour ? » (= Bel est un dieu vivant car il mange et boit beaucoup chaque jour.)

Ce travail sur la justification doit se prolonger par le relevé des marques de la justification, l'emploi de connecteurs spécifiques et l'organisation des idées : A ⇐ B. A *car/parce que* B.

La justification est une des premières activités à conduire pour amorcer l'explicatif et l'argumentatif ; l'élève est constamment confronté au problème de l'explication et de la justification, dans toutes les disciplines.

2. La chronologie des événements : **1.** Les dépenses pour la nourriture du dieu Bel. – **2.** L'hypothèse de Daniel, qui adore son Dieu et non pas Bel : Bel ne serait qu'une statue. – **3.** Qui mange la nourriture destinée à Bel ? – **4.** La décision d'une mise à l'épreuve. – **5.** Le piège tendu par Daniel. – **6.** La vérification de son hypothèse. – **7.** La mort des prêtres et la destruction de Bel et de son temple.

3. Indices de temps : « chaque jour » (l. 4) ; « quand ils furent sortis et que le roi eut fait placer les aliments devant Bel » (l. 25-26) ; « ensuite » (l. 29) ; « et » (l. 29) ; « puis » (l. 30) ; « durant la nuit » (l. 30) ; « dès l'aurore » (l. 32) ; « À peine avait-on ouvert les portes » (l. 34) ; « alors » (l. 39) ; « et » (l. 42).

On constate que les indices de temps sont plus fréquents dans la seconde moitié du texte, ce qui est logique puisque la première comporte surtout des dialogues. La succession des paroles se marque par une formule récurrente : « X dit » ou une variante.

On notera aussi la valeur temporelle de « et » dans plusieurs occurrences.

Orthographe

1. *je vénère* : indicatif présent. – *tu trouves* : indicatif présent. – *regarde* : impératif présent. L'objectif est d'éliminer une faute fréquente sur la terminaison de ces trois formes verbales. La conjugaison de l'impératif n'a que trois personnes : deuxième du singulier, première et deuxième du pluriel.

Règle : les verbes qui se terminent par *-er*, et quelques verbes du troisième groupe (*ouvrir, cueillir*) ne prennent pas de *-s* à la deuxième personne du singulier de l'impératif présent : *regarde* (≠ *tu trouves*).

Une fois cette règle fixée, on pourra évoquer les cas particuliers dans lesquels on ajoute le *-s* au radical.

2. Dans ce type de suite, une autre difficulté orthographique apparaît, notamment pour les verbes du premier groupe : celle de la graphie du deuxième verbe ; les élèves hésitent et pensent fort peu à l'infinitif.

Règle : lorsque deux verbes se suivent, le second est à l'infinitif, à condition que le premier ne soit pas l'auxiliaire *être* ou *avoir*.

Pour fixer cette règle par un procédé mnémotechnique, l'exercice de substitution sur l'axe paradigmatique par un verbe en *-ir*, en *-oir*, se révèle utile. L'élève travaille sur le plan du graphème et du phonème pour distinguer des graphies différentes : *-er, -é(s), ée(s), -ai, -ais, -ait, -aient, -ez.*

EXPRESSION ÉCRITE

La lecture cursive constitue un objectif constant de l'enseignement du français ; la pratique de la fiche peut être dynamisée et rendue plus efficace si l'on demande à l'élève de la rédiger :
– pour la présenter à la classe afin de convaincre de lire ce livre ;
– pour en faire un compte rendu critique à insérer dans la rubrique « Lectures » du journal du collège, dans une page du site WEB du collège ;
– pour l'afficher au CDI, pour réaliser une plaquette d'ouvrages sur des thèmes précis, avec présentation critique.

Les possibilités de contextualisation et de socialisation de ce type d'écrit sont multiples et variées ; elles favorisent souvent le goût et le plaisir de lire.

TEXTE D'ÉTUDE

Édith Hamilton, « Œdipe et le Sphinx »

(livre de l'élève, p. 206)

LECTURE

L'énigme

1. Œdipe doit résoudre l'énigme posée par le Sphinx : « Quel est l'animal qui a quatre pieds le matin, deux à midi, et trois le soir ? »

2. Œdipe n'est guère effrayé par cette énigme, ni par la cruauté du monstre. Il n'a rien à perdre : il est « sans foyer, sans amis, il [tient] la vie pour peu de chose ». Sa décision d'affronter le Sphinx résulte de ces conditions.

3. Il risque la mort puisque le monstre dévore les voyageurs qui ne savent pas résoudre l'énigme.

L'enquêteur

1. La principale qualité d'Œdipe est son intelligence, sa sagacité, sans oublier le courage, que citent immédiatement les élèves. Il importe de montrer les qualités intellectuelles de ces « détectives », dont Sherlock Holmes est la figure emblématique.

2. L'objectif est de mettre au jour le travail de prélèvement et de traitement de l'information, d'interprétation, auquel Œdipe se livre :
– animal : être vivant = animal ou être humain ;
– matin midi, soir : chronologie d'une journée = symbole de la vie ;
– quatre, trois, deux pieds : le terme « pied » s'applique à l'homme et suggère la locomotion, la marche ; l'ordre, 4-2-3, semble illogique car les nombres ne suivent ni un ordre croissant ni un ordre décroissant…

Un parallèle doit être conduit entre l'activité de lecture et de compréhension du détective et celle du lecteur.

3. Œdipe justifie sa réponse en évoquant les trois principaux âges de la vie humaine et les différents stades de la locomotion. Sa justification n'est que l'interprétation des indices et des informations prélevés.

Le « suspense »

1. Une autre énigme demeure inexpliquée : qui a tué Laïos ? (« L'affaire ne fut jamais clairement élucidée. », l. 5).

2. Une ressemblance s'établit entre les deux prédictions de l'oracle delphien : un père serait tué par son fils et un fils tuerait son père. En apparence, ces deux prédictions ne sont pas liées car Laïos et Œdipe ne sont pas père et fils ; le fils de Laïos, roi de Thèbes, serait mort ; Œdipe passe pour le fils de Polybe, roi de Corinthe.

3. « Il *passait pour* le fils du roi Polybe » : *passer pour* révèle l'incertitude quant à la naissance d'Œdipe, son origine n'est pas clairement établie. L'oracle dit qu'il tuera son père, mais il ne le nomme pas, de même que l'oracle avait parlé du fils de Laïos, sans le nommer.

4. La suite de l'histoire se devine grâce aux ressemblances entre les deux prédictions, à l'obscurité de la naissance d'Œdipe, aux allusions : « et pour ce cas-ci *tout au moins*, les paroles d'Apollon *semblaient* se révéler mensongères » ; un travail direct et frontal sur la notion de modalisation ne saurait être envisagé ; en revanche, un relevé sur les marques de certitude ou d'incertitude constitue une première approche.

ÉTUDE DE LA LANGUE

Grammaire

1. « L'homme, répondit Œdipe, *car/parce que* dans son enfance, il se traîne sur les pieds et les mains, il se tient debout dans son âge adulte, et dans sa vieillesse, il s'aide d'une canne. », ou bien : « L'homme, répondit Œdipe ; *en effet*, dans son enfance, il se traîne… »

Les phrases ne se construisent pas de la même façon selon que l'on *emploie car/parce que* ou *en effet* ; le statut des propositions varie : indépendantes coordonnées, ou principale et subordonnée (voir, p. 326 du livre de l'élève, la leçon de grammaire sur « Les propositions dans la phrase complexe »).

2. Il s'agit d'une proposition subordonnée circonstancielle de temps, que l'on peut remplacer par : « À la mort de Laïos ».

3. Les groupes nominaux sont compléments circonstanciels de temps. On peut les remplacer par les propositions subordonnées suivantes : « Quand l'homme est enfant », « quand l'homme est adulte », « quand l'homme est vieux ».

Les exercices 2 et 3 se complètent, car les opérations de transformation amènent à manipuler groupes nominaux et propositions subordonnées, dans un ordre inverse.

Conjugaison

Crut, mourut, prirent, vécurent : passé simple.

Mourir : *Je mourus – Tu mourus – Il/elle mourut – Nous mourûmes – Vous mourûtes – Ils/elles moururent*

Vivre : *Je vécus – Tu vécus – Il/elle vécut – Nous vécûmes – Vous vécûtes – Ils/elles vécurent*

Croire et ***prendre*** : voir tableaux de conjugaison, livre de l'élève, p. 346-347.

Cet exercice doit permettre de travailler sur la composition des formes verbales à partir des différents radicaux de certains verbes : voir la leçon de grammaire sur « La conjugaison : les formes verbales », p. 310.

Vocabulaire

1. *Enfant* : du latin *infans, infantis*, formé sur le verbe *fari*, « parler », et le préfixe privatif *in-* ; ce terme désigne, à l'origine, l'enfant qui ne parle pas, et plus tard, l'enfant jusqu'à sept ans.

Élucider : du verbe latin *elucidare*, « annoncer, révéler », dérivé du nom *lux, lucis*, « la lumière ».

Monstre : du latin *monstrum*, « fait prodigieux, avertissement des dieux, tout ce qui sort de la nature, monstre », dérivé du verbe *monere*, « avertir, éclairer, prédire ».

2. Formation des mots

-hom- : homme, surhomme, homicide, bonhomme, gentilhomme, etc.

-hum- : humain, inhumain, humainement, humanisme, humaniser, humanisation, déshumanisation, humanité, inhumanité, surhumain, humanoïde, etc.

EXPRESSION

Expression orale

1. La mer.

2. a. L'année. – **b.** Aujourd'hui.

Expression écrite

Cette activité de création vise à mettre en œuvre des compétences rédactionnelles fondées sur le genre de la devinette et ses codes (gestion de l'information, prise en compte du destinataire, implicite, imaginaire, métaphorisation…).

REPÈRES

L'expression du temps

(livre de l'élève, p. 209)

Cette synthèse vise une mise en place de la notion de temps, qui, comme celle d'espace, n'est pas toujours maîtrisée par les enfants de onze ou douze ans. De nombreuses activités ont été conduites au fil du manuel pour la construire : une approche discontinue nous semble préférable car la récurrence favorise la progressivité et la programmation de l'apprentissage. La temporalité sera approfondie et complexifiée dans les autres cycles du collège.

1. L'intrus : *ligne.*

2. et **3.** • *Un millénaire* : mille ans – *une décennie* : dix ans – *une semaine* : sept jours – *une décade* : dix jours ou dix ans – *une ère* : des milliers ou des millions d'années, selon le repère utilisé. L'activité sera judicieusement prolongée par une recherche sur l'étymologie et la formation de ces noms.

• Un magazine *mensuel* – une revue *hebdomadaire* – un bulletin *trimestriel* – un arbre *centenaire.*

Pour ces deux exercices, une recherche étymologique se révèle intéressante, surtout si elle est mise en relation avec le vocabulaire mathématique :
mille, decem, deka (grec), *tri-, hebdo-* (du grec *hepta*, latin *septem*), *centi-*.

4. 1. *Chaque matin/Tous les matins,* il prend du chocolat au petit-déjeuner. – **2.** Mathilde et Jérémie sont nés *le même jour/à la même heure/le même mois/la même année/en juin.* – **3.** *Cet été/En juillet/En août/Comme l'an dernier*, nous irons camper à Collioure ; la plage est très belle. – **4.** Pour acheter son scooter, Baptiste a travaillé *tout l'été/tous les soirs.* – **5.** Sébastien Britt est rentré au collège Fogelman *en septembre.*

5. a. Arcs et flèches. – **b.** fusée, épée-laser. – **c.** mitraillette. – **d.** mammouths.

Armement, moyens de transport, espèces animales constituent dans ces exemples des indices qui permettent une situation dans une époque, et non pas une datation précise.

ATELIER D'ÉCRITURE

Écrire un récit d'énigme

(livre de l'élève, p. 210)

1 Sur les traces d'Œdipe

La recherche documentaire constitue une priorité de l'enseignement, en particulier dans un monde où l'information est disponible de multiples façons, dans des médias divers. L'une des tâches de l'enseignant consiste en un apprentissage de la sélection de l'information ; en effet, l'élève, confronté à une masse d'informations plus ou moins grande, se contente souvent de photocopier, d'imprimer l'ensemble de l'article ou du document sans opérer de tri. Il nous semble que c'est un des objectifs majeurs dans l'apprentissage de cette compétence transversale.

Les conseils fournis invitent à chercher l'information, à la traiter en recourant à un outil connu (le schéma narratif), à la trier, en ne retenant que l'essentiel (résumé).

2 Une énigme à résoudre

Le récit à produire

Il reprend les principales composantes des textes du chapitre : énigme, solution, risque de mort en cas d'échec, temporalité (situation dans une époque éloignée).

La solution

Elle fait d'abord l'objet d'une recherche à l'oral ; l'argumentation heuristique (qui permet de trouver) est souvent négligée au profit de l'éristique, de la polémique (qui fait s'affronter des avis différents). Or l'interaction entre les élèves, la réflexion, l'explication, la justification permettent de construire la solution en commun ; le conflit socio-cognitif est facteur de dynamisme ; cette pratique de l'oral doit se développer car chaque élève est acteur, développe ses compétences de communication ; cette nécessité d'écouter l'autre, de prendre en compte sa proposition, favorise la sociabilité.

La méthodologie

Des exemples sont proposés ; ils évitent une recherche longue et fastidieuse, en orientant la réflexion, en ouvrant des pistes. Les élèves peuvent se concentrer sur la planification : les choix à opérer en fonction des contraintes du sujet, la caractérisation, l'agencement des étapes, le narrateur, les temps de la narration...

Il s'agit de fixer des stratégies de réussite qui permettront de traiter la plupart des sujets en appliquant une méthode :
– rédiger une explication de la solution ;
– rédiger un scénario, un résumé de l'histoire ;
– développer les épisodes en travaillant au niveau des scripts d'action (voir *Maîtrise de l'écrit* 6e, Nathan 1994).

Les modalités d'organisation

Le travail de groupe se révèle intéressant dans cette activité :
– chaque groupe imagine son scénario, ou bien chaque groupe imagine un scénario puis la classe les confronte pour n'en retenir qu'un seul ;
– un groupe prend en charge la rédaction d'un épisode, ou bien chaque groupe travaille tous les épisodes, la meilleure production étant retenue pour écrire un texte unique.

→ La classe ne produit finalement qu'un seul récit, résultat des diverses propositions ; l'enseignant veille à équilibrer, à retenir des passages de tous les groupes.

→ La classe produit plusieurs récits qui peuvent être rassemblés en un recueil, disponible au CDI, distribué aux familles, aux autres classes...

La solution de l'énigme

Je fais trois tas de trois pièces. Je pose un tas sur chaque plateau, je mets le dernier de côté.

• Cas n°1

Les plateaux sont en équilibre, la fausse pièce se trouve donc dans le dernier tas. J'enlève les deux premiers tas de la balance. Je place sur chaque plateau une pièce du dernier tas, je laisse la troisième de côté.

Si les plateaux sont en équilibre, la fausse pièce est celle qui reste. Si un des plateaux penche, il indique la fausse pièce.

• Cas n°2

La balance penche d'un côté, un tas est donc plus lourd car il contient la fausse pièce. J'enlève l'autre tas du plateau. Je mets une des trois pièces restantes sur l'autre plateau et la troisième de côté.

Si les plateaux sont en équilibre, la fausse pièce est celle qui reste. Si un des plateaux penche, il indique la fausse pièce.

CORRIGÉ DE LA FICHE ÉLÈVE 28

Une énigme policière

(Ci-après, p. 267)

PRÉSENTATION

Objectifs

• Comprendre un texte.

• Définir la fonction et la visée d'un passage : l'explicatif.

• Observer et utiliser quelques procédés de l'explicatif : dialogue, mots de liaison, mise en relief.

• Observer l'explicatif dans une nouvelle policière.

Œuvre concernée

Un extrait du *Mystère de la chambre jaune*, de Gaston Leroux.

Conduite de l'activité

Cette fiche permet de vérifier quelques notions abordées dans le chapitre 10, en particulier pour les textes consacrés aux mystères et aux premières figures de « détectives » ; elle met au jour plusieurs caractères de l'explicatif, discours qui sera approfondi au cycle central mais que les élèves utilisent constamment, dans toutes les disciplines. Ces activités préparent également le travail de l'atelier d'écriture, « Écrire un récit d'énigme ».

CORRIGÉ

1. c. Texte explicatif. Les personnages tentent de résoudre une énigme criminelle en trouvant des explications aux faits qu'ils constatent.

2. b. « Pourquoi y a-t-il du sang sur le mur » ?

3. Les mots de liaison dans la texte explicatif :
– cause : « car », « puisque » ;
– conséquence : « c'est pourquoi », « par conséquent ».

4. a. 1. Il y a du sang sur le mur parce que l'homme qui a appliqué si fermement sa main était dans l'obscurité et qu'il croyait tenir une porte. – 2. C'est une drôle de main car les doigts sont presque aussi longs les uns que les autres et le pouce manque.

b. Quant au pouce, il manque puisque nous n'avons que la marque de la paume.

5. a. « Sans doute… mais » (l. 11).
b. Sans doute a-t-il pris le train de 8 heures mais je préfère vérifier.

6. – Il n'y a pas de sang à la serrure ni au verrou.
– Nous avons fait sauter la porte.
– Le dessin (de la main) a été déformé par le glissement sur le mur.
– L'homme a essuyé sa main blessée sur le mur.

7. Deux faits sont mis en relief par l'emploi de l'italique. Sans doute parce qu'ils sont énoncés avec une intonation particulière.

8. Dans le roman policier, dans le texte explicatif, le dialogue sert à apporter les explications nécessaires : le détective explique à une autre personne, souvent son collaborateur (Sherlock Holmes et le docteur Watson), les faits, ses raisonnements, ses déductions… L'autre personne est un relais du lecteur.

9. Comment l'assassin a-t-il pu s'échapper d'une chambre close de l'intérieur ?

CORRIGÉ DE LA FICHE ÉLÈVE 29

Test de lecture

(Ci-après, p. 269)

PRÉSENTATION

Objectifs

• Accompagner ou prolonger l'étude du chapitre 10 par la lecture cursive.

• Lire un auteur « classique » de la littérature policière : Conan Doyle.

• Développer le goût de lire en abordant un genre généralement apprécié et en proposant une nouvelle (récit court).

Œuvre concernée

« Le Mystère de la vallée de Boscombe », de Conan Doyle, in Sherlock Holmes, *Le Rituel des Musgrave*, suivi de trois autres récits, Librio, 1994.

Conduite de l'activité

La lecture de cette nouvelle peut être proposée dès le début du chapitre afin de mettre en relation les notions de crime, de mystère et d'enquête, notions qui s'actualiseront dans une œuvre complète. Par ailleurs, les fiches 28 et 29 constituent un ensemble cohérent car elles traitent des codes du récit d'énigme à un niveau local (28) et global (29).

CORRIGÉ

1. a. Watson (le narrateur de la plupart des aventures de Sherlock Holmes).

b. « Nous étions en train de déjeuner un matin, ma femme et moi, quand la bonne apporta une dépêche. Émanant de Holmes… » (page 69). « – C'est vraiment très aimable de votre part de venir, Watson, dit-il » (page 69).

Récit à la première personne ; narrateur identifié par les paroles de Holmes.

2. La vallée de Boscombe, près de Ross, comté de Hereford (Angleterre).

3. a. Les enquêteurs : Sherlock Holmes (détective « amateur »), le docteur Watson, son ami et assistant dans ses enquêtes, l'inspecteur Lestrade de Scotland Yard.
b. Les habitants de la vallée de Boscombe : John Turner et sa fille Alice ; Charles Mac Carthy et son fils James. Les deux familles se connaissent car les pères se sont rencontrés en Australie (fortune dans les mines d'or).

4. Les données :
– le crime : un meurtre ;
– la victime : Charles Mac Carthy ;
– le suspect : James Mac Carthy, son fils ;
– l'arme : une crosse de fusil ?
– les premiers indices : les blessures à la tête, les taches sur la main droite et la manche de James Mac Carthy, sa présence sur les lieux du crime ;
– le mobile : une violente querelle sur un sujet inconnu pour l'instant ;
– date et lieu : le 3 juin, dans la vallée de Boscombe, près de l'étang.

5. Les témoins :
– une vieille femme (identité non précisée) et William Cronder : ils ont vu Charles Mac Carthy seul, puis, quelques minutes après, son fils suivre la même direction, un fusil sous le bras ;
– Patience Moran : elle a entendu une violente dispute entre le père et le fils.

6. Holmes ne croit pas à la culpabilité de James à cause de plusieurs incohérences de l'enquête : les preuves sont trop évidentes (p. 72), les protestations d'innocence de James (p. 73-74), l'absence d'explications sur la querelle, la vérité sur le mariage secret de James, l'absence de James et son retour, ignoré de son père…

7. Watson, grâce aux articles de presse et à ses connaissances médicales (il est médecin), établit que le coup mortel a été porté par derrière, alors que le fils et le père se disputaient face à face ; il réfléchit au sens possible des dernières syllabes prononcées par le mourant, « rat » ; enfin, il examine la question du vêtement, du tissu, aperçu par le fils lorsqu'il a découvert le corps de son père (pages 80-81). Ses conclusions vont dans le sens de Holmes, l'innocence de James Mac Carthy.

8. Le motif de la querelle qui oppose James et son père est le refus de James d'épouser Alice Turner ; il ne peut se marier car il a épousé secrètement une serveuse de bar de Bristol.

9. Les indices découverts par Holmes sur les lieux du crime : les empreintes de chaussures, trois parcours avec des empreintes différentes des autres, de la poussière, une pierre.

Grâce à ses observations, il déduit la taille du meurtrier (homme grand), sa claudication (pied droit), le fait qu'il est gaucher, qu'il porte des souliers de chasse à semelles épaisses, un manteau gris, fume des cigares indiens, qu'il a dans sa poche un fume-cigare et un canif émoussé. Les explications apportées à Watson, p. 87-89, donnent la clé de l'énigme.

10. a. Holmes a dressé un portrait assez précis du coupable, il reste à trouver son identité. Le suspense ralentit la découverte du coupable dont l'identité est révélée soudainement par le garçon de l'hôtel qui annonce « M. John Turner ! », après la phrase de Watson « Le coupable, c'est… ». De plus, on comprend pourquoi l'auteur n'a pas fait se rencontrer ces personnages auparavant : l'effet de surprise est total quand le lecteur découvre que John Turner correspond au portrait du coupable brossé par S. Holmes.

b. John Turner a tué Charles Mac Carthy parce que ce dernier le faisait chanter, lui soutirait de l'argent, en échange de son silence sur son passé de bandit en Australie. Turner a tué cette « bête immonde et venimeuse » pour protéger sa fille du scandale.

11. Holmes se contente de faire signer des aveux à John Turner, il ne le livre pas à la police ; le vieil homme, malade, va bientôt mourir ; il rendra compte de son crime devant Dieu. Holmes ne se servira de la confession de Turner que si James Mac Carthy est condamné au procès.

12. Cette question, ouverte, exige néanmoins de l'élève le choix de quelques arguments précis.

CORRIGÉ DE LA FICHE ÉLÈVE 30

Analyse d'images

(Ci-après, p. 271)

PRÉSENTATION

Objectifs

- Analyser et confronter des images.
- Accompagner la lecture de textes par l'approche d'images illustrant de grands mythes de l'Antiquité.
- Découvrir des images à fonction narrative.

Conduite de l'activité

La fiche peut être proposée après l'étude du « Premier meurtre » (p. 196), en travail à la maison, en liaison avec la lecture du texte écho, « Frères ennemis » (p. 202). Ainsi, l'élève percevra la permanence du fratricide dans plusieurs religions ou mythologies.

La confrontation peut aussi être menée en classe, dans une séance de travail en groupes.

CORRIGÉ

Deux illustrations confrontées

1. Page 195 : XVIe siècle. – Page 196 : XVe siècle.

2. Le meurtre d'Abel par Caïn.

3. a. Page 195 : Adam et Ève, Abel et Caïn, Yahvé. – Page 196 : Abel et Caïn, Yahvé. **b.** Dans la seconde illustration, Adam et Ève, parents d'Abel et Caïn, ne sont pas représentés ; Caïn y apparaît trois fois.

4. Le paysage de la première illustration est montagneux : premier plan et arrière-plan.
Le paysage de la seconde illustration est plus champêtre, campagnard, le relief est beaucoup moins élevé, plus arrondi ; on y aperçoit des arbres, des buissons, plus nombreux que dans l'autre. La couleur verte domine.

5. a. Les personnages principaux, Abel et Caïn, se trouvent au premier plan, dans les deux cas.
b. Ils se situent sur l'axe central de l'illustration, en bas (premier plan). Cette place montre leur importance.

6. a. Page 195 : Abel et Caïn sont pratiquement de dos, on aperçoit à peine leur visage. – Page 196 : ils sont plutôt de face.
b. Cette attitude met en valeur les visages, révèle davantage l'horreur du crime ; elle est plus expressive.

7. La différence d'attitude rend la seconde représentation plus expressive : les visages traduisent la colère, la haine (Caïn), l'angoisse devant la mort, la souffrance et l'horreur (Abel). Caïn domine toujours sa victime, assise ou allongée sur le sol, mais dans la seconde illustration, Caïn maintient Abel au sol avec son pied gauche, agrippe sa chevelure et tire la tête en arrière pour mieux frapper. Abel essaie de se défendre en repoussant son frère du bras droit, le gauche traduit sans doute les mêmes sentiments que le visage. Les bâtons, armes du crime, diffèrent.

L'illustration de la Bible de Nuremberg

8. a. La seconde illustration représente plusieurs scènes : l'offrande d'Abel et Caïn, en haut, à gauche ; le meurtre d'Abel, au centre, en bas ; le bannissement de Caïn, à droite.
b. Elle raconte l'histoire du premier meurtre, en représentant les étapes essentielles ; il y a donc bien récit, qui se lit de gauche à droite. C'est un peu le même principe que les vitraux, qui racontent par exemple la vie d'un saint.

9. En haut, à gauche, deux feux sont sur une table : celui d'Abel montre des flammes qui s'élèvent vers le ciel, vers Yahvé ; celui de Caïn montre des flammes qui retombent, qui ne s'élèvent pas vers le ciel : ainsi, l'illustrateur traduit l'acceptation ou le refus de l'offrande. On retrouve cet élément dans la première illustration.

Bilan de la confrontation

10. La question, ouverte, exige une prise de position mais surtout une justification.

BIBLIOGRAPHIE SOMMAIRE

Pour l'élève

CONAN DOYLE (Arthur), *Le Dernier problème, La Maison vide*, « Étonnants classiques », Garnier Flammarion, 1997.

GRENIER (Christian), *Contes et légendes des héros de la mythologie*, Nathan, 1998.

GRIMAUD (Michel), *L'Assassin crève l'écran*, « Cascade policier », Rageot éditeur, 1991.

MARTIN (Jean), *Contes et légendes* : *L'Iliade* (tome 1), *L'Odyssée* (tome 2), Nathan.

NOZIÈRE (Jean-Paul), *Des crimes comme ci comme chat*, « Cascade policier », Rageot éditeur, 1992.

POE (Edgar Allan), *Le Scarabée d'or, La Lettre volée*, Castor Poche-Flammarion, 1996.

VIVET-RÉMY (Anne-Catherine), *Les Travaux d'Hercule, Les Voyages d'Ulysse, Agamemnon et la Guerre de Troie*, Retz, 1997.

Chapitre 11

De la genèse au déluge
Comparer différents récits des origines

LES OBJECTIFS DU CHAPITRE

Objectifs généraux

• Sur le plan didactique, ce chapitre vise **l'acquisition des éléments essentiels d'une culture commune, finalité et objectif majeur du collège.** « Les référents culturels fondamentaux : leur étude est aussi liée à celle de l'histoire ; les textes fondateurs qui ouvrent à l'héritage du passé ont été définis en relation avec les programmes d'histoire pour les différents cycles du collège. » (Programmes de la classe de sixième)

« [L'élève] doit connaître les traits essentiels des mythes, modèles et références du passé qui tissent la vie culturelle de notre société. » (*Accompagnement des programmes de sixième*)

La culture est souvent définie comme l'ensemble des modes de vie d'un peuple, l'héritage social que l'individu acquiert de son groupe ; elle renvoie aux visions du monde, aux traits spécifiques de civilisation qui confèrent à un peuple particulier sa place originale. Il est donc important que les membres d'une communauté connaissent cet héritage, qui tisse dans la vie quotidienne des réseaux de significations. Ce « socle culturel commun » constitue un enjeu dans une société où les fractures sont avérées ; ces acquis permettront de mieux connaître et comprendre la société dans laquelle nous vivons, son devenir, de déchiffrer certaines connotations, certains symboles...

C'est pourquoi il convient de faire comprendre ce qu'est **un texte fondateur**, en quoi il est fondateur et ce qu'il fonde, **les valeurs dont il est porteur.** Cette étude vise à former **l'individu et le citoyen.**

• Sur le plan thématique, deux mythes ont été choisis pour leur importance, leur caractère fondamental et (presque) universel : **la création et le déluge.** Ils constituent la matrice des religions, de la pensée, de la philosophie, de la métaphysique. Certes, il ne s'agit pas d'aborder toutes ces dimensions avec les élèves de sixième, mais de les amener à réfléchir sur ces récits des origines, sur leur relation avec l'histoire réelle, sur les processus qui ont permis le passage de l'oral à l'écrit.

Objectifs méthodologiques

• **Lecture :** l'objectif visé est l'approche des textes fondateurs, l'amorce de leur lecture sous forme d'extraits originaux ou réécrits pour la jeunesse. Chaque texte renvoie donc à d'autres passages de l'œuvre, à d'autres œuvres, par la confrontation. L'accent sera mis sur le contenu même des textes : le processus de création, le créateur, l'ordre de cette création, la place de l'homme, la dimension didactique...

• **Étude de la langue :** nous avons essayé de favoriser la compréhension par l'étude de points de langue en relation avec le texte : l'injonctif (mode, temps et phrase), les indices de temps, le lexique spécialisé, l'étymologie et les apports du latin, du grec ou de l'hébreu, les périphrases poétiques, etc. Nous avons choisi également, dans l'hypothèse où cette séquence serait réalisée au cours du troisième trimestre, d'effectuer une vérification de quelques acquis élémentaires : nature et fonction, compléments essentiels et circonstanciels, construction attributive, type et forme de phrase, etc. Ces notions doivent être maîtrisées en fin de sixième afin d'aborder dans de bonnes conditions des apprentissages plus complexes en cinquième et quatrième.

• **Écriture :** conformément aux Instructions Officielles, nous avons proposé des situations développant les compétences d'écriture pour soi (« rédaction de ce que l'on retient d'un texte, d'un document »), pour autrui (« récit à partir d'un support concret : image, objet, document sonore » ; « récit à partir d'un mythe ou d'un héros » ; « textes d'imitation »). La recherche documentaire, l'élaboration de dossiers constituent un objectif majeur car elles mettent en œuvre les nombreuses compétences liées à l'information et à l'autonomie (voir les tableaux synoptiques in *Accompagnement des programmes de sixième*, pages 84 à 89).

• **Oral :** comme les autres chapitres, celui-ci vise à développer les compétences orales en offrant des situations de prise de parole, de partage, de récit.

• **L'image :** elle joue un rôle important car elle est porteuse, comme les textes, de références culturelles. Les documents iconographiques qui n'ont pas fait l'objet de questionnement peuvent servir de supports à des activités complémentaires.

Voir le tableau synoptique page suivante.

ANALYSE DE L'IMAGE

Moïse referme la mer Rouge... (Bible mozarabe, Xe siècle)

(livre de l'élève, p. 213)

1. Le support : il s'agit d'une enluminure, c'est-à-dire d'une miniature ou d'une lettre peinte ornant un manuscrit, ici, une Bible.

TABLEAU SYNOPTIQUE

SUPPORT	LECTURE	LANGUE	EXPRESSION
• Moïse referme la mer Rouge sur les Égyptiens, enluminure d'une Bible	• Lecture d'image : support ; personnages, répartition, volumes ; technique, effets		
LA GENÈSE			
• *Genèse*, I-II, « La création du monde »	• Chronologie ; récit de création, processus de création ; mythe des origines : confrontation de textes fondateurs	• Grammaire : l'injonctif (phrase, mode verbal) • Vocabulaire : périphrase poétique ; étymologie	• Écrire un texte narratif en insérant des éléments descriptifs
• Ovide, *Métamorphoses*, I, « Les origines du monde »	• Chronologie ; récit de création, processus de création ; mythe des origines, texte fondateur	• Grammaire : types et formes de phrases • Vocabulaire : champs lexicaux ; périphrases poétiques	• Écrire un récit de création (imitation) à partir d'un « lanceur »
• Marguerite Yourcenar, « La création »	• Lecture cursive		
REPÈRES : RÉCITS IMAGINAIRES			
LE DÉLUGE			
• *Genèse*, VI-VII, « L'arche de Noé »	• Texte et image (transcodage, interprétation, confrontation) ; chronologie ; symbolique ; mythe du déluge : texte fondateur	• Grammaire : injonctif et futur ; indices de temps ; nature et fonction : cause, pronom et déterminant, groupes nominaux	• Constituer un dossier (l'information : de la recherche à la production)
• Ovide, *Métamorphoses*, I, « Le déluge »	• Mythe du déluge ; récit et chronologie ; confrontation de textes fondateurs		• Rechercher, lire et résumer un extrait des *Métamorphoses* ; décrire un dieu (paragraphe)
• Marcel Aymé, *Les Contes du chat perché*, « La nouvelle arche »	• Lecture cursive		
REPÈRES : LES TEXTES FONDATEURS			
• Résumé d'un récit de création			• Développer un résumé et rédiger la suite et fin du récit
• *Passage de la mer Rouge*, tableau de Colyn de Coter	• Lecture de l'image : personnages ; lien texte-image ; confrontation d'images		• Expression écrite ou orale ; recherche d'images au CDI

2. Les personnages sont organisés en deux groupes distincts : dans la partie droite, sur la terre ferme, le groupe des Hébreux ; dans la partie gauche, engloutis par les flots de la mer Rouge, les Égyptiens dont on n'aperçoit que les têtes.

3. Moïse, au premier plan, referme le passage qu'il a ouvert à l'aide de son bâton magique.

4. Le pouvoir et la puissance de Moïse se manifestent par la mise en relief des silhouettes du groupe qu'il conduit, par le bâton, par le geste qu'il accomplit, par l'ordre qu'il donne. Il est bien entendu aidé par Dieu qui lui donne cette puissance et ce pouvoir.

5. La mer est représentée par un amas de volutes, de courbes, d'ondulations, avec des poissons. Ces lignes expriment le déchaînement des flots qui anéantissent les Égyptiens, culbutant hommes, chevaux, chars. Ici, seules les têtes émergent.

TEXTE D'ÉTUDE

Genèse, « La création du monde »

(livre de l'élève, p. 214)

LECTURE

La création

1. Apparemment, avant la création il n'y avait rien, rien que Dieu et sa parole. Après la création du ciel et de la terre, cette dernière était vide.

2. Le chaos, le désordre, les ténèbres régnaient : « la terre était vide et vague, les ténèbres couvraient l'abîme, le souffle de Dieu tournoyait sur les eaux. »

3. Chronologie de la création : **voir le tableau en bas de page**.

4. « Il y eut un soir et il y eut un matin : ». Cette formule récurrente est complétée par l'indication du jour : premier jour, deuxième..., sixième. La formulation : « au septième jour » diffère des précédentes, car elle marque un jour particulier, le jour du repos (« après tout l'ouvrage [que Dieu] avait fait », l. 67).

Le pouvoir de Dieu

1. Le verbe divin, la parole créent le monde, les animaux, les végétaux, les hommes ; la formule récurrente « Dieu dit », suivie de sa parole, exprime cette action de création.

2. « « Que la lumière soit » », et la lumière fut » (l. 4) ; « « Qu'il y ait un firmament au milieu des eaux et qu'il sépare les eaux d'avec les eaux » », et il en fut ainsi. » (l. 8-9)... Pour chaque création, la formule est identique : la phrase injonctive exprime la volonté de Dieu ; sa parole crée, et la formule suivante marque le résultat, c'est-à-dire l'apparition de ce qui a été créé. On peut noter la valeur consécutive de « et ». D'autres formules expriment cette volonté : « Faisons l'homme à notre image », « Soyez féconds, multipliez... » La phrase injonctive domine (voir leçon de Grammaire sur « Les types et les formes de phrases », livre de l'élève p. 322).

3. « Dieu vit que la lumière était bonne », « Dieu vit que cela était bon. » : ces formules montrent le jugement que Dieu porte sur sa propre création ; comme ce qui est créé est bon, Dieu poursuit la création.

L'homme

1. L'homme apparaît le sixième jour, le dernier jour de la création : il en est le couronnement.

2. Dieu confie à l'homme la mission de peupler la terre, de dominer la nature (animale et végétale).

3. La nourriture de l'homme et des animaux doit être végétale : herbe, fruits. Il est interdit de manger de la viande car cette nourriture suppose la mort d'animaux. Ce n'est qu'après le Déluge que les hommes pourront manger de la viande, mais saignée. Pour l'instant, ils se contentent d'être « végétaliens ».

ÉTUDE DE LA LANGUE

Grammaire

1. *soit, ait, verdisse* : ces trois verbes sont au subjonctif présent.

2. Conjugaison (voir tableau p. 340 : *être* ; p. 341 : *dominer* ; p. 342 : *verdir*).

3. Dieu utilise souvent la phrase injonctive, construite selon la structure « *que* + subjonctif », ou à l'impératif. Même une formule comme « je (vous) donne » a une valeur injonctive : il s'agit d'un ordre, d'une interdiction indirecte. « Je vous donne toutes les herbes [...], et tous les arbres [...] : ce sera pour votre nourriture » équivaut à « Nourrissez-vous d'herbes et de fruits. » ou « Ne mangez pas de viande. » On peut initier les élèves aux actes de langage indirects.

Vocabulaire

1. • « Les deux luminaires majeurs » sont le soleil et la lune. « Luminaire » est à prendre dans son sens classique de « astre ». On peut faire remarquer l'étymologie latine : *luminare*, « qui produit de la lumière, astre », de *lumen*, *luminis*, « lumière », de *lux*, *lucis*, « lumière ».

CHRONOLOGIE DE LA CRÉATION	
Jour	**Dieu crée**
Premier jour	Lumière (séparation lumière/ténèbres, qui permet de compter les jours)
Deuxième jour	Firmament, ciel (séparation eaux du ciel/eaux de la terre)
Troisième jour	La terre ferme et sèche, le continent, et la mer. La verdure et les arbres
Quatrième jour	Les deux luminaires : le soleil et la lune (séparation jour/nuit)
Cinquième jour	Animaux aquatiques et oiseaux des cieux : grands serpents de mer, etc.
Sixième jour	Animaux de la terre : bêtes sauvages et animaux domestiques (bestiaux). L'homme et la femme, couronnement de la création.
Septième jour	Ø (repos)

• « La gent ailée » : périphrase désignant les oiseaux, l'espèce qui possède des ailes. On peut renvoyer à la périphrase de La Fontaine, « la gent trotte-menu », qui désigne les souris.

2. *Genèse* : du grec *genesis*, « cause, source de vie, formation, naissance, création », du verbe γιγνομαι (*gignomai*), « naître ». On fera remarquer que « gent » appartient à la même famille que « genèse ».

3. *Dimanche* : du latin chrétien *dies dominica*, « jour du seigneur » ; on fera le rapprochement avec l'adjectif *dominical*. – *Lundi* : du latin **lunis (lunae) dies*, « jour de la lune ». – *Mardi* : du latin *Martis dies*, « jour de Mars ». – *Mercredi* : du latin populaire *Mercoris dies*, « jour de Mercure » (latin classique : *Mercurii dies*). – *Jeudi* : du latin *Jovis dies*, « jour de Jupiter ». – *Vendredi* : du latin *Veneris dies*, « jour de Vénus ». – *Samedi* : du latin populaire *sambati dies*, « jour de sabbat » ; *sambatum* vient de *sabbattum*, « sabbat ». – « Sabbat » vient de l'hébreu *shabbâth*, du verbe *shâbath*, « chômer, se reposer ». C'est le septième jour de la création.

On notera la coexistence de noms formés sur le nom latin *dies*, « jour », et sur le nom des divinités latines, et d'un nom qui dérive de l'hébreu.

EXPRESSION ÉCRITE

Cette activité vise à solliciter les représentations, l'imaginaire des élèves quant à la notion de paradis, de jardin d'Éden. On n'attend pas un travail de documentation qui préciserait la vision biblique ; il s'agit plutôt d'amener l'élève à formuler sa vision d'un idéal ; on sait que la nostalgie du paradis perdu, le mythe des origines sont une constante de l'âme humaine. Qu'en est-il des aspirations des enfants ?

Par ailleurs, le discours narratif constitue le principal pôle de l'enseignement en sixième.

Critères d'évaluation possibles :

– production d'un texte narratif ;
– insertion de passages descriptifs ;
– respect de la contrainte temporelle : une journée (indices) ;
– procédés créant l'atmosphère paradisiaque ;
– récit à la 3e personne, au présent de l'indicatif ;
– respect des informations fournies dans le texte de la *Genèse* (nourriture, en particulier).

TEXTE D'ÉTUDE

Ovide, « Les origines du monde »

(livre de l'élève, p. 217)

LECTURE

La création du monde

1. Ce qui existait avant la création du monde est ainsi désigné : « Chaos, masse informe, confuse, inerte. » (l. 1-2) ; « Hélios et Phœbé n'éclairaient pas encore le monde. » (l. 2) ; « la mer et l'air se confondaient à la terre » (l. 4) ; « la terre manquait de consistance, la mer de fluidité, l'air de lumière : rien ne conservait sa forme propre » (l. 5-6) ; « le froid combattait la chaleur, l'humidité la sécheresse, la mollesse la dureté, la légèreté la pesanteur » (l. 6-7).

Les oppositions, le lexique de la confusion, des ténèbres, du désordre… permettent de définir le chaos originel.

2. Les étapes de la création : **voir le tableau en bas de page**.

3. Cette création est une métamorphose puisque le dieu, aidé de la nature, organise le chaos originel : là où ne régnait que le désordre, il introduit l'ordre ; on passe de l'informe au formé. Cet épisode correspond bien au titre de l'œuvre d'Ovide.

Le pouvoir divin

1. Apparemment un seul dieu intervient dans cette création ; il est aidé de la nature. On ignore de quel dieu il s'agit ; il est désigné par « le dieu », « l'architecte du monde » (l. 34), « le dieu créateur, auteur d'un monde meilleur » (l. 44) ; ces désignations au singulier renvoient toujours au même dieu.

2. La religion des Romains est polythéiste (voir le cours d'histoire). On notera l'apparente contradiction entre le polythéisme des Grecs et des Romains et l'intervention d'un seul dieu non identifié, dans le processus de la création.

3. La puissance et la volonté du dieu s'expriment surtout par des verbes d'action : *sépara, dissociant, établit, attribua, avait divisé et ordonné* (= « organisé »), *donna, compléta*, etc. Une formule manifeste sa volonté : « sur son ordre » (l. 19 et 24). La différence avec le texte biblique est marquée puisque, dans *Les*

LES ÉTAPES DE LA CRÉATION	
Séparation du ciel et de la terre, attribution d'une place distincte (l. 8-16)	« Maintenant (séparés) » (l. 11)
Façonnement de la terre (disque) (l. 18-19)	« Alors » (l. 18)
Séparation des eaux et de la terre ferme (l. 19-23)	« Puis » (l. 19)
Formation du relief, division du monde selon les climats (l. 24-30)	« (sur son ordre) encore » (l. 24)
Organisation et partage du ciel, apparition des étoiles, des astres (l. 31-39)	
Création des animaux aquatiques, terrestres et aériens (l. 39-41)	
Création de l'homme (l. 42-48)	« (un être manquait) encore »

Métamorphoses, nous ne trouvons pas de formules spécifiques récurrentes, à forte valeur injonctive.

4. L'expression « architecte du monde » (l. 34) caractérise le rôle du créateur, qui est plutôt ici un organisateur, celui qui réalise les plans d'un édifice et en dirige l'exécution. D'ailleurs, parmi les périphrases désignant Dieu, nous trouvons « le Grand », « le Suprême », « le Divin Architecte ».

La Bible et les *Métamorphoses*

1. Dans la Bible, les indices de temps sont les plus nombreux et les plus précis, sans doute parce que la création s'étale sur une durée déterminée de six jours.

2. La Bible comporte des obligations et des interdictions : Dieu confie aux animaux et surtout aux hommes une mission : croître et se multiplier. Par ailleurs, Dieu impose une nourriture à base d'herbes et de fruits, interdisant ainsi la viande.

3. Dans les deux textes, l'homme « couronne », « achève » la création ; dans les deux textes, il a pour mission de dominer « le reste de la création ». Le Dieu de la Bible crée l'homme à son image, et, selon Ovide, il le forme « de la semence divine » ; l'homme aurait donc une part de divinité en lui. Cependant, Ovide propose une autre naissance de l'homme : comme dans de nombreux autres mythes, l'homme aurait été façonné à partir d'argile et d'eau. Quoi qu'il en soit, l'homme entretient une relation étroite avec les dieux ou Dieu : contrairement aux autres animaux, il vit debout, le regard tourné vers le ciel, séjour divin. Cette question ouvre la réflexion sur des contes, des récits de création qui évoquent l'origine du monde et des hommes.

ÉTUDE DE LA LANGUE

Grammaire

1. 1. « Où le feu vivace et léger de la voûte céleste s'alluma-t-il (fut-il placé) ? », ou bien « Qu'est-ce qui s'alluma au sommet de l'édifice du monde ? » – **2.** « Où les poissons aux luisantes écailles établirent-ils leur demeure ? », ou bien « Qui établit sa demeure dans les ondes ? »

Ces variantes dépendent du thème des propositions et de l'information apportée. Si on parle du feu, on interroge sur la place qui lui a été attribuée. Si on parle des places, des espaces, on interroge sur l'occupant. Ces distinctions, si elles renvoient à la progression thématique (thème/propos ou rhème), envisagent d'abord quelques réponses possibles d'élèves ; le contexte pris en compte autorise ces variantes. L'essentiel est la présence des marques spécifiques de l'interrogation.

2. 1. L'architecte du monde livra le royaume de l'air aux vents capricieux. – **2.** Un Titan éclairait déjà le monde. – **3.** Tout conservait sa forme propre.

Vocabulaire

1. Les champs lexicaux des quatre éléments : **voir le tableau en bas de page**.

2. • « l'édifice du monde » : un édifice est un bâtiment important, une vaste construction (du latin, *aedes*, « maison » et *facere*, « faire ») ; par la suite, il désigne un immense ensemble organisé. Le monde est donc un vaste ensemble organisé par le dieu architecte.

• « leurs croupes rocheuses » : la croupe est la partie postérieure du corps d'un cheval ; ce terme désigne, par extension (forme) la partie renflée d'une montagne (rocheuse).

• « la plaine céleste » : la plaine est une étendue plate (du latin *planus*, « plat ») ; par analogie, le vaste espace du ciel est assimilé à cette immensité plate. On parle aussi de la « plaine liquide » pour désigner la mer. On désigne l'objet par l'énonciation d'un de ses attributs, d'une de ses qualités, propre à en éveiller l'idée. Ainsi, on désigne souvent Jupiter par « le Maître (ou le Roi) de l'Olympe », « le Maître du tonnerre ».

EXPRESSION ÉCRITE

L'objectif visé est d'écrire un récit de création d'animaux fabuleux, fantastiques ; l'ensemble des productions constituera une sorte de bestiaire fantastique, qui pourra être illustré de dessins, de collages, et exposé au CDI, à côté de reproductions picturales de sirènes, de dragons, de licornes, de sphinx (voir la céramique grecque p. 210), etc.

Par ailleurs, la composition d'un nom permet quelques jeux de mots, de sonorités.

Pour aider l'élève, on lui proposera, par exemple, la lecture d'*Histoires comme ça* de Rudyard Kipling, la légende de Triton, des Harpyes (monstres au visage de vieille femme, au corps de vautour), des extraits des *Métamorphoses* d'Ovide, des peintures de Jérôme Bosch, de Gustave Moreau (voir le sphinx p. 207), de Salvador Dali, Max Ernst…, des extraits de la littérature fantastique ou d'épouvante…, d'encyclopédies sur les animaux.

CHAMPS LEXICAUX DES QUATRE ÉLÉMENTS			
L'air	**La terre**	**L'eau**	**Le feu**
« air », « ciel », « éther », « voûte céleste », « souffle », « vents »	« terre », « rivages terrestres », « talus », « rives », « plaines », « vallées », « montagnes », « croupes rocheuses », « terrestres », « sol »	« mer », « humidité », « eau », « flot », « sources », « étangs », « lacs », « lits », « fleuves », « neige », « brumes », « nuages », « ondes », (« baignant », « fluide »)	« chaleur », « sécheresse », « s'alluma », « brûlante », « foudre », « éclairs » (lumière : « éclairaient », « astres », « Hélios », « Phœbé », « luisantes »)

Le texte devra associer les étapes de la création (indices de temps, emploi du passé simple) et des éléments descriptifs (champs lexicaux du corps, de la forme, de la matière, de la couleur, etc. ; registres spécialisés, emploi de l'imparfait, d'expansions, de périphrases, d'images, etc.). La structure du texte est induite, au moins partiellement, par le sujet, à forte dimension chronologique.

Cette diversité conduit nécessairement à la définition de contraintes d'écriture et donc de critères, en fonction de la démarche adoptée (écriture à l'aide d'un tableau, d'un texte). Il convient toutefois de veiller à ne pas trop brider l'imaginaire en multipliant les contraintes.

TEXTE D'ÉTUDE

Genèse, « L'arche de Noé »

(livre de l'élève, p. 222)

LECTURE

La colère de Dieu

1. Dieu décide de détruire les hommes car, malgré leur expulsion du jardin d'Éden, ils persévèrent dans leur méchanceté, leur malice (l. 1-3). Ces défauts se manifestent dans la violence évoquée à la ligne 11. Dieu se repent d'avoir créé l'homme.

2. Dieu prévient Noé et l'épargne car c'est l'un des rares hommes justes, intègres ; son cœur n'est pas envahi par la méchanceté ; de plus, il « marche en compagnie de Dieu » (l. 9), il suit ses préceptes.

L'arche

1. Cette activité vise à reproduire le dessin de l'arche à partir des données du texte ; il convient de veiller à la justesse des conversions des coudées en centimètres puis des centimètres en mètres :
longueur : 150 mètres – largeur : 25 mètres – hauteur : 15 mètres 50 (une coudée de plus pour achever le toit).

La reproduction utilisera une échelle.

2. Le dessin à l'échelle ainsi obtenu montre que l'arche ressemble plus à un coffre, à une caisse qu'à un bateau. L'étymologie latine *arca*, « coffre », confirme cette forme.

3. Dieu ordonne à Noé d'emmener un couple de chaque espèce animale afin de créer un deuxième monde, de peupler la terre : il embarque toute semence de vie afin que la vie renaisse.

Le déluge

1. Le calendrier du déluge

On remarquera le souci de précision temporelle du narrateur (**voir le tableau ci-dessous**).

1. Entre le début et la fin du déluge, 12 mois et 10 jours se sont écoulés.

2. La destruction de toute vie, de toute chaire sur terre est la conséquence du déluge : « « Alors *périt* toute chair qui se meut sur la terre », « Tout ce qui avait une haleine de vie dans les narines, c'est-à-dire tout ce qui était sur la terre ferme, *mourut* », « Ainsi *disparurent* tous les êtres qui étaient à la surface du sol, depuis l'homme jusqu'aux bêtes, aux bestioles et aux oiseaux du ciel : ils *furent effacés* de la terre » (l. 44 à 50). Dieu annonce les conséquences du déluge aux lignes 19 à 21 : « pour **exterminer** de dessous le ciel toute chair ayant souffle de vie : tout ce qui est sur la terre doit **périr** ».

LE CALENDRIER DU DÉLUGE		
Date	**Événement**	**Durée**
L'an six cent de la vie de Noé, le second mois, le 17e jour	Début du déluge	40 jours et 40 nuits (durée du déluge)
L'an six cent de la vie de Noé, 150 jours après (soit 5 mois de 30 jours)	Début de la décrue	150 jours (durée totale de la crue)
L'an six cent de la vie de Noé, au 7e mois, le 17e jour	L'arche se repose sur les sommets d'Ararat, 5 mois après le début du déluge (5 x 30 j = 150 j).	
L'an six cent de la vie de Noé, 10e mois, le 1er jour	Apparition des sommets des montagnes	
L'an six cent de la vie de Noé, 40 jours après l'épisode précédent	Lâcher du corbeau Premier lâcher de la colombe Deuxième lâcher de la colombe : rameau d'olivier Troisième lâcher de la colombe qui ne revient pas	 (7jours après le 1er) (7 jours après le 2e)
L'an six cent un de la vie de Noé, 1er mois, le 1er jour	Les eaux commencent à sécher. Date symbolique : l'an 601 de la vie de Noé, le 1er mois, le 1er jour, c'est le début d'une ère nouvelle, le début de la première année après le déluge	
L'an six cent un de la vie de Noé, au second mois, le 27e jour	La terre est complètement sèche.	

3. L'arche s'arrête sur les sommets d'Ararat, région d'Arménie du nord, au nord est du lac de Van : c'est un lieu réel.

Les signes de paix

1. La colombe, qui rapporte dans son bec un rameau frais d'olivier, signale la décrue et la renaissance de la végétation ; l'olivier – avec l'huile qu'on en extrait – est un arbre essentiel dans les régions méditerranéennes et moyen-orientales : il symbolise la paix, la force et la fécondité. La colombe et le rameau d'olivier sont désormais signes de paix.

2. L'arc-en-ciel.

3. L'arc-en-ciel, qui apparaît dans les nues, est le signe de l'alliance, du pacte entre Dieu, les humains et les animaux ; il est le signe que le déluge n'arrivera plus pour détruire la terre.

ÉTUDE DE LA LANGUE

Grammaire

1. Le futur de ces formes verbales a une valeur injonctive : il exprime l'ordre que Dieu donne à Noé.

2. L'établissement du calendrier du déluge a conduit l'élève à repérer quelques indices de temps, qui servent à dater (a) ou à exprimer la durée (b) :

a. « quand arriva le déluge » (l. 26), « au bout de sept jours » (l. 32), « en l'an six cent de la vie de Noé », « le second mois », « le dix-septième jour » (l. 33-34), etc.

b. « pendant quarante jours et quarante nuits » (l. 36), « pendant quarante jours » (l. 38), « cent cinquante jours » (l. 52), « sept autres jours » (l. 65), etc.

3. Complément circonstanciel de cause : « à cause des hommes » (l. 11), groupe nominal prépositionnel.

4. a. Dans « *les* hommes » (l. 5), *les* est un déterminant, article défini, masculin pluriel.

b. Dans « *les* avoir faits » (l. 7), *les* est un pronom personnel de troisième personne, masculin pluriel (voir l'accord du participe passé « *faits* » avec son COD).

5. 1. *un signe d'alliance* : attribut du sujet – **2.** *le corbeau* : complément d'objet direct – **3.** *cent cinquante jours* : complément essentiel de temps.

En sixième, et dans les autres classes, la distinction entre nature et fonction est importante, même si d'aucuns considèrent que trop souvent les activités grammaticales portent sur cette distinction. Dans la pratique de classe quotidienne, nous constatons que les élèves confondent nature et fonction, malgré les répétitions, les mises au point... Or il est difficile de construire certaines notions de grammaire de texte ou de discours sans la maîtrise des catégories grammaticales, donc sans la maîtrise de la notion même de classe ou de nature ; en effet, comment travailler la chaîne des substituts sans la connaissance des pronoms, des groupes nominaux, de leur fonctionnement ? C'est pourquoi la rubrique « Étude de la langue » propose régulièrement des questions sur la conceptualisation de ces notions.

Une autre question mérite d'être abordée : les nouvelles définitions de la complémentation ; en effet, du fait de l'imbrication entre le sémantique et le syntaxique, l'analyse et la classification se révèlent complexes. La phrase 3 illustre cette difficulté : en grammaire traditionnelle, on aurait identifié le groupe nominal « cent cinquante jours » comme un complément circonstanciel de temps. Mais un complément circonstanciel est déplaçable et surtout effaçable ; or, ici, son effacement modifie considérablement le sens en supprimant une information importante. Les nouvelles grammaires proposent donc de parler de compléments essentiels de temps, de lieu, d'objet... en se fondant sur la fonction de relateur du verbe entre deux arguments, le sujet et le groupe prédicatif. Ainsi dans l'énoncé « Il va à Toulouse », « à Toulouse » appartient au procès du verbe, c'est donc un objet, un objectif et non un complément circonstanciel de lieu qui présente une relation fort peu étroite avec le procès du verbe.

Pour approfondir ces approches, on consultera avec profit :
– *Grammaire méthodique du français*, M. Riegel, J.-C. Pellat, R. Rioul, PUF, 1994 ;
– *Grammaire du français, Approche énonciative*, Maurice Lévy, Ophrys, coll. « Grammaire et méthodes », 2000.

ANALYSE DE L'IMAGE

1. Cette peinture est fixée sur verre.

2. Un groupe d'hommes, des animaux : cette répartition correspond bien à l'histoire du déluge. Noé n'est pas facilement reconnaissable ; est-il le personnage en vert, debout devant le groupe d'animaux, tendant le bras gauche vers le ciel ? Est-il le personnage en jaune, sous le dais, à côté de la femme en blanc ?

3. On remarque que l'arche est représentée sous la forme d'un bateau, avec une dunette en forme de dais. La présence de sept hommes et d'une femme ne correspond pas au texte biblique puisque Noé a trois fils, Sem, Cham et Japhet. Dieu ordonne à Noé d'emmener avec lui son épouse, ses trois fils et leurs épouses, soit quatre hommes et quatre femmes. Si le nombre total est identique, la répartition entre les deux sexes diffère.

Noé est l'un des prophètes dont parle le Coran, c'est pourquoi il est représenté sur cette peinture musulmane. Cette analyse comparative de l'illustration et du texte biblique permet d'aborder la question des religions juive, chrétienne et musulmane et d'esquisser quelques rapprochements, notamment sur les personnages et les épisodes communs.

EXPRESSION

L'objectif visé est d'abord d'ordre culturel : les grands mythes se retrouvent dans plusieurs religions ou civilisations. Ainsi le récit du déluge de la Bible reprend-il le récit assyro-babylonien, tel qu'il a été transmis dans *L'Épopée de Gilgamesh.* On retrouve de tels récits en Chine, en Inde. L'universalité de certains mythes favorise le sens de la relativité et l'esprit de tolérance. Ce travail poursuit celui qui a pu être conduit sur le conte, sur l'universalité de certains récits dans des sociétés différentes, parfois très éloignées géographiquement.

Ce travail de documentation peut se mener en collaboration avec le documentaliste et aboutir à une exposition sur le déluge dans les religions, grâce au recueil constitué.

L'autre objectif, d'ordre méthodologique, vise la constitution d'un dossier, qui permet de mettre en œuvre des compétences au niveau de l'information : recherche, tri, sélection, mise en texte, mise en forme…

TEXTE D'ÉTUDE

Ovide, « Le déluge »

(livre de l'élève, p. 226)

LECTURE

La colère de Jupiter

1. La colère de Jupiter contre les hommes se manifeste, comme dans la Bible, par le déchaînement des éléments : les vents porteurs de pluie, le déluge d'eau qui s'abat sur la terre.

2. Jupiter enferme l'Aquilon et les vents qui débarrassent le ciel des nuages ; il libère le Notus, qui apporte les orages. Le dieu prépare ainsi le déchaînement des eaux du ciel.

3. En dehors du Notus, Iris, la messagère de Junon, alimente les nuages (l. 8-9) ; Neptune, le dieu des mers, invite les fleuves à déployer leurs forces, à ouvrir leurs réservoirs. Bref, c'est un déferlement des eaux du ciel et de la terre.

Le déluge

1. « Les blés sont couchés… le travail d'une longue année est anéanti. » (l. 9-11). « emportant les récoltes, les arbres, les troupeaux, les hommes, les maisons, les temples et leurs objets sacrés » (l. 20-22). « Déjà on ne distinguait plus la mer de la terre ; tout était océan » (l. 24). « L'un se réfugie… meurent de faim » (l. 25-43).

2. « L'un… l'autre », « celui-ci… celui-là » : ces pronoms, indéfinis et démonstratifs, jouent sur une opposition afin de montrer que toute la terre est détruite, en proposant quelques spectacles de désolation. En utilisant ce jeu de pronoms, l'auteur montre que rien n'échappe au déluge et à la destruction. Il est toujours intéressant de montrer les procédés syntaxiques par lesquels on peut exprimer une idée, sans se limiter à la seule étude des champs lexicaux. De la même manière, l'accumulation des lignes 21 et 22 permet d'exprimer la violence de la crue, qui emporte tout sur son passage et mêle arbres, hommes, animaux, maisons… dans un chaos terrible.

3. La dernière phrase du texte semble conclure sur une destruction totale : « la plus grande partie des êtres vivants est emportée par les eaux ; ceux que les flots ont épargnés meurent de faim. » Seulement, si tout avait été détruit, rien n'aurait pu être reconstruit. On peut donc deviner que quelques survivants échappent au déluge et à la mort.

La Bible et les *Métamorphoses*

1. Dans les deux textes, Dieu et Jupiter détruisent la terre à cause de la méchanceté des hommes. « La réputation de ce siècle dépravé était venue jusqu'à mes oreilles ; je la souhaitais fausse ; c'est pourquoi, me laissant choir du haut de l'Olympe, tout dieu que je fusse, je vais, sous l'apparence d'un homme, parcourir la terre. Trop longue serait l'énumération de tout ce que j'ai découvert en tous lieux de criminel : cette infâme réputation était elle-même encore au-dessous de la vérité. » (Ovide, *Métamorphoses*, livre I)

2. Toute destruction qui n'est pas totale vise l'avènement d'une humanité différente, la naissance d'un monde nouveau. Pour que ce monde puisse naître, la destruction de l'ancien monde, corrompu et violent, est nécessaire.

3. L'objectif est de mettre au jour la permanence du mythe du déluge, de la destruction qui donnera naissance à un monde nouveau et sans doute meilleur. Cette réflexion permet aussi de comprendre la naissance d'un mythe : le déluge correspond vraisemblablement à une catastrophe naturelle, une immense inondation ou une ultime glaciation qui a englouti de nombreuses terres de Mésopotamie vers le 4e millénaire av. J.-C., mais pas toute la terre ; ce phénomène est alors interprété comme un châtiment divin, destiné à punir les hommes de leur méchanceté, de leur corruption. L'homme cherche à expliquer et à enseigner, à éduquer, notamment en associant religion et morale. L'héritage culturel est aussi là, dans ces mythes qui se perpétuent d'une civilisation à une autre, et que l'on retrouve encore aujourd'hui au cinéma, en particulier dans certains films catastrophes.

EXPRESSION ÉCRITE

1. Afin de compléter l'épisode du déluge dans les *Métamorphoses*, les élèves liront et résumeront l'histoire de Deucalion et Pyrrha, les survivants de la première humanité, la naissance de la nouvelle humanité, la métamorphose des « os de la terre » en hommes et femmes.

2. Le portrait de Vulcain

Cette activité, si elle est réalisée en fin d'année, permet de synthétiser les approches de la description en sixième et de préparer le travail de la cinquième.

Vulcain est présenté, selon la tradition, comme un dieu difforme, boiteux, très laid ; il serait barbu, mal coiffé. Il a été peint par Le Tintoret, Vélasquez, Rubens,

Le Nain. Ces tableaux serviront éventuellement à stimuler l'imagination et à lancer l'écriture. On proposera aux élèves un passage de *l'Iliade*, d'Homère, le livre XVIII, l'épisode de la fabrication des armes d'Achille : le poète évoque le physique de Vulcain à plusieurs reprises.

Critères d'évaluation possibles :
– rédaction d'un petit paragraphe descriptif ;
– description du physique : champs lexicaux du corps, de la qualification, de la laideur…
– organisation de la description : ordre adopté (visage → pieds, allure générale → détails…) ;
– utilisation de documents.

REPÈRES

Les textes fondateurs

(livre de l'élève, p. 229)

1. La création, le meurtre d'un frère, le dressage des animaux, le déluge, les métamorphoses, le voyage au pays des morts.

2. Dans les légendes nordiques, Hoder, trompé par Loki, tue son propre frère Balder. Dans la *Genèse*, Joseph est victime de ses frères, qui veulent le tuer ; il est finalement sauvé et vendu (fratricide qui n'aboutit pas). On peut encore citer la lutte de Yam et de Baal, enfants du dieu El, et la victoire de Baal qui tue son frère Yam…

ATELIER D'ÉCRITURE

(livre de l'élève, p. 230)

1 Être chercheur

Ces activités invitent l'élève à se plonger dans les textes de l'Antiquité, dans les encyclopédies, les documentaires, les cédéroms, afin de recueillir des récits concernant les grands mythes, les personnages légendaires. Les textes fondateurs n'ont d'intérêt ou de valeur que s'ils débouchent sur une attitude active, une réflexion sur les invariants des civilisations et sur les variables qui en font l'originalité et la spécificité.

1. Héros de l'Antiquité

Cette approche privilégie le personnage, le héros, pour faciliter l'entrée dans les textes à forte référence culturelle ; en effet, le héros favorise l'identification, la proximité imaginaire et affective, d'autant que les médias, en particulier la télévision, proposent les aventures de quelques figures légendaires : Ulysse, Hercule.

Par ailleurs, le personnage est au cœur de l'articulation lecture-écriture ; ainsi l'élève devra résumer l'histoire, les aventures d'un personnage, en se centrant sur lui, en le plaçant au centre d'un système de relations avec d'autres personnages (système actantiel, par exemple). Pour réaliser ce projet, il consultera diverses sources, réunira une documentation et établira une sorte de synthèse.

Les héros choisis ont vécu des aventures à péripéties, propres à stimuler l'intérêt et la curiosité des élèves.

2. Les récits de création

Ils constituent une autre entrée, qui privilégie le mythe fondamental, celui de l'origine.

Les élèves consulteront des ouvrages variés : dictionnaires, encyclopédies, contes, magazines, dossiers… Cette diversité, nécessaire, développera leurs compétences de lecteurs et de scripteurs : situation d'énonciation, adaptation au destinataire, type et genre, lexique, stratégie…

2 Être conteur

1. Expression écrite

Après les travaux de recherche, l'élève rédigera à son tour un récit de création, une sorte de mythe explicatif (Voir *Histoires comme ça*, de Rudyard Kipling ou *Les Contes de la Saint-Glinglin*, de Robert Escarpit).

L'architecture des activités peut être modifiée : ainsi, écrire un récit de création constitue l'objectif premier ; comment écrit-on un tel récit ? La lecture de textes divers évoquant les origines fournira à l'élève des « modèles », des solutions aux problèmes qu'il va rencontrer : chronologie, lexique, personnages, mise en texte… Dans ce cas, la dynamique est celle de l'écriture vers la lecture.

Le sujet 2, suite et fin de texte, peut être abordé en utilisant les conseils méthodologiques donnés précédemment dans le chapitre 10.

2. Expression orale

L'objectif vise à réinvestir les savoirs acquis dans le chapitre 8 « Être conteur ».

La pratique de l'oral impose de placer l'élève dans des situations réelles, qui favorisent la prise de parole et le « volume », c'est-à-dire la capacité à parler longtemps, de manière pertinente, et dans le cas présent expressive. Si la classe de sixième vise la maîtrise du pôle narratif, elle doit viser aussi le récit oral, car raconter n'est pas systématiquement et exclusivement une pratique de l'écrit.

Encore une fois, les productions peuvent – doivent – être partagées avec d'autres : élèves, parents. La socialisation de ces écrits ou de ces oraux est importante dans un univers (scolaire) multiculturel.

3 Découvrir des images de la Bible

La Bible a inspiré de très nombreux artistes, les peintres en particulier. Un travail d'analyse sur les représentations picturales de certains épisodes bibliques favorisera l'appropriation de cette culture commune ; les tableaux sont de tout style, de toute époque, diversité qui autorise les confrontations.

Lecture d'image

1. Le titre du tableau fournit l'identité du personnage principal, Moïse, et la situation de cet épisode : le passage de la mer Rouge. Les personnages sont donc les

Hébreux qui ont suivi Moïse dans sa fuite de l'Égypte et sa marche vers la terre promise (*Exode*, XIV).

2. Moïse, personnage principal, figure au premier plan et occupe presque toute la partie droite du tableau. Les deux cornes qu'il porte au front représentent symboliquement son pouvoir surnaturel ; il tient dans sa main droite un bâton, qu'il lève comme pour donner un ordre, accomplir un geste. Ce bâton apparaît plusieurs fois dans l'histoire de Moïse, c'est une sorte de baguette magique. Les deux autres personnages en pied l'observent ; l'un prie, les mains jointes, l'autre a les bras croisés.

3. La mer est de couleur rouge, s'étendant au loin ; les vagues, le mouvement de repli des flots sont marqués par les ondulations, les courbes. Un passage apparaît entre les deux murailles d'eau. La mer reflète en principe la couleur du ciel : ici, le peintre semble avoir interprété littéralement le nom de mer « Rouge ».

4. a. Dans les deux illustrations, nous trouvons Moïse comme personnage principal, au premier plan, accompagné d'un groupe d'Hébreux. Moïse lève son bâton pour commander à la mer Rouge. Les flots sont représentés par des courbes, des ondulations, soulignées par des traits de différentes couleurs ; si la couleur rouge est présente dans l'enluminure, elle domine moins que dans le tableau. Dans l'enluminure de la page 213, un autre groupe apparaît : des têtes d'hommes émergent des flots peuplés de poissons ; ce sont les Égyptiens, les soldats de Pharaon et sans doute Pharaon lui-même, engloutis par les vagues.

b. Dans l'enluminure de la Bible, les costumes des Hébreux semblent plus simples, moins riches, moins colorés. Cette peinture est plus naïve, elle ressemble à un dessin d'enfant : forme des visages, des poissons, disproportion du corps, forme triangulaire du groupe, uniformité de l'expression des visages…

c. L'enluminure correspond à la fin de l'épisode, lorsque les Hébreux ont traversé la mer à pied sec et qu'elle se referme sur les troupes égyptiennes conduites par Pharaon. Moïse, de par son attitude (il est représenté de face), commande à la mer de se refermer : son regard est orienté vers la gauche, donc vers l'arrière. Le tableau de la page 231 correspond au début de l'épisode, lorsque Moïse ouvre le passage de la mer Rouge : il est présenté de profil, le regard orienté vers la droite, vers le chemin que l'on aperçoit au milieu des flots ; les flots n'engloutissent aucun Égyptien.

5. Exode, XIV.

6. Ce travail de recherche ouvre sur d'autres formes d'expression que la littérature et vise à montrer l'importance de l'inspiration biblique dans la peinture, y compris dans la période moderne : on se reportera à la peinture de Chagall, page 208, qui illustre l'explication des songes de Pharaon par Joseph.

CORRIGÉ DE LA FICHE ÉLÈVE 31

Un récit de création

(Ci-après, p. 273)

PRÉSENTATION

Objectifs

- Construire le sens d'un texte : des relevés à l'interprétation.
- Varier les démarches de lecture : questions à choix multiples, réponses rédigées.
- Mettre en relation le français et l'histoire.
- Vérifier les acquis.

Œuvre concernée

Le passage choisi est extrait d'un conte mythologique de Jules Supervielle, « La création des animaux », in *Premiers pas de l'univers*, éditions Gallimard, coll. « L'imaginaire », 1950.

Conduite de l'activité

Ce test de lecture servira d'évaluation sommative : il se situera après l'étude des textes de la *Genèse* et des *Métamorphoses*. Le texte choisi reprend les éléments essentiels des récits de création mais introduit une autre dimension, humoristique et parodique, qui constitue une nouvelle approche : reprise et progression.

CORRIGÉ

1. a. « Un être à venir qui serait extrêmement adroit de ses pattes de devant et dont le tête serait pleine de ressources. »
b. Les mains : « ses pattes de devant » ; l'intelligence : « la tête pleine de ressources ».
c. La présentation de l'homme adopte le point de vue des animaux.

2. L'apparition de l'homme se produit à la fin de la création, après l'apparition des animaux, comme dans la *Genèse* et les *Métamorphoses*.

3. a. Le portrait de l'homme :
– qualités : « adroit », « pleine de ressources », « rusé » ;
– défauts : « sans défense », « débile », « peu fourni en poils ».
b. Les animaux ne croient pas que l'homme, créature faible et sans défense, survivra.

4. Les étapes de l'évolution de l'homme : fabrication d'outils (« hache », « couteau en silex », « tailleur de pierres »), de vêtements (« plumes », « fourrures », « premier fourreur ») ; découverte du feu (« petit bois », « gros bois », « frotta deux pierres », « fit un grand feu », « premier allumeur ») ; découverte du langage (« jura », « chanta », « premier ténor »).

L'humour du texte consiste à plonger d'emblée le lecteur dans un univers mythique, proche de celui de la fable, dans lequel homme et animaux parlent bien avant la découverte historique du langage (comme en témoignent les toutes premières lignes : « On parlait beaucoup depuis quelque temps », « depuis le temps qu'on en parle ! dit l'ours »). Paradoxalement, l'évolution humaine est ici présentée comme une régression des animaux.

5. Le narrateur présente l'homme négativement, il souligne ses défauts : « le premier sans vergogne, le premier blasphémateur », « il tua une vipère... une couleuvre.... Il maniait aussi bien la mort que la logique... ». L'homme ne domine pas la nature et les animaux, il les détruit, selon le narrateur. D'ailleurs, les animaux en ont perdu la parole, ils n'ont gardé que les cris.

6. Ce récit de création cherche à divertir le lecteur, il parodie les autres récits. Il présente l'apparition de l'homme de manière amusante, tout en évoquant cependant ses défauts.

CORRIGÉ DE LA FICHE ÉLÈVE 32

Orthographe

(Ci-après, p. 275)

PRÉSENTATION

Objectifs

• Maîtriser les accords dans le groupe nominal et dans la proposition.

• Maîtriser l'orthographe grâce à des opérations de manipulation.

Texte support

Un extrait des *Contes du chat perché*, de Marcel Aymé (« La nouvelle arche », proposé en « texte écho » p. 228 du manuel de l'élève).

Conduite de l'activité

Cette fiche peut être associé au travail conduit sur ces notions dans la partie de l'ouvrage « Outils de la langue » : elle en constituera de ce fait l'évaluation terminale.

Elle peut aussi servir de vérification, de diagnostic, afin de mettre en place un (nouveau) travail de remédiation, dans la mesure où les accords demeurent une des principales difficultés chez les élèves.

CORRIGÉ

Groupe nominal et adjectif qualificatif

1. Les adjectifs : alternance entre le masculin et le féminin
– Ceux qui ne changent ni leur prononciation ni leur écriture : « raisonnables » ;
– Ceux qui changent leur prononciation et leur écriture : « mauvais », « bonne », « excellent », « contents », « couverte », « pleine », « curieuse », « assise », « anxieuse » ;
– Ceux qui ne changent pas leur prononciation, mais changent leur écriture : « embarrassées », « intimidées », « obligée », « pointues ».

2. a. le/les temps, le/les grincheux, la/les voix.
b. bateau(x), eau(x), jeu(x).
c. cheval/chevaux.

3. a. Tous les animaux de la ferme furent représent**és** dans la cuisine.
Toute la basse-cour de la ferme **fut** représent**ée** dans la cuisine.
b. Le bœuf n'était pas moins curi**eux** de tout ce qu'**il** apercevait derrière les vitres du buffet.
Le bœuf et la vache n'ét**aient** pas moins curi**eux** de tout ce qu'**ils** apercev**aient** derrière les vitres du buffet.

4. Les animaux de l'arche : **voir le tableau ci-dessous**.

Les accords dans la phrase simple

5. a. Elles sont all**ées** à l'écurie.
b. Les grincheux se sont bouscul**és** pour entrer à la cuisine.
c. L'Arche s'est trouv**ée** vite plein**e**.
d. Les bêtes ont commenc<u>é</u> à prendre peur.

6. a. Les chevaux qui se trouv**aient** auprès de l'horloge, regard**aient** tantôt le cadran, tantôt le balancier.
b. Les terres ser**ont** couvert**es** par les eaux.
c. Les vaches n'ét**aient** pas moins curieus**es** de tout ce qu'**elles** apercev**aient** derrière les vitres du buffet.

7. a. Delphine/regardait. – **b.** Delphine/fut. – **c.** Qui/firent. – **d.** Veux/tu.

8. Une dictée complètera éventuellement cette fiche d'activités orthographiques. L'évaluation portera sur

Pour trouver le féminin de	je cherche un autre nom	j'ajoute un *-e* en doublant la consonne	j'ajoute un *-e* et la prononciation change	je change le genre du déterminant	j'ajoute un *-e* et la prononciation ne change pas
Bœuf	Vache				
Chat		Chatte			
Ours					Ourse
Poule	Coq				
Chien		Chienne			
Aigle				Aigle	
Lapin			Lapine		

un passage du texte : par exemple, l. 27-37, « L'Arche se trouva si pleine... je comprends... »

CORRIGÉ DE LA FICHE ÉLÈVE 33

Identifier un texte

(Ci-après, p. 277)

PRÉSENTATION

Objectifs

- Identifier le discours informatif/explicatif.
- Développer la perception visuelle d'un texte, sa mise en page, en rapport avec son type.
- Identifier les principaux caractères de l'informatif/explicatif.
- Réinvestir les acquis du questionnement dans un écrit de type informatif/explicatif.

Texte support

Un extrait des *Religions du monde*, coll. « Encyclopédie des jeunes », Larousse, 1995.

Conduite de l'activité

Les activités sur des textes informatifs, explicatifs, documentaires doivent être conduites fréquemment, afin de développer des habitudes de recherche, d'utilisation « intelligente », d'autonomie. Menées en liaison avec l'étude de textes littéraires, elles stimulent la capacité d'invention et d'imagination, pour lire ou écrire. C'est pourquoi il est essentiel de multiplier les contacts avec ce type de texte ou de discours, au fil des chapitres, plutôt que de réserver son apprentissage à une seule séquence.

CORRIGÉ

1. *Les Religions du monde*, Encyclopédie des jeunes, Larousse, 1995

2. Le contenu du texte, les connaissances qu'il apporte, l'absence de personnages et d'histoire (roman, contes et légendes), l'emploi des temps, la disposition typographique.

3. L'encyclopédie est destinée à la jeunesse ; ce sont les références de l'ouvrage, titre, auteur, collection, éditeur, qui peuvent fournir ce renseignement. Ensuite, la façon d'écrire : syntaxe et vocabulaire simples, accessibles au public visé, explications...

4. Le texte informe et explique : il apporte des savoirs et fait comprendre si cela est nécessaire.

5. « Les religions des Indiens d'Amérique ».

6. a. Le texte utilise des titres, des sous-titres, des tailles de caractères différentes ; certains mots (« totems », « mythes ») sont en caractères gras.
b. Photographies, dessins, peintures, schémas servent souvent à illustrer le texte afin d'en faciliter la compréhension.

7. Un dieu supérieur, le Ciel, qui porte un nom différent selon les tribus indiennes (Tchementu, Nesulk, Wakan Tanka). La Grand-Mère Araignée a créé l'homme et la femme avec de l'argile.
Les rapports avec les animaux sont différents : les Indiens sont très proches des animaux, alors que dans la Bible, par exemple, l'homme est créé pour les dominer.

8. On attend de l'élève qu'il rédige un texte informatif, explicatif, sur les diverses créations, sur les créateurs dans les religions évoquées. Il possède normalement la matière ; le travail portera surtout sur le traitement des informations, la mise en texte, la mise en page. L'enseignant trouvera dans le document *Accompagnement des programmes de sixième*, pages 84-88, des éléments de réflexion sur les compétences transversales en matière d'information.

BIBLIOGRAPHIE SOMMAIRE

La Grande Bible illustrée de la famille, Nathan, 1997.

Les Grands Noms de la Bible, Nathan, 1998.

La Bible illustrée, Nathan, 1994.

La Bible, Classiques Bertrand-Lacoste, 1997.

HOMÈRE, *L'Odyssée*, Classiques Bertrand-Lacoste, 1998.

OVIDE, *Métamorphoses*, Classiques Bertrand-Lacoste, 1997.

VIRGILE, *L'Énéide*, Classiques Bertrand-Lacoste, 1996.

Grands Textes de l'Antiquité, Magnard, 1996.

KAHN (Michèle), *Contes et légendes de la Bible*, Pocket Jeunesse, 1999 :
1. Du jardin d'Éden à la Terre Promise ;
2. Juges, rois et prophètes.

Chapitre 12

Médecins et malades en scène

Découvrir le texte de théâtre

LES OBJECTIFS DU CHAPITRE

Objectifs généraux

Molière affirmait que « les comédies ne sont faites que pour être jouées ». Il est vrai que le texte théâtral se différencie beaucoup des autres types d'écrit et des autres genres littéraires et qu'il convient de ne pas l'interroger selon les mêmes procédures que le texte romanesque, par exemple.

Les deux objectifs généraux essentiels que vise donc ce chapitre sont de familiariser les élèves, d'une part avec **la spécificité du texte théâtral**, d'autre part avec **les réalités de la représentation théâtrale.**

Il est en effet nécessaire, avant toute chose, de faire observer et décoder les composantes du texte théâtral afin que les élèves sachent **établir la différence entre le « texte à dire » et le « texte à jouer »**. Cette analyse les amènera naturellement à comprendre que la pièce de théâtre, bien qu'elle soit un texte écrit, n'existe réellement qu'une fois jouée sur une scène. Étymologiquement, *théâtre* signifie « action de regarder », « spectacle », « lieu de représentation ». Le premier enjeu est donc de **susciter l'envie d'aller au théâtre** afin de faire découvrir le spectacle théâtral dans sa plénitude. On veille ainsi, dans une leçon d'un « Repères », à fournir au futur spectateur le **vocabulaire théâtral élémentaire** qui lui permettra de porter un jugement sur ce qu'il aura vu, ressenti, apprécié.

L'autre enjeu sera de **former les élèves au « métier de spectateur »**, si différent lorsqu'il s'agit de la télévision, du cinéma ou du théâtre (ou encore de l'opéra, du concert etc.). Ainsi attire-t-on leur attention, par des démarches diverses, sur le fait que le comédien, qui incarne un personnage, est un être réel, vivant, présent sur la scène et donc sensible à l'atmosphère qui règne dans la salle de spectacle. Des activités de comédien et de metteur en scène les aideront à découvrir la représentation théâtrale d'un point de vue différent.

Les acquis de formation dépassent alors largement le cadre de l'enseignement du français : la représentation – qu'elle ait lieu au théâtre de la ville ou tout simplement dans une classe – met en situation d'**apprendre à écouter l'autre et à le respecter.**

Objectifs méthodologiques

• **Lecture :** le choix du thème « Médecins et malades » permet de réunir des **textes comiques** d'auteurs dramatiques **du XVIIe au XXe siècles** – de Molière à Jean Tardieu ; ces textes fournissent l'occasion de procéder à **un premier recensement des procédés comiques les plus répandus** ; de cette façon, les élèves s'approprient un élément essentiel du théâtre.

La lecture des textes permet aussi de **distinguer les deux formes de la parole théâtrale** : celle qui est destinée à être prononcée par le comédien et celle qui fournit des informations concernant le jeu théâtral et la mise en scène.

• **Écriture :** les activités d'écriture s'articulent étroitement avec celles de lecture et fondent l'apprentissage des élèves sur des pratiques effectives ; elle suivent une progression dans le sens de la difficulté et de l'appropriation des savoirs et des savoir-faire ; ainsi propose-t-on de **rédiger des didascalies, d'écrire une suite de dialogue « à la manière de »** ; l'« Atelier théâtral » fournit ensuite des matériaux pour la **réalisation d'une saynète** ainsi que pour la **transformation d'un texte narratif en texte dramatique.**

L'interaction entre écriture et lecture prend ici tout son sens : c'est en construisant eux-mêmes « le mécanisme » du texte théâtral que les élèves réussiront à apprécier avec technicité les effets produits par les auteurs.

• **Expression orale :** il est souhaitable que, dans les représentations mentales des élèves, le jeu théâtral ne se limite pas à un travail de mémorisation. Aussi ce chapitre les invite-t-il régulièrement à **travailler les intonations** dans les gammes les plus diverses, mais toujours dans le cadre de situations de communication mises en place par les textes. Des perspectives de **mise en voix**, d'**enrichissement des mots par les gestes**, d'**organisation de l'espace théâtral** sont ouvertes à la faveur des divers exercices qui jalonnent le chapitre.

Les illustrations du chapitre serviront également à une **réflexion sur la valeur du geste** dans le théâtre comique ; leur comparaison permettra de montrer par exemple le rôle d'amplification de la parole que peuvent jouer les gestes.

TABLEAU SYNOPTIQUE

SUPPORT	LECTURE	LANGUE	EXPRESSION
TEXTES À JOUER			
• Honoré Daumier, *Scène de comédie* ou *Le malade imaginaire*	• Lecture de l'image : code des gestes, des attitudes, de l'habillement ; caricature ; symbolique des couleurs.		
• Jean Tardieu, *Une consultation*	• Le texte de théâtre : comédien, personnage ; réplique ; indications scéniques.	• Grammaire : types de phrases • Vocabulaire : polysémie des mots	• Expression orale : travailler l'intonation
• Georges Courteline, *Le Petit Malade*	• Lecture cursive		
REPÈRES : LES CONVENTIONS THÉÂTRALES			
TEXTES POUR RIRE			
• Molière, *Le Médecin malgré lui*	• Construction de la scène ; comique verbal	• Vocabulaire : registres de langue, patois, latin macaronique • Grammaire : les subordonnées relatives comme expansions d'un nom	• Expression écrite : écrire un dialogue comique « à la manière de » Molière
• Molière, *Le Malade imaginaire*	• Lecture cursive		
• Jules Romains, *Knock*	• Comportement des personnages ; comique psychologique	• Grammaire : modalisateurs	• Expression écrite : écrire une suite de dialogue
• Affiche pour la représentation de *Knock* au théâtre de l'Athénée	• Lecture de l'image : le texte dans l'affiche ; la caricature		
REPÈRES : LE COMIQUE AU THÉÂTRE			
• Extrait de Carlo Collodi, *Les Aventures de Pinocchio*			• Expression écrite : transformer un texte narratif en texte dramatique

ANALYSE DE L'IMAGE

Honoré Daumier, *Scène de comédie* ou *Le Malade imaginaire*

(livre de l'élève, p. 233)

L'analyse de cette image peut faire l'objet d'une double approche : elle constitue l'occasion d'un travail de lecture de divers codes socio-culturels (ornementaux, gestuels et comportementaux) qui donnent un sens à l'image ; elle permet aussi de découvrir le dessin caricatural.

1. Cette scène représente une consultation médicale qui a lieu dans la chambre du malade. Celui-ci est allongé dans un lit, à côté duquel deux médecins se tiennent debout. Cette scène ne se passe pas à l'époque actuelle, comme peuvent le prouver un certain nombre de détails concernant l'agencement de la chambre et les vêtements des personnages : le lit est probablement surmonté d'un dais auquel sont accrochés les rideaux qui l'encadrent ; le malade porte un bonnet de nuit retenu par un ruban et les deux médecins, la tête coiffée d'un chapeau conique, sont vêtus de robes longues ornées d'un rabat. Ce costume pourra être comparé avec ceux que portent les comédiens incarnant un rôle de médecin dans les pièces de Molière (on se reportera aux illustrations figurant aux pages 239 à 242 du livre de l'élève).

2. Les deux médecins observent le malade ; celui de droite, penché vers l'avant, semble se dissimuler derrière son collègue, qui, au contraire, se tient la tête haute, la poitrine en avant, face au malade.

Le médecin qui est placé au premier plan et au centre du tableau – c'est-à-dire à la place la plus importante – lève doctement la main droite : ce geste signifie qu'il est en train d'expliquer sentencieusement à son patient de quelle maladie souffre celui-ci. Il tient fermement de la main gauche ce qui semble être un livre de référence.

Le médecin de droite, resté dans l'ombre, semble se préparer à imposer par surprise le traitement préconisé par son confrère. Il tient à la main un immense clystère, c'est-à-dire une seringue servant à faire un lavement. (Le mot *clystère* signifie d'abord un « lavement » ; par extension, il désigne l'instrument utilisé pour administrer les lavements, remèdes très utilisés au XVIIe siècle.)

3. Ce dessin a été réalisé au crayon et à l'aquarelle. Les couleurs dominantes sont le blanc, le gris brun et un noir bleuté ; le blanc éclatant, qui met en valeur le malade et les draps l'enveloppant comme un linceul, connote l'idée de mort ; le noir bleuté des robes et chapeaux donne aux deux médecins une apparence très sérieuse ; l'arrière-plan en gris crée une impression de tristesse.

4. Pourtant, ce dessin vise à faire rire, comme le suggèrent son titre et son sous-titre qui fait référence à la pièce de Molière ; Daumier propose en effet une double caricature : celle de l'hypocondriaque qui se croit sans cesse à l'article de la mort, et celle des médecins qui tirent profit de la situation pour se donner de l'importance.

La caricature naît de la laideur des visages émaciés (menton en galoche, nez proéminent) de l'attitude grotesque du patient et des médecins, de l'exagération de la taille du clystère.

TEXTE D'ÉTUDE

Jean Tardieu, « Il n'y a que des malades »

(livre de l'élève, p. 234)

Cette page reproduit le début et la fin de la pièce de Jean Tardieu, afin que les élèves lisent ce qui constitue les temps forts de cette petite comédie ; ils pourront ainsi percevoir la dégradation dont est victime le personnage du médecin psychiatre et, surtout, découvrir **le procédé, typiquement théâtral, du renversement de situation** qui se produit dans un laps de temps très court.

L'intérêt de ce texte réside aussi dans le **délire verbal** que l'auteur prête au médecin et dont le professeur pourra faire étudier la **fantaisie poétique**…

Enfin, en dépit de sa brièveté, cette page offre de nombreux exemples de **didascalies** – que nous nommons **indications scéniques** dans le manuel de l'élève.

LECTURE

Un texte de théâtre

1. Pour jouer cette scène de Tardieu, il faut trois comédiens, dont deux seulement paraissent sur scène ; la personne qui joue le rôle de la bonne reste dans les coulisses et le spectateur n'entend que sa voix.

Les éléments du texte qui fournissent cette information sont :
– les noms des personnages, rappelés au début de chaque réplique (« Le Docteur », « Le Malade ») ;
– le résumé de l'action placé en italique au début du texte (« *La bonne a ouvert la porte, a demandé au visiteur de lui rappeler son nom.* »)

2. On attendra des élèves qu'ils ne recopient dans leurs cahiers que le texte écrit en lettres romaines.

3. Les passages en italique ne doivent pas être prononcés par les comédiens : ils ont pour fonction de fournir des indications de mise en scène et de jeu théâtral.

Un retournement de situation

1. Deux répliques du malade semblent bien étranges ; il s'agit de :
– « Un fauteuil, dites-vous, docteur ? Un fauteuil ? Oui ! Mais qu'est-ce qu'un fauteuil ? » (l. 6-7)
– « Sait-on jamais ? Qu'est-ce qu'un fauteuil peut cacher ?….Ah ! le doute, docteur, le doute ! » (l. 10-11)

Le malade se pose des questions qui n'ont pas de rapport avec la situation : alors que le médecin l'invite simplement à s'asseoir sur un fauteuil, il se pose des questions métaphysiques sur la nature du fauteuil. Ce décalage crée un effet comique.

2. Les indications scéniques concernant le médecin sont les suivantes : « *se levant* », « *avec une bonne humeur rassurante* », « *à tue-tête* », « *vociférant* », « *Il pousse dehors le client éberlué, referme la porte sur lui et se roule aussitôt par terre en criant* ».

On a le sentiment que le médecin, qui se comporte tout à fait normalement au début de la scène, puisqu'il accueille son patient avec politesse, est devenu fou à la fin de la scène.

3. La brutalité du médecin se manifeste sous trois formes :

1. il s'adresse au patient en passant du voussoiement au tutoiement ; tutoyer quelqu'un que l'on ne connaît pas connote une idée de mépris et d'agressivité ;
2. il injurie son patient ; traiter un homme de « vipère » laisse entendre qu'il est traître et fourbe ;
3. il répète trois fois le même mot comme s'il s'en servait pour frapper son patient.

ÉTUDE DE LA LANGUE

Grammaire

1. phrases injonctives : 1 et 6 – phrases déclaratives : 2 et 4 – phrases interrogatives : 3 et 5 – phrase exclamative : 7.

2. Il suffit d'examiner la ponctuation utilisée dans ce texte pour constater que dominent les phrases exclamatives ; on trouve ensuite de façon presque égale des phrases interrogatives et déclaratives. Il est normal que, dans une situation d'échanges vive et animée, l'auteur exprime les questions et les réactions de ses personnages par des interrogatives et des exclamatives ; ce sont ces phrases qui donnent du rythme au texte.

Vocabulaire

1. Lorsque le malade demande au médecin « Qu'est-ce que je vous dois ? », il s'enquiert du tarif de la consultation et donc de la somme qu'il doit payer.

2. Le médecin de Tardieu répond : « Vous me devez le respect », employant le verbe *devoir* dans le sens de « avoir une obligation morale envers quelqu'un ».

3. Voici deux propositions d'élèves.

1. JULIE (*s'adressant à Vincent*). – Tu sais, François est passé *prendre de tes nouvelles.*
VINCENT. – Oui, il *prend ma santé à cœur*, mais *il a pris la fuite* quand il a su que j'étais contagieux.
JULIE . – Ah ! au fait ! n'oublie pas de *prendre tous tes médicaments* pour guérir rapidement.

2. JULIE (*s'adressant à Vincent*). – Tu sais, François est passé *prendre de tes nouvelles.*
VINCENT. – C'est bien, mais il aurait pu, en échange, me *rendre les disques* qu'il m'a empruntés !

EXPRESSION ORALE

• Un ton *pensif* : le ton d'une personne préoccupée par une idée, absorbée dans une pensée.

• D'une voix *blanche* : d'une voix sans intonation, qui semble éteinte.

• En *vociférant* : en parlant avec colère et en criant.

REPÈRES

Les conventions théâtrales

(livre de l'élève, p. 238)

1. Proposition de didascalies pour la mise en scène du *Petit Malade*, de Courteline

MADAME. – (*Elle ouvre la porte au médecin et le fait entrer dans le salon avec précipitation.*) Docteur, c'est pour mon petit garçon. Figurez-vous, ce pauvre mignon, je ne sais pas comment ça se fait, depuis ce matin tout le temps il tombe.
LE MÉDECIN (*sur un ton dubitatif*) – Il tombe !
MADAME (*sans hésiter*) – Tout le temps ; oui, docteur.
LE MÉDECIN (*Il regarde autour de lui dans le salon, s'assoit sur une chaise et réfléchit quelques instants.*) – Par terre ?
MADAME – Par terre.
LE MÉDECIN (*après un long silence*) – C'est étrange, cela.

2. Schéma d'un théâtre

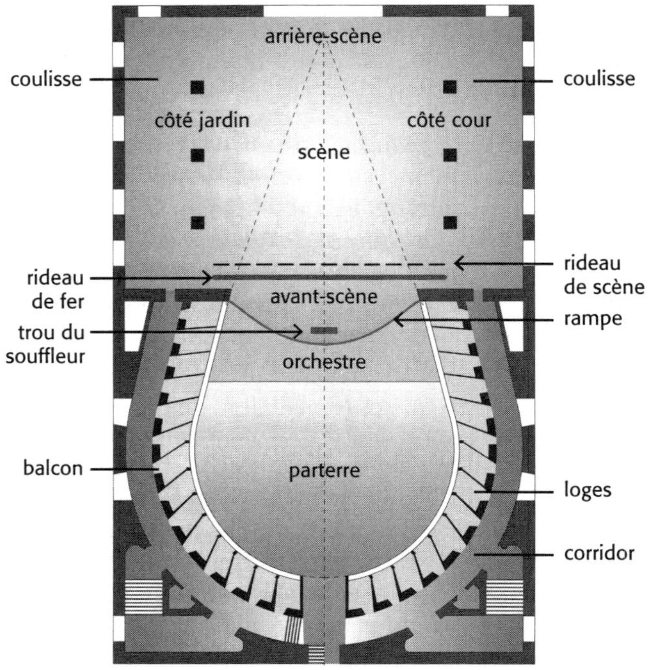

Plan de l'intérieur d'un théâtre à l'italienne, dessin de Xavier Hüe, © Archives Larousse.

TEXTE D'ÉTUDE

Molière, « Voilà un pouls qui marque que votre fille est muette »

(livre de l'élève, p. 239)

Il ne serait pas envisageable de travailler sur le thème des médecins et des malades sans proposer une prise de contact avec deux pièces de Molière, *Le Malade imaginaire* et *Le Médecin malgré lui*, qui appartiennent au **bagage culturel commun** que doivent s'approprier les élèves de collège.

L'intérêt essentiel de ces textes est la force comique, née des mots et des gestes, qui s'en dégage et qui est immédiatement perceptible ; même une simple lecture permettra de les mettre en valeur et de construire avec les élèves **un repérage des principales formes du comique au théâtre**.

LECTURE

Une consultation médicale

1. Le diagnostic est l'acte par lequel le médecin identifie une maladie en s'appuyant sur les symptômes que présente le malade.

2. L'examen clinique de Lucinde (« Donnez-moi votre pouls ») et l'établissement du diagnostic de sa maladie (« Voilà un pouls qui marque que votre fille est muette ») sont évoqués dans les lignes 1 à 3.

3. En revanche, l'analyse des causes de la maladie occupe en fait toute la scène, depuis la question de Géronte : « Oui ; mais je voudrais bien que vous me puissiez dire d'où cela vient. », (l.12) jusqu'à la conclusion de Sganarelle : « Voilà justement ce qui fait que votre fille est muette » (l. 63).

Ce passage est très long parce que Sganarelle, qui ne connaît rien à la médecine, ne sait pas quoi répondre et utilise plusieurs stratégies pour donner l'illusion de fournir une réponse à Géronte.

Un pitre en action

1. Pour se sortir de l'embarras dans lequel il se trouve, Sganarelle :

a. répète la même explication sous des formes différentes :
exemples : aux lignes 11, 14-15, 18-19, il dit trois fois de suite, avec des expressions différentes, que Lucinde ne peut pas parler parce qu'elle est muette (il se paraphrase lui-même) ;

b. utilise un jargon incompréhensible (latin macaronique) :
exemples : phrases des lignes 39 à 43, 62, et mots isolés aux lignes 49, 50, 52 ;

c. invente des explications incompréhensibles :
exemples : l. 28 à 34, 47 à 55, 60 à 63 ;

d. parle d'autre chose pour gagner du temps :
exemple : l'éloge d'Aristote (l. 22 à 27).

2. Les indications scéniques sont peu nombreuses.

Les deux premières (l. 1-2) permettent simplement de préciser à qui le comédien doit s'adresser sur scène. Plus intéressantes sont les indications de gestes qui se trouvent aux lignes 26, 36 et 39 :

- Ligne 26 : l'indication de geste permet de renforcer le jeu sur la polysémie de l'adjectif « grand », pris d'abord dans le sens de « remarquable » puis dans celui de « de grande taille », et de souligner l'effet comique.
- Lignes 36 et 39 : les indications de gestes invitent le comédien qui joue le rôle de Sganarelle à renforcer l'effet comique des paroles par celui des gestes et des postures. On remarquera que l'expression « plaisantes postures » laisse à l'acteur toute liberté d'expression corporelle.

Le comique de gestes se joint donc au comique de mots pour tourner les médecins en ridicule.

ÉTUDE DE LA LANGUE

Vocabulaire

1. On peut relever les quatre répliques suivantes, dont la langue diffère de celle du reste de la scène :
– lignes 39 à 43 (réplique de Sganarelle) ;
– lignes 47 à 55 (réplique de Sganarelle ;
– ligne 46 (réplique du valet Lucas) ;
– ligne 64 (réplique de la servante Jacqueline).

2. Le langage du pseudo-médecin Sganarelle présente deux caractéristiques : il comporte des mots latins, grec et hébreu, ou prétendus tels, ainsi que des termes appartenant à la langue médicale (« humeurs peccantes », « veine cave », « vapeurs », « ventricule », etc.)

Le langage du valet et de la servante comporte des mots en patois (« que vélà », « si biau », « bian dit », « notte homme »).

3. Molière a attribué à ses personnages des registres de langue différents pour amuser les spectateurs (registre soutenu pour Sganarelle, familier pour les valets).

Le comique naît de l'opposition entre le langage pédant et compliqué du faux médecin et le prosaïsme de la langue parlée par les domestiques.

Molière cherche aussi à ridiculiser de cette façon ceux des médecins qui cachent leur ignorance et leur incompétence derrière un galimatias scientifique ; ce comique de mots a donc une fonction critique.

Grammaire

1. Les propositions relatives sont soulignées et les noms dont elles sont l'expansion sont en caractères gras.

Or, ces **vapeurs** <u>dont je vous parle</u>, venant à passer, du **côté** gauche <u>où est le foie</u>, au **côté** droit <u>où est le cœur</u>, il se trouve que le **poumon**, <u>que nous appelons en latin *armyan*</u>, ayant communication avec le **cerveau**, <u>que nous nommons en grec *nasmus*</u>, par le moyen de la **veine cave**, <u>que nous appelons en hébreu *cubile*</u>, rencontre en son chemin lesdites **vapeurs** <u>qui remplissent les ventricules de l'omoplate.</u>

2. a. La longueur inhabituelle de la phrase, due à une succession de propositions subordonnées relatives, crée un effet de lourdeur et de confusion.

b. La réponse à cette question – largement préparée par toutes les questions précédentes (lecture et étude de la langue) – permettra au professeur d'aborder des problématiques diverses sur le théâtre de Molière. Il va sans dire qu'il choisira dans le développement suivant ce qui lui semble convenir aux attentes de sa classe.

La construction de cette phrase nous donne deux informations sur le personnage de Sganarelle, informations qui se situent à des niveaux de réflexion différents :
– d'un point de vue psychologique : cette lourdeur et cette confusion trahissent l'embarras du faux médecin qui dissimule son ignorance sous un flot de mots pédants et d'explications pseudo-scientifiques. Il fait le calcul qu'un profane en la matière comme Géronte se satisfera d'une explication qu'il ne comprend pas, pour peu qu'il attribue cette incompréhension à son propre manque de culture médicale. Il semble aussi que, dans la scène, Sganarelle prenne plaisir à assumer son rôle : d'abord embarrassé, il s'abandonne presque gratuitement à la griserie d'une représentation théâtrale qu'il offre à Géronte et aux valets ébahis. On peut repérer ici la présence de théâtre dans le théâtre.
– d'un point de vue dramatique : Sganarelle est utilisé dans cette scène comme le personnage qui doit faire rire ; ce morceau de bravoure verbal constitue en effet une source de comique essentielle dans la scène, voire

dans la pièce. Les pitreries oratoires du faux médecin, appuyées de postures qui en soulignent l'effet, suscitaient irrésistiblement le rire des spectateurs du XVIIe siècle ; ceux-ci y retrouvaient la caricature de certains médecins de leur temps ; les spectateurs contemporains s'amusent plus largement du galimatias et des pitreries gestuelles qui l'accompagnent.

EXPRESSION ÉCRITE

Ce travail d'expression écrite prend tout son sens dans le cadre d'une réelle interaction avec les activités de lecture et de langue (voir les conseils a. et b. proposés dans la rubrique « Pour préparer le travail »).

• Dans le sens lecture-écriture, cette démarche vise à « outiller » la production écrite : les élèves peuvent chercher de l'aide, des références dans un texte lu, dans une réflexion sur le fonctionnement de la langue (par exemple un cours permettant d'approfondir les connaissances sur l'organisation du groupe nominal).

• Dans le sens écriture-lecture, ce travail d'écriture, que l'on peut considérer comme une sorte « d'improvisation préparée » d'une courte représentation (voir « Pour préparer le travail »), permettra aux élèves de revenir au texte littéraire, de découvrir, avec l'enseignant, ce qu'était la commedia dell'arte, improvisation à partir de canevas etc.

Par l'actualisation du thème proposé, les élèves percevront aussi la permanence de comportements humains et, ainsi, l'un des objectifs que s'assignait le théâtre classique.

TEXTE D'ÉTUDE

Jules Romains, « Des artères du cerveau en tuyau de pipe »

(livre de l'élève, p. 243)

Ce texte prolonge et complète ceux de Molière : s'il met également en scène un médecin charlatan et un malade imaginaire, il propose **une variante cynique des situations moliéresques**. Ce n'est pas pour s'amuser ni pour tourner en dérision un faux malade que Knock utilise le jargon médical et les faux diagnostics, mais bien pour l'escroquer avec sang-froid et savoir-faire. Cette scène s'apparente aux histoires de tromperies et de dupes que l'on retrouve dans grand nombre de contes populaires.

Il sera intéressant de montrer **comment l'un des personnages manipule l'autre pour obtenir ce qu'il veut** et de chercher où se trouve le comique dans cette scène : dans l'accumulation de mots médicaux peut-être, mais surtout dans la sottise de la Dame en violet, victime de sa **crédulité** et de sa **peur de la maladie**.

LECTURE

Un diagnostic effrayant

1. Dans les lignes 21 à 33 apparaissent de nombreux termes et expressions scientifiques qui expriment une atteinte à la santé : « insomnie », « trouble essentiel de la circulation intracérébrale », « altération des vaisseaux dite "en tuyau de pipe" », « attaque profonde et continue de la substance grise par la névroglie »...

Il est certain que la Dame en violet ignore le sens des termes médicaux employés et qu'elle ne comprend pas ce que dit le docteur Knock ; on peut en voir la preuve dans le fait qu'elle ne retient et ne répète que ce qui lui semble quelque peu familier, à savoir « en tuyau de pipe ».

Knock utilise ces explications pour terrifier la Dame en violet ; il espère ainsi faire d'elle une patiente assidue et... lucrative ; il a en effet appris, de la bouche même de la dame, qu'elle était riche (cf. lignes 6-7).

2. La Dame en violet est surtout effrayée par les images que Knock utilise pour lui expliquer sa maladie, et qui n'appartiennent pas au domaine médical :
– la référence à une altération des vaisseaux dite « en tuyau de pipe » (l. 22-23) provoque une première réaction alarmée chez la dame : « Ciel ! En tuyau de pipe ! » (l. 25) ;
– mais son trouble est plus violent (« Oh ! [*Elle s'effondre dans un fauteuil.*] Il y a de quoi s'évanouir d'horreur ») lorsque Knock l'invite à se représenter « un crabe, ou un poulpe, ou une gigantesque araignée en train de [lui] déchiqueter doucement la cervelle » (l. 31-33).

Un personnage habile

1. En réalité, il semble bien que la dame ne soit pas vraiment malade ; les preuves que l'on peut en donner sont les suivantes :
– elle justifie et explique elle-même les troubles d'insomnie dont elle souffre (l. 6 à 8) ; en fait, on a le sentiment que la Dame en violet est une avare que tourmente simplement son souci de préserver et d'accroître sa richesse (comme, par exemple, Harpagon de Molière) ;
– le médecin dont Knock prend la succession, le docteur Parpalaid, « n'a jamais pris la chose au sérieux » (l. 16).

2. À partir de la ligne 42 se développe le champ lexical de la durée, avec les mots et expressions suivants : « à la longue », « la durée du traitement », « le temps... de se soigner », « avoir la patience de poursuivre... la cure pendant deux ou trois années », « surveillance incessante », « visites presque quotidiennes ».

Le professeur pourra ajouter à ce relevé lexical l'emploi du futur par la Dame en violet.

3. Avec ce discours, Knock veut obtenir de la Dame en violet qu'elle s'engage dans un suivi médical long et lourd, qu'elle lui apporte la certitude d'une consultation quotidienne ; il pourra ainsi réaliser son projet de faire fortune grâce à la pratique de la médecine.

Un comique subtil

1. C'est la Dame en violet qui apparaît ridicule. Elle fait en effet preuve d'une grande crédulité face aux mensonges de Knock, entrant dans le jeu du charlatan sans se rendre compte que le diagnostic de la maladie est établi bien hâtivement et qu'il y a de l'outrance dans les propos du médecin.

2. Cette question est ouverte : elle laisse aux élèves toute liberté de réponse, soit pour reprocher à Knock d'abuser de la naïveté de sa patiente, soit pour le disculper en montrant que la sottise des uns crée parfois chez d'autres le désir d'en abuser.

ANALYSE DE L'IMAGE

1. Le texte figurant dans la partie supérieure de l'affiche donne une information sur l'endroit où a été jouée la pièce : il s'agit du théâtre de l'Athénée, alors dirigé par Louis Jouvet.

Le texte figurant dans la partie inférieure de l'affiche donne une information sur le titre de la pièce et le nom de son auteur.

Pour aller plus loin : le professeur pourra, par exemple, à partir d'une photographie de Louis Jouvet dans le rôle de Knock, faire découvrir aux élèves que c'est lui qui est représenté sur l'affiche. Il apportera alors des informations complémentaires sur Louis Jouvet (1887-1951), acteur de théâtre et de cinéma, qui créa le rôle de Knock. À partir de cette photographie, on pourra se demander si ce comédien avait bien « le physique de l'emploi » et quelle image il donnait du personnage qu'il incarnait.

2. Le dessinateur cherche à suggérer la crédulité naïve de la Dame en violet en lui prêtant un physique et un habillement grossiers : larges mains rougeaudes et pataudes, visage écarlate et inexpressif, manteau (robe ?) sans forme.

La représentation du geste d'auscultation (c'est-à-dire l'application de l'oreille sur le dos ou la poitrine pour écouter les bruits du cœur ou ceux de la ventilation pulmonaire), qui est le symbole de l'acte médical de base, permet d'établir un contraste entre les deux personnages : à la rondeur de la dame s'oppose la maigreur du médecin, aux couleurs rouges et violacées le blanc et le noir. De surcroît, le geste est outré, caricatural comme s'il voulait suggérer une sujétion totale de la Dame en violet, devenue, par sa posture grotesque, une sorte de bête de somme.

3. Cette caricature suggère naturellement d'emblée le caractère comique de la pièce ; elle met aussi en valeur la dimension inquiétante du personnage de Knock dont certains traits ont quelque chose de diabolique (jeu du noir et du blanc, disposition de la chevelure en pointe, sourire qui fait songer à un ricanement).

ÉTUDE DE LA LANGUE

Grammaire

1. Sans entrer dans un approfondissement qui ne convient pas à ce niveau de classe – et sans utiliser cette terminologie –, on peut sensibiliser les élèves à la présence et à la fonction de modalisateurs dans un discours : ainsi, ils percevront mieux l'habileté de Knock qui, avec prudence, se contente toujours d'émettre des hypothèses.

1. « Peut-être a-t-il eu tort. » – **2.** « L'insomnie peut être due à un trouble essentiel de la circulation intracérébrale. » – **3.** « Vous avez peut-être, Madame, les artères du cerveau en tuyau de pipe. » – **4.** « C'est un point qu'il faudrait examiner. » – **5.** « Je n'oserais peut-être pas donner cet espoir à un malade ordinaire. »

2. adverbe : « peut-être » – verbe : « peut » – emploi du conditionnel : « faudrait », « oserais ».

3. La dame ne perçoit pas ces nuances et prend toutes les hypothèses pour des affirmations simples. Elle entend seulement les mots qui lui font peur. La Dame en violet manque en effet de finesse, et ne perçoit pas les subtilités du discours de Knock.

EXPRESSION ÉCRITE

Cette suite de texte a pour objectif de faire réinvestir dans l'écriture des savoirs acquis lors de la lecture ; ainsi les élèves sont invités à chercher dans l'ensemble du chapitre des procédés comiques qu'ils auront envie d'exploiter dans leur production écrite. L'élève qui produit des textes est un élève qui lit et qui sait tirer profit de ses lectures (contenus, formes, stratégies d'écriture).

REPÈRES

Le comique au théâtre

(livre de l'élève, p. 246)

1. Recherche d'exemples de comique de mots et de situation

Cet exercice est conçu comme une application directe de la leçon, mais aussi comme une incitation à la lecture personnelle des textes figurant dans ce chapitre consacré au théâtre.

• On pourra proposer comme exemples de comique de mots :
– le délire du psychiatre dans la pièce de Jean Tardieu (p. 235, l. 15 à 18) ;
– le jargon médical employé par Knock (p. 243, l. 21 à 29).

• On pourra proposer comme exemples de comique de situation :
– le dénouement imprévu de la pièce de Jean Tardieu : le médecin psychiatre devenant fou ;
– dans *Le Malade imaginaire*, un faux médecin – une servante déguisée – soignant un malade imaginaire.

2. Pour une mise en scène de « l'épisode du poumon »

L'enjeu de cet exercice est de montrer aux élèves que le travail du comédien ne se limite pas à une activité de mémorisation ; pour faire vivre le texte que l'on récite, il faut s'en être approprié le sens et réfléchir à la façon dont on le fera vivre avec la voix, avec des gestes, des attitudes, etc.

Dans cette progression, on pourra par exemple envisager les solutions suivantes :
– sur le ton de la conversation banale ;
– avec un ton de certitude scientifique ;
– avec une insistance joviale ;
– en chantonnant avec désinvolture ;
– en scandant le mot avec fermeté ;
– en prenant le public à témoin avec autorité ;
– sur un ton blasé et après un silence ;
– avec une insistance agressive (pour la dernière réplique).

Ce qui est important, c'est de montrer que le comédien est ici confronté à la nécessité de divertir le public : ce jeu de répétitions, qui sont finalement gratuites, constitue un « morceau de bravoure » comme la tirade des nez dans *Cyrano de Bergerac*.

<u>Pour aller plus loin</u> : le professeur pourra faire travailler les mimiques, attitudes, gestes qui accompagnent et amplifient les effets de voix.

ATELIER THÉÂTRAL

(livre de l'élève, p. 247)

1 Écrire un texte théâtral

Ce travail de création théâtrale joue le rôle d'une évaluation sommative en cette fin de chapitre ; un cadre très strict impose aux élèves :
– une forme littéraire (un dialogue théâtral) → nom des personnages, dialogue ;
– un contenu (une consultation médicale) → situation et termes appartenant au monde médical ;
– une structure → d'une situation sérieuse à un dénouement imprévu et comique ;
– un registre (le comique) → comique de mots, de gestes.

Ces quatre contraintes pourront constituer quatre critères d'évaluation auxquels on en ajoutera un cinquième : celui de l'originalité de la chute.

2 Jouer au metteur en scène

Cette activité, qui ne peut faire l'objet d'aucune correction anticipée, permettra aux élèves de « vivre » le travail de la mise en scène, de s'approprier les conditions de production d'un spectacle, avant d'assister, comme cela est souhaitable, à des répétitions dans un théâtre.

3 Transformer un texte narratif en texte à jouer

Au terme de ce chapitre, il serait bon que les élèves puissent, en dehors de tout souci d'évaluation au sens strict, s'investir, grâce aux savoirs et savoir-faire qu'ils ont acquis, dans une véritable aventure de création théâtrale.

L'activité proposée constitue une synthèse des formes d'approches de l'écrit théâtral : la transformation du récit initial s'effectue en effet à deux niveaux :
– un passage de l'écriture romanesque à l'écriture dramatique ;
– une transformation de certains éléments du texte romanesque en fiches techniques servant au metteur en scène et aux comédiens.

La mise en œuvre de ce travail peut se concevoir dans le cadre de groupes constitués d'élèves devenus « spécialistes » : un écrivain, des comédiens, un metteur en scène, des techniciens machinistes, chacun prenant en charge une partie du travail proposé.

CORRIGÉ DE LA FICHE ÉLÈVE 34

Le théâtre : texte et représentation

(Ci-après, p. 279)

PRÉSENTATION

Objectifs

Vérifier si les élèves ont compris la spécificité du texte théâtral, c'est-à-dire s'ils sont capables d'imaginer certains éléments d'une représentation théâtrale à partir du texte.

Évaluer leur comportement de spectateurs.

Support

Le début – quelque peu adapté – d'une pièce de théâtre pour la jeunesse : *Le Petit Chat Miroir*, d'Annette Béguin, École des Loisirs.

Conduite de l'activité

Il semble pertinent de consacrer une partie de la séance de correction de la fiche à un travail de jeu théâtral.

Le professeur pourra utiliser cette fiche avant d'emmener sa classe au spectacle.

La correction fournira en effet l'occasion d'apporter des précisions sur la nature d'une représentation théâtrale et sur les règles que doit observer un spectateur.

CORRIGÉ

1. a. Voix en coulisse – **b.** Miroir.

2. a. Un seul comédien.

3. a. Ne pas répondre.

4. b. Indiquer ce que doivent faire les comédiens.

5. Pour aller plus loin, on pourra utiliser le plan de l'intérieur d'un théâtre à l'italienne (voir ci-dessus, p. 168).

6. L'auteur a utilisé le mot *comme* parce que le comédien n'a pas vraiment reçu un coup de pied ; il joue à être un chat qui a été bousculé par un crémier.

7. a. Avec colère.
b. Sur un ton de révolte.
c. Avec espoir.
d. Avec accablement (ou : sur un ton déçu).
e. Sur un ton suppliant.

8. Miroir (*joignant les mains dans une attitude de prière*) ou (*tendant les mains vers le public*).

9. On peut imaginer que la scène se passe dans la rue puisque le chat vient de se faire chasser d'une crémerie.

10. Une queue, des oreilles, des moustaches.

CORRIGÉ DE LA FICHE ÉLÈVE 35

Texte narratif, texte théâtral

(Ci-après, p. 281)

PRÉSENTATION

Objectifs

Évaluer si les élèves perçoivent la différence entre deux genres littéraires : celui du récit et celui du théâtre.

Développer la capacité à transformer un texte narratif en texte théâtral.

Support

L'exercice s'appuie sur un travail original de Pierre Gripari : la transformation en pièces de théâtre de récits pour la jeunesse. Le texte choisi est : « La Sorcière du placard aux balais ».

Conduite de l'activité

Il semble pertinent de consacrer une partie de la séance de correction de la fiche à un travail de jeu théâtral.

CORRIGÉ

1. Le texte 1 est extrait d'un récit ; le texte 2 d'une pièce de théâtre.

2. Les tirets.

3. b. Les passages narratifs.

4. c.

5. Comme une pièce de théâtre n'existe que par la parole des personnages, l'auteur doit les faire parler.

6. « Toc toc toc ! »

7. « et pan ! sans une parole, il me claque la porte au nez ! »

8. (*La sorcière attend dans le couloir*)
La Sorcière. – Alors ? Qu'est-ce que tu demandes ?
Monsieur Pierre (*sûr de lui*). – Je veux que tu me donnes des bijoux en caoutchouc qui brillent comme des vrais.
La Sorcière (*se mettant à rire*). – Hahaha ! Cette idée n'est pas de toi ! Mais peu importe, les voilà !

CORRIGÉ DE LA FICHE ÉLÈVE 36

Le dialogue théâtral

(Ci-après, p. 283)

PRÉSENTATION

Objectif

Faire prendre conscience de la présence et de la fonction d'outils de la langue liés à une situation de communication spécifique. Le théâtre propose en effet des énoncés ancrés dans une situation d'énonciation. Le texte ne peut être compris que si l'on tient compte de cette dernière.

Support

Pour développer ce travail sur une grammaire du discours, il convient de sélectionner un extrait de scène théâtrale qui comporte des adverbes – ou des déterminants – et dans lequel les gestes des comédiens permettent de comprendre de quoi parlent les personnages.

Le texte choisi est un extrait de *Knock*, de Jules Romains.

CORRIGÉ

1. *ici* (4 fois) ; *là* (3 fois).

2. b. l'épigastre.

3. Les acteurs doivent désigner par des gestes les différentes parties du corps du Tambour de ville.

4. • 1re personne : *je, me* ;
• 2e personne : *vous.*

5. Il manque les noms des personnages.

6. Knock ; le Tambour.

7. b. Il désigne une seule personne : le Tambour de ville ; il s'agit d'un pluriel de politesse.

8. et **9.** Ponctuation et ordre des répliques.
b. Knock. – Ah ! ah ! très important. Ah ! ah ! Quel âge avez-vous donc ?
a. Le Tambour. – Cinquante et un, dans mes cinquante-deux.
c. Knock. – Plus près de cinquante-deux, ou de cinquante et un ?
d. Le Tambour. – Plus près de cinquante-deux. Je les aurai fin novembre.

BIBLIOGRAPHIE SOMMAIRE

Pour le professeur

DEGAINE (André), *L'Histoire du théâtre dessinée*, éditions Nizet, 1992.

PAGE (Christiane), *Éduquer par le jeu dramatique*, ESF, 1997.

PIERRON (Agnès), *Le Théâtre, ses métiers, son langage, lexique théâtral*, Hachette éducation, 1994.

RYNGAERT (Jean-Pierre), *Le Jeu dramatique en milieu scolaire*, De Boeck Editions Universitaires, 1991 ; *Jouer, représenter*, éditions Cedic, 1985.

UBERSFELD (Anne), *Lire le théâtre*, Belin Sup, 1996 ; *Les Termes clés de l'analyse du théâtre*, Seuil, « Mémo », 1996.

VINAVER (Michel), *Écritures dramatiques*, Actes Sud, « Babel », 2000.

Dictionnaire encyclopédique du théâtre, sous la direction d'Alain Rey, Bordas, 1995.

Le Théâtre au collège, CNDP, 1997.

Les Pratiques théâtrales à l'école, CDDP de Seine St Denis, 1985.

Pour l'élève

BÉGUIN (Annette), *Le Petit Chat Miroir*, L'École des loisirs, « Neuf en poche », 1987.

GRIPARI (Pierre), *Huit Farces pour collégiens*, Grasset Jeunesse, 1989.

MEGRIER (D.), HERIL (A), *Lectures-spectacles*, éditions Retz, 1996.

Les Théâtres du monde, collectif, Gallimard Jeunesse, « Les racines du savoir », 1993.

Voir la collection « Papiers Jeunesse » d'Actes Sud (pièces de Jean-Claude Grumberg, Normand Chaurette, Joël Jouanneau) et la collection « Théâtre » de L'École des loisirs.

CORRIGÉS

II. Les outils de la langue

ORTHOGRAPHE
Introduction générale[1]

I. QUELQUES PARTIS PRIS...

1. Pour une démarche inductive

On a pensé pendant longtemps que l'acquisition de l'orthographe pouvait résulter de l'application mécanique – parfois mécaniste – d'un certain nombre de « règles », dont la connaissance constituait un préalable indispensable à la pratique de l'écriture. La mémorisation de ces règles, cumulée au fil des leçons, était censée former un savoir dont l'achèvement devait coïncider avec la classe de troisième...

L'évolution du public scolaire et les modifications qu'elle a entraînées dans le comportement des élèves conduisent aujourd'hui beaucoup d'enseignants à estimer que **cet apprentissage traditionnel de l'orthographe est de moins en moins efficace.** Par ailleurs, les progrès réalisés au cours des vingt dernières années, dans les domaines de la psycholinguistique et de la linguistique de l'écrit, montrent qu'il procède d'une double illusion :

• Une illusion didactique selon laquelle apprendre consisterait à combler un vide dans la tête de l'élève, ou à y remplacer une erreur par une vérité. **Les processus cognitifs sont infiniment plus complexes et supposent toujours une genèse** : avant même d'apprendre à écrire dans le cadre institutionnel de l'école, l'enfant a emmagasiné sur l'écrit un savoir largement conditionné par son environnement familial et culturel. Par la suite, la construction des savoirs s'élabore progressivement par le biais de multiples négociations que l'apprenant instaure avec divers interlocuteurs, dont les enseignants, mais aussi avec lui-même, ces dernières étant peut-être les plus fructueuses sur le plan cognitif.

• Une illusion linguistique selon laquelle la langue écrite résulterait de l'agrégation d'éléments plus ou moins autonomes, ce qui revient à ignorer sa spécificité systémique. Le retentissement des théories de Ferdinand de Saussure a imposé depuis longtemps déjà l'idée que **toute langue constitue, dans sa dimension orale, un système de signes** ; mais, paradoxalement, et en grande partie en raison des réserves émises par le maître lui-même, ce statut était refusé à la dimension écrite. Il a fallu attendre les travaux de V. Gak, et surtout ceux de Nina Catach, pour que soit démontrée la structure systémique, ou plus exactement « plurisystémique » de l'écrit : l'orthographe française est en effet composée de plusieurs strates ou systèmes qui coexistent en s'imbriquant, d'où sa complexité particulière. Il n'empêche que **cette organisation structurée, perceptible à travers des fonctionnements récurrents, légitime l'élaboration d'une didactique fondée sur l'observation, l'analyse et la réflexion.**

Les six parcours orthographiques présentés ici illustrent une démarche caractérisée par **une approche inductive, qui, mettant l'apprenant au centre du dispositif d'acquisition, l'accompagne dans la structuration de son savoir**. Chacun d'eux a été conçu pour centrer l'attention de l'élève sur une difficulté précise, et le guider dans l'analyse de cette difficulté : il ne s'agit donc pas de fournir des connaissances « toutes faites » pour en demander l'application à une collection d'exemples, mais plutôt de **conduire l'élève à identifier un problème orthographique**, et à **lui faire découvrir des procédures de résolution.** Dans un premier temps, ces procédures, plus que leurs résultats, sont importantes : elles impliquent un nombre limité d'analyses récurrentes (par exemple identification du genre, du nombre, des chaînes d'accords, etc.), dont la mise en œuvre régulière devrait permettre :
– de choisir la procédure adaptée à la difficulté rencontrée (par exemple l'identification du sujet pour accorder le verbe) ;
– d'intégrer les connaissances nécessaires à la résolution du problème mis en évidence par l'analyse (en l'occurrence, accorder le verbe suppose la maîtrise du paradigme verbal) ;
– d'adapter les procédures aux variations observables dans des contextes particuliers (par exemple, éloignement du sujet par rapport au verbe, inversion du sujet, etc.).

On pourra penser, avec raison, qu'une telle approche est coûteuse en temps et en place ; il pourrait paraître plus simple, et finalement plus efficace, de livrer une connaissance théorisée, « prête à l'emploi », et d'en vérifier la compréhension à travers une batterie d'exercices. Mais un tel raccourci reviendrait à projeter sur l'élève une démarche propre à l'adulte possédant déjà une maîtrise confirmée de l'orthographe, et, finalement, à méconnaître les modalités de l'acte cognitif : de la même manière que l'apprentissage de la parole, de la marche ou de la natation ne saurait se concevoir par la mise en application d'une théorie préalable, **l'intégration de la norme graphique ne peut se réaliser qu'à travers une pratique, sur laquelle l'analyse opère un retour permanent pour en découvrir et en retenir les grandes régularités.** Par ailleurs, la mémorisation systématique de règles, outre qu'elle encombre rapidement la mémoire, aboutit inévitablement à des cloisonnements qui nuisent au transfert des compétences : tous les professeurs de français ont fait un jour ou l'autre le constat dépité selon lequel « les élèves connaissent leurs règles, mais ne les appliquent pas ». La difficulté, en effet, ne consiste pas tant dans l'assimilation des connaissances que dans **la capacité à mobiliser, au moment où elle se révèle nécessaire, la connaissance adéquate.** Les travaux des psycholinguistes montrent d'ailleurs qu'il s'agit moins de convoquer une connaissance que de **déclencher une procédure permettant d'analyser et de résoudre la**

1. L'approche de l'orthographe développée ici doit beaucoup à la réflexion conduite au sein du groupe CNRS-HÉSO (Ivry-sur-Seine), placé sous la responsabilité de Jean-Pierre Jaffré, et auquel l'auteur a participé pendant plusieurs années.

difficulté rencontrée. C'est la mise en œuvre de cette procédure qui permettra le tri et la sélection des connaissances reconnues pertinentes, et assurera finalement leur gestion. Ces observations justifient le recours à des démarches inductives, dans lesquelles les pratiques et les savoir-faire permettent de construire des savoirs et non l'inverse. La stratégie adoptée ici induit par ailleurs des modalités précises, dont les fondements théoriques ne seront pas discutés, mais qui demandent à être brièvement exposées.

2. Pour une activité réelle de l'élève

Il découle du parti pris inductif que **la priorité absolue a été donnée à des exercices** impliquant l'élève dans une activité aussi authentique et aussi suivie que possible. Cette activité est guidée par la mise en œuvre des quatre opérations fondamentales de la linguistique : la **commutation**, c'est-à-dire la substitution d'éléments qui, dans un contexte donné, permettent de déterminer un paradigme (par exemple la recherche de synonymes) ; la **transformation** (par exemple : forme affirmative ⇔ forme négative ; voix active ⇔ voix passive, etc.) ; le **déplacement** (par exemple l'inversion du sujet) ; la **suppression**. Ces opérations, en particulier les trois premières, sont régulièrement mises à contribution dans les exercices, mais demeurent masquées dans les consignes par une formulation descriptive, qui modélise éventuellement la tâche demandée. Elles se prolongent parfois par une activité de tri, de regroupement d'unités sur la base de critères, explicites ou implicites selon les cas.

La prééminence accordée à l'activité de l'élève entraîne une double conséquence :

• D'abord, l'**effacement du discours théorisé** : la part du métalangage a été réduite au minimum indispensable, l'objectif principal ne visant pas à la caractérisation des phénomènes grammaticaux, mais à leur exploitation en vue de l'acquisition de compétences orthographiques. L'essentiel de l'information théorique est contenu dans le guidage des activités, c'est-à-dire :
– dans le titre du parcours, qui identifie la difficulté étudiée ;
– dans la conclusion (en rouge) de chaque séquence d'exercices : l'introduction propose une démarche problématique, sous forme de question, ou fixe un cadre général à l'intérieur duquel va se développer l'analyse ; la conclusion retient une information essentielle, mais de manière suffisamment elliptique pour que la compréhension ne puisse en être assurée qu'après réalisation du parcours.
– dans les consignes des exercices qui suggèrent les procédures permettant l'analyse de la difficulté.

• Ensuite, la **multiplicité des approches** : les élèves n'étant pas uniformément sensibles aux mêmes démarches, aux mêmes processus analytiques ou résolutifs, il convient de diversifier les angles sous lesquels un problème peut être examiné. Cet effort se traduit dans la **variété typologique des exercices proposés** : exercices à trous, recherche d'intrus, tableaux à double entrée, constitution d'ensembles, etc. Il se traduit aussi par l'alternance d'exercices exploitant tour à tour les deux axes constitutifs de toute langue : l'axe paradigmatique, qui permet d'identifier des mots possédant des propriétés contextuelles analogues, et l'axe syntagmatique, qui gère les relations entre les mots qui se suivent dans un énoncé.

3. Pour une progression dans la difficulté

Parmi les priorités didactiques retenues dans ces parcours, figure en bonne place la **nécessité d'une progression** : elle implique qu'on assure l'assimilation des phénomènes les plus fréquents et les plus réguliers avant de s'exercer à la manipulation de phénomènes plus rares et plus marginaux. La **fréquence** joue un rôle déterminant dans l'intégration de la norme graphique : c'est pourquoi les formes qui constituent le paradigme du verbe *être* au présent de l'indicatif, bien que très irrégulières, ne donnent lieu qu'à peu d'erreurs, à partir d'un certain degré de maîtrise. C'est pourquoi également **la compétence orthographique est largement tributaire de la fréquence de l'exercice d'écriture**... Par ailleurs, la difficulté peut résulter de l'ambiguïté : ainsi, du point de vue du genre, des noms comme *élève, concierge* sont ambigus et posent un problème lorsqu'il s'agit d'accorder les mots qu'ils régissent. L'adjonction d'un déterminant devant le nom à initiale consonantique lève l'ambiguïté (*le, la* ; *mon, ma concierge*), mais ne la lève pas devant un nom à initiale vocalique (*l'; mon élève* → ?). On notera encore que l'oral est généralement plus ambigu que l'écrit ([lelɛvdesy] = *l'élève déçu* ou *l'élève déçue*). L'ambiguïté peut donc être plus ou moins étendue selon les contextes, et sa levée impose la recherche d'indices plus ou moins proches : dans tous les cas, **les procédures mises en œuvre pour identifier et lever une ambiguïté nous semblent fondamentales dans la maîtrise des difficultés grammaticales que véhicule l'écrit.** Aussi les parcours proposent-ils, chaque fois que c'est possible, une progression conduisant du moins ambigu vers le plus ambigu.

Le souci de progression conduit à un autre choix didactique : celui d'**une démarche impliquant souvent une réflexion simultanée sur l'oral et l'écrit.** Dans la tradition scolaire, conformément à l'étymologie, les traités orthographiques s'attachent presque exclusivement à la dimension écrite de la langue. Non seulement une telle attitude revient à considérer le français comme une langue morte, mais surtout elle ignore un aspect essentiel de la démarche de l'apprenant qui consiste à oraliser mentalement – ou à suboraliser – ce qu'il a à écrire. Ce qui s'explique aisément si l'on considère que 75 % des signes d'un texte écrit, quelle qu'en soit la nature, ont pour fonction prioritaire de transcrire des sons (c'est la zone phonogrammique du plurisystème). Le scripteur expert lui-même, butant sur un mot rare et complexe, fait souvent le détour par l'oralisation avant de s'engager dans la transcription. **Demander à l'élève de passer par l'oral avant d'écrire**, ce n'est donc pas complexifier gratuitement un exercice déjà difficile, **c'est au contraire restituer une médiation légitime, conforme au processus cognitif ;** l'occulter revient à imposer à l'apprenant un comportement d'expert, l'expertise se caractérisant précisément par l'effacement dans la conscience des différentes étapes ayant permis la constitution d'une routine, c'est-à-dire d'une procédure graphique automatisée. Le développement d'une vigilance exercée simultanément sur l'oral et l'écrit répond donc au souci de progression : on sait que parmi les signes graphiques, ceux qui sont les plus « concrets », ceux qui occasionnent par conséquent le moins d'erreurs, au niveau du collège, sont ceux qui possèdent un corrélat oral, ceux qui transcrivent des sons (phonogrammes). En revanche, les plus difficiles à maîtriser, les plus « abstraits », sont ceux qui ne possèdent pas de corrélat oral (par exemple le *-s* du pluriel s'il n'implique pas de liaison) : il convient donc de **systématiser des stratégies prenant appui sur des marques audibles pour assurer la maîtrise des marques graphiques inaudibles** ; ainsi, lorsqu'on entend le groupe nominal *l'élève déçue mais courageuse*, c'est la flexion du second adjectif, perceptible à l'oral, qui indique le genre du groupe, et permet de déduire la graphie du premier adjectif. En ce sens, les textes d'*Accompagnement du programme de sixième* ont tout à fait raison de souligner que « l'oral et l'écrit peuvent utilement être mis en relation » (p. 49). Pour matérialiser cette relation, on a utilisé un codage simple :

- ● : marque de flexion en genre audible (*courageux → courageuse*)
- ○ : marque de flexion en genre inaudible (*déçu → déçue*)
- ■ : marque de flexion en nombre audible (*travail → travaux*)
- □ : marque de flexion en nombre inaudible (*table → tables*).

Cette attention accordée à l'oral ne procède que de l'application à la graphie d'un constat plus général : l'enfant assimile très tôt les grands fonctionnements morphosyntaxiques de sa langue maternelle. Ainsi, lorsqu'un élève du cours élémentaire déclare : « Ma petite sœur est assise sur un banc », il met en œuvre un savoir grammatical implicite (connaissance du genre des noms, des solidarités syntagmatiques, de la flexion des adjectifs, marquée par [-t] final dans *petite* et [-z] final dans *assise*, etc.). Cette compétence grammaticale s'exerce automatiquement, sans que soit nécessaire le recours à une réflexion préalable : elle constitue un savoir intégré, mais inconscient, et « faire de la grammaire » consiste d'abord à l'expliciter pour le rendre conscient. Il importe donc que l'enseignant s'appuie sur ces connaissances, en extraie les éléments qui, réalisés à l'oral, aideront l'élève à prendre conscience de celles qui ne sont réalisées qu'à l'écrit.

4. Pour une langue authentique

Un dernier souci a consisté à respecter, autant que faire se peut dans un cadre pédagogique, une langue authentique. De ce point de vue, la **complémentarité entre l'oral et l'écrit**, évoquée ci-dessus, participe pleinement de ce souci. Par ailleurs, toute langue constituant un système, ce sont **les relations entre les éléments** plus que ces éléments eux-mêmes qui importent. D'où l'effort permanent pour intégrer successivement l'élément dans un groupe, dans une phrase, dans un texte, ou, inversement, de partir d'un texte pour en extraire les groupes, les éléments sur le fonctionnement desquels on souhaite attirer l'attention. Dans sa dimension lexicale, l'orthographie manifeste avant tout **une relation correctement établie entre des phonèmes et les graphèmes qui les transcrivent** : la relation phonie-graphie étant déjà largement intégrée dans la compétence orthographique des élèves de sixième, cet aspect n'a pas été jugé prioritaire dans les parcours. Dans sa dimension grammaticale, elle exprime d'abord **l'appréciation convenable de cohérences syntaxiques et sémantiques marquées par des chaînes d'accords.** En ce sens, l'orthographe ne saurait être limitée à la définition réductrice qu'on en donne parfois : elle comporte et manifeste toutes les dimensions de la langue elle-même. Par ailleurs, une langue authentique est constamment soumise à la variation : les différentes altérations susceptibles d'affecter la forme des unités linguistiques témoignent des relations qu'elles entretiennent et la compétence orthographique consiste, pour une bonne part, dans la maîtrise de ces variations. Certaines d'entre elles, par exemple celles qui affectent la base des verbes irréguliers (*savoir*, *faire*, etc.) tiennent plutôt à la compétence morphologique acquise dans le cadre de l'apprentissage de la langue maternelle ; d'autres, par exemple les marques de genre et de nombre, appellent en revanche une pratique raisonnée de la langue, fondée à la fois sur l'analyse grammaticale et la maîtrise des variations propres à chaque catégorie : le pluriel nominal n'est pas réglé par les mêmes lois que le pluriel verbal. En dépit de ces spécificités, **les variations obéissent à des schémas généraux suffisamment stables pour que l'analogie permette de les modéliser** : il en résulte une grande économie de moyens, un nombre limité de procédures permettant de traiter un nombre illimité d'occurrences.

II. LA GESTION DES PARCOURS

Des observations qui précèdent, on peut déduire quelques conseils relatifs à la mise en œuvre des parcours :

– les exercices s'enchaînant selon une **difficulté croissante**, il est souhaitable de respecter l'ordre dans lequel ils sont présentés ;

– chaque parcours comportant **plusieurs étapes ou phases** (de deux à quatre)**, qui aboutissent chacune à l'élaboration d'une procédure**, il est souhaitable de ne pas trop morceler la réalisation des exercices qui les composent. En revanche, **des pauses plus ou moins longues peuvent être ménagées entre les différentes étapes d'un même parcours** ;

– la part de copie demandée par les consignes peut apparaître importante : elle résulte le plus souvent d'un choix, la copie permettant d'exercer l'attention et de développer la mémorisation de graphies lexicales ;

– enfin, la **manipulation du dictionnaire** faisant partie des compétences à développer en classe de sixième, il est souhaitable que tous les élèves puissent y recourir librement pendant les séances d'orthographe.

Par ailleurs, considérer l'élève comme l'acteur principal de la construction de son savoir modifie sans l'amoindrir le rôle du professeur. Il lui revient en effet de gérer la réalisation des parcours en adaptant le rythme du travail à sa classe, de veiller à la synchronie dans l'exécution des exercices : il pourra proposer aux élèves les plus rapides des prolongements et des compléments, dont certains sont indiqués dans les commentaires des parcours. Deux activités nous semblent mériter une attention particulière :
– d'une part **la correction, qui permet un retour réflexif sur les opérations réalisées,** afin de rendre conscientes les procédures mises en œuvre : certains exercices peuvent ainsi devenir des types, des modèles auxquels on pourra renvoyer les élèves en cas d'hésitation ou d'erreur ;
– d'autre part, **les synthèses susceptibles d'être réalisées en fin de parcours**. Certaines d'entre elles figurent dans le manuel sous l'intitulé « Récapitulons » : elles concernent la phase finale de résolution, le moment où l'élève doit choisir, entre plusieurs solutions que lui offre la langue, celle qui résout le problème identifié. Mais elles n'interviennent qu'au terme d'une analyse plus longue, dont les étapes sont dispersées dans les exercices, et dont les élèves peuvent n'avoir qu'une perception fragmentaire. Il paraît donc judicieux, lorsque c'est possible, de **construire avec eux, à l'issue du parcours, une schématisation synthétique,** qui, répertoriant l'ensemble des situations contextuelles possibles, indique le cheminement adapté à chacune d'elles. Plusieurs de ces schématisations sont présentées à la fin des commentaires d'activités.

Il est bon de rappeler, enfin, que toute démarche implique des limites, et qu'il ne faut pas en attendre plus qu'elle ne peut donner. Celle qui est proposée ici ne constitue qu'une étape dans l'acquisition de l'orthographe : comme les autres, **elle doit être dépassée par l'intégration dans d'authentiques exercices d'écriture**, et il serait illusoire de penser qu'une exécution correcte des exercices garantit une maîtrise graphique stable en production libre. La construction de routines suppose de nombreux et fréquents retours analytiques sur les démarches, et leur acquisition, loin d'être définitive, peut toujours être remise en cause par l'interruption de l'exercice d'écriture, l'un des plus difficiles qui soient proposés à l'école. Bien entendu, l'orthographe ne constitue qu'un aspect de cet exercice, qui en comporte beaucoup d'autres, sans doute plus urgents aux yeux de l'élève aux prises avec la production d'un texte : le respect des consignes, l'élaboration d'une structure logique, la pertinence énonciative, l'organisation syntaxique, la cohérence textuelle, la recherche lexicale, etc., bref, un ensemble de contraintes qu'il s'agit de gérer de façon quasi simultanée dans l'acte d'écriture. Il est tout à fait normal, dans ces conditions, que l'élève hiérarchise ces impératifs et qu'il concentre sa réflexion sur ceux qui lui paraissent les plus importants. Les moments de « surcharge cognitive » entraînent alors d'inévitables relâchements de la vigilance graphique.

Une didactique de la graphie comporte d'ailleurs de nombreux aspects qui ne peuvent être développés dans le cadre de ces quelques pages : **l'erreur**, dont le statut a été spectaculairement reconsidéré au cours de ces dernières années, n'apparaît plus comme une anomalie à éradiquer à tout prix, mais plutôt comme l'indice d'une acquisition inachevée ou mal réalisée. La recherche de sa genèse, conduite avec l'élève, **l'utilisation de grilles typologiques d'erreurs** constituent sans doute des moyens de remédiation intéressants. Enfin, **l'évaluation**, dont on a souvent souligné le caractère paradoxal dans l'exercice traditionnel de la dictée, mérite également d'être aménagée, **dans un cadre qui ne se contente pas de sanctionner négativement les erreurs, mais qui prenne aussi en compte positivement les réussites.** La plupart des exercices proposés dans ces parcours nous paraissent pouvoir faire l'objet d'une évaluation formative, tandis que, souvent, les exercices qui clôturent chaque étape peuvent donner lieu à une évaluation sommative.

ORTHOGRAPHE

1. L'homonymie : *a, as* ou *à* ?

(livre de l'élève, p. 250)

CADRE GÉNÉRAL

L'homophonie fait souvent l'objet, dans les traités d'orthographe, d'un traitement paradoxal à plus d'un titre :
– d'une part y sont minorées les homophonies qui résultent de la flexion (*clair, claire, clairs, claires* sont des homophones) et génèrent un nombre considérables d'erreurs ;
– d'autre part y sont opérés des rapprochements discutables entre des formes certes homophoniques, mais qui, n'étant pas en relation paradigmatique, n'ont aucune chance de se retrouver dans les mêmes distributions (par exemple *sont/son*). Beaucoup de chercheurs pensent avec raison qu'une focalisation précoce de l'attention des élèves sur des confusions potentielles entre des formes rapprochées en dehors de toute préoccupation contextuelle, risque précisément d'entraîner les confusions que l'on cherchait à éviter, non à court terme (les exercices d'application immédiate donnent généralement de bons résultats) mais à moyen et long terme : tout se passe alors comme si la mise en garde solennelle contre un risque de confusion finissait par insinuer un doute générateur d'erreurs.

Nous proposons donc une approche différente : **les homophonies résultant de la flexion font l'objet d'une attention permanente, et donnent lieu à de nombreux exercices codés répartis dans l'ensemble des chapitres.** Quant aux autres homophonies, dont le parcours 1 constitue une sorte de prototype, elles sont abordées à travers une démarche qui :

1. **dissocie nettement les formes en question** : on pourra ainsi laisser s'écouler un temps relativement long entre la réalisation des deux étapes du parcours ;

2. **procède par l'exploration méthodique des contextes** dans lesquels est susceptible d'intervenir chacune des formes concernées. C'est la distribution qui joue ici un rôle essentiel.

ACTIVITÉS

Exercice 1

Exercice centré sur la constitution d'un paradigme sémantique, montrant que le verbe *avoir* possède toujours un sens plein (alors que la préposition *à* est un mot outil pratiquement vide de sens).

Prolongement possible : établir la relation sujet-verbe ; mettre en évidence la position du verbe.

Exercice 2

Intégration des formes verbales *a* (*as*) dans un paradigme temporel opposant *a/avait/aura*. La phrase n° 3 fait émerger l'auxiliaire (en association avec *hier*), qui est spécifiquement concerné dans la phrase n° 4.

Exercice 3

Intégration de l'auxiliaire dans un paradigme personnel opposant la première et la troisième personnes. L'auxiliaire étant sémantiquement vide, comme la préposition, il convient de l'associer, sur le plan paradigmatique, à des formes hétérophoniques par rapport à la préposition (ici : *ai*), et sur le plan syntagmatique, à des participes hétérophoniques par rapport à l'infinitif (ici : *connu*, dont on peut, par analogie, déduire *parlé*, et non **parler*).

Veiller à la cohérence textuelle : *il a connu l'égout qui le regardait* (v. 4) ; *ils ont causé* (v. 5) *c'était pas la sienne* (v. 10).

Exercice 4

Situation contextuelle difficile, source de nombreuses erreurs : la flexion de la 1re personne du pluriel est audible et permet de justifier l'accord graphique inaudible de la 2e personne (*c'est toi qui as connu…*).

Prolongements possibles (et nombreux) : intégration des personnes non exploitées dans l'exercice ; variations sur les temps et les catégories des verbes (1er groupe, 3e groupe), etc.

Exercice 5

À mettre en relation avec l'exercice 3, dont il constitue en quelque sorte l'inverse : le passage au présent entraîne la disparition de l'auxiliaire, ce qui permet, par comparaison, de mettre en évidence sa fonction.

Toute cette phase vise à l'assimilation du fonctionnement de *a (as)*, soit comme verbe, soit comme auxiliaire.

Exercice 6

Exercice centré sur la constitution d'un paradigme dans lequel *à* intervient en distribution complémentaire avec d'autres prépositions.

Prolongement possible : mise en relation avec une question commençant par *où* (*Où aimerais-tu…* ?). À la cohérence sémantique correspond ici une cohérence graphique (présence de l'accent, qui figure aussi dans l'adverbe *là*), ce qui est loin d'être toujours le cas…

Exercice 7

La substitution demandée entraîne le décumul des « articles contractés » (amalgames) et restitue les éléments constitutifs : *au* (+ nom masculin) → *à la* (*à l'*) (+ nom féminin).

Cet exercice, comme ceux qui suivent, visent à mettre en évidence des fonctionnements spécifiques à la préposition.

Exercice 8

La substitution demandée met en évidence un autre type de décumul : *aux* (+ nom féminin pluriel) → *à la* (+ nom féminin singulier).

On notera que les phrases 3 et 6 mettent en jeu des noms masculins (*aux chevaux* → *au cheval*) de manière à éviter que l'automatisation des réponses compromette la tension de la vigilance.

Prolongement possible : l'élision imposée par un nom à initiale vocalique entraîne la neutralisation de l'opposition en genre (*à l'élève* = M ou F).

Exercice 9

Exercice de tri à visée grammaticale : seuls les types de compléments circonstanciels les plus simples sont mis en jeu. Il est important d'associer la préposition à la complémentation.

Exercice 10

Poursuit l'exploration d'équivalences commencée dans les exercices 7 et 8. La substitution demandée permet de restituer :
– *lui* → *à* + GN singulier ;
– *leur* → *à* + GN pluriel.

Prolongements possibles :
– faire remarquer que *leur* représente le pluriel de *lui* ;
– extension possible avec : *y* → *à* + GN féminin : (*Il participe à la course* → *il y participe*).

Exercice 11

Exercice de recontextualisation. Les réponses attendues appellent un verbe à l'infinitif : on s'appuiera sur des verbes dont l'infinitif est audible (2e et 3e groupes) pour consolider la graphie *-er* des verbes du 1er groupe, dont l'infinitif et le participe passé sont homophones.

Exercices 12, 13 et 14

Exercices de synthèse et de réinvestissement impliquant l'emploi dans chaque phrase de *a* et *à*. On veillera à la cohérence sémantique des phrases proposées dans les deux derniers exercices.

ORTHOGRAPHE

2. Les déterminants

(livre de l'élève, p. 252)

CADRE GÉNÉRAL

Sauf cas particuliers (par ex. *leur, leurs* ; *cet, cette*), la graphie des déterminants provoque peu d'erreurs. Pourquoi, dans ces conditions, leur consacrer un chapitre ? Parce qu'en raison de sa position initiale dans le GN, le déterminant constitue un « embrayeur » qui déclenche une chaîne d'accords. Il représente donc **un indice essentiel permettant d'anticiper les flexions vraisemblables**, et joue un rôle moteur dans la vigilance orthographique.

Cependant, en ce qui concerne l'optique retenue ici, celle du genre, **les déterminants ne constituent des indices fiables que dans certaines distributions**. Le parcours a donc pour objectif de faire découvrir :
– les contextes dans lesquels l'opposition de genre est assurée par la forme du déterminant ;
– les contextes dans lesquels cette opposition est neutralisée, ce qui implique en conséquence la recherche d'indices différés.

Conformément à la démarche généralement observée, la progression ira des situations les moins ambiguës vers les situations les plus ambiguës.

ACTIVITÉS

Exercice 1

Exercice visant à la réappropriation de la notion de déterminant. On notera que certains emplois sont plus ou moins contraints (*Il se frotta* ***les*** *yeux, se dressa sur* ***ses*** *jambes*), alors que d'autres situations contextuelles offrent une liberté plus grande (*son/l'ami Bastien* ; *les/ces bois sont immenses* ; *pendant des/deux/trois/etc./quelques heures*).

Exercices 2 et 3

L'exercice 2 vise à constituer un corpus exploité dans l'exercice 3. On fera observer que dans six occurrences (*son* → *sa* (2 fois) ; *mon* → *ma* ; *ce* → *cette* ; *le* → *la* ; *un* → *une*), le déterminant permet d'identifier le genre du nom qui suit, alors que dans les deux autres (*notre* ; *chaque*), il ne le permet pas.

Exercice 4

Il est souhaitable, pour cet exercice, de demander une présentation permettant d'observer les variations paradigmatiques (comparaison verticale), et de marquer les chaînes d'accords (solidarités syntagmatiques) par un trait reliant les cercles :

a. un musicien talentueux
→ une musicienne talentueuse
●———●———●

b. ton cousin rêveur
→ ta cousine rêveuse
●———●———●

c. ce cerf poursuivi
→ cette biche poursuivie
●———●———○

d. ce monsieur généreux
→ cette dame généreuse
●———●———●

On notera que dans trois cas, la transformation est audible dans tous les éléments, alors que dans un cas (*cette biche poursuivie*), elle n'est audible que dans les deux premiers éléments.

Exercice 5

Cet exercice consiste à systématiser l'observation faite dans l'exercice 3. Il suppose un effort de méthode et de rigueur, qui rend souvent nécessaire l'intervention du professeur : on veillera à la mise en parallèle sur deux axes verticaux, de façon à faciliter une comparaison des éléments terme à terme. Les éléments spécifiques à chacune des deux séries répondent respectivement aux deux premières questions du **b**. Les éléments communs aux deux séries répondent à la 3e question du **b** :

le		la	
un		une	
ce		cette	
mon		ma	
ton		ta	
son	bureau (M.)	sa	table (F.)
notre		notre	
votre		votre	
leur		leur	
chaque		chaque	
aucun		aucune	

Exercice 6

Cet exercice met en œuvre un autre codage simple :
+ : genre déterminé ; – : genre indéterminé.

• L'analyse des déterminants se fait par exploitation du tableau obtenu dans l'exercice précédent.

• L'analyse des noms fait appel à la compétence lexicale des élèves : les noms possédant la même forme aux deux genres (épicènes) ont été indiqués.

• L'analyse des adjectifs se fait par test, en leur adjoignant successivement un nom masculin et un nom féminin.

Dans certains groupes, le genre de tous les éléments est déterminé :

cette femme amusante ;
\+ \+ \+

Dans d'autres groupes, aucun élément ne possède un genre déterminé :

votre concierge aimable.
– – –

Dans d'autres enfin, le genre d'un épicène est déterminable grâce à l'environnement :

ce dentiste patient.
\+ – \+

Exercice 7

Exercice de réinvestissement visant à contrôler la bonne compréhension du précédent.

Exercice 8

Exercice concernant des homophones homographes de genres opposés (appelés souvent, à tort, « homonymes » : l'homonymie suppose en effet un régime grammatical identique) : la compétence mise en œuvre est lexicale. Dans certaines phrases, des indices morphosyntaxiques révèlent le genre du nom (*des moules farcies → une moule farcie*) ; dans d'autres phrases, non (*plusieurs tours immenses → une tour immense*).

RÉCAPITULONS : EXERCICES 1 À 8		
Déterminants	**Nom masculin (commençant par une consonne)**	**Nom féminin (commençant par une consonne)**
Mon, ton, son	+ mon frère	–
Ma, ta, sa	–	+ ma sœur
Le	+ le bateau	–
La	–	+ la lune
Un, aucun	+ un roi	–
Une, aucune	–	+ une reine
Ce	+ ce monsieur	–
Cette	–	+ cette dame
Notre, votre, leur	+ notre chat	+ notre chatte
Chaque	+ chaque comédien	+ chaque comédienne

Exercice 9

Objectifs :

– montrer que, devant un nom à initiale vocalique, certains déterminants ne sont plus distinctifs du point de vue du genre : *l'orage* (M) – *l'averse* (F).

– mettre en évidence une difficulté particulière : *cet* et *cette* sont homophones, mais hétérographes, d'où, devant épicène : *cet élève* (M) et *cette élève* (F) (ambiguïté orale, mais non graphique).

Exercice 10

Exercice simple, mais qui demande une présentation rigoureuse :

– *mon, une, cette, l'école ;*

– *mon, un, cet, l'établissement.*

D'où :

a. 1 : *mon, l'*

a. 2 : *une, un*

a. 3 : *cette, cet*

Exercice 11

Même principe et même disposition que dans l'exercice 5 :

b. 1 : *un, cet, aucun ;*

b. 2 : *une, cette, aucune ;*

b. 3 : *l', mon, ton, son, notre, votre, leur, chaque.*

La comparaison avec les résultats de l'exercice 5 montre que devant un nom à initiale vocalique, le déterminant est beaucoup plus souvent ambigu que devant un nom à initiale consonantique.

Exercice 12

Exercice visant à mettre en garde contre la tendance à associer automatiquement *mon, ton, son* au masculin.

Exercice 13

Objectif : montrer que l'homophonie *cet/cette* oblige à rechercher des indices différés pour orthographier le déterminant : à l'oral, le nom permet de lever l'ambiguïté dans les deux premiers groupes, mais pas dans le troisième :

cette bête redoutée

cet historien compétent

cette ourse brune

Exercice 14

Objectif : restitution de la cohérence textuelle : *cette > elle.*

Exercice 15

Exercice de réinvestissement à mettre en relation avec l'exercice 11 (b 2, b 1).

Exercice 16

Exercice de réinvestissement, intégrant une formulation plus théorique, visant à mettre en évidence la variété distributionnelle des déterminants *mon* et *leur.* Prolongements possibles avec d'autres déterminants.

Exercice 17

À rapprocher de l'exercice n° 6. L'objectif est d'identifier dans chaque GN le ou les mots dont le genre n'est pas ambigu ; on pourra prolonger l'exercice en indiquant le genre du groupe, en faisant appel tantôt à la compétence lexicale, tantôt à des indices flexionnels.

mon amie fidèle (F)
– + –

cet homme honnête (M)
+ + –

notre élève Émilie (F)
– – +

leur enfant malade et triste (M ou F)
– – – –

votre infatigable partenaire sportive (F)
– – – +

cette aimable concierge (F)
+ – –

leur énorme moule encore chaud (M)
– – – +

son agréable et vaste maison (F).
– – – +

EXERCICE 18

Objectif : trouver des indices audibles permettant de réaliser des accords uniquement graphiques :

Ton orange sucrée est délicieuse.

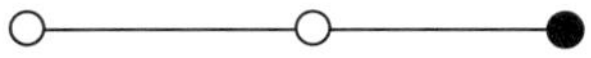

Cette hirondelle blanche et noire était très jolie.

Cette échelle mal fixée est dangereuse.

Cette oie stupide peut devenir agressive.

RÉCAPITULONS : EXERCICES 9 À 18		
Déterminants	**Nom masculin (commençant par une voyelle)**	**Nom féminin (commençant par une voyelle)**
Un, aucun	+ un ami	–
Une, aucune	–	+ une amie
Cet	+ cet individu	–
Cette	–	+ cette orange
L'	+ l'orage	+ l'averse
Mon, ton, son, Notre, votre, leur	+ mon ami	+ mon amie
chaque	+ chaque orage	+ chaque averse

EXERCICE 19

Objectif : montrer que l'opposition en genre est toujours neutralisée au pluriel, alors qu'elle est restituée par la transformation au singulier.

EXERCICE 20

Exercice inverse : veiller aux chaînes d'accords.

EXERCICE 21

a. Tous les déterminants singuliers indiquent le genre du nom.

b. Aucun déterminant pluriel n'indique le genre du nom.

EXERCICE 22

Objectifs :

– montrer qu'à un déterminant pluriel peuvent correspondre plusieurs déterminants singuliers :

les [voitures → *la* voiture
camions → *le* camion
autos → *l'*auto

– montrer que dans le cas de *leurs* (*leurs voitures* → *leur voiture*), il y a homophonie entre les deux nombres.

b. 1. *tous les* → *toutes les*

b. 2. *certaines* → *certains.*

EXERCICE 23

Certains groupes se caractérisent par une ambiguïté totale (*trois jeunes élèves* ; *plusieurs athlètes russes*) ; dans tous les cas, le déterminant est ambigu.

EXERCICE 24

Exercice de synthèse assez difficile, qui exige que soit bien respecté l'ordre des opérations demandées par la consigne.

Objectif : montrer que les phrases au singulier comportent généralement plus d'indices de genre que les phrases au pluriel.

1. Mes chaussures prennent l'eau.
+

→ Ma chaussure prend l'eau.
+ +

2. Les orages sont dangereux dans ces régions.
+ + +

→ L'orage est dangereux dans cette région.
+ + + +

3. Leurs notes sont convenables.
+

→ Leur note est convenable.
+

4. Des enfants sont venus.
+

→ Un enfant est venu.
+ +

5. Trois élèves étaient là, les autres étaient absentes.
+

→ Une élève était là, les autres étaient absentes.
+ +

6. Ces adorables enfants étaient en réalité d'épouvantables gamines.
+

→ Cette adorable enfant était en réalité
+

une épouvantable gamine.
+ +

RÉCAPITULONS : EXERCICES 19 À 24		
Déterminants	**Nom masculin (commençant par voyelle ou consonne)**	**Nom féminin (commençant par voyelle ou consonne)**
Les, des, ces	+ les pieds	+ les mains
Mes, tes, ses, Nos, vos, leurs	+ mes vêtements	+ mes chaussures
Deux, trois, quatre,… Quelques, plusieurs	+ deux jours	+ deux heures
Certains	+ certains garçons	–
Certaines	–	+ certaines filles
Tous les	+ tous les chats	
Toutes les	–	+ toutes les chattes

ORTHOGRAPHE

3. Le nom : l'alternance entre le masculin et le féminin

(livre de l'élève, p. 256)

CADRE GÉNÉRAL

Ce parcours vise d'abord à **mettre en évidence les modalités de l'alternance en genre du nom,** qui peut, en français, se réaliser de quatre façons différentes :
– par une opposition lexicale (*père* ≠ *mère*) ;
– par une opposition suffixale (*directeur* ≠ *directrice, vendeur* ≠ *vendeuse,* etc.) ;
– par l'adjonction d'un *-e* final (morphogramme de genre), entraînant une modification phonique (*candidat* → *candidate*) ou non (*ami* → *amie*) ;
– dans le cas des épicènes, par la transformation du déterminant (*mon dentiste* ≠ *ma dentiste*).

Ces modalités impliquent des difficultés graphiques de natures différentes :
– l'alternance lexicale renvoie à la maîtrise de la relation phonie-graphie et se situe dans le cadre général de la compétence graphique lexicale ;
– l'alternance suffixale suppose une maîtrise de variations morphologiques fortement conditionnée par leur fréquence d'emploi. D'une manière générale, ces variations génèrent peu d'erreurs graphiques, d'abord parce qu'elles obéissent aux lois générales du système phonographique, ensuite parce qu'elles sont en nombre limité, ce qui implique, pour les mieux représentées d'entre elles, une forte récurrence;
– les formes marquées par l'adjonction d'un *-e* final, avec incidence phonique, génèrent également peu d'erreurs : la transformation phonique rend audible la consonne finale muette du masculin (*candidat* → *candidate*). Dans ces conditions, c'est la forme féminine qui permet de résoudre une difficulté inhérente à la forme masculine;
– en revanche, les erreurs se multiplient lorsque l'adjonction graphique n'entraîne aucune incidence orale (*un ami* → *une amie* ; *un noir* → *une noire*) : la stratégie développée dans ce cas consiste à matérialiser les chaînes d'accords, et à s'appuyer sur les indices audibles pour assurer la réalisation des variations uniquement graphiques;
– enfin, la graphie des épicènes eux-mêmes ne pose pas d'autres problèmes que d'orthographe lexicale ; mais l'ambiguïté qui pèse sur leur genre s'étend à la graphie des mots qu'ils régissent, et impose par conséquent la recherche d'indices différés dans le contexte.

L'organisation générale du parcours propose donc, là aussi, une progression conduisant du moins ambigu vers le plus ambigu.

ACTIVITÉS

Exercice 1

Exercice de réappropriation de la notion de genre.

Orchestre (M) ; *région* (F) ; *théâtre* (M) ; *rêve* (M). On pourra faire remarquer que les noms soumis à la variation en genre concernent tous des êtres animés.

Exercice 2

Exercice de tri permettant de déterminer les grandes modalités de l'alternance :

a. frère/sœur ;

b. amis/amies ; instituteur/institutrice ; avocat/avocate ; musicien/musicienne ; chanteur/chanteuse ; comédien/comédienne.

c. élève ; dentiste ; artiste.

Exercice 3

Exercice portant sur la compétence lexicale. À noter que les déterminants constituent des indices permettant de retrouver les associations correctes, en cas de doute.

Exercice 4

Exercice visant la cohérence sémantique, qui impose la réorganisation lexicale complète de certaines phrases (4. : *La femelle du sanglier s'appelle la laie* → *Le mâle de la laie s'appelle le sanglier*). La dernière phrase attire l'attention sur le fait que certains noms possèdent deux correspondants de l'autre genre (« *Monsieur...* » → « *Madame...* » ; *ce monsieur* → *cette dame*).

Exercice 5

Approfondissement de la remarque précédente : la polysémie de certains noms entraîne un correspondant spécifique à chacune de leurs acceptions (*fille* → *fils, garçon*). Prolongement souhaitable : demander la recontextualisation en phrases.

Exercice 6

Exercice visant à consolider la maîtrise du genre de noms donnant souvent lieu à hésitation. (Les listes à apprendre « par cœur » n'étant que d'une piètre efficacité, la stratégie proposée consiste dans la recherche d'indices contextuels, à savoir l'identification d'adjectifs marquant phoniquement l'opposition des genres).

Exercice 7

Objectif : approche de l'opposition suffixale. La terminologie retenue est volontairement très générale, et pourra, si le niveau de la classe le permet, être précisée en introduisant par exemple le terme de « suffixe ».

a. *acteur* → *actrice* ; *directeur* → *directrice* ; *duc* → *duchesse* ; *prince* → *princesse* ;

b. *marquis* → *marquise* ; *berger* → *bergère* ; *bourgeois* → *bourgeoise* ;

c. *ami* → *amie.*

Exercices 8, 9 et 10

Exercices de tri portant sur les analogies de fonctionnements suffixaux. On pourra attirer l'attention sur les phénomènes d'homonymie suffixale (*coiffeuse* 1 : féminin de *coiffeur* ; *coiffeuse* 2 : « petite table munie d'une glace devant laquelle les femmes se coiffent »), ainsi que sur la spécialisation sémantique de certains suffixes (dans l'exercice 10, *jeunesse*, *sagesse* et *noblesse* ne sont pas les féminins de *jeune*, *sage* et *noble*).

EXERCICES 11 À 14

L'adjonction d'un *-e* final, avec ou sans incidence phonique, est abordée ici à partir de quatre exercices, ce qui peut paraître insuffisant. Mais cet aspect sera repris et développé avec l'adjectif (parcours 4), qui présente exactement les mêmes fonctionnements.

EXERCICE 11

La difficulté orthographique résidant dans l'identification de la consonne finale muette (morphogramme lexical) du masculin, on partira ici de groupes féminins.

EXERCICE 12

a. *copine* → *copain* : fonctionnement exceptionnel.

Prolongements : justification de la graphie *copain* par l'étymologie : « avec qui on partage le pain », et recherche des mots de la même famille (*compagnon*, *compagne*, etc.).

b. *marraine* → *parrain* (renvoie à l'opposition lexicale).

EXERCICE 13

Exercice supposant deux étapes :

– élimination des alternances ne répondant pas aux critères de a et b (*travailleur, voyageur, conducteur, danseur*) ;

– tri selon les critères indiqués en a et b :

a. *berger* → *bergère* ; *bourgeois* → *bourgeoise* ; *Chinois* → *Chinoise* ; *Anglais* → *Anglaises* ; *candidat* → *candidate* ;

b. *élu* → *élue* ; *supérieur* → *supérieure* ; *noir* → *noire.*

EXERCICE 14

On veillera, dans cet exercice, à marquer soigneusement les chaînes d'accords par un trait reliant les cercles. Exemple, phrase 2 :

« Ces filles, qui étaient des ennemies farouches, sont

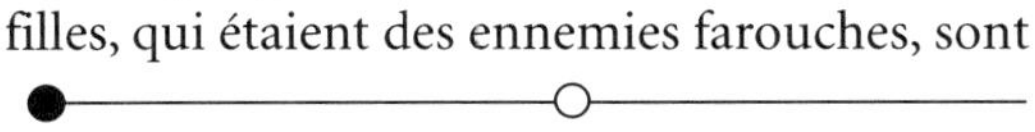

maintenant d'excellentes amies. »

Prolongement possible : tri des formes soulignées selon le régime de l'alternance :

– lexicale ;

– suffixale ;

– adjonction d'un *-e* avec incidence phonique ;

– adjonction d'un *-e* sans incidence phonique.

On attirera l'attention sur le doublement de la consonne caractérisant souvent l'alternance des nasales (*Italien* → *Italienne* ; *bons* → *bonnes*).

EXERCICES 15 ET 16

Exercices visant à centrer l'attention sur les épicènes. On notera qu'ils concernent toujours des êtres animés.

EXERCICE 17

Intégration d'épicènes dans des groupes comportant éventuellement d'autres mots (déterminants, adjectifs) ambigus du point de vue du genre.

Ce célèbre artiste ; *ton dentiste adroit* ;
\+ – – + – +

leur journaliste trop pressée ; *notre adorable enfant* ;
– – + – – –

deux touristes belges ; *une pianiste douée* ;
– – – + – +

leur redoutable adversaire.
– – –

On notera que dans *ton dentiste adroit*, *ton* n'est pas ambigu en raison du *d-* initial du mot suivant (sans cette information, il serait ambigu).

EXERCICE 18

Intégration d'épicènes dans des phrases, avec recherche et analyse d'indices contextuels, de natures grammaticales variées.

EXERCICE 19

Approfondissement de l'exercice précédent : veiller à la cohérence sémantique des groupes obtenus.

EXERCICE 20

Exercice portant sur un débat très actuel : la féminisation des noms de professions. Les propositions doivent s'inscrire dans les modèles généraux des alternances (*officier* → *officière* ; *magistrat* → *magistrate*), mais des discussions sont possibles (*auteuse* ou *autrice* ? *sculpteuse* ou *sculptrice* ?).

Il est difficile de trouver une alternance :

– lorsque le dérivé logique existe déjà avec un sens précis (*préfète*, « femme de préfet », *ingénieuse*, fém. de l'adj. *ingénieux* ; *médecine*). La solution, dans ce cas, est le recours à la composition (*femme-préfet*, *ingénieur-femme*, *femme-médecin* ; mais *doctoresse* existe) ;

– lorsque la syllabe finale du nom se prête mal à la dérivation : *peintre* ; on peut chercher des modèles dans la langue (*prêtre* → *prêtresse*), mais *peintresse* est peu élégant.

EXERCICE 21

Exercice de récriture : on veillera en particulier aux chaînes d'accords et à la cohérence textuelle.

SCHÉMATISATION

Les principales informations contenues dans ce parcours peuvent être schématisées sous forme algorythmique. Mais une telle synthèse n'a d'intérêt que si elle est construite avec les élèves, après la réalisation des exercices du parcours. On veillera à laisser ouvertes les listes d'exemples de manière à les enrichir progressivement (et éventuellement à l'occasion d'erreurs...).

Voir le tableau pages 186-187.

Pour accorder en genre les mots d'un groupe ou d'une phrase, je dois reconnaître les mots féminins.

Beaucoup de noms ne peuvent pas changer de genre : ils sont **toujours féminins**, comme d'autres sont **toujours masculins** : ***une*** *étoile,* ***la*** *lune,* ***sa*** *profession,* ***cette*** *table*

Certains noms qui désignent des êtres vivants (hommes, animaux) sont féminins parce que…

…ils correspondent à un nom masculin dont ils complètement différents :
la sœur ↔ le frère
la laie ↔ le sanglier

… ils peuvent être masculins ou féminins sans changer de forme : c'est le déterminant qui indique le genre :
un, une *élève*

… on les a obtenus en transformant un nom masculin.

Je sais que ces noms sont féminins parce que je les connais, et que je ne peux mettre devant eux que des déterminants féminins :
ta *sœur,* ***une*** *étoile,* ***cette*** *laie*

un, une *acrobate, adversaire, artiste, athlète, automobiliste, Belge, camarade, collègue, concierge, cycliste, élève, enfant, esclave, libraire, partenaire, pensionnaire, propriétaire, Russe, secrétaire…*

Si je ne suis pas sûr du genre d'un nom, je le vérifie dans le dictionnaire :
argile, *n. f.* • air, *n. m.* • fourmi, *n. f.* • anniversaire, *n. m.* • météorite, *n. m.* • incendie, *n. m.* • oasis, *n. f.* • lycée, *n. m.* • réglisse, *n. f.* • rail, *n. m.*

Je cherche dans le G.N ou dans la phrase un mot qui m'indique le genre :
une camarade émue
●—— ? ——○
votre adversaire obstinée est aussi astucieuse
? —— ? ——○——●

Souvent, le déterminant m'indique le genre :
une *oasis appréciée*
●——○
et je sais que le nom est féminin :
votre ***sœur*** *aînée*

ORTHOGRAPHE

4. L'adjectif : l'alternance entre le masculin et le féminin

(livre de l'élève, p. 260)

CADRE GÉNÉRAL

L'alternance en genre de l'adjectif présente beaucoup d'analogies avec celle du nom, mais aussi quelques différences qui expliquent l'organisation générale du parcours :

– **l'alternance lexicale n'existe pas** ; en revanche, certains adjectifs présentent d'importantes variations à la finale (*sec → sèche* ; *frais → fraîche* ; *beau → belle*, etc.). Ces altérations s'expliquent par une histoire phonétique ou morphologique souvent complexe. Mais il convient de découpler difficulté morphologique et difficulté graphique. Les formes fléchies de ces adjectifs renvoient à la maîtrise de la relation phonie/graphie, et dans ce cadre, leur comportement est généralement régulier, ce qui explique qu'ils génèrent assez peu d'erreurs ;

– **les épicènes sont nombreux** : il s'agit, dans l'immense majorité des cas, d'adjectifs terminés par un *-e* au masculin (*agréable*, *formidable*, *remarquable*, etc.). Mais, contrairement au nom, ces adjectifs ne régissent aucune autre forme variable : ils ne posent donc que des problèmes graphiques solubles, eux aussi, dans le cadre de la relation phono-graphique.

Ces remarques expliquent que ces deux catégories soient traitées dans la première phase du parcours.

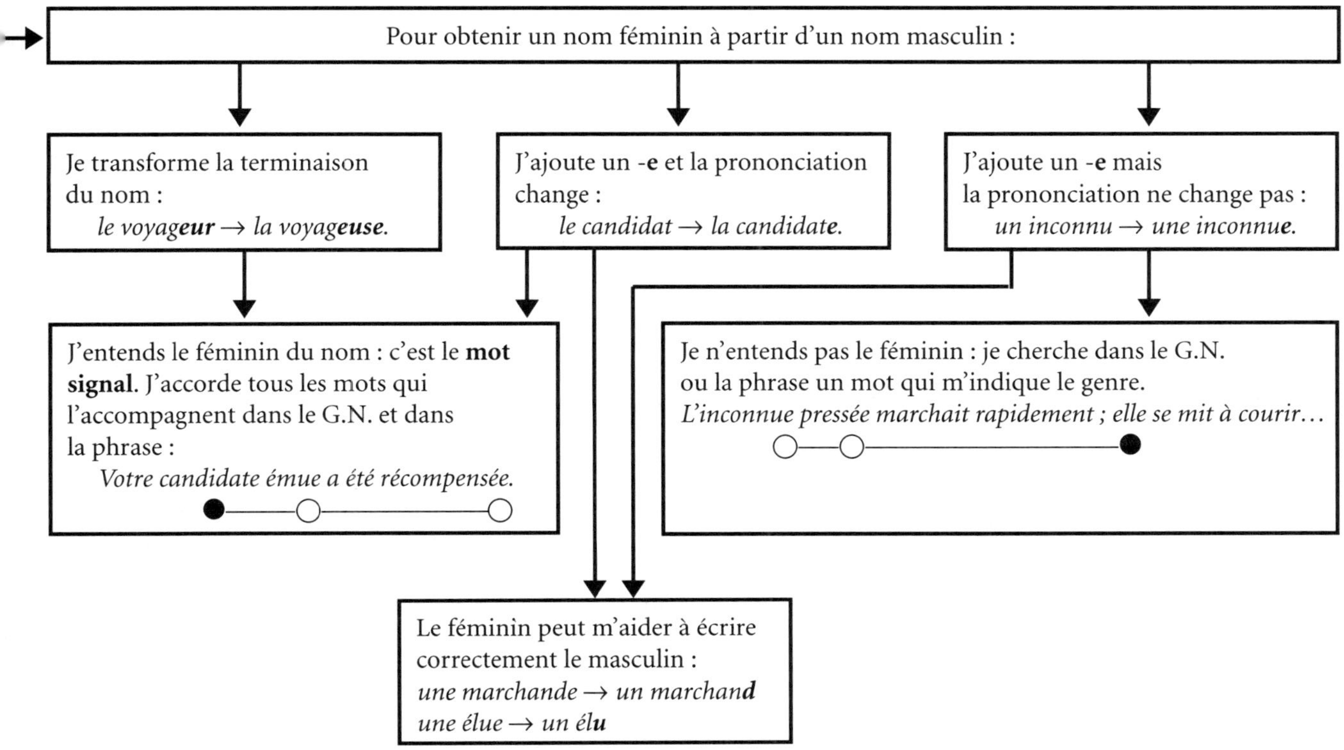

On retrouve dans la seconde phase une problématique déjà évoquée dans le parcours précédent : **les morphogrammes lexicaux** (consonnes muettes finales dans la forme du masculin) **deviennent audibles dans la forme fléchie** (*étroit* → *étroite*) : c'est donc davantage leur identification dans la forme masculine que la graphie du féminin qui pose problème ; d'où une stratégie qui conduit du féminin vers le masculin, c'est-à-dire là encore du moins ambigu vers le plus ambigu.

Enfin, la troisième phase du parcours insiste sur les cas les plus difficiles **: ceux dont la flexion, uniquement graphique, ne se manifeste pas à l'oral** (*gai* → *gaie* ; *cruel* → *cruelle*, etc.). Cette homophonie provoque un très grand nombre d'erreurs, d'autant plus qu'elle concerne directement la graphie des participes passés. Il conviendra donc d'y revenir souvent pour consolider progressivement la maîtrise d'une difficulté qui est sans doute l'une des plus redoutables de l'orthographe française.

ACTIVITÉS

EXERCICE 1

Exercice visant à la réappropriation de la notion d'adjectif et à la mise en place du cadre général de l'analyse :

a. *agile, jeune* ;

b. *malicieux* → *malicieuse* ; *vif* → *vive* ; *paresseux* → *paresseuse* ; *insouciant* → *insouciante* ; *indifférent* → *indifférente* ; *nonchalant* → *nonchalante* ;

c. *gai* → *gaie* ; *endormi* → *endormie* ; *réveillé* → *réveillée*.

Exercices 2 et 3

L'exercice 2 vise à constituer un corpus, exploité dans l'exercice 3, et permettant de centrer l'attention sur les deux types considérés :

a. *agréable* ; *difficile* ; *superbe* ; *pénible* ;

b. *sèche* → *sec* ; *rêveuse* → *rêveur* ; *sportive* → *sportif* ; *formatrice* → *formateur* ; *fraîche* → *frais* ; *belle* → *beau* ; *molle* → *mou* ; *vive* → *vif*.

Exercices 4 et 5

Exercices visant à identifier les mots qui, dans un GN, ne sont pas ambigus du point de vue du genre (*une histoire fantastique* (F), *l'extraordinaire* (F) *aventure*). L'exercice 6 propose deux GN ambigus (*ton enfant adorable* ; *leur remarquable élève*).

Exercice 6

L'intrus est celui dont les formes du masculin et du féminin sont homophones (*majeur* → *majeure*).

Exercice 7

Exercice visant à l'identification d'un indice différé (*cette*) dans un texte, puis au retour sur deux mots susceptibles d'accords (s'ils n'étaient pas épicènes). Prolongement possible : travail sur le genre des prénoms.

Exercice 8

Veiller à la cohérence textuelle.

Exercice 9

Exercice de même nature que l'exercice 1 :

a. *clair* → *claire* ; *disposé* → *disposée* ; *gai* → *gaie*.

b. *grand* → *grande* ; *petit* → *petite* ; *charmant* → *charmante* ; *plein* → *pleine* ; *familier* → *familière*.

Exercice 10

Retour analytique sur la catégorie b de l'exercice précédent :

a. son consonne : [d], [t] ; [t],[n],[ʀ] ;

b. lettre consonne : d, t, t, n, r.

Exercices 11 et 12

Objectif : centrer l'attention sur la consonne muette finale du masculin à partir de la forme féminine. L'exercice 11 comporte essentiellement des adjectifs dont la consonne finale du masculin est conservée intacte au féminin (morphogrammes lexicaux à contrôle étroit) ; mais on notera deux alternances moins régulières (*heureux* → *heureuse* ; *doux* → *douce*) (morphogrammes lexicaux à contrôle large, sur lesquels reviendra l'exercice 13). L'exercice 12 implique l'élimination des épicènes (*jaune*, *splendide*, *rouge*). En ce qui concerne *suspect*, on notera que la norme impose de ne pas prononcer les consonnes finales au masculin : [syspɛ] (M.) → [syspɛkt] (F).

Exercice 13

Exercice lexical à visée graphique : il s'agit d'attirer l'attention sur des fonctionnements divergents : le -*x* final du masculin se réalise le plus souvent sous la forme écrite -*s*- (prononcée [z] au féminin : *courageux* → *courageuse* ; *honteux* → *honteuse* ; *jaloux* → *jalouse*) sauf pour *roux* → *rousse* ; *doux* → *douce* ; *faux* → *fausse*).

Exercices 14 et 15

Objectif commun : identification de la consonne muette finale du masculin à partir d'une indication phonétique qui restitue une situation de dictée. L'exercice 14 propose une procédure (syntagme féminin → syntagme masculin) que l'élève doit réinvestir dans l'exercice 15. En ce qui concerne *rom[ã]*, l'alternance se fait par décumul des éléments constituant le phonogramme -*an*- : *une église romane* → *un style roman*.

Exercice 16

Même principe que dans les exercices 1 et 9 :

a. *calme* ; *limpide*.

b. *clair* → *claire* ; *endormi* → *endormie* ; *rassuré* → *rassurée* ; *parvenu* → *parvenue* ; *cerné* → *cernée* ; *fier* → *fière* ; *brutal* → *brutale* ; *cruel* → *cruelle*.

Exercice 17

Exercice de discrimination à partir des éléments isolés (donc de réalisation plus difficile).

Exercices 18 et 19

Même principe que dans les exercices 11 et 12 ; mais les formes retenues impliquent tantôt une flexion audible (*assise* → *assis*), tantôt une flexion uniquement graphique (*salie* → *sali*) : insister, dans ce dernier cas, sur l'absence de consonne finale au masculin.

Exercice 20

L'intrus est l'épicène *rebelle*.

Prolongement possible : recherche d'adjectifs épicènes à finales homophones, mais hétérographes (*rebelle*, *fidèle*).

Exercice 21

Exercice de codage dans lequel les flexions audibles doivent aider à réaliser les flexions uniquement graphiques. Veiller à marquer les chaînes d'accord par un trait reliant les codes.

Exemple : groupe n° 3 :

cette invitée gourmande et ventrue

Exercice 22

Objectif : réaliser l'accord d'adjectifs après identification d'indices différés et de natures variées (GN, autre adjectif, pronom).

Exercice 23

Exercice de transformation de phrases, impliquant des variations phoniques et graphiques. Prolongement possible : codage des phrases transformées.

EXERCICE 24

Exercice relatif à un fonctionnement exceptionnel lié à la distribution.

EXERCICE 25

Exercice de synthèse portant sur un texte.

a. Le seul mot permettant d'identifier l'auteur comme une femme est *sûre* (indice visuel).

b - d. Destinataire : un homme (indices visuels : *intéressé*, *ravi*, *convaincu* ; indice visuel et phonique : *surpris*).

e. Exercice difficile : veiller à la cohérence des chaînes morphologiques, à la cohérence textuelle et à la cohérence énonciative.

SCHÉMATISATION

À construire avec les élèves, à l'issue du parcours (**voir tableau ci-dessous**).

ORTHOGRAPHE

5. Le groupe nominal : l'alternance entre le singulier et le pluriel

(livre de l'élève, p. 264)

CADRE GÉNÉRAL

Ce parcours, consacré à l'alternance en nombre du GN, est plus particulièrement centré sur **la flexion du nom**. Mais il réinvestit des procédures abordées dans le premier parcours pour ce qui concerne le déterminant, et il intègre l'adjectif, dont la variation en nombre présente de nombreuses analogies avec celle du nom.

Conformément à la démarche généralement adoptée**, la première phase examine les variations**

Pour accorder l'adjectif qui accompagne un nom féminin :

→ *une **jeune** chatte*
*un **jeune** chat*
1. L'adjectif féminin s'écrit et se prononce de la même façon que l'adjectif masculin : ***c'est facile !***

↓

agile ; agréable ; aimable ; extraordinaire ; fidèle ; jeune ; pénible, rebelle…

→ *une chatte jou**euse** et vi**ve***
*un chat jou**eur** et vi**f***
2. Je transforme la terminaison de l'adjectif masculin pour obtenir le féminin : **j'entends bien la différence**.

↓

beau ; courageux ; formateur ; frais ; heureux ; menteur ; mou ; sec ; sportif ; vieux…

→ *une chienne gourmande*
un chien gourmand
3. J'ajoute un -**e** à l'adjectif masculin pour obtenir le féminin : j'entends bien la différence.

↓

bavard ; blond ; fort ; franc ; gourmand ; grand ; gris ; long ; petit ; sourd ; vert…

↓

Le féminin m'aide à écrire correctement le masculin :
gratuite → gratuit
confuse → confus
polie → poli
têtue → têtu

→ *une chienne perdue* → *une joueuse brutale*
un chien perdu *un joueur brutal*

4. J'ajoute un -**e** à l'adjectif masculin pour obtenir le féminin, mais je n'entends pas la différence.
Les mots où j'entends le féminin m'aident à accorder ceux où je ne l'entends pas :
J'ai vu votre meilleure amie hier :
elle est repartie ce matin.

↓

aimé ; bleu ; gai ; poli ; pourri ; bête ; vrai…
brutal ; clair ; correct ; fier ; obscur ; oral ; total ; supérieur…

audibles, qui sont les moins ambiguës. Pour éviter la multiplication des doutes morphologiques, il est souvent proposé de partir du pluriel.

La deuxième phase est consacrée à l'alternance marquée graphiquement par -*x*. En général, les traités d'orthographe envisagent successivement les noms en -*au*, -*eau*, les noms en -*eu* pour répéter que leur régime pluriel fait exception et trouvent dans chaque catégorie des exceptions à l'exception générale (*landaus*, *pneus*, etc.) ; quant aux mots en -*ou*, ils auraient un pluriel « régulier » en -s, auquel dérogeraient sept exceptions célèbres (*choux*, *genoux*, etc.) : mais, en fréquence d'emploi, ces « exceptions » sont statistiquement majoritaires... La situation apparaissant donc passablement embrouillée, **il semble plus cohérent de présenter l'adjonction de -*x* comme la marque régulière du pluriel derrière -*u* graphique mais non phonique** (c'est-à-dire comme élément des graphèmes phonogrammiques -*au*, -*eau*, -*eu*, -*ou*). La première catégorie ne connaît que des exceptions négligeables à ce niveau en raison de leur rareté (*landaus*, *sarraus*), la deuxième catégorie comporte deux exceptions notables en sixième (*bleus*, *pneus*). Quant à la troisième, elle présente une distribution équilibrée entre -*x* et -*s*. On pourra donner l'explication historique de ces fonctionnements particuliers : en ancien français, -*x* représente une contraction de -*u*- (résultant souvent de la vocalisation de -*l*-) + -*s* (*chevax*, *dex* = *chevaus*, *deus*). Par la suite, on a réintroduit le -*u*-, tout en conservant le -*x* final (ce qui explique que les mots introduits tardivement comme *landau*, *pneu* ou certains mots d'origine germanique comme *bleu*, *sarrau*, etc. échappent à cette particularité).

La troisième et dernière phase s'attache, de façon contrastive, au régime général du pluriel en -*s* (qui constitue la trame du parcours) opposé aux variations non marquées graphiquement, en raison de la présence d'un -*s*, -*x* ou -*z* finals au singulier. Elle conduit donc à la **discrimination de mots variables et de mots invariables**, catégorie étendue par l'insertion de numéraux et d'adverbes.

ACTIVITÉS

EXERCICE 1

Objectifs :

– réappropriation du fonctionnement général avec mise en évidence de la variété flexionnelle (uniquement graphique avec -*s* : *grosses tempêtes* ; uniquement graphique avec -*x* : *bateaux* ; allomorphique : *œil* → *yeux* ; alternance phonique et graphique de la finale : *cheval* → *chevaux* ; absence de marque graphique : *radieux*, *progrès*).

– constitution d'un corpus exploité dans l'exercice suivant.

EXERCICE 2

Exercice de tri :

a. *bœuf*, *cheval*, *travail*, *œil*, *signal*, *vitrail*, *journal* ;
b. -*al*, -*ail*.

EXERCICE 3

Exercice de codage, avec introduction d'un code réservé aux invariables en nombre. Les noms susceptibles de donner lieu à un doute morphologique sont présentés au pluriel. On veillera, en particulier dans la phrase 2, à marquer les solidarités syntagmatiques par un trait reliant les codes.

EXERCICE 4

Formulation de l'observation réalisable dans l'exercice précédent.

EXERCICES 5 ET 6

Mise en œuvre d'une démarche analogue pour l'alternance -*ail* → -*aux*.

EXERCICE 7

Exercice de réinvestissement à partir d'une contrainte codée.

EXERCICES 8, 9 ET 10

Exercices portant sur des intrus.

• L'exercice 9 ne fournit que l'intrus et demande la reconstitution de la série :

– *cristal* (-*al* → -*aux*), *carnaval*, *récital*, *festival* (-*al* → -*als*) ;

– *portail* (-*ail* → -*ails*), *travail*, *soupirail*, *vitrail* (-*ail* → -*aux*).

• L'exercice 10 propose trois noms dont la flexion se marque, au pluriel, par l'effacement de la consonne finale audible au singulier ([dezø] ; [debø] ; [dezo]).

EXERCICE 11

Objectif : maîtrise de l'alternance graphique -*(e)au* → -*(e)aux*. On notera que le codage, déjà réalisé, intervient ici comme une aide.

EXERCICE 12

Même objectif, centré sur l'alternance -*eu* → -*eux*.

EXERCICE 13

Objectif : maîtrise des alternances -*ou* → -*oux* ; -*ou* → -*ous*. Aucune régularité logique et cohérente ne permet de discriminer les deux séries... Un prolongement possible consiste donc dans la mémorisation et la récitation (à une ou deux voix), voire la mise en scène, du poème de Desnos.

EXERCICE 14

Formulation des observations réalisables dans les exercices 11, 12 et 13.

EXERCICE 15

Retour sur la maîtrise du pluriel des noms ayant leur singulier en -*ou*, la plus aléatoire, avec intégration des formes dans des groupes.

EXERCICE 16

1. *faux* (invariable en nombre) – **2.** *tuyaux* (alternance uniquement graphique) – **3.** *hibou* (seul à faire son pluriel en -*x*) – **4.** *époux* (invariable en nombre).

EXERCICE 17

Exercice de codage, visant à centrer l'attention sur le déterminant *leur*, dont la variation en nombre est uniquement graphique (sauf en cas de liaison).

EXERCICE 18

Mise en contexte phrastique de l'ambiguïté soulignée dans l'exercice précédent. Objectif : recherche d'indices différés audibles (1. *deviennent* ; 2. *pend*) permettant de lever l'ambiguïté.

EXERCICE 19

Exercice de synthèse visant à formuler la régularité développée dans cette phrase : tous les mots faisant leur pluriel en -*x* présentent un -*u* graphique final, qui intervient dans [o] (*cadeau, tuyau*), [ø] (*feu, lieu*), [u] (*chou, hibou*).

EXERCICE 20

Exercice de codage. Objectifs :
– discriminer les différentes modalités de la variation en nombre (graphique et phonique ; uniquement graphique ; non marquée dans les épicènes) ;
– constituer un corpus qui sera exploité dans l'exercice 23.

EXERCICE 21

Objectif : identifier des mots invariables (adverbes) insérés dans des GN. Ces mots sont ceux dont la graphie ne change pas lors de la transformation au singulier.

EXERCICE 22

Exercice centré sur les numéraux cardinaux, qui font souvent l'objet d'un accord sémantique.

EXERCICE 23

Objectif : identification des consonnes finales au singulier incompatibles avec l'adjonction d'une marque graphique de pluriel (-*s*, -*x*, -*z*).

EXERCICE 24

Objectif : réinvestissement de l'observation faite dans l'exercice précédent.

EXERCICE 25

Objectif : détermination des chaînes morphologiques dans des GN incluant des adverbes et des numéraux cardinaux.

EXERCICE 26

Objectif : identification de noms invariables en nombre ; dans des GN pluriels, la consonne finale est alors ambiguë : susceptible d'être interprétée comme marque du pluriel, elle risque d'être retranchée au singulier. Ce risque est d'autant plus important que la fréquence d'emploi des noms est faible. On notera que le codage intervient ici comme une aide.

Prolongement possible : travail sur le fonctionnement des consonnes muettes finales (morphogrammes lexicaux) en dérivation : ainsi *noix* → *noisette*, *procès* → *processus*, etc. Mais certains fonctionnements sont plus complexes : dans *puits*, le -*s* est dérivatif (*puiser*), mais le -*t*- est logogrammique (distinction avec *puis*, du verbe *pouvoir*, ou adverbe). Enfin, dans *talus*, le -*s* (qui n'est pas étymologique) est tout à fait insolite…

EXERCICE 27

Retour sur l'insertion de numéraux cardinaux dans des GN : exercice visant à prévenir les accords sémantiques.

SCHÉMATISATION

À construire avec les élèves, après réalisation du parcours (**voir tableau pages 192 et 193**).

ORTHOGRAPHE

6. Les accords dans la phrase simple

(livre de l'élève, p. 268)

CADRE GÉNÉRAL

Après l'examen de la variation au sein du groupe nominal, ce parcours s'attache à l'**étude des variations qui résultent de l'intégration du GN en phrase**.

La première de ces variations concerne **celle du verbe régi par son sujet** : elle est analysée dans la première phrase, qui explore également les principaux cas d'inversion du sujet.

La deuxième phrase vise à préciser **l'incidence du verbe dans les chaînes d'accord** : les verbes attributifs n'interrompent pas la chaîne morphologique, tandis que les autres l'interrompent. Il conviendra donc d'établir la liste précise des verbes attributifs. Par ailleurs, **le travail sur les mots invariables**, en particulier l'adverbe, amorcé dans le parcours précédent, se poursuit dans celui-ci : l'approche ne peut guère se faire que par la catégorisation, tout recours à la sémantique se révélant en l'occurrence (et comme souvent) inopérant voire dangereux (comparons : *les enfants sont couchés*/ *les enfants sont debout*).

Enfin la troisième phrase est centrée sur **l'accord du participe passé employé avec l'auxiliaire *être*** ; mais cet accord ne constituant sur le plan graphique qu'un **cas particulier de la construction attributive**, c'est à l'intérieur de ce cadre plus général qu'il est envisagé ici.

ACTIVITÉS

EXERCICE 1

Exercice centré sur la variation de certaines catégories (noms et adjectifs, déjà étudiés dans les parcours précédents, auxquels s'ajoutent ici les verbes).

EXERCICE 2

Exercice centré sur la relation sujet – verbe, avec flexions verbales audibles, puis uniquement graphiques.

Prolongement possible : définition du sujet comme « mot susceptible de faire varier le verbe ».

EXERCICE 3

Analyse comparative de deux structures syntaxiques, la seconde comportant une inversion du sujet, dont l'identification est, dans un premier temps, nécessaire. On pourra faire découvrir que la présence d'un circonstanciel en début de phrase autorise sans l'imposer l'inversion du sujet.

EXERCICE 4

Objectif : approfondissement de l'observation réalisée dans l'exercice précédent. Le rejet du circonstanciel en fin de phrase entraîne nécessairement le rétablissement de l'ordre sujet – verbe.

EXERCICE 5

Exercice de recontextualisation : extension de l'observation à des inversions d'origine stylistique (phrase 2) ou grammaticale (phrase 1 : interrogative indirecte ; veiller à ce que les élèves mettent bien un point, et non un point d'interrogation en fin de phrase). Objectif : maîtrise de la cohérence syntagmatique dans la relation sujet – verbe. On notera que le

---

Pour trouver le pluriel d'un nom (voir ci-dessus p. 191)

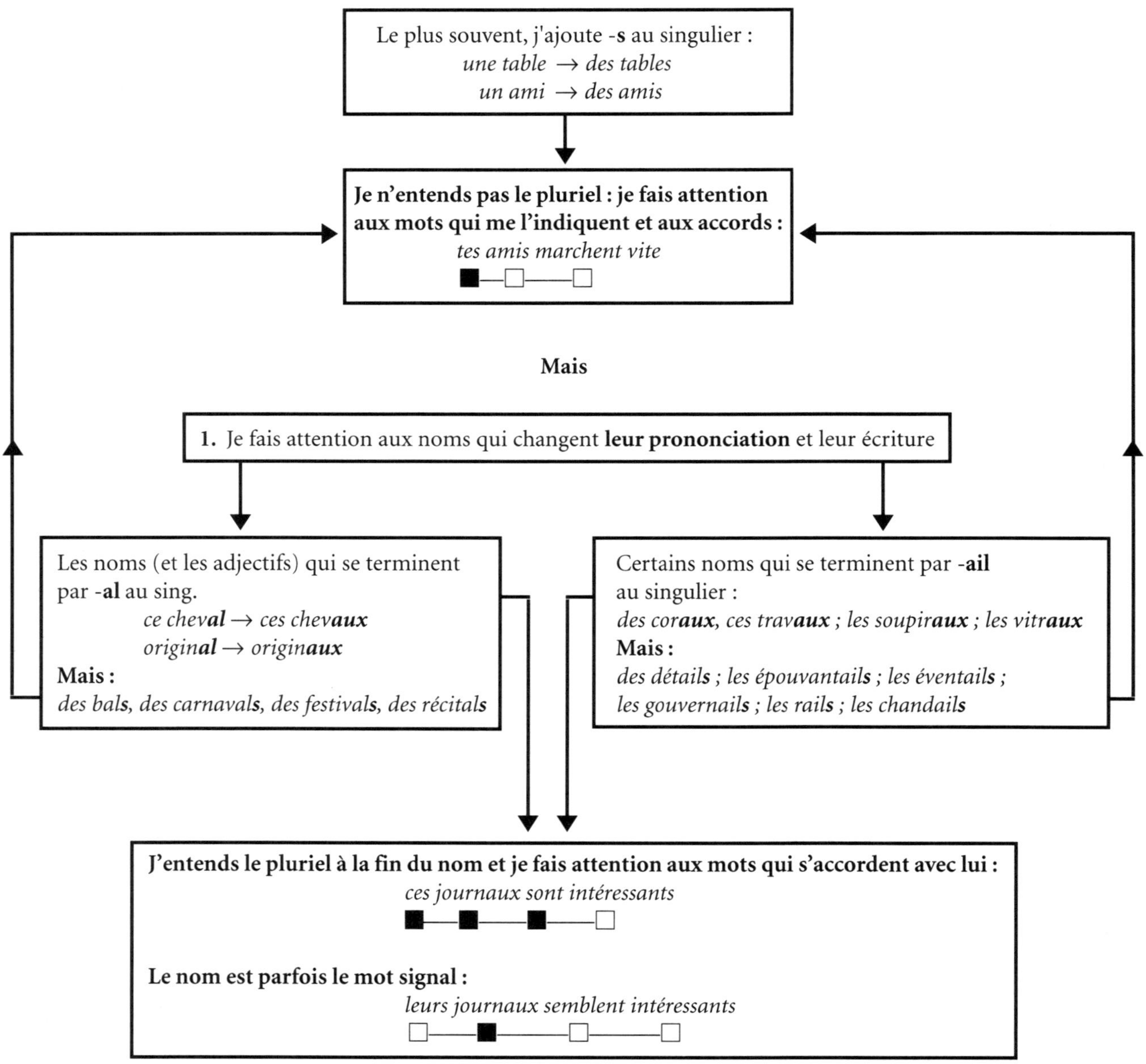

genre du sujet est indifférent dans les trois premières phrases, mais qu'il est contraint par le participe passé dans les deux dernières.

EXERCICE 6

Approfondissement de l'analyse de la relation sujet – verbe, avec insertion d'une difficulté nouvelle : l'éloignement du verbe (*s'éloignait*) et de son sujet inversé (*un air de régiment*).

EXERCICE 7

Exercice de transformation ; objectif : montrer que l'insertion d'une copule, le verbe *être*, n'interrompt pas la chaîne d'accords. On notera que, pour le dernier groupe, la transformation de la phrase au singulier implique une reformulation en deux phrases : *l'ours est un animal sage* ; *le singe est un animal sage* (on admettra, bien entendu, des solutions intermédiaires du type : *l'ours, comme le singe, est un animal sage*).

EXERCICE 8

Exercice analytique, consistant à comparer le comportement de mots situés à droite de verbes non attributifs (aucune variation n'est entraînée par celle du sujet) et de mots situés à droite de verbes attributifs (variation imposée par celle du sujet).

EXERCICE 9

Objectifs :

– discriminer les constructions attributives et les constructions non attributives, à partir d'un critère sémantique ;

– constituer un corpus qui sera exploité dans l'exercice suivant.

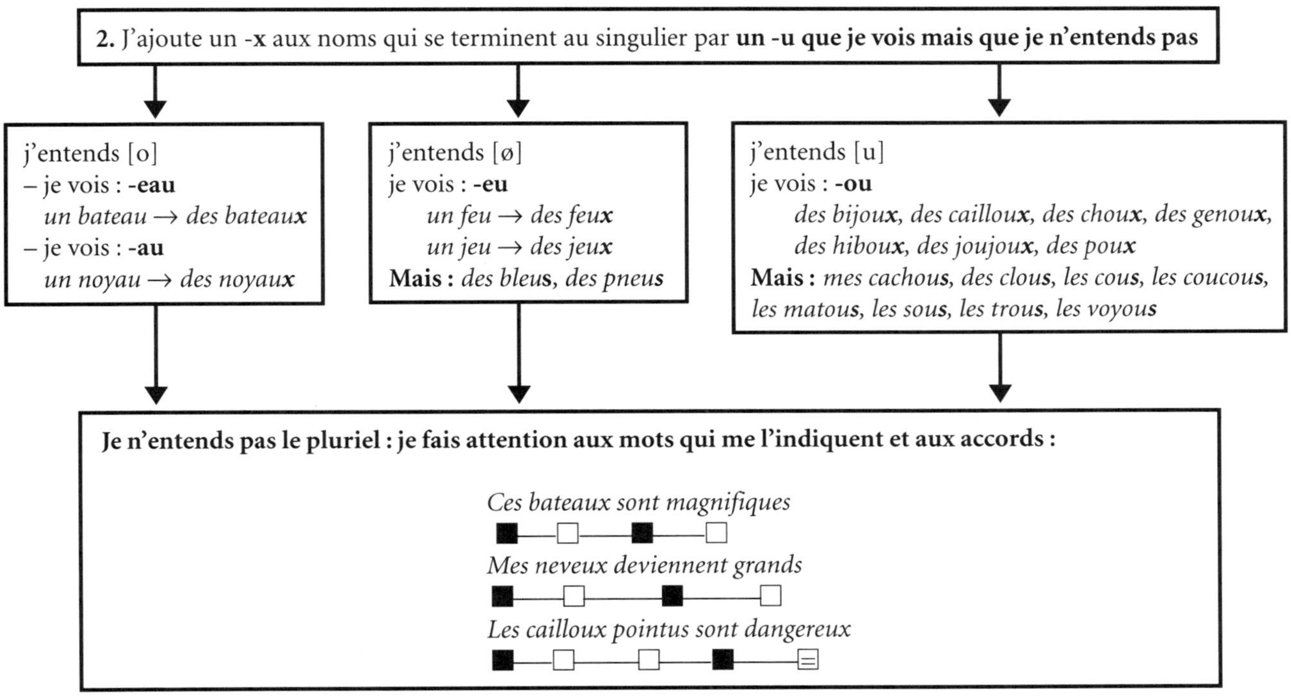

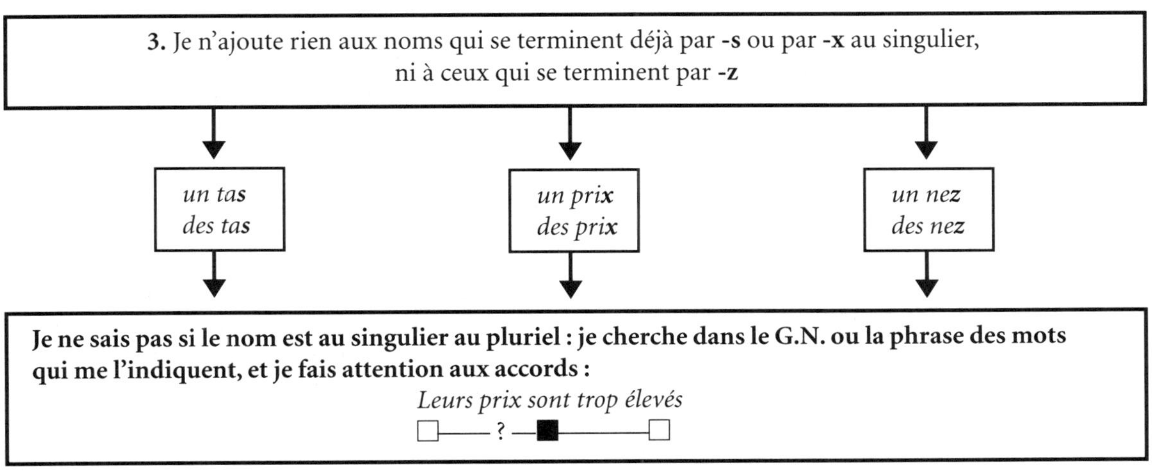

Exercice 10

Objectif : établir le paradigme (d'où la disposition verticale) des principaux verbes attributifs.

Exercice 11

Objectifs :
– discriminer les constructions attributives et les constructions non attributives, à partir d'un critère morphosyntaxique.
– comprendre l'incidence des verbes attributifs sur les chaînes morphologiques.

Exercice 12

Exercice centré sur la relation sujet – verbe : il ne comporte aucun verbe attributif, de façon à éviter l'automatisation des réponses. Objectif : attirer l'attention sur l'homophonie que présentent certains verbes à la 3e personne du singulier et à la 3e personne du pluriel, au présent de l'indicatif.

Exercice 13

Exercice centré sur la relation attributive, avec prise en compte de l'ensemble des éléments soumis à la variation, y compris le verbe. Objectif : mise en évidence de variations phoniques aidant à la bonne réalisation des variations graphiques. On notera que l'imparfait neutralise l'opposition phonique du nombre à la 3e personne : *Toutes ces régions étaient boisées.*

Exercice 14

Objectif : identification d'adverbes susceptibles d'intervenir à la droite d'un verbe, en particulier *être.* On pourra faire appel, par analogie, à l'absence de variation audible en genre, généralement intégrée à la compétence linguistique d'élèves de sixième : « ma sœur est *deboute ».

Exercice 15

Réinvestissement en phrases des observations réalisées dans l'exercice précédent.

Exercice 16

Objectif : choisir le verbe, attributif ou non attributif (avec phrases sémantiquement cohérentes dans les deux cas), correspondant aux relations morphologiques fléchées. On pourra, avant réalisation, rappeler la procédure mise en œuvre dans les exercices 9 et 11.

Exercice 17

Objectif : identification des formes présentant une cohérence morphologique avec les débuts de phrases.

Exercice 18

Exercice concernant l'examen d'un cas particulier : l'accord en genre d'un attribut, le sujet étant composé d'un élément masculin et d'un élément féminin.

Exercice 19

Exercice de transformation, impliquant au pluriel une neutralisation de l'opposition phonique en genre :

Un élève doué → une élève douée → des élèves doués → des élèves douées,

puis intégration en phrases, avec application au cas particulier observé dans l'exercice précédent.

Exercice 20

Exercice de transformation visant à isoler en tête de phrase un adjectif initialement intégré en construction attributive, puis à rechercher un indice permettant de réaliser son accord.

Exercice 21

Exercice de transformation centré sur l'accord du participe passé employé avec l'auxiliaire *être.*

Exercice 22

Exercice de transformation de tournures actives en tournures passives, imposant par conséquent l'accord des participes passés. Veiller à la restitution convenable du temps.

Exercice 23

La transformation temporelle demandée implique le recours à l'auxiliaire *être*, donc des chaînes d'accords. Dans le b, toutes les phrases sont ambiguës du point de vue du genre, soit en raison de l'usage d'un pronom (*nous*, *tu*) soit à cause du caractère épicène du substantif (*élèves*).

Exercice 24

Exercice de synthèse, assez difficile, nécessitant souvent l'aide du professeur. La progression implique un nombre décroissant d'éléments phoniquement marqués, jusqu'à une phrase ne comportant plus que des marques graphiques, du type : *leurs camarades semblent sympathiques.*

VOCABULAIRE

1. Le mot et ses significations

(livre de l'élève, p. 272)

Exercice 1

Intrus : 1. *théâtre.* – 2. *oculiste.* – 3. *mixte.*

La recherche peut se faire d'une manière intuitive, ou à partir du dictionnaire. Notons que *oculiste* figure dans la liste des mots formés sur le radical *ocul-* cités un peu plus loin, p. 281 (à propos de l'organisation du champ lexical des sensations).

Exercice 2

Le sens propre de *ligne* est : « trait continu et allongé ». Les autres acceptions sont figurées, dérivées du sens premier par le jeu de la métonymie. Chacune des acceptions figurées actualise une valeur sémantique contenue dans le signifié initial de *ligne*, autour de l'idée de la séparation ou de la réunion : la séparation entre deux espaces (la *frontière*), la réunion de deux points séparés dans l'espace (le *trajet* que suit l'autobus, ou le *fil* qu'utilise le pêcheur pour atteindre la rivière...), la réunion d'éléments disposés les uns à la suite des autres dans un même espace (les *caractères d'imprimerie*).

On pourra proposer le classement suivant : 4 – 1 – 3 – 2 – 5.

EXERCICE 3

Une *pièce* est, abstraitement, une partie détachée d'un ensemble. Les exemples proposés actualisent cette signification en lui donnant différentes valeurs : « élément constitutif d'une monnaie » (exemple 1), « morceau » (exemple 2), « objet dans une collection » (exemple 3), « subdivision d'un logement » (exemple 4), « œuvre littéraire appartenant au genre du théâtre » (exemple 5), « portion d'espace consacrée à une activité agricole » (exemple 6).

EXERCICE 4

Tous ces mots se trouvent, par exemple, dans le *Robert du collège*. En ce qui concerne la prononciation, les syllabes finales de *magnum* et *référendum* [ɔm] suivent l'usage ancien de la prononciation latine (que pratique toujours l'Église). La syllabe finale de *rébus* pourra provoquer quelques hésitations : selon les cas, les locuteurs soulignent plus ou moins fortement le *s* de la fin. Les autres mots ne posent pas de problème particulier.

La conservation de la forme latine originelle n'est qu'une apparence. La présence d'un accent (*alinéa*, *média*, *référendum*), la possibilité d'un accord au pluriel (des *alinéas*, des *alibis*, des *médias*, des *référendums*, des *duplicatas*...) marquent l'intégration de ces mots dans le système graphique français. Trois d'entre eux possèdent la même forme au singulier et au pluriel : *ex-voto*, *omnibus*, *rébus* ; *verso* ne s'emploie guère qu'au singulier (par opposition à *recto*). Notons que *média* est arrivé dans la langue française au milieu des années 1960, par le détour de l'anglo-américain ; le terme constitue, en fait, une abréviation de l'expression *mass media*.

EXERCICE 5

Tous ces mots renvoient à des réalités dont les Européens ont fait la connaissance à la suite de la conquête de l'Amérique par l'Espagne à la fin du XVe siècle et au début du XVIe siècle. Arrivés dans la langue française par l'intermédiaire de l'espagnol, ils sont issus de langues indiennes d'Amérique centrale ou d'Amérique latine.

VOCABULAIRE

2. Les mots complexes

(livre de l'élève, p. 274)

EXERCICE 1

Transformation de type verbe → nom :

discuter → discussion ; punir → punition ; agglomérer → agglomération ; fonder → fondation ; habiter → habitation ; guérir → guérison ; baigner → baignade ; fleurir → floraison ; démontrer → démonstration ; finir → finition ; changer → changement ; percer → percement ; labourer → labourage.

Trois suffixes sont utilisés dans ces nominalisations : *-tion*, *-age* et *-ment*. Ils permettent la production de noms d'action. Dans certains cas, l'accrochage morphophonologique implique une modification de la base, c'est-à-dire le passage par une base latine (*discuter → discussion ; fleurir → floraison ; démontrer → démonstration*).

EXERCICE 2

Transformation de type adjectif → nom :

triste → tristesse ; pauvre → pauvreté ; bon → bonté ; lourd → lourdeur ; facile → facilité ; maigre → maigreur ; familier → familiarité ; souple → souplesse ; étroit → étroitesse ; éternel → éternité ; oisif → oisiveté ; petit → petitesse ; sec → sécheresse ; pesant → pesanteur ; banal → banalité.

Suffixes utilisés dans ces adjectivisations : *-esse/-resse* ; *-té/-ité* ; *-eur*. Le suffixe *-té* s'ajoute à la forme féminine de l'adjectif (*oisif → oisiveté*).

EXERCICE 3

À la différence du processus de suffixation, le processus de préfixation implique une modification profonde de la signification. Les verbes obtenus sont : *surimposer – entrechoquer – rééditer – présupposer – démasquer*.

EXERCICE 4

La formation de diminutifs résulte d'une suffixation à l'identique, qui se réalise à l'intérieur d'une même classe grammaticale. À la différence de la suffixation la plus courante (caractérisée par un changement de classe grammaticale sans changement de signification), elle opère une modification de la signification originelle.

Noms obtenus : *tarte → tartelette ; ruisseau → ruisselet ; camion → camionnette ; jardin → jardinet ; affiche → affichette ; poutre → poutrelle.*

EXERCICE 5

On reprendra la typologie des constructions proposée dans la leçon.

- N + N : *bateau-mouche ; chou-fleur ; mots croisés.*
- N + préposition + N/V : *salle à manger ; moulin à vent ; eau-de-vie ; pomme de terre ; fusil de chasse.*
- V + N : *chasse-neige ; aide-mémoire ; abat-jour ; brise-glace ; couvre-lit.*
- V + V : *cache-cache ; savoir-faire.*
- N + Adj : *résidence secondaire.*
- Adj + participe passé : *nouveau venu.*

VOCABULAIRE

3. Les mots de formation savante

(livre de l'élève, p. 276)

Exercice 1

Les mots à retrouver figurent parmi les exemples présentés dans les tableaux des pp. 276-277.

1. Ces poissons n'ont pas été pêchés dans la rivière, ce sont des produits de *pisciculture*. – **2.** En bon *pédagogue*, il avait l'art d'éclaircir les raisonnements les plus difficiles. – **3.** On vient de construire une centrale *hydroélectrique* au fond de la vallée. – **4.** Il a agi de façon désintéressée, par pure *philanthropie*.

Exercice 2

L'intrus est le mot *anicroche*.

Exercices 3-5

Ces exercices conduiront les élèves à réfléchir au mode de composition de ces mots que les lexicologues appellent « composés à base savante » ou « recomposés »... *Oléoduc*, *viaduc* et *gazoduc* sont formés sur la racine latine *duc-* (*duco* : « conduire ») que l'on trouve, mais d'une manière effacée, dans *conduire*, *réduire*, *séduire*. En dépit de la soudure de leurs éléments constitutifs, ces mots fonctionnent comme des composés de type classique. Les éléments « phil » et « graph » se trouvent en première position dans *philosophe* ou *graphologue*, et en deuxième position dans *cinéphile* ou *biographie*. C'est cette possibilité de permutation qui permet de distinguer ces composés savants des mots préfixés.

VOCABULAIRE

4. D'un mot à l'autre : identités et différences

(livre de l'élève, p. 278)

Exercice 1

Couplages synonymiques : *découvrir/révéler* ; *vitesse/rapidité* ; *douleur/souffrance* ; *achat/emplette* ; *blâmer/réprimander* ; *haine/aversion* ; *mensonge/tromperie* ; *contentement/satisfaction* ; *détresse/misère* ; *lâche/poltron*.

Exercice 2

1. En apprenant cette disparition tragique, nous avons pleuré *la mort* prématurée d'un véritable héros. – **2.** Elle n'a pas beaucoup aimé *le dénouement* de ce film. – **3.** Émile vient d'obtenir ce qu'il souhaitait : à force de persévérance, il est parvenu à *son but* ! – **4.** Le jour tombait, la nuit a mis *un terme* au combat.

Exercice 3

Substitutions antonymiques : l'école *privée* ; le *reflux* de la mer ; une réponse *négative* ; parler avec *modestie* ; un devoir *facultatif* ; une habitation *permanente* ; une lecture *difficile* ; une expression *personnelle* ; des gestes *calmes* ; un caractère *optimiste* ; rechercher la *défaite*.

L'antonymie peut se marquer dans le signifiant du mot, grâce au préfixe (*flux* → *reflux*, *facile* → *difficile*...), ou n'apparaître que dans le signifié, par une opposition de type sémantique (*public/privé* ; *orgueil/modestie* ; *victoire/défaite*...).

Exercice 4

Homonymes hétérographes : *verre/ver ; rôtie/rôti ; écho/écot ; voie/voix ; compte/conte ; fard/phare ; dessein/dessin ; forêt/foret ; joue/joug ; foi/foie.*

Exercice 5

Homonymes homographes : *la moule* (« animal »)/*le moule* (« forme, modèle ») ; *un livre* (« ouvrage »)/*une livre* (« unité de mesure ») ; *le calcul* (« raisonnement »)/*le calcul* (« concrétion pierreuse se formant dans l'organisme ») ; *la mine* (« visage »)/*la mine* (« terrain contenant un gisement ») ; *le dauphin* (« animal marin »)/*le dauphin* (« prince héritier ») ; *une farce* (« plaisanterie »)/*une farce* (« hachis d'aliments ») ; *le mousse* (« le jeune marin »)/*la mousse* (« plante poussant sous forme de touffe »).

Dans certains cas, l'opposition entre le masculin et le féminin permet de lever l'ambiguïté homonymique : voir les parcours orthographiques n°1 et n°3, pp. 250-251 et 256-259.

Exercice 6

Paronymes : *infraction* (« violation d'une règle »)/*effraction* (« bris de clôture ou de serrures ») ; *décade* (« période de dix jours »)/*décennie* (« période de dix ans ») ; *élocution* (« manière de s'exprimer oralement »)/*allocution* (« discours ») ; *flairer* (« sentir »)/*fleurer* (« répandre une odeur ») ; *figer* (« immobiliser »)/*ficher* (« faire pénétrer ») ; *résiliation* (« annulation »)/*résignation* (« soumission ») ; *maudire* (« vouer au malheur »)/*médire* (« dire du mal de »).

VOCABULAIRE

5. Champs lexicaux : le vocabulaire des sensations

(livre de l'élève, p. 280)

Exercice 1

L'intrus est le mot *gargouille* (= gouttière en forme de sculpture, dans un édifice monumental), qu'on ne confondra pas avec *gargouillis* ou *gargouillement* qui désignent des bruits analogues à celui de l'eau tombant d'une gargouille !

Exercice 2

L'exercice invite à une exploration du champ lexical des émotions selon les deux axes de la synonymie et de l'antonymie :
– plaisir → satisfaction/dégoût ; agréable/désagréable...
– frayeur → terreur/agrément ; horrible/séduisant...
– gaieté → joie/tristesse ; joyeux/triste...
– ravissement → exaltation/accablement ; emporté/abattu...
– épouvante → effroi/allégresse ; effrayé/radieux...
– inquiétude → angoisse/soulagement ; inquiet/rassuré...
– enchantement → extase/répulsion ; enchanté/dégoûté...

Les relations de parasynonymie qui existent entre *plaisir, gaieté, ravissement* et *enchantement*, d'une part, *frayeur, épouvante* et *inquiétude*, d'autre part, obligent à rechercher des synonymes et des antonymes aussi variés que possible.

Exercice 3

L'exercice s'appuie sur les informations données plus haut, dans le texte de la leçon :

• Audition : *audiovisuel, auditif, inouï, auditorium* (radical *audi-*).

• Toucher : *contigu, contingent, contagion* (radical *tang-/tact-*).

• Vue : *monocle, binocle* (radical *ocul-*).

Exercice 4

L'exercice 2 a permis de travailler sur le champ lexical des émotions, à côté de celui des sensations. Dans cet extrait de Maupassant, les deux champs lexicaux se mêlent d'une manière étroite ; pour simplifier le relevé des occurrences, on pourra considérer qu'ils forment un même ensemble.

• Les verbes dominent largement. Ils dépendent de deux sujets qui alternent, le narrateur (celui qui dit *je*) et son double (un *il* inconnu). On pourra relever : *avoir peur* (l. 3), *redouter* (l. 4), *regarder* (l. 5), *écouter* (l. 5), *frémir* (l. 9), *tressaillir* (l. 9), *étreindre* (l. 12), *sentir* (l. 13, 14), *regarder* (l. 15), *palper* (l. 15), *serrer* (l. 17), *étrangler* (l. 18), *crier* (l. 21), *haleter* (l. 22), *écraser* (l. 23), *étouffer* (l. 24) – éventuellement, *battre* (« mon cœur bat », l. 8) ou *se débattre* (l. 19).

• Noms : *épouvante* (l. 8), *cauchemar* (l. 12).

• Adjectifs : *atroce* (l. 20), *affreux* (l. 22), *affolé* (l. 25).

VOCABULAIRE

6. Champs lexicaux : le vocabulaire de l'espace et du temps

(livre de l'élève, p. 282)

Exercice 1

L'intrus est le mot *mâchoire*. On notera la polysémie de *dent* et de *gorge* qui, en dehors de leur signification courante, permet à ces deux mots de désigner un grand nombre de réalités inanimées (cf. les *dents du peigne*, les *dents d'une scie*, la *gorge d'une poulie...*) : dans cette liste, ils doivent être pris au sens de « pic montagneux », pour le premier, et de « vallée étroite et encaissée », pour le second.

Exercice 2

a. Types d'habitations : *chaumière, pavillon, bungalow, pied-à-terre, immeuble, villa, métairie, cabanon, hutte.*

b. Lieux dans une habitation : *vestibule, corridor, salle de bains, cuisine.*

c. Parties de la maison : *mur, portail, lucarne, pignon, soupirail, cheminée, porte, gouttière, balcon.*

Exercice 3

Classement dans un ordre croissant : *une seconde – une minute – une heure – une journée – une décade – une quinzaine – un mois – un trimestre – une décennie – un siècle – un millénaire.*

Exercice 4

Ces expressions appartiennent au langage courant. On s'efforcera de les expliquer d'une manière aussi précise que possible : *tuer le temps* = chercher une occupation pour échapper à l'ennui ; *être de son temps* = partager les idées de l'époque dans laquelle on vit ; *prendre son temps* = ne pas se presser ; *se donner du bon temps* = profiter des plaisirs de l'existence ; *rattraper le temps perdu* = se hâter de jouir de l'existence ; *n'avoir qu'un temps* = posséder une durée limitée ; *un temps mort* = un moment au cours duquel il ne se passe rien ; *un signe des temps* = un symbole de l'époque dans laquelle on vit ; *la nuit des temps* = l'origine de l'histoire humaine.

Exercice 5

L'exercice permet de revenir sur la question de l'étymologie, abordée plus haut dans les exercices des pp. 273 et 277 (voir notamment, sur le même principe, l'exercice 3, p. 277).

VOCABULAIRE

7. Les dictionnaires

(livre de l'élève, p. 284)

L'utilisation du dictionnaire de langue fait partie des apprentissages fondamentaux qui doivent être conduits durant les quatre années du collège. Nous avons construit ce court chapitre autour de l'opposition entre **dictionnaire de langue** et **dictionnaire encyclopédique**, en choisissant les exemples contrastés du *Robert Collège* (type même du dictionnaire de langue moderne) et du *Petit Larousse* (dictionnaire mythique, s'il en est, référence linguistique absolue pour de nombreuses familles). Notre intention est de communiquer cette idée que **le dictionnaire n'est pas un ouvrage anonyme**, présentant d'une manière neutre tous les mots de langue française, mais qu'il est **un ouvrage construit, une sorte de manuel, élaboré en fonction d'objectifs précis et s'adressant à des publics particuliers**. Les élèves doivent comprendre que les dictionnaires qu'ils peuvent utiliser en classe de sixième sont des livres écrits et conçus à leur intention – au même titre que les différents manuels disciplinaires qu'ils ont entre leurs mains – et qu'ils auront ensuite l'occasion de découvrir durant leur scolarité d'autres dictionnaires plus riches, plus complexes, leur offrant d'autres états de la langue ou d'autres synthèses du savoir encyclopédique.

Le **motif du loup**, qui a été retenu à titre d'illustration documentaire, permettra une **articulation thématique entre les informations apportées ici et le chapitre 2 du manuel** (« Quand on parle du loup… »).

On se reportera également aux travaux sur le dictionnaire proposés dans les fiches élèves n°2 et 17 (voir ci-après, p. 215 et 245).

GRAMMAIRE

8. Les classes de mots : les mots variables

(livre de l'élève, p. 286)

Exercice 1

• Les mots variables de la liste sont :
- des noms (*route, atelier, chèvre, chevaux*) ;
- des verbes (*appartiennent, nager*) ;
- des adjectifs (*extraordinaire, rouge, méchante*) ;
- des déterminants (*quelques, deux, une*) ;
- des pronoms (*nous, qui, ceci*).

• Les mots invariables appartiennent uniquement à la classe des adverbes (*vite, rapidement, bientôt*).

Exercice 2

• Mots du genre masculin : *anniversaire, automne, lycée, argent, apogée, enthousiasme, armistice, exode, camée, poulpe, entracte.*

• Mots du genre féminin : *sentinelle, recrue, vigie, autoroute, tentacule, patère.*

L'usage hésite pour *autoroute* : le *Robert du Collège* n'indique que le genre féminin, mais le *Petit Robert* laisse ouverte la possibilité entre masculin et féminin.

Exercice 3

Couples lexicaux : *taureau/vache ; parrain/marraine ; singe/guenon ; empereur/impératrice ; bouc/chèvre ; cerf/biche ; veuf/veuve ; mouton/brebis ; cousin/cousine ; tigre/tigresse ; dieu/déesse.*

Exercice 4

Noms de métier identiques au masculin et au féminin : *professeur, chauffeur, docteur, peintre, plombier.* Féminins possibles : *serveuse, animatrice, surveillante*, éventuellement *doctoresse.*

On sait que sur cette question – qui est loin d'être secondaire – les usages diffèrent d'un pays francophone à un autre : les Canadiens tiennent à la marque visible du féminin (*une professeure, une écrivaine…*) ; en France, les commissions de terminologie chargées de la gestion des néologismes techniques ont proposé une modification du déterminant quand la suffixation se révèle impossible ou délicate : *le professeur/la professeur* ; *le ministre/la ministre…*

N. B. On pourra faire remarquer que le mot *chauffeuse* ne désigne pas le féminin de *chauffeur*, mais « une chaise basse pour se chauffer près du feu ».

Exercice 5

Dans cette liste, les noms propres qui s'emploient avec un déterminant sont des noms de pays ou de régions : *les Alpes, le Massif central, la Suisse, la Lorraine, la Pologne.*

GRAMMAIRE

9. Les classes de mots : les mots invariables

(livre de l'élève, p. 288)

Exercice 1

Les intrus sont le nom *achèvement*, l'adverbe *vite* et la conjonction de coordination *mais.*

Exercice 2

L'exercice peut être réalisé à partir des informations données dans la leçon, ou avec l'aide du dictionnaire (où les élèves apprendront à repérer les indications de catégories grammaticales qui figurent en tête des articles).

Mots invariables : *oh* (interjection), *très* (adverbe), *pour, sous* (prépositions), *car* (conjonction de coordination). Notons l'homonymie des deux formes *sous* (nom dans la phrase 1, et préposition dans la phrase 6).

EXERCICE 3

L'exercice constitue une application directe des informations données dans la leçon.

- Adverbes : *oui, beaucoup, hier, vraiment.*
- Prépositions : *près de, chez, pour, à cause de.*

EXERCICE 4

L'exercice propose trois schémas de relations syntaxiques :

- Verbe + adverbe : phrases 1 (*comprends jamais*), 3 (*aime beaucoup*), 4 (*avance lentement*).
- Adverbe + adjectif : phrases 2 (*très courageuse*), 5 (*bien éclairée*), 6 (*moins fier*).
- Adverbe + adverbe : phrases 4 (*très lentement*), 6 (*beaucoup moins*).

EXERCICE 5

On fera récrire les énoncés en veillant non seulement à la recherche d'équivalence qui est demandée, mais aussi aux déplacements syntaxiques que cette substitution peut entraîner.

1. Progresser *lentement.* – **2.** Fermer *minutieusement* la fenêtre. – **3.** Parler *brusquement.* – **4.** Résumer *objectivement* le contenu d'un livre. – **5.** Démontrer *clairement* un raisonnement. – **6.** Cacher *partiellement* la vérité.

GRAMMAIRE

10. Les fonctions du groupe nominal

(livre de l'élève, p. 290)

EXERCICE 1

- Groupe nominal ayant une fonction par rapport à un nom : « de son fourneau ».
- Groupes nominaux ayant une fonction par rapport à un verbe : « de longues robes noires et de grands chapeaux pointus », « votre grand-mère ».
- Groupes nominaux ayant une fonction par rapport à une phrase : « dans d'énormes marmites noires », « à minuit ».

EXERCICE 2

Cet exercice de création n'appelle pas de correction normée.

Quelques expressions en guise d'exemples : « un stylo d'oie et une plume à bille » ; « des boucles de chaussures et des lacets d'oreilles ».

EXERCICE 3

a. • Compléments essentiels : « les sorcières » ; « des mauvais sorts » ; « un beau prince » ; « en chat noir » ; « en champignon vénéneux ».

• Compléments circonstanciels : « depuis les temps les plus anciens » ; « à l'aide de formules magiques » ; « en un clin d'œil ».

b. On repère les compléments circonstanciels au fait qu'on peut les supprimer ou les déplacer.

GRAMMAIRE

11. L'organisation du groupe nominal

(livre de l'élève, p. 292)

EXERCICE 1

a. – « un pavillon à colonnes qui se dresse au centre d'une vaste pelouse ronde » – « une allée avec des bancs de marbre cassés et moussus » – « une statue assise sur un socle » – « un jeune garçon tout nu avec des ailes dans le dos ».

b. Nous sommes à l'orée du petit bois, devant un pavillon. Une allée en fait le tour. Sous le dôme du pavillon, il y a une statue. C'est un garçon.

Le texte obtenu ne délivre que des informations de base ; on peut ainsi constater l'importance des expansions du nom qui, d'une part, apportent des précisions sur des formes, des matières, des particularités des objets et des lieux décrits et qui, d'autre part, installent une atmosphère (ici, une atmosphère de luxe désuet).

EXERCICE 2

a. Groupes nominaux minimaux : « des étincelles », « la prairie », « aux alentours ».

b. – « une vive lumière », « les champs environnants » ;

– « un beuglement épouvantable que l'écho répète aux alentours » ;

– « leur poitrine en combustion ».

EXERCICE 3

Cet exercice sera corrigé en fonction des propositions des élèves.

GRAMMAIRE
12. Les déterminants : les articles
(livre de l'élève, p. 294)

Exercice 1

• « Une nuit », « la forêt », « deux hommes », « une bande », « un arbre », « ces animaux », « la porte », « la hutte », « un bûcheron ».

• N'ont pas de déterminants : « Chateauroux » (il s'agit d'un nom propre), « sous bois », « de loups » (noms communs employés avec une préposition).

Exercice 2

Deux exemples : « Disparition mystérieuse d'une grand-mère et de sa petite fille » ; « Toute la vérité sur l'affaire des trois petits cochons ».

Exercice 3

Il faut relever l'article *le* dans chacune des deux phrases qui évoquent *le loup*. L'article défini prend ici une valeur générale qui s'explique par le caractère universel des proverbes.

Exercice 4

a. Dans les deux cas, l'article indéfini accompagne le nom d'un animal que le narrateur et le lecteur ne connaissent pas encore.

b. *Le* loup finit par trouver une bonne raison pour dévorer *l'*agneau. *Les* animaux les plus forts réussissent toujours à vaincre les plus faibles.

Dans « *le* loup », « *l'*agneau », l'article défini accompagne le nom d'un animal dont on a déjà parlé, que l'on connaît ; dans « *les* animaux », il prend une valeur généralisante.

Exercice 5

Un jour un soldat rentrait de <u>la</u> **guerre** avec un compagnon. <u>La</u> **nuit** venue, celui-ci le prévint : « C'est <u>la</u> pleine **lune**, tu la vois bien ; prends donc garde à toi car je vais me transformer en loup-garou. » En effet, peu à peu <u>l'</u>**homme** prenait <u>l'</u>**apparence** d'un animal velu cependant que <u>le</u> **soldat** l'observait, médusé.

Exercice 6

<u>*des* : article indéfini</u>

1. *des* loups (remplacer par « un loup »).
3. *des* légendes (remplacer par « une légende »).
4. *des* loups (remplacer par « une fin heureuse »).

<u>*des* : défini contracté</u>

2. *des* loups (remplacer par « de la louve »).

Exercice 7

<u>Du</u> article partitif sera souligné et **du** article défini contracté sera écrit en gras.

Le loup apprivoisé rêve toujours **du** bois.
Jamais loup ne mangera <u>du</u> pain dans la main de l'homme.
Posséder des brebis apporte toujours <u>du</u> souci.
Mort **du** louveteau, santé de l'agneau.

GRAMMAIRE
13. Les déterminants : possessifs, démonstratifs, indéfinis
(livre de l'élève, p. 296)

Exercice 1

a. « à *une* chatte » : article indéfini – « *ces* vers » : déterminant démonstratif – « *quel* secret » : déterminant interrogatif – « *quel* sarcasme » : déterminant interrogatif – « *tes* yeux » : déterminant possessif – « *ta* moustache » : déterminant possessif.

b. Le rôle du déterminant démonstratif est d'attirer l'attention sur quelque chose que l'on désigne au moment où l'on parle : il s'agit des vers que l'auteur est en train d'écrire.

Exercice 2

a. <u>cinquante</u> fois, <u>vingt-cinq</u> jours.

b. <u>ce</u> <u>même</u> jour : démonstratif et indéfini ; <u>toutes</u> <u>les</u> bêtes : indéfini et article.

Exercice 3

Une belette s'installa un jour dans le terrier d'*un* jeune lapin durant *son* absence ; *le* lapin protesta vigoureusement et exigea qu'on lui rendît *sa* demeure. *Aucune/nulle* loi, disait-il, n'autorise *ce* crime. Pour régler *ce* conflit, on fit appel à *un* gros chat ; celui-ci, pour réconcilier les *deux* adversaires, les croqua l'un et l'autre.

– les articles indéfinis (*un, une*) accompagnent le nom des animaux dont on n'a pas encore parlé ;
– l'article défini (*le*) accompagne le nom de l'animal dont on a déjà parlé ;
– le déterminant possessif (*sa*) indique la relation de possession entre le lapin et la demeure ;
– le déterminant démonstratif (*ce*) évoque une chose dont on a déjà parlé (le conflit) ;
– le déterminant indéfini (*aucune/nulle*) apporte une information sur la quantité ;
– le déterminant numéral cardinal (*deux*) précise la quantité des adversaires ;

Exercice 4

Le corrigé de cet exercice se fera à partir des propositions des élèves.

Quelques propositions :

Regardez : dans la cuisine, mon chat attend les souris, caché derrière cette porte de placard.

Quelles souris ignorent qu'un chat se cache souvent derrière une porte de cuisine ?

Aucune porte de cuisine ne protège une souris des ruses d'un chat.

Dans ma cuisine il y a une porte, quatre souris et deux chats qui les guettent.

GRAMMAIRE

14. L'adjectif qualificatif

(livre de l'élève, p. 298)

EXERCICE 1

a. Les adjectifs qualificatifs sont ici en italique, et les groupes nominaux auxquels ils appartiennent sont soulignés.

Les meubles en bois *communs*, en bois *rares* et *exotiques*, en métaux *ornés* de dorures *ciselées*, les étoffes *unies*, *brochées*, *brodées*, *teintes* et *peintes* en lin, en coton et en soie, produits des manufactures *nationales* ou *étrangères*, contribuaient à l'agrément des maisons *égyptiennes* et aux commodités de la vie *intérieure*.

b. *ornés*, de *orner* ; *ciselées*, de *ciseler* ; *brochées*, de *brocher* ; *brodées*, de *broder* ; *teintes*, de *teindre* ; *peintes*, de *peindre*.

EXERCICE 2

1. Un pauvre esclave hébreu a été battu par le contremaître égyptien ; un esclave pauvre accumule les infortunes. – **2.** Un soldat brave est toujours prêt à affronter le danger ; un brave soldat égyptien a laissé la vie sauve à son ennemi vaincu. – **3.** Les livres religieux des anciens Égyptiens ne sont pas des documents simples à déchiffrer ; c'est grâce à de simples documents de comptabilité que les archéologues ont beaucoup appris sur la vie quotidienne en Égypte.

EXERCICE 3

La correction de cet exercice prendra appui sur les productions des élèves.

Au milieu de la salle, les archéologues découvrirent un sarcophage monumental creusé dans un bloc de basalte sombre sculpté. Une fois ouvert, il laissa voir une momie ornée d'un gorgerin polychrome et d'un masque étincelant.

EXERCICE 4

a. des pierres précieuses plus brillantes que les étoiles ; ses bras sont plus gracieux que ceux de la déesse de l'amour ; les fleurs de lotus les plus épanouies de toute l'Égypte ; dont la démarche est plus légère que celle des antilopes.

b. L'emploi des comparatifs et des superlatifs renforce l'éloge de la jeune fille, placée au-dessus de toutes les formes de beauté que l'Égypte comporte.

EXERCICE 5

1. « *moins* agile » : comparatif d'infériorité – **2.** « *aussi* fraîches, *aussi* vives » : comparatifs d'égalité – **3.** « *plus* élégant » : comparatif de supériorité – **4.** « *moins* poétique » : comparatif d'infériorité.

GRAMMAIRE

15. La proposition subordonnée relative

(livre de l'élève, p. 300)

EXERCICE 1

« qui s'appelle Charlie » ; « qui gagne un jour un ticket d'or dans une tablette de chocolat » ; « dont les parents sont très pauvres » ; « qui est très vieux » ; « qu'il juge capable de la diriger ».

EXERCICE 2

dont ; qu' (=que) ; qui.

EXERCICE 3

a. qui ; auquel ; que ; où.

b. « *qui* dévora tous ses enfants » : sujet – « *auquel* sa mère Rhéa substitua une pierre » : complément d'objet second – « *que* Cronos avala » : complément d'objet direct – « *où* il fut élevé » : complément circonstanciel de lieu.

EXERCICE 4

Le corrigé de cet exercice s'appuiera sur les propositions des élèves

EXERCICE 5

a. Ce matin, à l'école, on va prendre une photo de la classe qui sera pour nous un souvenir que nous allons chérir toute notre vie, comme l'a dit la maîtresse. On s'est installés. Moi, j'étais assis à côté d'Alceste qui mangeait une tartine de confiture. Quand la maîtresse l'a grondé, Alceste a laissé tomber la tartine dont la confiture a coulé sur sa chemise. La maîtresse et le photographe n'étaient vraiment pas contents.

b. « la photo de la classe » → qui – « ce souvenir » → que – « Alceste »→ qui – « la tartine »→ dont.

GRAMMAIRE

16. Les pronoms

(livre de l'élève, p. 302)

EXERCICE 1

• Pronoms personnels : *les, eux* ; ils représentent le renard et le bouc.

• Pronom démonstratif : *celui-ci* ; il représente le bouc dont on vient de parler.

EXERCICE 2

on : pronom de la 3e personne, sujet du verbe *pouvoir* – le : pronom de la 3e personne, complément d'objet direct de *prendre* – le : pronom de la 3e personne, complément d'objet direct de *attacher* – moi : pronom de la 1re personne, complément d'objet second de *attacher* – il : pronom de la 3e personne, sujet de *attacher* – lui : pronom personnel de la 3e personne, complément d'objet second de *attacher*.

GRAMMAIRE

17. L'organisation du groupe verbal

(livre de l'élève, p. 304)

Exercice 1

• Verbes d'action : *abandonnèrent* (1) ; *partirent* (2) ; *perdirent* (3) ; *guida* (4) ; *aperçurent* (5) ; *ruisselait* (6) ; *Faisons* (7) ; *dit* (7) ; *grignote* (8) ; *dit* (8).

• Verbes attributifs : *étaient inquiets* (2) ; *étaient inconnus* (3) ; *parut bien accueillante* (5) ; *semblaient en sucre* (6) ; *était inconnue* (8).

Exercice 2

• Verbes transitifs : *manger* – *courir* (« Ce cheval a couru le grand prix ») – *attraper* – *faire* – *écouter* – *nager*.

• Verbes intransitifs : *dormir* – *courir* (« Il court à toutes jambe ») – *marcher*.

Exercice 3

1. Tout à coup *la porte* (sujet) *s'ouvrit* (verbe) : le verbe est intransitif.

2. *Une vieille femme* (sujet) *apparut* (verbe) sur le seuil : le verbe est intransitif.

3. *Elle* (sujet) *invita* (verbe) *Jeannot et Margot* (complément d'objet) *à entrer* (complément d'objet) : le verbe est transitif.

4. *Elle* (sujet) *leur* (complément d'objet) *servit* (verbe) *un bon repas* (complément d'objet) puis *prépara* (verbe) *deux petits lits blancs* (complément d'objet) : les deux verbes sont transitifs.

5. *La gentillesse de la sorcière* (sujet) *était* (verbe) *feinte* (attribut du sujet) : le verbe est attributif.

6. *Elle* (sujet) n'*avait bâti* (verbe) *sa maisonnette* (complément d'objet) de sucrerie que pour attirer les enfants. : le verbe est transitif.

7. « *Je* (sujet) *les* (complément d'objet) *mangerai* (verbe) tous les deux »… : le verbe est transitif ; … *se dit-elle* (verbe et sujet inversé) : le verbe est intransitif.

Exercice 4

• Attributs du sujet : *animée* (2) ; *feinte* (2) ; *riches* (5).

• Compléments d'objet : *les enfants* (1) ; les (1) ; *de multiples tâches domestiques* (3) ; *la vie sauve* (4) ; *la vieille femme* (4) ; *le trésor de la sorcière* (5).

GRAMMAIRE

18. Les compléments essentiels du verbe

(livre de l'élève, p. 306)

Exercice 1

• Compléments d'objet direct : *Poil de Carotte* (1) ; *les aventures d'un garçon aux cheveux roux* (3) ; *une multitude de chapitres* (4) ; *le lecteur* (4) ; *le* (5) ; *l'heure d'aller enfermer les poules* (6) ; *le crochet* (7) ; *la* (7) ; *un long soupir* (7) ;

• Compléments d'objet indirect : *à son frère et sa sœur* (5) ; *à la manière* (8) ; *à cette corvée* (8).

• Compléments essentiels de lieu : *dans le petit monde de la famille Lepic* (4) ; *au poulailler* (7).

• Complément essentiel de temps : *de 1893* (2).

Exercice 2

Je *vais* au collège (complément essentiel de lieu). – Le professeur *veille à* ne pas lasser les élèves (COI). – Le lion *aperçoit* soudain l'antilope qui lui avait échappé (COD). – Il l'*attrape* (COD). – Le vieil homme *raconte* des histoires aux enfants du village (COD + COS). – Ses récits *plaisent* beaucoup à son jeune public (COI). – La jeune femme *tient* l'enfant entre ses bras (COD). – Elle *tient à* cet enfant (COI). – Le spectacle *aura duré* deux bonnes heures (complément essentiel de temps).

Intrus : *dormir* (verbe intransitif).

Exercice 3

au marché : groupe nominal, complément essentiel de lieu du verbe *aller*. – un léopard : groupe nominal, COD du verbe *apercevoir*. – au prix : groupe nominal, COI du verbe *penser*. – tirer de la peau de l'animal : groupe verbal à l'infinitif, COD du verbe *pouvoir*. – de lui : pronom, COI du verbe *s'approcher*. – le : pronom, COD du verbe *saisir*. – à se mettre en route : groupe verbal à l'infinitif, COI du verbe *songer*. – la queue du fauve : groupe nominal, COD du verbe *lâcher*. – sa présence : groupe nominal, COD du verbe *découvrir*. – à le fatiguer : groupe verbal à l'infinitif, COI du verbe *arriver*. – à son aide : groupe nominal, COI du verbe *venir*. – à l'animal : groupe nominal, COI du verbe *s'accrocher*.

Exercice 4

1. Je lui en enverrai une pendant les vacances. – **2.** Réponds-lui ! – **3.** Ce garçon leur répond souvent de manière insolente. – **4.** J'y tiens. – **5.** S'il te plaît, prête-le moi. – **6.** Je l'aperçois déjà. – **7.** L'achèteras-tu ? – **8.** La grand-mère en prépare pour tous ses petits-enfants.

Remarques :

1. Le COD se place se place généralement avant le verbe lorsqu'il s'agit d'un pronom (J'aperçois la voiture → Je l'aperçois).

2. Quand le COI est un pronom, la préposition peut ne pas être exprimée. Dans ce cas, le COI se place

avant le verbe (Ce garçon répond à ses parents → Ce garçon leur répond).

GRAMMAIRE
19. La conjugaison : les modes et les temps
(livre de l'élève, p. 308)

EXERCICE 1

a. Distinguer formes simples et formes composées

• Formes simples : *s'appelait ; crois ; disparaisse ; partirait ; veux ; revenir ; est ; était ; arriverait ; voulait ; reprennent.*

• Formes composées : *aurait voulu ; avait lu ; aurait imaginé ; est parti ; se sont réveillés ; avait disparu ; a ouvert.*

b. Identifier le mode et le temps des verbes soulignés

s'appelait (indicatif imparfait) – *aurait voulu* (indicatif conditionnel passé) – *avait lu* (indicatif plus-que-parfait) – *crois* (indicatif présent) – *disparaisse* (subjonctif présent) – *aurait imaginé* (indicatif conditionnel passé) – *partirait* (indicatif conditionnel présent) – *veux* (indicatif présent) – *revenir* (infinitif présent) – *est* (indicatif présent) – *est parti* (indicatif passé composé) – *se sont réveillés* (indicatif passé composé) – *avait disparu* (indicatif plus-que-parfait) – *a ouvert* (indicatif passé composé) – *était* (indicatif imparfait) – *arriverait* (indicatif conditionnel présent) – *voulait* (indicatif imparfait) – *reprennent* (subjonctif présent).

EXERCICE 2

• Modes personnels :

portait : indicatif imparfait, 3e personne du singulier. – *avait lu* : indicatif plus-que-parfait, 3e personne du singulier. – *qu'il s'en aille* : subjonctif présent, 3e personne du singulier. – *s'en est aperçu* : indicatif passé composé, 3e personne du singulier. – *étaient tirées* : indicatif imparfait, 3e personne du pluriel. – *a dit* : indicatif passé composé, 3e personne du singulier. – *savait* : indicatif imparfait, 3e personne du singulier. – *a dit* : indicatif passé composé, 3e personne du singulier.

• Modes impersonnels :

s'appeler : infinitif présent. – *relié* : participe passé. – *dire* : infinitif présent. – *défait, tirées, étonnés* : participes passés – *être* : infinitif présent.

EXERCICE 3

1. Daniel part (indicatif présent). – **2.** Il rêvait toujours d'imiter Sindbad le marin (indicatif imparfait). – **3.** Il organise son voyage dans les moindres détails (indicatif présent). – **4.** Il hésitera longtemps, puis se décidera sur un coup de tête (indicatif futur). – **5.** Marchant toute la nuit, il n'avait pas le temps de le regretter (participe présent + indicatif imparfait). – **6.** S'il le fallait, il traverserait la rivière à la nage (indicatif imparfait + indicatif conditionnel présent). – **7.** Dès qu'il aperçut la mer, Daniel comprit qu'il était libre (indicatif passé simple).

GRAMMAIRE
20. La conjugaison : les formes verbales
(livre de l'élève, p. 310)

EXERCICE 1

• Présent de l'indicatif

Je fais, nous faisons, ils/elles font. – Je dis, nous disons, ils/elles disent. – Je vois, nous voyons, ils/elles voient. – Je peux, nous pouvons, ils/elles peuvent. – Je rends, nous rendons, ils/elles rendent. – Je garnis, nous garnissons, ils/elles garnissent. – Je place, nous plaçons, ils/elles placent. – Je range, nous rangeons, ils/elles rangent. – J'essuie, nous essuyons, ils/elles essuient. – J'écris, nous écrivons, ils/elles écrivent. – Je vais, nous allons, ils/elles vont. – Je me souviens, nous nous souvenons, ils/elles se souviennent.

• Imparfait de l'indicatif

Je faisais, nous faisions, ils/elles faisaient. – Je disais, nous disions, ils/elles disaient. – Je voyais, nous voyions, ils/elles voyaient. – Je pouvais, nous pouvions, ils/elles pouvaient. – Je rendais, nous rendions, ils/elles rendaient. – Je garnissais, nous garnissions, ils/elles garnissaient. – Je plaçais, nous placions, ils/elles plaçaient. – Je rangeais, nous rangions, ils/elles rangeaient. – J'essuyais, nous essuyions, ils/elles essuyaient. – J'écrivais, nous écrivions, ils/elles écrivaient. – J'allais, nous allions, ils/elles allaient. – Je me souvenais, nous nous souvenions, ils/elles se souvenaient.

EXERCICE 2

ouvrez : indicatif présent ou impératif présent, 2e pluriel – *finit* : indicatif présent ou passé simple, 3e singulier – *mangeai* : indicatif passé simple, 1re singulier – *dis* : indicatif présent ou passé simple, 1re ou 2e singulier ; impératif présent, 2e singulier – *suis venue* : indicatif passé composé, 1re singulier, voix active – *voulions* : indicatif imparfait, 1re singulier – *chante* : indicatif présent, 1re et 3e singulier ; subjonctif présent, 1re et 3e singulier ; impératif présent, 2e singulier – *savais* : indicatif imparfait, 1re ou 2e singulier. – *dormira* : indicatif futur simple, 3e singulier – *est rangé* : indicatif présent, 3e singulier, voix passive.

EXERCICE 3

nous écriv-ions ; j'écri-s ; j'écri-rai ; nous all-ions ; vous i-rez ; elles jett-ent ; tu jet-as. dorm-i.

EXERCICE 4

Les feuilles sont tombées. – Papa et moi finirons la vaisselle. – Les enfants avaient jeté des cailloux. – Le jardinier plante des fleurs. – Je, tu dormais.

EXERCICE 5

C'est un exemple qui *prouve* que les choses… *se réalisent* parfois.

Je *marchais…* sur le bord du cours d'eau qui *sort….* Tout à coup je *m'arrêtai* et *me frottai* les yeux… comme si je *venais….* Il y *avait* de quoi…, *se dressait* une belle hutte… au lieu du simple trou qui *sert* habituellement d'entrée.

« Que diable, *me demandai*-je,… *peut*-elle faire ici ? »

Remarque : Certains présents peuvent éventuellement être remplacés par des imparfaits mais l'effet recherché et produit n'est pas le même ; la réflexion sur la valeur et l'emploi des temps sera conduite à l'occasion de l'examen des diverses propositions.

GRAMMAIRE

21. Les verbes *être* et *avoir*

(livre de l'élève, p. 312)

EXERCICE 1

Voir tableaux de conjugaison page 340.

EXERCICE 2

ayez : subjonctif ou impératif présent, 2e pluriel – *étais* : indicatif imparfait, 1re ou 2e singulier – *ont eu* : indicatif passé composé, 3e pluriel – *avais été* : indicatif plus-que-parfait, 1re ou 2e singulier – *aurai* : indicatif futur simple, 1re singulier – *seriez* : indicatif conditionnel présent, 2e singulier – *sois* : subjonctif présent, 1re ou 2e singulier ; impératif présent, 2e singulier – *ait* : subjonctif présent, 3e singulier – *soyez* : subjonctif ou impératif présent, 2e pluriel – *fut* : indicatif passé simple, 3e singulier.

EXERCICE 3

Les marathoniens ont couru. – Les enfants sont sorti(e)s. – Le jardinier a cueilli de belles salades. – Les trains sont arrivés en retard aujourd'hui. – Il a plu toute la nuit. – Les ennemis ont fui à l'arrivée des renforts. – Les ennemis se sont enfuis. – La vieille dame est tombée dans la rue. – Cette dépêche est parvenue tard dans la nuit. – L'infirmière s'est évanouie à la vue du sang !

EXERCICE 4

1. Aie/Ayons/Ayez le courage de le lui dire en face. – **2.** Soyez courageux, les enfants, le petit chat est mort. – **3.** Nous sommes en hiver. Le ciel est sombre. – **4.** J'ai/ai eu/avais pour guide un paysan qui a été/était/fut soldat dans sa jeunesse. – **5.** Si nous avions eu l'heure d'arrivée du train, nous aurions été là, sur le quai de la gare. Malheureusement, nous ne l'avions pas. – **6.** Il faut que vous soyez à l'heure à l'école. – **7.** Ah ! si nous avions/avions eu de l'argent, nous serions/aurions été heureux. – **8.** Dès que Paul eut son diplôme, il partit pour Paris.

EXERCICE 5

- Voix passive : phrases 1, 2, 8 et 10.
- Voix active : phrases 3, 4, 5, 6, 7 et 9.

EXERCICE 6

1. Elle *s'est évanouie*. – **2.** L'orage *a surpris* les randonneurs. – **3.** Il *a plu* toute la nuit. – **4.** Les alpinistes *sont parvenus* au sommet du mont Blanc. – **5.** Le livreur *a descendu* le piano du camion. – **6.** Cet été, toute la famille *est descendue* en Provence.

EXERCICE 7

1. Le sommet a été atteint par les alpinistes dans l'après-midi. – **2.** Les sacs les plus lourds étaient portés par des sherpas. – **3.** Le camp de base fut dressé sur un petit plateau. – **4.** Le premier de cordée avait été atteint par un bloc de glace.

EXERCICE 8

Être et *avoir* sont employés comme auxiliaires dans les phrases : 2, 4, 6, et 7.

GRAMMAIRE

22. Le passif

(livre de l'élève, p. 314)

EXERCICE 1

1. Indicatif, passé composé, voix passive. – **2.** Indicatif, imparfait, voix passive. – **3.** Indicatif, futur simple, voix passive. – **4.** Indicatif, présent, voix passive. – **5.** Subjonctif, présent, voix passive. – **6.** Indicatif, passé simple, voix passive. – **7.** Indicatif, passé composé, **voix active**.

EXERCICE 2

1. Nous avons été ému(e)s par le film. – **2.** Tu auras été conduit(e) aux urgences de l'hôpital sans t'en rendre compte. – **3.** Vous seriez déçu(e)s/déçu(e) par le spectacle. – **4.** Elle/La panthère était battue par le dompteur du cirque. – **5.** Que les coupables soient découverts le plus vite possible !

EXERCICE 3

Verbes qui s'emploient au passif : *aimer, semer, mordre, produire, ouvrir, lire, joindre.*

EXERCICE 4

1. Les parents d'élèves sont soulagés. – **2.** Les Territoires d'outre-mer sont mis en valeur. – **3.** Les pays riches sont divisés sur la dette des pays pauvres. – **4.** Usinor : les emplois sont garantis (ont été garantis/seraient garantis). – **5.** Un contrat a été (est/serait/va être) signé entre les deux géants de l'informatique. – **6.** À l'usine de Vitry, les travaux sont (ont été/vont être) suspendus.

Exercice 5

1. La forêt fut ravagée par un violent incendie. – **2.** La toiture de la ferme était recouverte d'ardoises bleues. – **3.** La rue avait été bloquée, pendant une heure, par un camion de livraison. – **4.** Les jouets de la vitrine sont dévorés du regard par l'enfant. – **5.** La chèvre de M. Seguin sera dévorée par le loup. – **6.** Après le combat, son visage était couvert de bleus.

Exercice 6

Six mille poulets ont été lâchés, dans la ville d'Arras, par les producteurs de volailles. Ces poulets ont été récupérés par les habitants, pour être passés à la casserole. Heureusement, car les volatiles ne pouvaient être récupérés par les policiers, embarrassés.

GRAMMAIRE

23. Les temps de l'indicatif (1)

(livre de l'élève, p. 316)

Exercice 1

a. <u>nous faisons</u> : présent – <u>je n'ai pas compris</u> : passé composé – <u>elle a raconté</u> : passé composé – <u>qui jouera</u> : futur simple.

b.

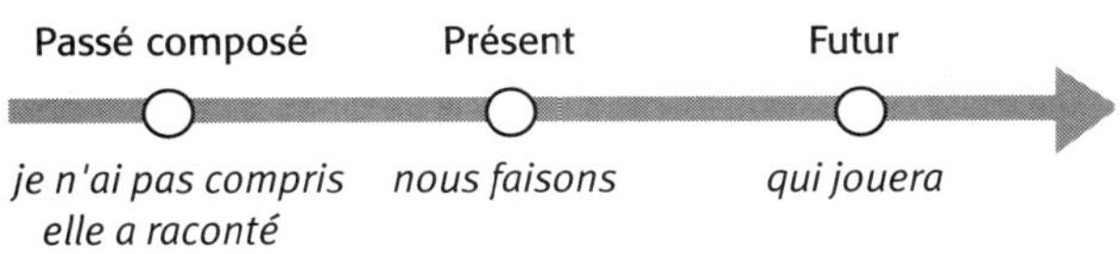

c. Il s'agit d'un présent d'habitude.

d. Une fois que Nicolas <u>aura compris</u> l'histoire du Petit Poucet, il pourra jouer le rôle de l'ogre à la fête de l'école.

<u>aura compris</u> : futur antérieur puisqu'il faut exprimer une antériorité par rapport au futur simple *pourra jouer.*

Exercice 2

1. Le futur est utilisé pour donner un ordre. – **2.** Le futur situe l'action dans l'avenir.

Exercice 3

a. • Verbes à l'imparfait : *rêvait, étaient d'accord, était, tenait, étaient.*

• Verbes au conditionnel : *aimerait, aurait, manquerait, enfilerait, aurait achevé, prendrait.*

b. Sa mère n'*aura* plus jamais d'inquiétude pour la nourriture. Les jours où l'argent *manquera* à la maison, il *enfilera* ses bottes de sept lieues.

c. Avec le futur, on évoque des actions qui auront lieu dans l'avenir ; avec le conditionnel, on décrit des actions possibles dont la réalisation est liée à une condition (ici : posséder les bottes de sept lieues).

GRAMMAIRE

24. Les temps de l'indicatif (2)

(livre de l'élève, p. 318)

Exercice 1

a. Les temps du passé sont l'imparfait et le passé simple.

b. On trouve des informations qui constituent l'arrière-plan de l'histoire aux lignes 1 à 5 (jusqu'à « gagner sa vie »). C'est l'imparfait qui est ici employé.

c. Le passage qui rapporte des événements mis au premier plan se trouve aux lignes 5 à 7 (depuis « Il vint » jusqu'à « de leurs enfants »). Le temps employé est le passé simple.

Exercice 2

a. *s'habilla, enfila, traversa, grimpa, fut, s'arrêta, noua.*

b. On emploie ici le passé simple pour évoquer des actions successives ; chacune, étant terminée, laisse place à la suivante.

Exercice 3

a. Les verbes sont à l'imparfait.

b. L'ogre *alla* d'une seule enjambée de colline en colline ; le Petit Poucet et ses frères *se cachèrent* sous un rocher.

c. Lorsqu'on emploie l'imparfait, on présente les actions dans un déroulement simultané : l'ogre parcourt la campagne et, pendant ce temps, les enfants restent cachés sous un rocher.

Lorsqu'on emploie le passé simple, on présente les actions dans un déroulement successif : l'ogre parcourt la campagne, ce qui oblige les enfants à se cacher.

Exercice 4

1. Comme l'ogre *avait pris* la forme d'une souris, le Chat botté le dévora.

2. Le Petit Poucet ne retrouvait pas le chemin de la maison parce que les oiseaux *avaient mangé* les miettes de pain.

Le plus-que-parfait (*avait pris, avaient mangé*) permet d'indiquer l'antériorité d'une action par rapport à une action passée.

GRAMMAIRE

25. La phrase verbale et la phrase non verbale

(livre de l'élève, p. 320)

Exercice 1

- Phrases verbales : *Sirandanes* 4 et 5.
- Phrases non verbales : *Sirandanes* 1, 2, 3 et 6.

EXERCICE 2

• Phrases verbales : *Ne jouez pas sur mon piano ! – Souviens-toi de Titus – Comment Wang Fô fut sauvé – Ben est amoureux d'Anna.*

• Phrases nominales : *Les Contes du chat perché – La Sixième – La Fameuse Invasion de la Sicile par les ours – Au pays du grand Condor – Enquête au collège – Le Chat de Tigali – L'Œil du loup – La Sorcière de la rue Mouffetard.*

EXERCICE 3

Un double assassinat s'est produit dans la rue Morgue. – La cour du Roi Soleil est le théâtre d'un complot. – Les grèves génèrent du retard dans la distribution du courrier. – Deux bergers ont été écroués à la suite des incendies en Corse. – Le défi lecture organisé au collège remporte un succès incontesté. – Une semaine de plus vient d'être accordée en novembre pour les vacances scolaires.

EXERCICE 4

Béatrice Nicodème est l'auteur du roman intitulé *Wiggins et le perroquet muet.* – Les amateurs de romans policiers apprécient généralement *Le Mystère de la vallée Boscombe* d'Arthur Conan Doyle. – Je vous conseille vivement la lecture de *La Bombe humaine*, de Thierry Jonquet. – *Cadavres au petit matin*, de Michel Quint est paru aux éditions Syros dans la collection « Souris noire ». – *Le Ticket de métro*, de Georges Simenon fut publié pour la première fois en 1943. – Marie et Joseph sont les auteurs d'*Aladdin et le crime de la bibliothèque.* – Le roman de François Rivière intitulé *Panique au Vatican* se déroule à Rome.

GRAMMAIRE

26. Les types et les formes de phrases

(livre de l'élève, p. 322)

EXERCICE 1

Le petit prince s'assit sur une pierre et leva les yeux vers le ciel : *(phrase déclarative).*

– Je me demande, dit-il, si les étoiles sont éclairées afin que chacun puisse un jour retrouver la sienne *(phrase déclarative).* Regarde ma planète *(phrase injonctive).* Elle est juste au-dessus de nous *(phrase déclarative)*... Mais comme elle est loin ! *(phrase exclamative).*

– Elle est belle, dit le serpent *(phrase déclarative).* Que viens-tu faire ici ? *(phrase interrogative).*

– J'ai des difficultés avec une fleur, dit le petit prince *(phrase déclarative).*

– Ah ! *(phrase exclamative)* fit le serpent. *(phrase déclarative).*

Et ils se turent. *(phrase déclarative).*

Antoine de Saint-Exupéry, *Le Petit Prince*,

EXERCICE 2

• Interrogations partielles : fragments de conversation 1, 3, 5.

• Interrogations totales : fragments de conversation 2, 4.

EXERCICE 3

• Phrases injonctives : 1, (5), 6, 7.

• Phrases exclamatives : 2, 3, 4, (5).

Remarque : la phrase 5 (« Tais-toi ! ») est à la fois injonctive et exclamative.

EXERCICE 4

1. Il *ne* refuse *pas* de se laisser apprivoiser. — **2.** Si cela *ne* te plaît *pas*, *ne* m'apprivoise *pas*. – **3.** Ce renard-là *n*'est *pas* un fourbe. – **4.** On *n*'a *jamais* besoin d'un plus petit que soi.

GRAMMAIRE

27. La phrase simple et la phrase complexe

(livre de l'élève, p. 324)

EXERCICE 1

1. Grand-père <u>fait</u> vivre les personnages qu'il <u>met</u> en scène dans ses histoires. *(deux propositions)* – **2.** C'<u>est</u> un conteur qui <u>sait</u> exprimer le caractère et les sentiments des êtres qui le <u>côtoient</u>. *(trois propositions)* – **3.** J'<u>adore</u> l'écouter. *(une proposition).*

EXERCICE 2

Phrase complexe du texte : « Quand il <u>a</u> bien <u>joué</u>, il lui <u>fait</u> grâce de sa vie, et il <u>va</u> rêver ailleurs l'innocent, assis dans la boucle de sa queue, la tête bien fermée comme un poing. » (*trois propositions*).

EXERCICE 3

Le grand-père ouvre son sac *(phrase simple).* Ses marionnettes commencent à vivre sur sa langue *(phrase simple).* La première, c'est lui-même, la seconde moi *(phrase simple).* Les autres sont les gens du quartier *(phrase simple).* Chaque soir, nous poursuivons toutes sortes d'aventures dont personne, pas même le conteur, ne sait où elles vont nous mener *(phrase complexe).* Le sac d'histoires de grand-père est inépuisable *(phrase simple).* Il en trouve toujours d'autres *(phrase simple).* Un quart de siècle après sa mort, quand je serai moi-même une voix contant à la radio une demi-heure par semaine, quand j'irai contant en personne humaine dans les bourgs et les villages, combien de fois les vieillards de mon village me diront-ils *(phrase complexe)* : « Vous n'êtes pas tellement mauvais, mais bien loin encore derrière le sabotier. » *(phrase simple).* Rien n'est plus vrai *(phrase simple).* C'est que lui, quand il est à court, il fait surgir des histoires du néant *(phrase complexe).* Il les rend si crédibles qu'il est capable de mettre une paroisse entière en révolution *(phrase complexe).*

Pierre-Jakez Hélias, *Le Cheval d'Orgueil*,
© Éditions Plon, collection « Terre Humaine », Poche, 1975.

EXERCICE 4

Le secret des secrets, c'est que tous les chats parlent. **L**es uns parlent dès leur naissance. **D**'autres parlent plus tard, comme Gaspard, quand le temps est venu pour eux d'avoir des choses utiles et importantes à dire, à ce moment de leur vie où il ne leur manque plus rien, même pas la parole. **O**ui tous les chats parlent.

d'après Claude Roy, *Le Chat qui parlait malgré lui*,
Editions Gallimard, coll. « Folio Junior », 1982.

Remarque : la première phrase du texte, construite avec le présentatif « c'est... que », peut être considérée comme une phrase simple, du point de vue logique.

EXERCICE 5

1. *En automne,* les arbres perdent leurs feuilles *emportées par le vent.* – **2.** *En fin d'après-midi,* le soleil décline *derrière le rideau des arbres.* – **3.** *Ce matin,* je me réveille, *frais et dispos.* – **4.** Qu'il est courageux *et méritant, ce garçon* ! – **5.** *En quelques instants,* la barque disparaît *de la surface de l'eau.* – **6.** Il s'agit *bel et bien* d'un masque *d'origine africaine, de grande valeur.* – **7.** Ouvrez *cette porte au plus vite* ! – **8.** N'écoute pas *les paroles mensongères de cet individu.* – **9.** *Né en Afrique,* l'enfant rêve *d'un voyage de retour dans son pays natal.*

EXERCICE 6

1. Le chat s'approcha doucement de l'oiseau qui *voletait autour de l'arbre.* – **2.** Je pénétrai dans la maison au moment *où le voleur décrochait le premier tableau.* – **3.** Il saute du lit de bon matin comme *lorsqu'il était enfant.* – **4.** Rien ne sert de courir, *il faut partir à point.* – **5.** Ma petite sœur adore *les histoires que lui raconte Grand-père.* – **7.** Le valeureux chevalier ramassa son épée *quand son adversaire lui en laissa le temps.* – **8.** Je pense *qu'il est temps de rentrer.* – **9.** Après s'être expliqués, *ils se serrèrent chaleureusement la main.* – **10.** Venez *voir le spectacle que nous venons de préparer.*

GRAMMAIRE

28. Les propositions dans la phrase complexe

(livre de l'élève, p. 326)

EXERCICE 1

• Verbes conjugués : *dormait – alla – était – s'approcha – reposait – dors – est – es – rêvent – Demande – allez – procéderez.*

• Phrases complexes : Tandis qu'Ulysse dormait, Athéna alla visiter en songe Nausicaa. [...] Comme un souffle de vent, elle s'approcha du lit où reposait la jeune fille endormie.

– Nausicaa, tu dors alors que ton mariage est proche ! Belle comme tu es, les plus nobles des Phéaciens rêvent de t'épouser. Demande à ton père de faire atteler un char et, demain dès l'aurore, avec tes compagnes, allez aux lavoirs. [...]

EXERCICE 2

1. Ulysse poursuit son voyage *mais* la tempête fait rage. – **2.** Le héros se retrouve dans une situation périlleuse *car* son vaisseau est brisé contre les rochers. – **3.** Il lutta longtemps contre le déferlement des vagues *puis* (il) parvint à gagner le rivage. – **4.** Nausicaa vient en aide au naufragé, *cependant,* ses compagnes effrayées prennent la fuite.

EXERCICE 3

Les mots subordonnants sont soulignés.

1. Lorsque l'aurore aux doigts de rose parut (proposition subordonnée), *Ulysse entra dans son palais* (proposition principale).

2. *Pénélope se rendit dans la salle du trésor* (proposition principale) où l'on gardait soigneusement l'arc et le carquois d'Ulysse (proposition subordonnée).

3. *Le vieillard,* dont les prétendants se moquaient (proposition subordonnée), *fut le maître de l'épreuve* (proposition principale).

4. *Ulysse,* qui s'était déguisé (proposition subordonnée), *révéla sa véritable identité* (proposition principale).

5. Quand elle reconnut son époux (proposition subordonnée), *Pénélope comprit* (proposition principale) que sa patience était enfin récompensée (proposition subordonnée).

GRAMMAIRE

29. Les compléments circonstanciels

(livre de l'élève, p. 328)

EXERCICE 1

a. • Expression du temps : « Un beau matin » ; « bientôt ».

• Expression du lieu : « dans les grands prés verts » ; « Sur la plus haute branche d'un grand arbre » ; « ici » ; « dans la mare » ; « au milieu du pré » ; « sur l'herbe » ; « tout près de lui ».

b. • Adverbes : « ici » ; « bientôt » ; « tout près de lui » (locution adverbiale).

• Groupes nominaux : « Un beau matin » ; « dans les grands prés verts » ; « Sur la plus haute branche d'un grand arbre » ; « dans la mare » ; « au milieu du pré » ; « sur l'herbe ».

EXERCICE 2

1. *Depuis la branche où il était assis,* Pierre fit à la corde un nœud coulant.

2. *Au bout de quelques instants,* il attrapa le loup par la queue et le tira de toutes ses forces *en direction de l'arbre.*

3. Aidez-moi à emmener *dès maintenant* le loup *au jardin zoologique*, dit-il aux chasseurs.

4. *Depuis le début,* l'oiseau voltigeait *autour de la gueule du loup* en gazouillant gaiement.

EXERCICE 3

1. au début du siècle *(exprime le moment).*

2. un matin de printemps *(moment).*

3. pendant que l'oiseau le distrayait *(exprime à la fois le moment et durée).*

4. Auparavant *(moment)* ; en un éclair *(durée).*

5. depuis une demi-heure *(durée).*

EXERCICE 4

1. « dans le parc Mercantour » – **2.** « au jardin zoologique » – **3.** « dans sa trompe » – **4.** « dans le pré du voisin ».

GRAMMAIRE

30. Énoncé et énonciation

(livre de l'élève, p. 330)

PROPOSITION D'ACTIVITÉS

EXERCICE

1. Dans le document suivant, observez les indices de personnes. Qui sont les deux émetteurs et les deux destinataires ?

2. Quelles sont les deux situations de communication ? Précisez leurs caractéristiques (lieu, temps, conditions, énonciation directe ou différée, etc.).

Mon quotidien n° 1 181, vendredi 17 septembre 1999
Interview livre : Alain Surget, écrivain.
« On sait peu de choses sur le premier pharaon. »

L'Assassin du Nil est le deuxième tome de la trilogie, écrite par Alain Surget, sur le premier pharaon d'Égypte. Ce roman t'entraîne en Haute-Égypte, 3000 ans avant Jésus-Christ.

De quel pharaon vous êtes-vous inspiré pour raconter la vie de votre héros Menî ?

Je me suis inspiré de la vie de Ménès, le tout premier pharaon d'Égypte. C'est un personnage un peu légendaire, car les historiens ont longtemps cherché des preuves de son existence. Aujourd'hui, il semble qu'il ait existé en effet. Il s'agissait soit du pharaon Mene Narmer ou du pharaon Mene Aha. Mais la date du règne du premier pharaon d'Égypte n'est pas exactement déterminée. Peut-être vers 3200 ou 3000 avant Jésus-Christ.

Dans votre roman, Menî est un enfant. Avez-vous trouvé des documents sur la jeunesse du premier pharaon ?

Non. Là, j'ai fait travailler mon imagination.

Vous êtes-vous documenté pour raconter la vie quotidienne des Égyptiens ?

Oui. Je suis prof d'histoire et passionné par l'Égypte ancienne. Je possède donc beaucoup de documents sur le sujet. La vie quotidienne que je raconte dans *L'Assassin du Nil* est authentique.

Pourquoi avez-vous choisi cette période de l'histoire égyptienne ?

Je voulais éviter de raconter encore une histoire du temps des pyramides ou de Ramsès. Je trouvais plus intéressant de faire découvrir les tout débuts de l'histoire égyptienne. Quand les dieux n'avaient pas encore leur statue dans des temples.

Propos recueillis par Myriam Rembaut

GRAMMAIRE

31. Les registre de langue

(livre de l'élève, p. 332)

EXERCICE 1

• Avoir peur : « avoir les foies », « avoir la trouille », « avoir le trouillomètre à zéro », « avoir la frousse », « avoir la colique », « avoir les chocottes », « trembler dans sa culotte », « craindre », « redouter », « appréhender », « paniquer ».

• S'en aller : « se tirer », « partir », « se carapater », « se casser », « mettre les bouts », « mettre les voiles », « décamper », « déguerpir », « dégager », « ficher le camp », « se trisser », « filer », « filer à l'anglaise », « se barrer », « se débiner », « calter », « foutre le camp », « prendre la poudre d'escampette », « débarrasser le plancher », « jouer les filles de l'air », « tailler la zone »...

EXERCICE 2

• Texte 1 : registre soutenu : phrase complexe longue, formules et lexique recherchés (« s'appuya du titre de », « pria le valet de chambre »).

• Textes 2 et 4 : registre courant : phrases courtes ou assez courtes, phrases simples ou complexes mais peu compliquées, lexique courant, absence d'effet particulier (information).

• Texte 3 : registre familier : *t'as* au lieu de *tu as*, *j'me* au lieu de *je me*, *s'rai* au lieu de *serai* ; vocabulaire familier, argotique : *mec, bidon, mob, se les geler, filer* (« donner »), *peinard* ; suppression de *ne* dans la négation.

EXERCICE 3

1. Par exemple, Ce n'est pas permis ! Autant dire que nous sommes des sauvages, des assassins, dis donc, mais dis-le où et quand nous t'avons dit quelque chose de vexant, quand nous t'avons empêché de jouer avec nous !

2. Monsieur, je ne veux rien dire, moi, mais demandez aux autres si ce n'est pas vrai que c'est lui qui a commencé, alors que je ne lui avais rien fait et que je ne l'avais pas insulté.

GRAMMAIRE

32. L'organisation du texte : les mots de liaison

(livre de l'élève, p. 334)

Exercice 1

• Temps : *puis, soudain, alors.*

• Espace : *çà et là, au loin.*

• Logique : *donc, finalement, puisque, en plus, par ailleurs.*

Exercice 2

Quand l'autobus est arrivé, je suis monté dedans. Aussitôt, j'ai vu un citoyen qui m'a saisi l'œil. Ensuite j'ai vu son long cou et j'ai vu la tresse qu'il avait autour de son chapeau. Soudain, il s'est mis à pester contre son voisin qui lui marchait à ce moment-là sur les pieds. Après, il est allé s'asseoir.

d'après Raymond Queneau, *Execices de style.*

Exercice 3

Samedi soir, Tony et Angela allèrent au cinéma. Confortablement installés, ils regardaient tranquillement le dernier dessin animé des studios Walt Disney. *Soudain,* l'image disparut ; une âcre odeur chimique se répandit dans la salle. *Aussitôt,* Angela sauta par-dessus les banquettes ; elle fut aspirée par le flot de la foule affolée. Les gens, pris de panique, fuyaient, se bousculaient, se piétinaient. *Alors* un immense cri confus s'éleva. Tony cria : « Sortez ! Plus vite ! » *Peu après,* les pompiers arrivèrent sur les lieux, évacuèrent les spectateurs *et* maîtrisèrent rapidement l'incendie. *Enfin* Tony et Angela se retrouvèrent sains et saufs sur le trottoir.

Exercice 4

En sortant du collège, tu prends *sur la gauche* puis tout de suite *à droite.* Tu passes *devant* l'église et tu tournes immédiatement *à droite (derrière).* Tu continues *sur* deux cents mètres et tu tournes *à gauche, en face* du cinéma, *entre* la Poste et la Mairie. Tu passes *au-dessus* du canal, *sur* le pont, puis tu tournes *à droite.* Va jusqu'au fond de l'impasse. Tu apercevras la patinoire *à droite, derrière* (*entre, après*) les arbres.

Exercice 5

1. Il pleut, *donc* je reste à la maison. – **2.** Je prends mon parapluie *car (puisqu')* il pleut. – **3.** Cet ordinateur est très performant *mais* il est cher. – **4.** Fais comme tu veux, *puisque* tu sais toujours tout. – **5.** Paul n'est pas venu hier, *mais (donc)* il viendra demain. – **6.** Le berger rentre son troupeau *car* l'orage menace. – **7.** Jean parle couramment trois langues ; *de plus,* il les lit et les écrit.

GRAMMAIRE

33. L'organisation du texte : les mots de reprise

(livre de l'élève, p. 336)

Exercice 1

1. Lui : pronom personnel, 3e singulier, reprend *Jean.* – **2.** La première : pronom numéral ordinal, reprend *Sophie.* ; la seconde : pronom numéral ordinal, reprend *Chloé.* – **3.** Qui : pronom relatif, reprend *Jean* ; le : pronom personnel, 3e singulier, reprend la proposition précédente, « Jean n'a pas su répondre. » – **4.** Leur : pronom personnel, 3e pluriel, reprend *mes élèves* ; la : pronom personnel, 3e singulier, reprend *cette pièce.* – **5.** Celle-ci : pronom démonstratif, reprend *l'attaque.* – **6.** L' : pronom personnel, 3e personne (*le*), reprend *Aurélien.* – **7.** Ils : pronom personnel, 3e pluriel, reprend *quelques-uns de ses joueurs.*

Exercice 2

a. et **b.**

• Pronoms personnels : « Elle (paraissait) », « elle (courait) ».

• Groupes nominaux : « Cette nouvelle apparition », « un être indéfinissable », « cette créature des bois », « la silhouette », « un tel adversaire », « cette créature ».

c. Les reprises nominales apportent des informations sur le point de vue du narrateur, sur la situation dans laquelle il se trouve :

– nature indéfinissable de la forme aperçue, terme générique désignant un être vivant, homme ou animal : « un être indéfinissable », « cette créature des bois » (lieu de vie), « cette créature » (valeur péjorative du terme) ;

– situation de danger, affrontement possible : « un tel adversaire ».

– point de vue, qualité de la vision : « cette nouvelle apparition », « la silhouette ».

GRAMMAIRE

34. La ponctuation

(livre de l'élève, p. 338)

Exercice 1

1. Les footballeurs courent, s'accroupissent, se relèvent, reprennent leur course. – **2.** Ulysse taille la pointe de la branche d'olivier, la polit, la met au feu : la pointe durcit. – **3.** L'animal gisait sur le sol, il ne bougeait plus : il était blessé.

Exercice 2

L'enfant se dirige vers l'arrêt du bus. Une vieille dame attend déjà. Le car arrive et charge les passagers. Il sort de la ville. L'enfant regarde par la fenêtre. Que ces paysages d'hiver sont magnifiques ! La vieille dame aime-t-elle la neige ?

Exercice 3

1. Robinson dit : « Vendredi est un sauvage. »/ « Robinson, dit Vendredi, est un sauvage. » (les guillemets sont facultatifs) – **2.** Les gendarmes guettent les voleurs cachés dans les buissons./ Les gendarmes guettent les voleurs, cachés dans les buissons. – **3.** Paul, en criant : « Lui », réclamait son argent./Paul, en criant, lui réclamait son argent. (Paul, en criant, lui, réclamait son argent.) – **4.** Durant leurs promenades, ils aimaient s'arrêter : au bord de l'étang, ils faisaient des ricochets./Durant leurs promenades, ils aimaient s'arrêter au bord de l'étang : ils faisaient des ricochets. – **5.** Avec le riz, Taureau Assis découvre toutes les saveurs du monde./Avec le riz Taureau Assis, découvre toutes les saveurs du monde. – **6.** Découvrez le château de Versailles comme personne ne l'a encore vu : vous serez séduits par la beauté de ses lieux et de ses trésors./Découvrez le château de Versailles. Comme personne ne l'a encore vu, vous serez séduits par la beauté de ses lieux et de ses trésors.

BIBLIOGRAPHIE

• Orthographe

BURIDANT (Claude) et PELLAT (Jean-Christophe), *Bibliortho, Essai de bibliographie raisonnée de l'orthographe française et des systèmes graphiques,* Presses Universitaires de Strasbourg, 1991.

CATACH (Nina), GRUAZ (Claude) et DUPREZ (Daniel), *L'Orthographe française,* Nathan-Université, 1988.

DUCARD (Dominique), HONVAULT (Renée) et JAFFRÉ (Jean-Pierre), *L'Orthographe en trois dimensions,* Nathan, coll. « Théories et Pratiques », 1995.

• Vocabulaire

LEHMANN (Alise) et MARTIN-BERTHET (Françoise), *Introduction à la lexicologie. Sémantique et morphologie,* Dunod, 1998, coll. « Lettres Sup » [une étude très précise de toutes les questions posées par l'étude du lexique ; l'ouvrage est divisé en deux parties : « Sémantique lexicale », puis « Morphologie lexicale »].

• Grammaire

ARRIVÉ (Michel), GADET (Françoise), et GALMICHE (Michel), *La Grammaire d'aujourd'hui. Guide alphabétique de linguistique française,* Flammarion, 1986 [une présentation pratique sous forme d'articles de dictionnaire].

RIEGEL (Martin), PELLAT (Jean-Christophe), et RIOUL (René), *Grammaire méthodique du français,* PUF, 1994, coll. « Linguistique nouvelle » [la synthèse la plus complète, actuellement, sur tous les problèmes posés par la grammaire de la phrase, comme par la grammaire du texte ou la grammaire du discours].

TOMASSONE (Roberte), *Pour enseigner la grammaire,* Delagrave, « Pédagogie et formation », 1998.

Fiches d'activités photocopiables pour les élèves

Nom de l'élève : ....
Classe : ....

FICHE 1

Test de lecture

1. **Qui est l'auteur du livre que vous venez de lire ?** ....

2. **Quel en est le titre ?** ....

3. **Selon vous, s'agit-il d'un roman, d'une pièce de théâtre, d'un conte ou d'un recueil de poèmes ?**

....

4. **L'histoire est-elle narrée à la première ou à la troisième personne ?** ....

5. **Quel est le prénom du personnage principal de ce livre ?**

....

6. **Quel est son nom de famille ?**

☐ **a.** Morgenstern ☐ **b.** Mélo ☐ **c.** Gild ☐ **d.** Maldonné

7. **Qui se nomme Anne ?**

☐ **a.** La sœur aînée du personnage principal
☐ **b.** Sa meilleure amie
☐ **c.** Une fille de la classe que le personnage principal ne porte pas dans son cœur

8. **Dans quel collège notre jeune héroïne fait-elle sa rentrée ?**

☐ **a.** Le collège Fogelman
☐ **b.** Le collège des Grands Pins
☐ **c.** Le collège des Chartreux
☐ **d.** Le collège des Bleuets

9. **Un matin, la jeune fille se retrouve seule dans la cour du collège. Pourquoi ?**

....

....

....

10. **Qui rencontre-t-elle ce jour-là peu de temps après son arrivée ?**

☐ **a.** Le Principal du collège
☐ **b.** Un voleur qui s'est laissé surprendre
☐ **c.** Une amie égarée
☐ **d.** Le gardien du collège

11. **Comment cette journée se poursuivra-t-elle ?**

☐ **a.** Sans événement notable ☐ **b.** Dans le rire et la bonne humeur ☐ **c.** De mal en pis

12. **Qu'inventent les élèves au moment de la réunion parents-professeurs ?**

☐ **a.** Un jeu de piste dans le collège
☐ **b.** Un bulletin trimestriel permettant de noter les professeurs
☐ **c.** Une soirée dansante
☐ **d.** Une course de rollers sous le préau

13. Au cours de l'année, toute la classe effectue un voyage à l'étranger. Quelle en est la destination ?

....

14. Que rédige le personnage principal du roman au cours de ce voyage ?

☐ **a.** Des cartes postales représentant le Forum et le Colisée

☐ **b.** Une longue lettre à sa mère

☐ **c.** Son journal de bord

☐ **d.** Un article destiné au journal du collège

15. Certains élèves participent à un concours de poésie sur le thème de « l'école en Sixième ». Quel rôle notre héroïne joue-t-elle dans ce concours ?

....

16. Quel événement imprévu suscite l'enthousiasme de la classe ?

☐ **a.** Une grève

☐ **b.** Un match de football entre élèves et professeurs

☐ **c.** Une sortie au théâtre

☐ **d.** Une épidémie obligeant les professeurs à rester à la maison

17. Quel prix le professeur de français remet-il à ses meilleurs lecteurs en fin d'année ?

☐ **a.** Le Petit Larousse des collégiens

☐ **b.** Une sucette glacée

☐ **c.** Une place de cinéma

☐ **d.** Un recueil de contes illustrés

18. Qu'obtient le personnage principal du roman lors du conseil de classe de fin d'année ?

☐ **a.** Un avertissement pour manque de discipline

☐ **b.** Des félicitations

☐ **c.** Un redoublement

☐ **d.** Un passage en classe de cinquième

(Attention, pour cette question, deux éléments de réponse doivent être donnés.)

19. À la fin de l'année, Madame Luron a le plaisir de recevoir une lettre de remerciements. Quel métier cette dame pratique-t-elle ?

....

20. Quelles circonstances poussent notre héroïne à se demander en fin d'année : « Où va ma culture ? »

....

....

Nom de l'élève : ....
Classe : ....

FICHE 2

Utiliser le dictionnaire

APPRENDRE À SE REPÉRER DANS UN DICTIONNAIRE

1. Vous savez que dans un dictionnaire les mots sont classés par ordre alphabétique. Rétablissez l'ordre des listes suivantes :

a. Élève – Classe – Difficulté – Lettre – Tableau – Professeur – Craie – Récréation – Vacances – Apprendre.

....

....

....

b. Collège – Bêtise – Cartable – Cabane – Cafard – Cours – Calcul – Grammaire – Couloir – Coulisse.

....

....

....

2. Bien des dictionnaires comportent deux parties : l'une pour les mots de la langue (noms communs, adjectifs, verbes...), l'autre pour les noms propres.

a. Classez la liste suivante en tenant compte de ces deux catégories. (Attention, même les noms communs de cette liste comportent une majuscule.)

Accent – Abraham – Aristote – Achille – Accompagner – Actrice – Adonis – Accélérer – Accident – Arles – Arlequin – Acclamer – Acteur – Argent – Accabler – Argentine.

• Noms communs et verbes : ....

....

....

• Noms propres : ....

....

....

b. Classez les noms d'auteurs suivants dans l'ordre alphabétique, tels qu'ils pourraient apparaître dans un dictionnaire :

Jean Tardieu – Jacques Prévert – Jules Verne – Jean-Philippe Arrou Vignod – Susie Morgenstern – Le Clézio – Marcel Pagnol – Claude Roy – Charles Perrault – Jules Roy.

....

....

....

Lire un article de dictionnaire

1. **Observez l'article présenté ci-dessous et les explications qui l'accompagnent.**

La zone d'entrée indique l'orthographe, la catégorie grammaticale et l'étymologie du mot (entre parenthèses).

> ENSEIGNER v.t. (lat. *insignare,* signaler).
> **1.** Faire acquérir la connaissance ou la pratique d'une science, d'un art, etc. *Enseigner le français, les mathématiques.* • **2.** Donner une leçon ; inculquer, montrer. *L'histoire nous enseigne que tout est recommencement.*

Les définitions sont en romain ; les exemples sont en italique.

Les différentes significations du mot sont classées et numérotées.

2. **Étudiez cette définition.**

a. À quelle classe grammaticale ce mot appartient-il ?

....

b. Que signifie l'abréviation v.t. ?

....

c. Quelle est l'étymologie de ce terme ?

....

d. Quels sont les deux définitions que donne cet article ?

1. ....

2. ....

e. Ces éléments extraits de l'article sont-ils des définitions ou des exemples ? Justifiez votre réponse.

– Enseigner les mathématiques : ....

– Donner une leçon : ....

f. Recherchez dans le dictionnaire deux noms communs issus du verbe *enseigner*.

1. ....

2. ....

Nom de l'élève : ....
Classe : ....

FICHE 3

Champs lexicaux et champs sémantiques

Par un point situé sur un plan…

Par un point situé sur un plan
On ne peut faire passer qu'une perpendiculaire
à ce plan
On dit ça…
Mais par tous les points de mon plan à moi
On peut faire passer tous les hommes, tous les animaux
de la terre
Alors votre perpendiculaire me fait rire.
Et pas seulement les hommes et les bêtes
Mais encore beaucoup de choses
Des cailloux
Des fleurs
Des nuages
Mon père et ma mère
Un bateau à voiles
Un tuyau de poêle
Et si cela me plaît
Quatre cents millions de perpendiculaires.

Robert Desnos, « La géométrie de Daniel »,
Destinée arbitraire, © éditions Gallimard, 1939.

Étudier les champs lexicaux d'un texte

1. Lisez attentivement ce poème de Robert Desnos et répondez aux questions suivantes à l'aide de la définition proposée à la page 13 de votre manuel de français.

a. À quel champ lexical les termes *plan* (v. 1), *point* (v. 1) et *perpendiculaire* (v. 2) appartiennent-ils ?

- ☐ Champ lexical de la ponctuation
- ☐ Champ lexical de la géographie
- ☐ Champ lexical de la géométrie
- ☐ Champ lexical du dessin

b. En utilisant deux couleurs différentes, reliez les termes de la colonne de gauche au champ lexical de la colonne de droite auquel ils appartiennent. Attention, la liste de gauche comporte un intrus !

Les nuages (v. 13) ●	
Un bateau à voiles (v. 15) ●	
Les animaux (v. 6) ●	● Champ lexical de la nature
Des cailloux (v. 11) ●	
Mon père (v. 14) ●	● Champ lexical des objets
Des fleurs (v. 12) ●	
Un tuyau de poêle (v. 16) ●	

2. Relisez maintenant le poème de Jacques Prévert intitulé « Le Cancre » (Texte écho, p. 14).

a. Relevez ci-dessous six mots du texte appartenant au champ lexical de l'école :

- .... • ....
- .... • ....
- .... • ....

b. À quel champ lexical les termes *craies* (v. 15) et *couleurs* (v. 15) appartiennent-ils ?

....

c. Complétez ce champ lexical par d'autres mots que vous connaissez.

- .... • ....
- .... • ....

ÉTUDIER LE CHAMP SÉMANTIQUE D'UN MOT

1. Relisez le poème de Robert Desnos et faites les exercices suivants en vous aidant d'un dictionnaire.

a. Combien de significations différentes votre dictionnaire attribue-t-il au terme *plan* (v. 1, 3 et 5) ?

....

b. Deux de ces significations figurent dans le poème. Lesquelles ?

- ....
- ....

c. Quel terme, présent dans le poème, pourrait par ses diverses significations appartenir à la fois au champ lexical de la ponctuation, de la géométrie et des jeux de société ? Justifiez oralement votre réponse.

....

2. Observez le poème de Jacques Prévert (« Le Cancre », p. 14).

a. Quel est, parmi les termes suivants, celui qui ne possède qu'une seule signification ?

☐ Tête ☐ Cancre ☐ Cœur ☐ Problème

b. Quel est le sens de ce mot ?

....

c. Quelles sont, selon vous, les principales significations du mot *tableau* (v. 16) ?

- .... • ....
- .... • ....

d. Pourquoi peut-on dire que le cancre transforme le tableau en tableau ?

....

Nom de l'élève : ....
Classe : ....

FICHE 4

Savoir traiter des informations

Voici une présentation de livres écrits sur le thème du loup.

A
TITRE : *Seize Contes de loups*
AUTEUR : Brigitte Coppin
ÉDITEUR : Père Castor-Flammarion
RÉSUMÉ : De la louve de Romulus et Rémus à la bête du Gévaudan, les plus belles histoires de loups.
Bons lecteurs (à partir de 9 ans).

B
TITRE : *Rebelle le loup*
AUTEUR : Jacqueline Delaunay
ÉDITEUR : Syros
RÉSUMÉ : La qualité du papier et des dessins imprègne de poésie ce récit d'un loup chassé de sa meute et tenaillé par la faim. Ce beau récit réaliste participe à la protection de cet animal menacé et injustement décrié.
Lecteurs débutants (à partir de 6 ans).

C
TITRE : *La Chasse au loup*
ÉDITEUR : Altaïr
RÉSUMÉ : Un grand classique de la chasse au loup du XVIe siècle, avec des gravures et des commentaires sur les loups et les différentes manières de les chasser.
Tout public.

D
TITRE : *La Marque de l'homme-loup*
AUTEURS : Michel Amelin
ÉDITEUR : Bayard
RÉSUMÉ : Il y a deux siècles, une mystérieuse bête sema la terreur dans le pays de Gévaudan, au sud de l'Auvergne. Elle tua 130 personnes et en blessa 70. Le jeune Antoine connaît cette histoire, il habite la région et son père est historien amateur. Mais voilà qu'une nouvelle bête apparaît. Antoine mène une enquête alors qu'une série de crimes commence dans son village.
Bons lecteurs (à partir de 9 ans).

E
TITRE : *Dix-Neuf Fables du méchant loup*
AUTEUR : Jean Muzi
ÉDITEUR : Père Castor-Flammarion
RÉSUMÉ : Dans ces contes empruntés à la littérature populaire d'Europe, d'Asie et du Moyen-Orient, le loup est accusé des pires cruautés.
Bons lecteurs (à partir de 9 ans).

F
TITRE : *L'Œil du loup*
AUTEUR : Daniel Pennac
ÉDITEUR : Pocket
RÉSUMÉ : Dans un zoo, un enfant et un vieux loup borgne se fixent, l'œil dans l'œil. Toute la vie du loup défile au fond de son œil : une vie sauvage en Alaska. L'œil de l'enfant raconte la vie d'un petit Africain qui a parcouru toute l'Afrique pour survivre, et qui possède un don précieux : celui de raconter des histoires.
Adolescents (à partir de 13 ans).

(Source : logiciel Électre, mai 2000)

G
TITRE : *Le Livre du loup*
AUTEUR : Marie Lagier
ÉDITEUR : Nathan
RÉSUMÉ : Donne des informations documentaires et présente l'image de cet animal mythique dans la littérature, le cinéma, les expressions linguistiques.
Bons lecteurs (à partir de 9 ans)

1. **Recopiez les titres des livres qui vous permettraient de faire un exposé sur la vie de cet animal pour un professeur de Sciences et Vie de la Terre ; recopiez aussi le mot ou l'expression du résumé qui justifie votre choix.**

....
....
....
....
....
....

2. **Quels livres conseilleriez-vous à un lecteur :**

1. qui aime les loups et les contes :

....

2. qui a 6 ans et qui aime les beaux dessins :

....

3. qui a 77 ans et qui aime les belles images sur la chasse :

....

3. **Quels auteurs ont dû chercher des informations sur la bête du Gévaudan pour écrire leurs livres ?**

....

....

4. **Un éditeur vous demande de classer ces livres pour son catalogue : le(s)quel(s) mettrez-vous :**

• dans la catégorie des contes ?

....

....

• dans la catégorie des romans policiers ?

....

....

• dans la catégorie des récits réalistes?

....

....

• dans la catégorie des documentaires ?

....

....

5. **Choisissez dans cette liste le livre que vous aimeriez lire et justifiez votre choix.**

....

....

....

....

....

....

....

....

....

....

....

Nom de l'élève : ....
Classe : ....

FICHE 5

Orthographe

1. **Construisez une phrase correcte sur le plan du sens et de l'orthographe en choisissant dans chaque colonne le mot qui convient.**

Le	caissière	à	jouait	dans	la	soirées	a	regardait	un	chasse.
Des	loup	on	jouais	avec	une	matin	à	surveillé	des	lapin.
La	chiots	a	passé	toute	nos	journée	en	guetter	d'	arbres.

Recopiez ensuite la phrase obtenue :

....

....

....

2. **Inventez un exercice du même type.**

Donnez le corrigé de l'exercice que vous avez inventé.

....

....

....

3. **Remplacez les pointillés par un mot au singulier (« le loup ») ou au pluriel (« les parents ») ; soulignez à chaque fois un autre mot (ou d'autres mots) de la phrase qui vous a (ont) permis de trouver la réponse.**

Caché derrière la haie, ... surveillait patiemment les abords de la maison. Alors .... eut la satisfaction de voir les parents sortir de la cuisine. Arrêtés sur le seuil de la maison, ... firent les dernières recommandations aux petites filles.

d'après Marcel Aymé, *Le Loup*.

4. **Barrez celui des mots entre parenthèses qui ne convient pas et soulignez en rouge dans le texte le (ou les) mot(s) qui vous a (ont) guidé dans votre choix.**

Le loup commença de (raconter/raconté) des histoires. (Ravi/Ravies), les petites filles s'étaient (rapprochées/rapprochés) pour écouter les aventures du (renard/ renards) et de l'écureuil. Après qu'(il/ils) eut raconté beaucoup (d'histoire/d'histoires), les petites lui proposèrent de jouer avec (elles/lui).

d'après Marcel Aymé, *Le Loup*.

5. **Pour complétez ce texte, choisissez les verbes d'après leur sens, et mettez-les à la forme qui convient :** ***dire, étrangler, être, monter, pouvoir, descendre, faire, laisser, rire***

Pour finir on joua au cheval. C'............................. un beau jeu. Le loup ....

le cheval, tandis que les petites filles .... à califourchon sur son dos.

« Pouce ! » .... il d'une voix entrecoupée. .... moi rire ; je n'en

.... plus.

Alors Marinette et Delphine .... de cheval et on se laissait aller à ....

jusqu'à s'en ....

d'après Marcel Aymé, *Le Loup*.

6. **Récrivez le texte suivant en remplaçant le groupe nominal « Les parents » par « Le père de Delphine et Marinette » ; soulignez ensuite les mots que vous avez modifiés ou remplacés par d'autres.**

« Les parents n'appréciaient pas du tout l'agrément du jeu. Excédés d'entendre cette rengaine, ils l'interdirent le troisième jour, donnant pour prétexte qu'elle leur cassait les oreilles. »

Marcel Aymé, *Le Loup*.

....

....

....

....

7. **Sans signe de ponctuation, le sens de ce texte n'est pas très clair. Recopiez donc le texte en plaçant un point là où vous le considérez comme nécessaire.**

Le loup chantait avec une assez belle voix de basse les couplets de *Compère Guilleri* dans la cuisine c'était un vacarme de grands rires et de chaises renversées

....

....

....

....

....

....

....

....

....

Nom de l'élève : ....
Classe : ....

FICHE 6

Lecture compréhension

Vous venez de lire le texte de Daniel Pennac : « Des histoires d'hommes » (« texte écho », manuel page 42).

1. Complétez les phrases suivantes en vous aidant du texte :

Le soir, ... endort ses petits en leur racontant l'histoire du

.... et de sa ....

2. Complétez ce tableau à l'aide des noms des personnages.

• Le narrateur	raconte au lecteur	l'histoire de Flamme Noire, de .... et des ....
• Flamme Noire	raconte à .... et aux	l'histoire du .... et de ....

3. Cochez la case indiquant qui sont les 5 personnages suivants :
Flamme Noire, Paillette, les rouquins, Maladroit, Grand-Mère.

☐ **a.** Des humains. ☐ **b.** Des loups. ☐ **c.** Des caribous.

4. Habituellement, les parents humains racontent à leurs enfants des histoires de grands méchants loups. Recopiez les deux lignes qui montrent que, dans ce texte, la situation est renversée.

....

....

....

5. Indiquez qui parle aux lignes suivantes :

a. lignes 1 à 5 :

☐ **1.** le narrateur

☐ **2.** Paillette

☐ **3.** Flamme Noire

b. lignes 9 à 14 :

☐ **1.** le narrateur

☐ **2.** Flamme Noire

☐ **3.** les rouquins

c. lignes 15 à 17 :

☐ **1.** Flamme Noire

☐ **2.** Grand-Mère

☐ **3.** le Maladroit

6. Pourquoi peut-on éprouver de la difficulté à répondre à la question 5 ?

....

....

7. Choisissez et recopiez un passage de cette page dans lequel il est facile de savoir qui parle.

....

....

8. Connaissez-vous une histoire qui raconte le contraire de celle-ci, c'est-à-dire qui parle de la cruauté d'un grand méchant loup ? Indiquez-en le titre :

....

9. Pourquoi est-ce une histoire évoquant la cruauté de l'homme qui est ici racontée ? (Rappelez-vous qui raconte l'histoire du Maladroit.)

....

....

10. Quel est l'intérêt de cette histoire ?

☐ **a.** faire peur

☐ **b.** faire rire

☐ **c.** faire réfléchir

☐ **d.** faire sourire

(Attention : il peut y avoir deux réponses à cette question !)

11. Justifiez en quelques lignes la (ou les) réponse(s) que vous avez donnée(s) à la question précédente.

....

....

....

....

12. On accuse le loup d'être un animal cruel parce qu'il dévore les moutons. Pensez-vous que l'Homme qui, dans le roman de Daniel Pennac, tue une louve pour faire de sa peau un manteau et un chapeau est plus ou moins cruel que le loup ?
Notez deux idées qui vous serviront pour un débat oral en classe.

....

....

....

Nom de l'élève : ....
Classe : ....

FICHE 7

Les mots de reprise

1 Les bateaux s'éloignèrent vers le large, leurs voiles bien tendues.

Astéria secoua ses cheveux qui tombaient comme un rideau de soie noire sur ses épaules rondes, et elle se mit à nager.

Soudain, son attention fut attirée par un objet sombre qui flottait au gré des lames. Malgré ses dimensions, ce n'était pas une barque renversée.

Le cou étiré par la curiosité, Astéria aiguisa son regard.

... Cela ressemblait... à un tronc d'arbre avec un animal couché dessus !

Quel animal ? Il fallait savoir.

La fillette approcha à la nage de l'épave.

Ce n'était pas une bête qui était accrochée à l'énorme tronc d'arbre, mais un jeune garçon au visage ovale à la bouche un peu épaisse.

Un garçon qui vivait dans un pays ensoleillé, car sa peau était encore plus brune que celle des Crétois.

Un jeune garçon aux yeux fermés, qui devait être mort.

Prise de panique, Astéria cessa d'examiner Thoutmosis et s'écarta du mât sur lequel il flottait, toujours attaché.

Elle cria :

– Un noyé ! Au secours ! Un noyé !

Mais ses amies, profitant du sable de la plage, s'exerçaient à des acrobaties diverses. L'une faisait le « pont » en bandant son corps comme un arc, l'autre se tenait debout sur les mains, la troisième exécutait différents sauts périlleux avec une souplesse, une légèreté incroyables.

Aucune n'entendit l'appel d'Astéria, aucune ne se soucia de regarder vers la mer, car elles savaient que leur amie nageait comme un dauphin.

Astéria comprit que personne ne viendrait l'aider.

Résolue, elle contourna le mât brisé et le poussa devant elle en nageant avec ses pieds.

Le sauvetage fut long, malaisé, dix fois la petite fille crut que la mer allait reprendre sa proie.

L. N. Lavolle, *L'Acrobate de Minos*, © éditions de l'Amitié, 1983.

1. « Cela ressemblait... à un tronc d'arbre avec *un animal couché dessus* ! » **Relevez, dans le texte, tous les mots ou expressions qui reprennent le groupe nominal *un animal*.**

• Reprise par un pronom : ....
....
....
....
....
....

• Reprise par un groupe nominal : ....
....
....
....
....

....

....

2. Quelles reprises de *un animal* apportent des informations intéressantes pour le lecteur : les reprises par un pronom, ou par un groupe nominal ? Justifiez votre réponse.

....

....

....

....

....

....

....

....

3. Classez les mots de reprise selon les informations qu'ils apportent, en complétant le tableau suivant.

Information sur l'animal	Mots de reprise
Espèce	....
Physique	....
Situation	....

4. Relevez, dans le texte, deux autres séries de mots de reprise qui désignent des personnages.

a. ....

....

b. ....

....

5. Récrivez ce texte en évitant les répétitions.

« Les acrobates levèrent la tête ; les acrobates coururent vers Astéria. Astéria dénouait les cordes ligotant Thoutmosis. Thoutmosis avait l'air mort. Thoutmosis avait dû être attaqué par Scylla, le monstre marin. »

....

....

....

....

....

....

....

Nom de l'élève : ....
Classe : ....

FICHE 8

Lecture analytique

Naissance d'une tombe

L'orientation des tombes était symbolique et non géographique ; les points cardinaux, selon lesquels s'organisent l'espace et le temps, sont ceux de l'autre monde.

Les artisans quittaient le village par l'ouest, grimpaient sur leur droite puis prenaient un sentier de montagne vers le nord. D'un côté, la cime ; de l'autre, les tombes des nobles, les « temples des millions d'années » et les cultures. La procession s'arrêtait à un col où étaient bâtis un sanctuaire en l'honneur de la déesse du silence et des cabanes en pierre ; après avoir célébré des rites, il ne lui restait plus qu'à descendre vers la Vallée des Rois.

Les tailleurs de pierre, les premiers en action, cassaient le calcaire à l'aide d'outils en pierre et le travaillaient avec des ciseaux en cuivre ou en bronze qui conféraient une grande finesse au modelé. Une longue chaîne s'établissait afin d'évacuer, dans des paniers, les débris de pierre. Tous les outils appartenaient à la confrérie, et non à l'un de ses membres ; en dérober un était considéré comme un délit grave. Un scribe, de plus, notait le nombre de paniers chaque jour. Depuis l'âge des pyramides, l'improvisation et le laisser-aller n'étaient pas de mise sur un chantier.

Les polisseurs de roche jouaient un rôle déterminant ; à eux de préparer au mieux la surface sur laquelle se développeraient textes et scènes. Le lissage des parois nécessitait une main fort habile, et l'on décèle des différences entre les tombes ; après les avoir enduites d'argile, on les recouvrait d'une couche de plâtre destinée à éliminer les moisissures et l'humidité. Là où la roche était de trop mauvaise qualité, il fallait la crépir.

Dès qu'une paroi était jugée correcte, les dessinateurs esquissaient les tracés directeurs en fonction d'un système de proportions harmoniques ; cette « grille », laissée apparente dans plusieurs tombes, permettait d'organiser l'ensemble du décor. Çà et là, le maître reprenait un tracé imparfait et apportait des corrections. Au sculpteur d'inciser les contours au ciseau sans commettre d'erreur, au peintre de colorier les incisions. La plupart du temps, le premier dessin est effectué en rouge, la correction en noir. Outil majeur de calcul : le cordeau.

Plusieurs corps de métier travaillaient en même temps dans la même tombe, ce qui impliquait une rigoureuse organisation du travail et une parfaite distribution des tâches.

Christian Jacq, *La Vallée des rois, Histoire et découverte d'une Demeure d'éternité*,
© Librairie Académique Perrin, 1992.

1. **De quel genre d'ouvrage ce texte est-il extrait ? Cochez une seule case.**

☐ **a.** un roman ☐ **b.** une pièce de théâtre ☐ **c.** un ouvrage documentaire

2. **Quel est le type dominant de ce texte ? Cochez une seule case.**

☐ **a.** narratif ☐ **b.** descriptif ☐ **c.** argumentatif ☐ **d.** explicatif

Justifiez votre réponse.

....

....

3. **De quoi est-il question dans ce texte ?**

....

....

4. Cet extrait contient des passages narratifs.
a. Indiquez les références des lignes d'un de ces passages.
b. Expliquez en quoi il est narratif.

....

....

....

5. « Plusieurs corps de métier travaillaient en même temps. » Relevez dans le texte les noms précis des différents corps de métier.

....

....

6. Relevez quelques expressions qui montrent la qualité du travail des artisans.

....

....

....

....

7. Quelles personnes surveillent de près les travaux ?

....

....

8. Relevez et classez les indices de lieu dans le tableau suivant.

Points cardinaux	
Repères latéraux	
Lieux précis	

9. Une personne étrangère vient d'arriver au village ; expliquez-lui comment se rendre dans la Vallée des Rois, en suivant le parcours de la procession.

....

....

....

....

....

....

10. Rétablissez l'ordre chronologique des actions en attribuant un numéro à chacune d'elles.

☐ **a.** La procession descendait vers la Vallée des Rois.
☐ **b.** Les dessinateurs traçaient sur les parois une esquisse du décor.
☐ **c.** Les polisseurs préparaient la surface de la roche.
☐ **d.** Les artisans quittaient le village en procession.
☐ **e.** Le sculpteur incisait les contours des dessins.
☐ **f.** La procession s'arrêtait au sanctuaire de la déesse du silence.
☐ **g.** Le peintre coloriait les incisions.

Nom de l'élève : ....
Classe : ....

FICHE 9

Test de lecture

1. Reliez par une flèche les noms des personnages et leurs fonctions.

1. Nef'eter •	• a. général des armées
2. Oubiou •	• b. roi de la Haute Égypte
3. Afar •	• c. chef de la maison royale
4. Sinsaéré •	• d. mère de Menî, épouse du roi
5. Antaref •	• e. Nésout
	• f. favorite du roi

2. Pourquoi le roi oblige-t-il Menî à quitter Nekhen ? Que lui impose-t-il ?

....

....

....

3. Relevez, dans les pages 20 à 23, au moins quatre expressions qui désignent la « pâtisserie en forme d'oiseau avec ses ailes ouvertes, et dont le cœur était fait d'une datte confite ».

Information sur la patisserie	Mots de reprise
Forme	....
Caractère divin	....
Caractère précieux	....

4. Thouyi a volé le gâteau. Quel châtiment est réservé aux voleurs ? On leur coupe :

☐ **a.** la tête. ☐ **b.** la langue. ☐ **c.** les oreilles. ☐ **d.** le nez ou les mains. ☐ **e.** un pied.

5. a. Quel est le surnom de Thouyi ?

☐ **1.** l'oiselette. ☐ **2.** le lionceau. ☐ **3.** l'hirondelle.

b. Quelle déesse, selon la mythologie, s'est transformée en cet animal ?

☐ **1.** Hathor ☐ **2.** Isis ☐ **3.** Bast ☐ **4.** Nehbet ☐ **5.** Sekhmet.

6. Quelle est l'arme préférée de Thouyi ?..

7. Les péripéties. Quelles épreuves majeures les héros, Menî et Thouyi, doivent-ils surmonter au cours de leur voyage ? Par quels moyens les surmontent-ils ?

....

....

....

....

....

8. Quel dieu Menî aide-t-il ? Comment lui vient-il en aide ? ....

....

9. **Quel secret Râ a-t-il transmis à ce dieu ?**

☐ **a .** le pouvoir ☐ **b.** la gloire ☐ **c.** l'immortalité ☐ **d.** la richesse.

10. **Quel dieu tente d'imposer son pouvoir ?**

☐ **a.** Anubis ☐ **b.** Sobek ☐ **c.** Thot ☐ **d.** Seth ☐ **e.** Osiris ☐ **f.** Horus.

11. **Quels sont ses alliés ?** ....

....

12. **a. Qu'invente Menî pour protéger le secret du dieu ?**

....

b. Qu'utilise-t-il pour réaliser son invention ? ....

....

13. **a. Que risquent Menî et Thouyi en apprenant ce secret ?**

....

b. Quelles solutions Thouyi trouve-t-elle ?

....

....

....

14. **Quelle récompense le dieu offre-t-il aux enfants ?**

....

....

15. **Quel dieu Râ crée-t-il pour enseigner l'art inventé par Menî ? Quelle forme animale lui donne-t-il ?**

....

16. **Quel ultime danger menace Menî et Thouyi ? Comment y échappent-ils ?**

....

....

....

....

17. **Pensez-vous que les aventures de Menî et de Thouyi soient terminées ? Pourquoi ?**

....

....

....

....

18. **À quoi ont servi les aventures vécues par Menî ? Est-il le même enfant qu'au début du roman ? Qu'en pensez-vous ?** ....

....

....

....

Nom de l'élève : ....
Classe : ....

Fiche 10

Test de lecture compréhension

(à réaliser avec le livre et avec l'aide d'un dictionnaire)

Vous venez de lire *Comment Wang Fô fut sauvé*, de Marguerite Yourcenar.

1. **Cette histoire se passe à l'époque où la Chine s'appelait aussi « le royaume des Han » (p. 4). « Ce temps-là » peut-il se situer :**

☐ **a.** en 1652. ☐ **b.** en 152. ☐ **c.** en 1952.

2. **Quel mot avez-vous cherché dans le dictionnaire pour pouvoir répondre à la question 1 ?**

....

3. **Pourquoi l'auteur dit-il que « les voleurs n'osaient pas entrer chez les gens pour qui Wang Fô avait peint un chien de garde » (p. 4) ?**

....

....

4. **De quelle autre phrase vous êtes-vous aidé pour comprendre cette phrase (p. 4) ?**

....

....

....

5. **Qu'est-ce que Wang Fô aime par dessus tout ?**

☐ **a.** les plats de riz parfumés.

☐ **b.** ses instruments pour peindre.

☐ **c.** les vêtements de soie.

6. **L'auteur dit que Ling est le disciple de Wang Fô (p. 8). Quelle est l'activité normale de Ling ?**

☐ **a.** Il passe son temps à voler.

☐ **b.** Il masse les gens malades.

☐ **c.** Il apprend la peinture auprès de Wang Fô et, en échange, rend des services à son maître.

7. **Quelle est l'unique personne que désignent les expressions « Fils du Ciel », « Maître Céleste », « Dragon Céleste » (p. 12 et 14) ?**

....

8. **Quel passage du texte peut vous aider à savoir quelle est la couleur du jade (page 15) ?**

....

....

....

9. **Quelle est la différence entre le monde réel et celui que Wang Fô a représenté dans ses tableaux (p. 16-17) ?**

☐ **a.** Le monde est plus beau dans la réalité que dans les tableaux.

☐ **b.** Le monde est moins beau dans la réalité que dans les tableaux.

☐ **c.** Les tableaux ne représentent pas le monde réel.

10. **Pourquoi l'empereur de Chine peut-il dire que Wang Fô « règne sur une neige qui ne peut fondre » (p. 18) ?**

....

....

11. **Quels sentiments l'empereur de Chine éprouve-t-il à l'égard de Wang Fô ?**

☐ **a.** de la jalousie.

☐ **b.** de l'admiration.

☐ **c.** de l'amitié.

☐ **d.** de la haine.

(Attention : pour cette question, deux éléments de réponse doivent être donnés.)

12. **Qu'est-ce que Wang Fô ajoute sur le tableau que l'empereur lui a demandé d'achever (p. 22) ?**

a. ....

b. ....

c. ....

13. **Que se passe-t-il alors dans la salle du palais (p. 22-23) ?**

☐ **a.** La salle se remplit d'eau.

☐ **b.** Les courtisans s'endorment.

☐ **c.** Les courtisans se transforment en serpents.

14. **Pour s'enfuir du palais, Wang Fô utilise une barque (p. 22-23)...**

☐ **a.** qui se trouve sur la rivière longeant le palais impérial.

☐ **b.** qu'il vient de peindre dans son tableau.

15. **Quelle est la phrase qui vous a aidé à répondre à la question 13 ?**

....

....

16. **Qu'est-ce qui vous semble difficile à comprendre dans cette histoire ?** ....

....

....

....

17. **Que signifie ce conte, selon vous ?** ....

....

....

....

Nom de l'élève : ....
Classe : ....

Les caractéristiques du conte

Il y avait une fois un prince qui voulait épouser une princesse, mais une princesse véritable. Il fit donc le tour du monde pour en trouver une et, à la vérité, les princesses ne manquaient pas ; mais il ne pouvait jamais s'assurer si c'étaient de véritables princesses ; toujours quelque chose en elles lui paraissait suspect. En conséquence, il revint bien affligé de n'avoir pas trouvé ce qu'il désirait.

Un soir, il faisait un temps horrible, les éclairs se croisaient, le tonnerre grondait, la pluie tombait à torrents ; c'était épouvantable ! Quelqu'un frappa à la porte du château, et le vieux roi s'empressa d'ouvrir.

C'était une princesse. Mais grand Dieu ! comme la pluie et l'orage l'avaient arrangée ! L'eau ruisselait de ses cheveux et de ses vêtements, entrait par le nez dans ses souliers, et sortait par le talon. Néanmoins, elle se donna pour une véritable princesse.

« C'est ce que nous saurons bientôt ! » pensa la vieille reine. Puis, sans rien dire, elle entra dans la chambre à coucher, ôta toute la literie, et mit un pois au fond du lit. Ensuite, elle prit vingt matelas, qu'elle étendit sur le pois, et encore vingt édredons, qu'elle entassa par-dessus les matelas.

C'était la couche destinée à la princesse. Le lendemain matin, on lui demanda comment elle avait passé la nuit.

« Bien mal, répondit-elle ; à peine si j'ai fermé les yeux de toute la nuit. Dieu sait ce qu'il y avait dans ce lit ; c'était quelque chose de dur qui m'a rendu la peau toute violette. Quel supplice ! »

À cette réponse, on reconnut que c'était une véritable princesse, puisqu'elle avait senti un pois à travers vingt matelas et vingt édredons. Quelle femme, sinon une princesse, pouvait avoir la peau aussi délicate ?

Le prince, bien convaincu que c'était une véritable princesse, la prit pour femme, et le pois fut placé dans le musée, où il doit se trouver encore, à moins qu'un amateur ne l'ait enlevé.

Voilà une histoire aussi véritable que la princesse !

Hans- Christian Andersen, *Contes*, trad. D. Soldi, E. Grégoire et L. Moland, Flammarion, coll. « Garnier-Flammarion », pp. 61-62.

LE CONTE MERVEILLEUX

1. Relevez les termes qui indiquent :

– à quelle époque se passe l'histoire : ....

– dans quel lieu se passe l'histoire : ....

2. Les personnages sont-ils désignés par :

☐ **a.** des noms propres ? ☐ **b.** des noms communs ?

3. Quelle est la fonction de ce conte ? (*Attention, deux réponses sont possibles.*)

☐ **a.** Donner des informations précises sur un fait divers.

☐ **b.** Expliquer ce qu'est une vraie princesse de conte.

☐ **c.** Expliquer comment les gens du Moyen Âge vivaient dans les châteaux.

☐ **d.** Distraire en racontant des choses qui ne peuvent exister réellement.

4. **Qu'y a-t-il de merveilleux dans cette histoire ? Numérotez les trois réponses dans un ordre décroissant.**

☐ **a.** Un orage violent qui oblige une princesse à chercher refuge dans un château.

☐ **b.** Une princesse qui sent la présence d'un petit pois en dépit de vingt matelas et de vingt édredons.

☐ **c.** Un petit pois qui est placé dans un musée.

5. **Dans une phrase, le narrateur intervient pour commenter un peu ironiquement son histoire : recopiez cette phrase.**

....

Le schéma narratif

6. **Numérotez chacune des phrases suivantes de façon à rétablir le déroulement de l'histoire.**

☐ **a.** Un soir, il faisait un temps horrible, les éclairs se croisaient, le tonnerre grondait, la pluie tombait à torrents ; c'était épouvantable ! Quelqu'un frappa à la porte du château, et le vieux roi s'empressa d'ouvrir.

☐ **b.** Le prince, bien convaincu que c'était une véritable princesse, la prit pour femme.

☐ **c.** Il y avait une fois un prince qui voulait épouser une princesse, mais une princesse véritable.

☐ **d.** À cette réponse, on reconnut que c'était une véritable princesse.

7. **Indiquez le nom que l'on donne à chacune de ces étapes.**

Phrase n° 1 : .... Phrase n° 2 : ....

Phrase n° 3 : .... Phrase n° 4 : ....

8. **Quelle est l'étape qui ne figure pas dans les 4 phrases précédentes ?**

....

9. **Résumez le contenu de cette étape.**

....

....

....

Le rôle joué par les personnages et les objets

10. **Reliez par un flèche les personnages – ou l'objet – et le rôle qu'ils jouent dans l'histoire.**

a. le prince ●	● **1.** l'aide
b. le petit pois ●	● **2.** le sujet (ou héros)
c. la princesse ●	● **3.** l'objet

11. **Quel rôle peut jouer le mauvais temps, selon vous ? Justifiez votre réponse.**

....

....

Nom de l'élève : ....
Classe : ....

FICHE 12

Les homonymes

Lettre à mon potier

Monsieur,
Je ne tournerai pas autour du pot.
Le pot de grès
Traité de gré à gré
Avec vous
Et que je trouvais fort à mon gré
N'agrée pas à mon épouse.
À dire vrai, ce n'est pas le pot
Qui n'agrée pas,
C'est le grès !
Elle n'aime pas le grès !
Vous comprendrez donc
Que bon gré, mal gré,
Je ne saurais
De force ou de gré
Garder ce pot
Contre son gré.
En conséquence,
Malgré que ce grès m'agrée,
Je vous saurais gré
D'échanger ce grès
Contre un autre pot
Plus à son gré.
Veuillez agréer, Monsieur, avec mes regrets,
etc.

Raymond Devos, « Le pot de grès »,
Sens dessus dessous, © éditions Stock, 1976.

Distinguer des homophones

1. Lisez attentivement ce texte de Raymond Devos et répondez aux questions suivantes à l'aide de la définition proposée à la page 278 de votre manuel de français.

A. Quels sont les deux homophones qui apparaissent dans ce texte ?

....

B. Complétez les phrases avec les homophones qui conviennent.

a. agir contre son ...., c'est agir contre sa volonté.

b. les poteries en .... sont faites à l'aide d'argile, de sable et de chaux.

C. Écrivez, sans erreur orthographique, les homophones qui se cachent derrière les devinettes suivantes.

a. Qu'est-ce qui est en terre, en métal ou en plastique et qui peut contenir des fleurs, du lait, des crayons ? C'est ....

b. Qu'est-ce qui recouvre le corps des hommes et des animaux ? C'est ....

c. Quel est le fleuve qui coule au Nord de l'Italie ? C'est ....

d. Comment s'appelle la ville du Béarn qui est la patrie du roi Henri IV ? ....

2. Soulignez les mots qui donnent un sens bizarre aux phrases. Par quels homophones faut-il les remplacer ?

A. Le mètre d'école nous lisait de beaux comptes.

a. .... doit être remplacé par ....

b. .... doit être remplacé par ....

B. Je voudrais faire un dessein, mais j'ai oublié mes crayons de couleur dans un coing de la classe et j'ai répandu l'ancre de mon stylo.

a. .... doit être remplacé par ....

b. .... doit être remplacé par ....

c. .... doit être remplacé par ....

3. Recopiez le texte suivant en remplaçant les mots en majuscules par les homophones qui donneront du sens à la phrase. Veillez à ne pas commettre d'erreur orthographique sur les autres mots en recopiant !

> ILE était une FOIE un bûcheron et sa femme qui étaient très pauvres et qui avaient CETTE fils. Un soir, il ne resta rien à manger à la chaumière. La MAIRE dit au PAIRE :
>
> – Nous ferions mieux de perdre nos enfants dans les BOAS, car je NEVEU pas les voir mourir de FIN.
>
> – Entendu, répondit le PAIR. Nous les mènerons demain au BOIT et nous les y laisserons.
>
> Yack Rivais, « Le Petit Poucet », in *Les contes du miroir.*

....

....

....

....

....

....

....

....

....

Distinguer des homographes

4. Répondez aux questions suivantes.

1. Où peut-on trouver des moules ?

☐ **a.** dans un placard de cuisine. ☐ **b.** au sommet d'un arbre. ☐ **c.** au bord de la mer.

2. Toujours présent sous tes pieds, je vis aussi grâce aux mains et à la bouche des musiciens. Qui suis-je ?

....

Nom de l'élève : ....
Classe : ....

FICHE 13

Jeux de lecture

Lisez le recueil de poèmes de Robert Desnos intitulé *Chantefables* et répondez aux questions suivantes.

Qui suis-je ?

1. Mammifère édenté, je suis muni d'une langue effilée et visqueuse qui me sert à capturer les fourmis dont je me nourris. On m'appelle aussi le *grand fourmilier*.

Qui suis-je ? ....

2. Le jour je passe inaperçu, mais à neuf heures du soir il y a encore de la lumière chez moi.

Qui suis-je ? ....

3. Jules Renard, l'auteur de *Poil de carotte*, me définissait ainsi : « Ce billet doux plié en deux cherche une adresse de fleur. »

Qui suis-je ? ....

4. Bien des mythologies ont fait de moi un animal fabuleux tenant à la fois du cheval et du poisson. Mon nom lui-même n'est pas banal.

Qui suis-je ? ....

5. J'ai dans la bouche de quoi me faire un corset, mais avec ce tour de taille !....

Qui suis-je ? ....

Charades

6.
- Mon premier est ce qu'installent les nomades quand ils s'arrêtent pour dormir.
- Mon second est l'un des cinq sens.
- Mon troisième est à peu de chose près la couleur du pelage de mon tout.
- Selon Robert Desnos, mon tout a mis ses gants, ses mouchoirs et ses roudoudous dans sa poche.

Réponse : ....

7.
- Mon premier est un adverbe de lieu.
- Mon second est l'adjectif possessif féminin singulier de la première personne.
- Mon tout vit dans un pays dont la capitale est Lima.

Réponse : ....

8.
- Mon premier est l'appareil dans lequel le boulanger fait cuire le pain.
- Mon second est le participe passé du verbe *mettre*.
- Mon tout ne peut en aucun cas mesurer dix-huit mètres et avoir un chapeau sur la tête.

Réponse : ....

Test de lecture

9. L'oiseau de Jonathan est :

☐ **a.** Un martin-pêcheur. ☐ **b.** Un pélican. ☐ **c.** Un coucou.

10. Qui nomme-t-on « la bête à bon Dieu » ?

☐ **a.** Le ver luisant. ☐ **b.** L'escargot. ☐ **c.** La coccinelle.

11. À quel animal faut-il attribuer ces paroles ?

« Par mes poils de barbe
T'auras pas ma peau. »

☐ **a.** À l'ours. ☐ **b.** Au blaireau. ☐ **c.** Au gnou.

12. Qui fait « la gloire des marchés » ?

☐ **a.** Le homard. ☐ **b.** Le brochet. ☐ **c.** L'escargot.

13. Aucun jockey ne l'a encore chevauché :

☐ **a.** L'hippocampe. ☐ **b.** Le zèbre. ☐ **c.** Le dromadaire.

Vocabulaire

14. À quel animal Robert Desnos attribue-t-il les cris suivants ?

a. Hou ! Hou ! ....

b. Coucou ! Coucou ! ....

c. Un miaulement à mi-voix. ....

15. Complétez les phrases suivantes à l'aide du verbe conjugué qui vous semble approprié :

blatère, coasse, croasse, hennit, feule.

a. Le corbeau ....

b. Le crapaud ....

c. Le dromadaire ....

d. Le cheval ....

e. Le tigre ....

16. Mots croisés

Horizontalement

1. Il se tapit sur les rives du Mississipi.
2. S'assoit sur un trône en feuilles de chou.
3. Son pelage a gardé l'ombre d'un grillage.
4. Ce pacha de la mer aime à serrer la pince.

Verticalement

A. Mieux vaut ne pas le prendre pour un chat.
B. Sa tête vaut bien des girouettes.
C. Envisage de voyager en Inde et en Égypte.
D. Le mâle est dans la cage, la femelle dans le ciel.

Nom de l'élève : ....
Classe : ....

FICHE 14

Les graphies du son *ou*

TEXTE 1

Les hiboux

Ce sont les mères des hiboux
Qui désiraient chercher les poux
De leurs enfants, leurs petits choux,
En les tenant sur les genoux.

Leurs yeux d'or valent des bijoux
Leur bec est dur comme cailloux,
Ils sont doux comme des joujoux,
Mais aux hiboux point de genoux !

Votre histoire se passait où ?
Chez les Zoulous ? Les Andalous ?
Ou dans la cabane bambou ?
À Moscou ? Ou à Tombouctou ?
En Anjou ou dans le Poitou ?
Au Pérou ou chez les Mandchous ?

Hou ! Hou !
Pas du tout, c'était chez les fous.

Robert Desnos, *Chantefables et Chantefleurs*, © éditions Gründ, Paris.

TEXTE 2

Le hibou

Mon pauvre cœur est un hibou
Qu'on cloue, qu'on décloue, qu'on recloue.
De sang, d'ardeur, il est à bout.
Tous ceux qui m'aiment, je les loue.

Guillaume Apollinaire, *Le Bestiaire ou Cortège d'Orphée*,
in *Alcools*, © Gallimard, Bibliothèque de la Pléiade.

TEXTE 1 : ROBERT DESNOS, « LE HIBOU »

1. Sur quelle rime unique ce poème est-il composé ? Sauriez-vous expliquer ce choix ?

....

....

2. Quelles sont les trois façons d'écrire le son *ou* en fin de vers ?
Donnez un exemple pour chacune d'entre elles.

a. ...... Exemple : ....

b. ...... Exemple : ....

c. ...... Exemple : ....

3. **Certains de ces mots sont au pluriel. Par quelle(s) consonne(s) se terminent-ils ?**

a. ...... Exemple : ....

b. ...... Exemple : ....

4. **En français, tous les noms en *-ou* font leur pluriel en *-ous* à l'exception de sept termes présents dans le poème de Robert Desnos. Reportez-les ci-dessous dans l'ordre alphabétique.**

....

....

5. **Écrivez au pluriel les mots en italiques des phrases suivantes.**

Kangourou...., *hibou*...., *caribou*...., *gnou*...., *toutou*.... et *matou*.... s'étaient donné rendez-vous à Moscou. Comme il fallait s'y attendre, les plus âgés étaient arrivés sur les *genou*...., affamés, les cheveux couverts de *pou*..... D'autres, plus élégants, s'étaient parés de *bijou*... et de vêtements à *froufrou*.....
La surprise vint des *sapajou*.... que l'on n'avait pas vus depuis des lustres. À peine arrivés, ces *voyou*.... lancèrent des *caillou*.... à la foule venue les accueillir. Les policiers firent leur travail de *garde-fou*.... en les plaçant sous les *verrou*.....

Texte 2 : Guillaume Apollinaire, « Le hibou »

6. **Pourquoi certains termes comportant le son *ou* se terminent-ils par un *-e* ?**

....

7. **Comment orthographieriez-vous les termes au pluriel dans la phrase suivante :**

« Mon pauvre cœur est un hibou
Qu'ils cloue..., qu'ils décloue..., qu'ils recloue.... »

8. **L'un des termes en « *ou* » de ce texte ne pourrait pas prendre la marque du pluriel.**

a. De quel terme s'agit-il ? ....

b. Sauriez-vous expliquer pourquoi ?

....

....

9. **La répétition des sonorités en « *ou* » provoque-t-elle le même effet que dans le poème de Robert Desnos ? Justifiez votre réponse.**

....

....

....

10. **Lequel de ces deux poèmes préférez-vous ?**

....

....

....

....

....

Nom de l'élève : ....
Classe : ....

FICHE 15

Petite fabrique de poèmes

Rédiger un poème à la manière de Robert Desnos

1. **Relisez attentivement les poèmes de Robert Desnos intitulés « Les hiboux », « Le kangourou », « Le tamanoir » et « Le pélican ». Quelle particularité chacun de ces poèmes présente-t-il dans le domaine de la versification ?**

....

....

....

2. **Complétez les listes de mots proposées ci-dessous, de manière à trouver un grand nombre de mots susceptibles de rimer avec le nom d'un animal. Attention, l'une de ces listes est pour ainsi dire impossible à réaliser !**

- CHEVAL : carnaval, dévale, animal, normal, infernal, rival, ...
....
- BALEINE : bedaine, haleine, vilaine, Seine, reine, ...
....
- HÉRISSON : frisson, paillasson, polisson, ...
....
- ZÈBRE : célèbre, vertèbre, ...
....
- CROCODILE : tranquille, ...
- LYNX : sphinx, ...
- L'OIE : ....

3. **À l'aide de ces listes de mots, et de celles que vous pourriez encore inventer, complétez le poème suivant dans lequel chaque strophe sera consacrée à un animal.**

Pourquoi courait-il sur l'Èbre,
ce zèbre jadis célèbre
qui, en sautant dans les ténèbres
s'est déboîté les vertèbres ?

Elle a de l'estomac, l'autruche
Elle ne fait pas la fine bouche.
L'autruche met tout dans sa huche,
avale tout, mais rien n'épl........... .

Le long du grand fleuve tranquille
Brillent deux larmes de crocodile.

....
....

....
....
....

....
....
....
....
....

d'après Claude Roy, *Enfantasques*,

Réaliser des acrostiches

L'acrostiche est un poème dont on peut lire le sujet verticalement, dans un mot formé par les lettres initiales de chaque vers. Voici un exemple d'acrostiche, consacré au dragon, qui a été rédigé par des élèves de sixième :

Dans une sombre caverne
Ronflait un puissant dragon,
Au corps écailleux et vert.
Gigantesque, il somnolait.
On le voyait respirer ;
Nul n'osait s'en approcher !

4. En retrouvant la première lettre de chacun de ces mots, faites apparaître le nom d'un animal auquel Robert Desnos s'est intéressé dans *Chantefables*.

.....éthargique
.....clair
.....igzaguer
.....ffut
.....eptiléen
.....inosaure miniaturisé

5. Réalisez l'exercice inverse en complétant chaque lettre du mot « ESCARGOT » par un terme qui fera (si possible) songer à l'animal.

E..
S..
C..
A..
R..
G..
O..
T..

6. Consacrez un poème acrostiche à l'un des animaux du bestiaire poétique de Robert Desnos dont la liste figure ci-dessous. Vous pouvez même essayer de combiner cette technique avec celle de la rime unique !

Coucou	*Papillon*	*Escargot*
Gnou	*Coccinelle*	*Brochet*
Homard	*Fourmi*	*Sauterelle*
Sardine	*Hippocampe*	*Alligator*
Léopard	*Hiboux*	*Lama*
Crapaud	*Kangourou*	*Zèbre*
Girafe	*Tortue*	*Tamanoir*
Baleine	*Chauve-souris*	*Pélican*
Blaireau	*Ours*	*Martin-pêcheur*
Lézard	*Dromadaire*	*Ver luisant*

....
....
....
....
....
....
....
....
....
....
....
....
....

Nom de l'élève : ....
Classe : ....

FICHE 16

Le récit de métamorphose

TEXTE 1

Picus

La magicienne Circé est tombée amoureuse du roi Picus ; mais celui-ci la repousse car il aime son épouse Canens.

La fille du Titan[1] redoubla ses prières, mais en vain. « [...] Ce dont est capable, quand elle est offensée et qu'elle aime, une femme, tu vas l'apprendre par l'effet, ajouta-t-elle ; et cette femme qui aime, qui est offensée, c'est Circé. » Alors, elle se tourna deux fois vers le couchant, deux fois vers l'orient ; trois fois, elle toucha le jeune homme de sa baguette, elle récita trois incantations. Picus s'enfuit, mais il s'étonne lui-même que sa course soit plus rapide que de coutume. Il vit alors qu'il avait des plumes. Indigné de se voir subitement changé en un oiseau nouveau, devenu hôte des forêts du Latium[2], il enfonce dans le dur tronc des chênes sauvages son bec dur et, plein de colère, blesse rudement les longues branches. Son plumage a pris la couleur de pourpre de sa chlamyde[3] ; l'or de la fibule qui agrafait son vêtement devient plume, et il a au cou un collier d'or fauve ; et de ce qui était auparavant Picus[4], il ne reste rien que son nom.

Ovide, *Métamorphoses*, XIV , trad. Joseph Chamonard, © Garnier-Flammarion.

1. La fille du Titan : Circé.
2. Latium : région peuplée par les Latins (Italie centrale).
3. Chlamyde : manteau court, attaché sur l'épaule par une fibule (agrafe).
4. Picus signifie « le pivert » en latin.

TEXTE 2

Céyx et Alcyoné

Alcyoné attend son époux Céyx sur le rivage ; alors qu'elle ignore que Céyx est mort noyé dans un naufrage, elle aperçoit au loin un corps sur la mer.

Mais, poussé par les flots, le corps se rapproche. Et plus elle regarde, moins elle est sûre de sa raison. Maintenant que le flot l'a amené dans le voisinage de la terre, maintenant elle le voit assez bien pour pouvoir le reconnaître : c'était son époux ! « C'est lui ! » s'écrie-t-elle ; et en même temps elle déchire son visage et ses vêtements, arrache ses cheveux, et, tendant ses mains tremblantes vers Céyx : « C'est donc dans cet état, ô mon époux bien-aimé, dans cet état, déplorable[1] Céyx, que tu me reviens ? » dit-elle. Il est, au bord de l'eau, une jetée, œuvre de la main de l'homme, qui brise les premiers élans furieux de la mer et amortit les assauts des flots. Alcyoné y bondit. Même – et ce fut un prodige qu'elle le pût – elle volait, et frappant l'air léger d'ailes qui venaient de naître, elle rasait, oiseau bien digne de pitié, la surface des ondes ; et, dans son vol, sa bouche, aux claquements de son bec effilé, fit entendre une sorte de chant triste et plaintif. Dès qu'elle eut touché le corps désormais sans voix et exsangue[2], elle enveloppa les membres chéris de ses ailes nouvelles et lui prodigua vainement, de son bec dur, de froids baisers. Céyx l'avait-il senti, ou fut-ce seulement le mouvement des flots qui donna l'illusion qu'il soulevait son visage ? Le peuple se le demandait. Non : il l'avait senti. Et, les dieux les prenant en pitié, tous deux enfin sont changés en oiseaux.

Ovide, *ibidem.*

1. Déplorable : qui est à plaindre, à pleurer.
2. Exsangue : très pâle.

1. Complétez le tableau suivant (le sujet de la métamorphose est celui qui est métamorphosé) :

Texte	Sujet de la métamorphose	État initial	État final
Picus	....	....	....
Céyx et Alcyoné	....	....	....

2. Complétez le tableau suivant (l'agent est celui qui métamorphose, le moyen est ce qui a permis la métamorphose, la cause est le sentiment qui a provoqué la métamorphose) :

Texte	Agent de la métamorphose	Moyen de la métamorphose	Cause de la métamorphose
Picus	....	....	....
Céyx et Alcyoné	....	....	....

3. Comment est évoquée la métamorphose dans chacun des textes : la transformation est-elle décrite avec précision ? est-elle évoquée rapidement et en quelques traits ? est-elle simplement annoncée ?

a. dans le texte 1 : ....

b. dans le texte 2 : ....

4. Lors de sa transformation, Picus conserve, sous sa forme d'oiseau, les couleurs qui caractérisent un roi : lesquelles ?

....

5. À quels comportements caractéristiques du pivert (texte 1) et de l'alcyon (l'oiseau fabuleux du texte 2) ces légendes apportent-elles une justification ?

a. C'est parce que Picus est en colère à cause de sa transformation que le pivert...

....

....

....

b. C'est parce que Alcyoné est affligée à cause de la mort de son époux que l'alcyon...

....

....

....

Nom de l'élève : ....
Classe : ....

FICHE 17

Utiliser un dictionnaire de mythologie

SAVOIR LIRE UN ARTICLE

Voici un article extrait du *Dictionnaire culturel de la mythologie gréco-romaine* (Nathan, 1992).

> DANAÉ
> Mère de Persée*. Acrisios, roi d'Argos, était le père de Danaé ; un jour, il apprit, par l'oracle de Delphes, qu'il serait tué par l'enfant qui naîtrait de sa fille. Dès lors, il relégua celle-ci dans une tour d'airain. Pourtant Danaé fut séduite ; Zeus* se métamorphosa et s'unit à elle sous la forme d'une pluie d'or. C'est ainsi que naquit Persée.
> ♦ *Litt.* [...] on trouve ce mythe chez Ovide (*Métamorphoses*, IV) et chez Horace (*Odes*, III, 16) [....]
> ♦ *Icon.* La pluie d'or a fasciné les artistes de tous les temps : *Danaé recevant la pluie de Zeus*, vase grec, IVe s. av. J.-C. [...]

1. **De quel personnage mythologique cet article raconte-t-il la vie ?**

....

2. **Pourquoi certains noms sont-ils accompagnés d'un astérisque (*)?**

☐ **a.** Pour signaler au lecteur que ce sont des personnages importants.

☐ **b.** Pour signaler au lecteur qu'il trouvera des articles consacrés à ces personnages dans le dictionnaire de mythologie.

3. **Quel est le contenu de cet article de dictionnaire ?**

☐ **a.** Il donne des informations sur la vie de Danaé.

☐ **b.** Il décrit la métamorphose de Zeus en pluie d'or.

4. **Les abréviations *Litt.* et *Icon.* signifient « Littérature » et « Iconographie ». Quel mot figurant dans le titre du livre annonce la présence de ces deux rubriques ?**

☐ **a.** dictionnaire.

☐ **b.** culturel.

☐ **c.** mythologie.

LA MYTHOLOGIE AU QUOTIDIEN

Faites une lecture sélective pour trouver dans les articles d'un dictionnaire mythologique des informations qui vous permettront de faire les exercices suivants.

5. **Présentez les personnages mythologiques suivants en quelques mots ; vous devez essayer de dire ce qui les caractérise le plus.**
Exemple : « Adonis : adolescent d'une très grande beauté. »

a. Cerbère : ....

b. Dédale : ....

c. Hercule : ....

d. Mentor : ....

e. Narcisse : ....

f. Phénix : ....

6. Les noms des personnages précédemment cités ont donné naissance à des noms communs ; complétez les phrases suivantes en choisissant le nom qui convient :

a. On s'égare toujours dans le .... des ruelles de cette ville.

b. L'athlète qui a gagné la médaille d'or au lancer de javelot est un véritable ....

c. Les élèves ont la chance de trouver dans leur professeur de français un .... soucieux de les aider.

d. Les gardiens postés à l'entrée des grands magasins sont des .... vigilants.

e. Les élèves qui réussissent dans leurs études passent parfois pour des .... ; mais, même s'ils ont une bonne opinion d'eux-mêmes, ils doivent se méfier des effets du ....

HISTOIRES DE MÉTAMORPHOSES

7. Indiquez, en cochant dans la case qui convient, si ces personnages de la mythologie ont choisi (ou subi) une (ou des) métamorphose(s) ? En cas de réponse positive, indiquez en quoi ils se sont transformés (ou ont été transformés).

MÉTAMORPHOSE			
Nom du personnage	**Oui**	**Non**	**En quoi ?**
Zeus			
Protée			
Hector			
Philomèle			
Pygmalion			
Arachné			

Nom de l'élève : ....
Classe : ....

FICHE 18

L'organisation du texte : les mots de liaison

Les liens temporels

1. **Complétez le récit suivant à l'aide de mots de liaison (*immédiatement, le lendemain, aussitôt, alors, jadis, puis, pendant ce temps, peu après, soudain*).**

.... la belle Ixtla était la fille du roi des Aztèques et elle aimait Popocatepetl, le plus courageux des soldats de son père. Or des ennemis décidèrent d'envahir le pays pour en piller toutes les richesses .... Popocatepetl se précipita au combat et .... il écrasa l'armée ennemie qui s'enfuit. .... certains ennemis, pour se venger, firent courir le bruit que Popocatepetl avait été tué au combat ; .... , Ixtla, annonçait, pleine de joie, à toute la ville ses fiançailles avec le jeune héros. .... elle entendit l'effroyable nouvelle et elle tomba morte. .... Popocatepetl prit le corps de Ixtla dans ses bras, ... il s'en alla. .... les Aztèques virent que deux volcans avaient surgi pendant la nuit sur leur territoire. C'étaient Popocatepetl et Ixtla changés en montagnes par la force de leur amour.

Résumé d'une légende aztèque, « Popocatepetl et Ixtla ».

2. **Que signifie le mot « jadis » ?**

- ☐ **a.** « il n'y a pas longtemps ».
- ☐ **b.** « il y a quelques années ».
- ☐ **c.** « autrefois ».

3. **Regroupez les liens temporels (sauf « jadis ») dans les colonnes qui conviennent selon l'information qu'ils apportent.**

Liens temporels précisant si les actions		
se succèdent	se produisent en même temps	se produisent rapidement
....	....	....
....	....	....
....	....	....
....	....	....
....	....	....
....	....	....

4. **Quelle est la colonne la plus remplie ? Pourquoi ?**

....

....

Les liens logiques

Dans le conte «La Sorcière et le commissaire», *Pierre Gripari raconte l'histoire d'une sorcière qui transforme les gens de son quartier. Le commissaire va l'interroger.*

– Ah ! c'est de ma citrouille que vous voulez parler ! Eh bien, il fallait le dire ! C'est un taxi que j'ai transformé...

– Et pourquoi l'as-tu transformé en citrouille, ce taxi ?

– **Parce qu'une citrouille c'est beau, c'est rond, ça se coupe en tranches, ça se met dans la soupe et ça sent bon. Parce qu'une citrouille ça ne fait pas de bruit ni de fumée, ça n'encombre pas la chaussée, ça ne consomme pas d'essence et ça n'écrase pas les gens...**

– Et le chauffeur, sorcière, qu'en as-tu fait ?

– Le chauffeur, j'en ai fait un rat !

– Et pourquoi ?

– Pour qu'il soit plus heureux, bien sûr ! [...]

– La question n'est pas là ! heureux ou pas heureux, les chauffeurs doivent rester chauffeurs et les taxis, taxis !

Pierre Gripari, « La Sorcière et le commissaire »,
in *Les Contes de la Folie Méricourt*, © éditions de la Table Ronde.

5. Dans la partie du texte écrite en caractères gras, relevez et recopiez le lien logique qui sert à introduire une explication.

....

La sorcière a rendu sa forme première à tous les gens qu'elle avait transformés ; mais tous deviennent malheureux.

Ainsi personne n'était content. Et la sorcière, <u>cependant</u>, la sorcière était prisonnière.

Pour l'empêcher de s'ennuyer, on a voulu la faire travailler.

On lui a fait tresser des paniers. <u>Mais</u> dans ses doigts les brins d'osier se transformaient en bananiers.

On lui a fait faire des espadrilles. Mais avec la ficelle, au lieu de former des semelles, elle fabriquait des serpents qui sifflaient en montrant les dents. [...]

Alors tout le monde a compris qu'il n'y avait rien à tirer de la sorcière, et on l'a laissée sans rien faire.

Et elle s'est ennuyée, ennuyée !

Pierre Gripari, *ibidem.*

6. Dans la partie du texte soulignée, relevez et recopiez le lien logique qui sert à introduire une idée de but.

....

7. Quelle idée est introduite dans le texte par les mots : « ainsi » et « alors » ?

☐ **a.** une idée de but.

☐ **b.** une idée de conséquence.

☐ **c.** une idée de cause.

8. Les mots « mais » et « cependant » introduisent-ils une idée :

☐ **a.** de cause

☐ **b.** de conséquence

☐ **c.** d'opposition ?

Nom de l'élève : ....
Classe : ....

FICHE 19

Test de lecture

Vous venez de lire *Le Chat de Tigali*, de Didier Daeninckx.

1. S'agit-il, selon vous, d'un texte narratif, d'une pièce de théâtre, d'un conte ou d'un recueil de poèmes ?

....

2. L'histoire est-elle narrée à la première ou à la troisième personne ?

....

3. Qui en est le narrateur ? Répondez en indiquant :

• Son prénom : .... • Son nom : .... • Sa profession : ....

4. Sous quelle forme le narrateur relate-t-il cette histoire ?

....

....

5. La narration suit-elle la chronologie des événements ?

☐ **a.** Oui ☐ **b.** Non

Justifiez votre réponse :

....

....

6. Qui sont les membres de la famille du narrateur ? Reliez les noms propres de la colonne de gauche aux noms communs de la colonne de droite.

Sonia •	• Le chat
Vanessa •	• La poupée
Amchiche •	• La petite fille
Aurélie •	• La maman

7. Où les personnages de cette histoire se trouvent-ils au début du récit ? Répondez en citant :

• Le nom du pays : .... • Un nom de village : ....

8. Par quels termes désigneriez-vous les relations que le narrateur entretient avec les habitants de ce pays ?

☐ **a.** Méfiance ☐ **b.** Mépris ☐ **c.** Amitié
☐ **d.** Indifférence ☐ **e.** Hypocrisie ☐ **f.** Sincérité

9. Le narrateur et sa famille sont amenés à déménager. Où partent-ils vivre ? Répondez en citant :

• Le nom du pays : .... • Un nom de ville ou de village : ....

10. En quelle saison les faits douloureux de cette histoire se déroulent-ils ? Citez deux indices de temps qui le prouvent :

• Saison : .... • Indice 1 : ....

• Indice 2 : ....

11. Quels sont les deux événements dramatiques auxquels le chat de la famille du narrateur se trouve confronté ?

• Premier événement : ....

....

• Second événement : ....

....

12. Qui est responsable de ce drame ? Répondez aussi précisément que possible.

....

....

....

13. Dans quelles circonstances le narrateur découvre-t-il l'identité des coupables ?

☐ **a.** En interrogeant des témoins ☐ **b.** En se rendant au commissariat de police

☐ **c.** En surprenant une conversation ☐ **d.** En lisant un rapport d'enquête dans le journal

14. Quelle explication ces individus donnent-ils à leur geste ?

....

....

15. Que font les enfants du village le jour de Noël ?

....

....

16. Citez les deux raisons qui les poussent à agir ainsi :

• 1re raison : ....

• 2e raison : ....

17. Selon vous, contre quel fléau de notre société l'auteur de ce récit se bat-il ?

....

18. Quel commentaire personnel ce livre vous inspire-t-il ?

....

....

....

....

....

Nom de l'élève : ....
Classe : ....

FICHE 20

Orthographe : la lettre *-g-*

LORSQUE *-g-* SE PRONONCE [ʒ]

1. Le poème de Paul Alexis Robic (Texte écho, manuel p.147) **compte douze termes comportant la lettre *-g-*. Relevez chacun de ces termes ci-dessous.**

- ....
- ....
- ....
- ....
- ....
- ....
- ....
- ....
- ....
- ....
- ....
- ....

2. Pour cinq de ces termes, la lettre *-g-* se prononce [ʒ]. Relevez-les et dites pourquoi il en est ainsi.

- ....
- ....
- ....
- ....
- ....

Explication : ....

....

3. Comment la lettre *-g-* se prononce-t-elle dans le terme souligné ci-dessous ? Pourquoi ?

Paul Alexis Robic, *<u>Anthologie</u> des poètes bretons d'aujourd'hui.*

- Dans le mot *anthologie*, la lettre *-g-* se prononce ....

Explication : ....

....

4. Soulignez les lettres qui permettent d'obtenir le son [ʒ] dans les phrases suivantes et fournissez l'explication qui vous semble appropriée.

- **a.** À mon arrivée, les canards firent un plongeon dans l'étang.
- **b.** Milou dirigea la péniche qui s'engageait dans le chenal.
- **c.** Alors que je mangeais dans la cambuse, Marlène m'offrit une orangeade.

Explication : ....

....

Lorsque *-g-* se prononce [g]

5. Relevez ci-dessous les sept termes du poème de Paul Alexis Robic dans lesquels la lettre *-g-* se prononce [g].

- ....
- ....
- ....
- ....
- ....
- ....
- ....

6. Devant quelles voyelles et quelle consonne le son [g] est-il orthographié *-g-* dans les mots précédemment relevés ?

....

....

7. Devant quelle voyelle le son [g] est-il orthographié *-gu-* dans le mot *algues* ?

....

....

8. Pourquoi le son [g] s'écrit-il *-gu-* dans *naviguer* et *-g-* dans le mot *navigateur* ?

....

....

9. Complétez les mots suivants par *-g-*, *-gu-* ou *-gg-*.

Un navi....ateur ; une car....aison ; une la....une ; une a....lomération ; des ....abares ; un ....arage ; le bastin....age ; les va....es ; une ....azinière ; un ar....ument ; l'irri....ation ; un tobo....an ; un iceber.... ; un ....ide ; un han....ar ; un ....et-apens ; une ....itare ; une a....ravation ; le ru....by.

10. En vous aidant de la règle d'orthographe figurant ci-dessous , complétez les phrases suivantes. Attention, deux de ces verbes sont des intrus !

1. Milou avait beaucoup appris en navig............ sur les canaux du nord de la France.

2. Le vieux pêcheur de gardons prodig........... des conseils au garçon qui l'accompagne.

3. C'est en larg........... les amarres, puis en vo........... vers d'autres horizons que l'on devient un vrai marin.

4. Les hommes-grenouilles plong........... dans le canal et dégag........... une carcasse de gazinière.

5. Le bateau tang........... tellement dans la tempête qu'il semble avancer en zigzag........... .

Règle d'orthographe :

Les verbes terminés par ***-guer*** conservent la totalité de leur radical dans la conjugaison, quelle que soit la première lettre de la terminaison.

Exemple : *naviguer* (radical : *navigu-*) → *il navi**gu**e – il navi**gu**ait – il navi**gu**a – il navi**gu**era.*

Nom de l'élève : ....
Classe : ....

FICHE 21

Observer et comparer des images

1 Observez attentivement l'image qui se trouve à la page 140 de votre manuel et répondez aux questions suivantes.

1. **Dites quel est le nom de son auteur, son titre et la date de sa réalisation.**

- Nom de l'auteur : ....
- Titre : ....
- Date de réalisation ....

2. **À quel type d'image avons-nous affaire ?**

☐ **a.** Une photographie.

☐ **b.** Un collage.

☐ **c.** Une peinture.

3. **Quels sont, parmi les éléments suivants, ceux qui figurent sur cette image ?**

☐ **a.** Le canal de l'Ourcq

☐ **b.** Un enfant

☐ **c.** Une bibliothèque

☐ **d.** Un cartable

☐ **e.** De l'eau

☐ **f.** Des lignes imprimées

☐ **g.** Des livres ouverts

☐ **h.** Des livres fermés

☐ **i.** Une péniche

☐ **j.** L'image d'une ville

4. **À l'aide des éléments dégagés ci-dessus, décrivez brièvement cette image.**

....

....

....

....

....

....

5. **Cette image représente-t-elle quelque chose de réaliste ?**

☐ **a.** Oui ☐ **b.** Non

Justifiez votre réponse : ....

....

6. **Essayez de lire le texte imprimé sur le livre ouvert.**

a. De quelle ville ce texte parle-t-il ?

....

b. À quelle photographie, présente dans ce chapitre, l'évocation de cette ville vous fait-elle penser ?

....

c. Quel terme, plusieurs fois répété dans ce texte, retrouve-t-on dans *La Péniche aux enfants* de Didier Daeninckx ?

....

d. À quelle phrase de *La Péniche aux enfants* cette œuvre de Bob Lescaux vous fait-elle penser ?

....

II Retrouvez dans le chapitre consacré à *La Péniche aux enfants* une autre œuvre réalisée par le peintre Bob Lescaux.

7. Indiquez le titre de cette œuvre et la page où elle se trouve.

- Titre : ....

- Page : ....

8. Quels sont les thèmes communs aux deux œuvres de ce peintre ?

- Thème 1 : ....

- Thème 2 : ....

- Thème 3 : ....

9. Quelles différences relevez-vous entre ces deux tableaux, en ce qui concerne :

- L'enfant :...

- Les livres : ....

- Le décor : ....

10. Laquelle de ces deux œuvres préférez-vous ? Pourquoi ?

....

....

....

....

....

....

....

....

....

....

....

....

....

....

Nom de l'élève : ....
Classe : ....

FICHE 22

Test de lecture

1. **À l'aide des éléments que comportent la première de couverture, la quatrième de couverture et les pages qui précèdent le récit, établissez la fiche d'identité du livre que vous venez de lire :**

a. Nom de l'auteur : ....

b. Titre : ....

c. Éditeur : ....

d. Collection : ....

e. Date de première publication : ....

f. Nom de l'illustrateur de la couverture : ....

g. Nom de l'illustrateur du récit : ....

2. **Observez l'avant-propos du récit, page 9.**

a. Que comporte ce texte ?

☐ 1. Une fiche de renseignement sur le mode de vie des chats.

☐ 2. Une dédicace.

☐ 3. Un résumé de l'histoire.

b. Comment nomme-t-on un texte qui est disposé de manière à représenter un dessin ?

☐ 1. Un kaléidoscope. ☐ 2. Un cryptogramme. ☐ 3. Un calligramme.

c. Que représente ce texte ?

☐ 1. Une silhouette de chat. ☐ 2. Un arbre généalogique. ☐ 3. Un portrait de l'auteur.

3. **En vous aidant du premier chapitre, identifiez les principaux personnages du récit.**

a. Quelle est précisément l'identité du héros de cette l'histoire ?

....

b. Qui est le quatorzième duc de Garth ?

....

c. Quel est le prénom du jeune garçon de la famille ?

....

4. **Pourquoi le chat se met-il subitement à parler comme les êtres humains ?**

☐ 1. Parce qu'il a établi un pacte avec le Diable.

☐ 2. Parce que son maître l'a emmené chez un magicien.

☐ 3. Parce qu'il a mangé une herbe bizarre dans le jardin.

5. Relevez un passage du récit expliquant pourquoi le chat craint de révéler aux gens qu'il est capable de parler. ....
....
....
....
....
....

6. « Pour vivre heureux, vivons caché. »

a. Qui prononce cette phrase pour la première fois dans le récit ?

....

b. Qu'a de particulier le passage du livre dans lequel cette phrase est prononcée ?

....

7. Complétez les phrases suivantes en indiquant précisément ce dont parlent tour à tour le chat et le narrateur.

a. « Je me suis aperçu que la ...., c'est comme un oiseau : on croit la prendre, et elle vous échappe. »

b. « De toute façon, le métier de poète, c'est une vie de............................ pour un chat. »

8. Quelle « idée mirobolante » le chat et son jeune maître vont-ils avoir après une soirée passée au cirque ?

....
....
....
....

9. Quels désagréments cette idée entraîne-t-elle parfois pour le garçon ?

....
....
....

10. Relevez une phrase du texte qui explique ce que Gaspard ne parvient jamais à garder dans sa poche.

....
....

11. Par quelle expression, plusieurs fois employée dans le récit, le narrateur désigne-t-il la Mère Michel ?

....

12. À la fin du récit, quelqu'un avoue avoir rencontré Gaspard « il y a quelque temps dans la famille de Thomas ».

a. De qui s'agit-il ? ....

....

b. À qui cette personne s'adresse-t-elle dans l'avant-dernière page ?

....
....

Nom de l'élève : ....
Classe : ....

FICHE 23

La situation de communication

Le lendemain, avant le lever du jour, Schéhérazade commença en ces termes :

– Sire, sous le règne du calife Haroun al-Rashid, vivait à Bagdad Abou Hassan, qui hérita de grandes richesses à la mort de son père. Il fit fructifier une moitié de ses biens et consacra l'autre moitié aux divertissements. Tout Bagdad courait à ses festins et, en une année il fut ruiné et, dès lors, sans amis. Sa mère lui fit remarquer que l'argent attirait les profiteurs et non point les vrais amis. Alors il dit :

« – Désormais, je ne prendrai chaque jour que la somme suffisante pour régaler honnêtement une seule personne avec moi à souper. Cette personne ne sera pas de Bagdad, mais un étranger arrivé le jour même, et je le renverrai le lendemain matin, avec pour règle de ne jamais le revoir ! Ainsi j'aurai la certitude de ne plus avoir de faux amis !

– Mon fils, c'est une bonne résolution que vous prenez là, dit la mère. »

Ainsi fut fait.

Un soir, comme d'habitude, il s'assit au bout du pont sur le Tigre qui conduisait à l'entrée de Bagdad et attendit.

Or, c'était le jour que s'était fixé le calife Haroun al-Rashid pour se promener par la ville, déguisé, afin de vérifier la bonne administration de sa capitale, vous en souvient-il ?

– Bien sûr, dit le sultan Shahriar, nous l'avons déjà vu, avec son vizir Giafar, dans l'histoire de la dame assassinée !

Schéhérazade était heureuse que le sultan se rappelât ses contes.

« Schéhérazade », *Les Mille et Une Nuits*, adaptation de Florence Langevin,
© Retz, coll. « Un récit, des jeux pour découvrir ses classiques », 1998.

Auteur, narrateur(s) et personnages

1. À l'aide des renseignements que comporte le document figurant ci-dessus, dites :

a. qui est l'auteur de ce passage : ....

b. quel est le titre du livre dont il est extrait : ....

2. Relisez attentivement la première et la dernière phrases du texte (l. 1 et 21).

a. Ces deux phrases sont-elles rédigées à la première ou à la troisième personne ?

....

b. Par qui ces deux phrases sont-elles prononcées ?

☐ 1. Un narrateur anonyme.

☐ 2. Schéhérazade.

☐ 3. Le sultan.

3. Soulignez au crayon à mine tous les noms propres du texte qui désignent un personnage puis classez-les selon la catégorie à laquelle ils appartiennent.

a. Personnages dont on parle :

....

....

b. Personnages qui prennent la parole :

....

....

4. Relevez dans ce texte :

a. un court passage dans lequel Schéhérazade n'est qu'un simple personnage :

....

....

b. un court passage dans lequel Schéhérazade est la narratrice d'une histoire :

....

....

Le récit dans le récit

5. Pourquoi le passage central de ce texte (l. 7 à 12) est-il présenté légèrement en retrait ?

....

....

6. Quels sont les deux personnages qui échangent des propos dans cette partie centrale (l. 7 à 12) ?

....

7. Par qui leurs propos sont-ils rapportés ?

- ☐ **a.** Le narrateur anonyme.
- ☐ **b.** Schéhérazade.
- ☐ **c.** Abou Hassan.
- ☐ **d.** Le sultan Shahriar.

Les indices de personnes

8. « - Sire, sous le règne du calife Haroun al-Rashid, vivait à Bagdad Abou Hassan... ».

a. Par qui cette phrase est-elle prononcée ? ....

b. De qui parle-t-elle ? ....

c. À qui s'adresse-t-elle ? ....

9. Relevez, dans la dernière partie du texte (l. 14 à 21), un pronom personnel par lequel Schéhérazade s'adresse à son interlocuteur.

....

10. Par quel autre pronom personnel le prince Shahriar laisse-t-il entendre à Schéhérazade qu'il existe des liens entre eux ?

....

Nom de l'élève : ....
Classe : ....

FICHE 24

Analyse d'images

Observer et identifier des reproductions

Observez attentivement l'ensemble des reproductions que comporte le chapitre 8 (p. 155 à 173) puis réalisez les exercices suivants.

1. À l'aide d'un dictionnaire et des indications figurant en dessous des reproductions, indiquez chaque fois que cela est possible : le nom du peintre, le titre du tableau, la date de sa réalisation et la nationalité de l'artiste.

Page	Nom du peintre	Titre	Date	Nationalité de l'artiste	Civilisation représentée	Représente ou non un conteur
155	Horace Vernet	*Le Conteur arabe*	1833	française	africaine	Oui (un conteur arabe)
156						
158						
161						
163						
165						
167						
168						
170						
171						
173						

a. Complétez le tableau ci-dessus en indiquant, chaque fois que vous le pourrez, le nom du pays ou de la civilisation que représentent ces reproductions.

b. Reportez ci-dessous le nom des deux peintres français qui nous entraînent en Afrique du nord.

....

3. Parmi ces images, quelles sont celles qui représentent une figure de conteur ou d'aède ? Répondez à cette question en remplissant par *oui* on *non* la dernière colonne du tableau. Précisez, si vous le pouvez, le nom du conteur représenté.

4. Dans quel tableau trouve-t-on représenté un personnage qui ressemble étrangement à la figure légendaire dont une conteuse narre l'histoire ?

....

5. L'une des images de ce chapitre constitue une affiche publicitaire.

a. De quelle image s'agit-il ?

....

b. Comment expliquez-vous sa présence dans ce chapitre ?

....

....

Comparer textes et images

6. Une couleur est fréquemment présente dans les tableaux qui illustrent ce chapitre : le bleu.

a. Surlignez dans le tableau ci-dessus le titre des œuvres dans lesquelles domine cette couleur.

b. Deux des textes que ces tableaux accompagnent font également allusion à la couleur bleue. Indiquez ci-dessous les références de ces textes et relevez pour chacun d'eux un segment de phrase qui justifie votre choix.

• Texte 1 : ....

....

• Texte 2 : ....

....

c. Dans quel texte un conteur donne-t-il un « poulain bleu » à l'enfant qui le suivra dans un monde imaginaire ?

....

7. Observez attentivement la peinture sur écorce d'eucalyptus reproduite p. 168. Quel rapport voyez-vous entre cette peinture et la légende indienne qui la suit ?

....

....

8. Relevez une phrase du texte de J.-M. G. Le Clézio (p. 159-160) qui puisse servir de légende au tableau de Paul-Élie Dubois représenté page 161.

....

....

....

9. Citez trois raisons pour lesquelles l'œuvre d'Alphonse et Julien Yèmadjé intitulée *Sagesse, Sagesses* (p. 163) est remarquablement bien adaptée au texte d'Étienne Goyémidé.

• ....

• ....

• ....

10. Des onze images de ce chapitre, quelle est celle que vous préférez ? Pourquoi ?

....

....

....

....

Nom de l'élève : ....
Classe : ....

FICHE 25

Les noms de la fable

L'affable La Fontaine

Récite ta fa,
récite ta fable.
Pour devenir grand
Il faut qu'on apprend
assis à sa table
sa récitation,
l'ineffable fable,
riche en citations,
de l'affable la
fontaine de fables.

L'heureux nard et le cordeau
Rat Deville et Rat Deschamps
le méchant loup Pelagneau
la Chevreuse et le Roseau
L'Assis Gal et la fournie
la quenouille qui veut se faire
aussi rose que le bœuf
les animaux malades de la tête.

Retisse et récite
récite ta fa
ta fable d'enfant.
Quand tu seras grand
il sera bien temps
d'apprendre qu'on n'a
souvent aucun besoin
d'un plus petit
que soif
pour boire à la fontaine.

Claude Roy, *Enfantasques*

1. **Pour s'amuser, le poète a transformé des titres de fables de La Fontaine. Retrouvez les titres originaux.**

....

....

....

....

....

2. **Retrouvez les titres de ces autres fables, également transformés.**

- Les laids faons blancs : ....
- La fièvre et la tordue : ....
- Le corps beau et l'heureux nard : ....
- Le coquet Lamouche : ....
- Le jars d'Ynier et son saigneur : ....

3. **À votre tour, transformez ces titres de fables. Attention à l'orthographe !**

- Les deux lionceaux : ....
- Le cheval et l'âne : ....
- Les deux pigeons : ....
- Les deux Coqs : ....

4. **En changeant une lettre des mots suivants, vous obtenez le nom de personnages des fables de La Fontaine, Florian ou Ésope.**

- La carte ....
- Le linge ....
- Le lien ....
- Le nerf ....
- Le verger ....
- La louche ....
- Le bouton ....
- Le rot ....
- Le titre ....
- Le sapin ....

5. **En changeant l'ordre des lettres qui composent ces mots, retrouvez le nom d'autres personnages des fables.**

- La loupe ....
- Agile ....
- Le cardan ....
- La niche ....
- Le signe ....
- Le câpre ....

6. **En associant à chaque fois deux syllabes, formez des noms d'animaux de six lettres, au singulier.**

CHE	TON	MOU	NAR	CON	PER	SEI	GRE
TOR	FAU	CAS	CHA	VAL	CAL	TUE	DOR

7. **Lisez ce texte attentivement.**

> Madame Théophile était une chatte rousse, à poitrail blanc, à nez rose et à prunelles vertes.
>
> Elle était ainsi nommée parce qu'elle vivait avec nous dans une intimité tout à fait conjugale, dormant sur le pied de notre lit [...].
>
> Une fois, un de nos amis, partant pour quelques jours, nous confia son perroquet pour en avoir soin tant que durerait son absence.
>
> L'oiseau se sentant dépaysé, était monté, à l'aide de son bec, jusqu'au haut de son perchoir et roulait autour de lui, d'un air passablement effaré, des yeux semblables à des clous de fauteuil.
>
> Théophile Gautier, *Ménagerie intime*, 1869.

Récrivez ce texte en remplaçant « Madame Théophile » par « Monsieur Théodule », « perroquet » et « oiseau » par « perruche ».

....
....
....
....
....
....
....
....
....
....
....

Nom de l'élève : ....
Classe : ....

FICHE 26

Récit et moralité

Le Chat et un vieux Rat

J'ai lu chez un conteur de fables,
Qu'un second Rodilard[1], l'Alexandre[2] des chats,
L'Attila[3], le fléau des rats,
Rendait ces derniers misérables :
J'ai lu, dis-je, en certain auteur,
Que ce Chat exterminateur,
Vrai Cerbère[4], était craint une lieue à la ronde ;
Il voulait de souris dépeupler tout le monde.
Les planches qu'on suspend sur un léger appui,
La mort aux rats, les souricières,
N'étaient que jeux au prix de lui.
Comme il voit que dans leurs tanières
Les souris étaient prisonnières,
Qu'elles n'osaient sortir, qu'il avait beau chercher,
Le galant[5] fait le mort, et du haut d'un plancher
Se pend la tête en bas : la bête scélérate
À de certains cordons se tenait par la patte.
Le peuple des souris croit que c'est châtiment,
Qu'il a fait un larcin de rôt ou de fromage,
Égratigné quelqu'un, causé quelque dommage ;
Enfin qu'on a pendu le mauvais garnement.
Toutes, dis-je, unanimement
Se promettent de rire à son enterrement,
Mettent le nez à l'air, montrent un peu la tête,
Puis rentrent dans leurs nids à rats,
Puis, ressortant, font quatre pas,
Puis enfin se mettent en quête.
Mais voici bien une autre fête :
Le pendu ressuscite, et sur ses pieds tombant,
Attrape les plus paresseuses.
« Nous en savons plus d'un, dit-il en les gobant :
C'est tour de vieille guerre ; et vos cavernes creuses
Ne vous sauveront pas, je vous en avertis ;
Vous viendrez toutes au logis. »
Il prophétisait vrai : notre maître Mitis[6]
Pour la seconde fois les trompe et les affine,
Blanchit sa robe et s'enfarine ;
Et de la sorte déguisé,
Se niche et se blottit dans une huche ouverte.
Ce fut à lui bien avisé :
La gent trotte-menu s'en vient chercher sa perte.
Un Rat sans plus s'abstient d'aller flairer autour :
C'était un vieux routier : il savait plus d'un tour ;
Même il avait perdu sa queue à la bataille.
« Ce bloc enfariné ne me dit rien qui vaille,
S'écria-t-il de loin au général des chats :
Je soupçonne dessous encor quelque machine.[7]
Rien ne te sert d'être farine ;
Car quand tu serais sac, je n'approcherais pas. »

C'était bien dit à lui ; j'approuve sa prudence :
Il était expérimenté,
Et savait que la méfiance
Est mère de la sûreté.

Jean de La Fontaine, *Fables*, III, 18.

1. Rodilard : nom donné à un chat chez l'écrivain Rabelais. – 2. Alexandre le Grand : roi de Macédoine qui conquit un immense empire. – 3. Attila : roi des Huns, surnommé « le fléau de Dieu ». – 4. Cerbère : chien à trois têtes, gardien des Enfers dans la mythologie grecque. – 5. Galant : malin personnage. – 6. Mitis : du latin *mitis*, « doux »; nom donné à un chat par un poète français. – 7. Machine : machination, ruse.

1. Résumez brièvement l'histoire racontée dans cette fable.

....
....
....
....
....
....
....
....

2. a. Quels groupes nominaux désignent les acteurs de ce récit ? Complétez le tableau.

Acteur 1 :	Un second Rodilard, ...
Acteur 2 :	....
Acteur 3 :	....

b. Quel personnage est le plus richement caractérisé ? Pourquoi ?

....

....

....

3. Quelles caractéristiques principales du chat ces désignations expriment-elles ?

....

....

....

4. Délimitez les différents épisodes de l'histoire en indiquant les références des vers. Donnez un titre à chaque partie.

....

....

....

....

....

5. Comparez le début et la fin de l'histoire. Le chat réussit-il à atteindre son but ? Pourquoi ?

....

....

....

6. Qui énonce la moralité ? Reformulez-la sous forme de proverbe.

....

....

7. Dans la fable, à quoi sert l'histoire ?

....

....

....

Nom de l'élève : ....
Classe : ....

FICHE 27

Transformer des phrases

Le Chêne et le Roseau

Le chêne un jour dit au roseau :
« N'êtes-vous pas lassé d'écouter cette fable ?
La morale en est détestable ;
Les hommes bien légers de l'apprendre aux marmots.
Plier, plier toujours, n'est-ce pas déjà trop,
Le pli de l'humaine nature ? »
« Voire, dit le roseau, il ne fait pas trop beau ;
Le vent qui secoue vos ramures
(Si je puis en juger à niveau de roseau)
Pourrait vous prouver, d'aventure,
Que nous autres, petites gens,
Si faibles, si chétifs, si humbles, si prudents,
Dont la petite vie est le souci constant,
Résistons pourtant mieux aux tempêtes du monde,
Que certains orgueilleux qui s'imaginent grands. »

Le vent se lève sur ces mots, l'orage gronde.
Et le souffle profond qui dévaste les bois,
Tout comme la première fois,
Jette le chêne fier qui le narguait par terre.
« Hé bien, dit le roseau, le cyclone passé -
Il se tenait courbé par un reste de vent -
Qu'en dites-vous donc mon compère ?
(Il ne se fût jamais permis ce mot avant)
Ce que j'avais prédit n'est-il pas arrivé ? »
On sentait dans sa voix sa haine
Satisfaite. Son morne regard allumé.
Le géant, qui souffrait, blessé,
De mille morts, de mille peines,
Eut un sourire triste et beau ;
Et, avant de mourir, regardant le roseau,
Lui dit : « Je suis encore un chêne. »

Jean Anouilh, *Fables*, © éditions de La Table Ronde, 1967.

1. a. Relevez une phrase non verbale.

....

b. Récrivez cette phrase en rétablissant un verbe.

....

2. Relevez une phrase simple.

....

3. Relevez une phrase complexe :

a. par juxtaposition : ....

....

b. par subordination : ....

....

4. Reliez les verbes soulignés dans le texte avec leur sujet.

a. Pourrait : ....

b. Résistons : ....

c. Eut : ....

5. Réduisez la phrase suivante à une phrase minimale :

« Et le souffle profond qui dévaste les bois, tout comme la première fois, jette le chêne fier qui le narguait par terre. »

....

6. Développez la phrase « Le vent se lève sur ces mots, l'orage gronde », en ajoutant successivement :

a. un complément de nom : ....

b. une subordonnée relative : ....

c. un complément circonstanciel de lieu et de temps :

....

7. a. Transformez la phrase « N'êtes-vous pas lassé d'écouter cette fable ? », en déclarative affirmative.

....

b. Transposez la phrase « Je suis encore un chêne » à la forme négative.

....

8. Formez une phrase en sélectionnant un élément dans chaque colonne. Vous ne pouvez former qu'une phrase par grille.

a.

Là-bas	donner	la chasse	à courre	de la forêt	que	désiraient	le vendeur.
L'Aigle	vendirent	très cher	des ours	Jean Lapin	où	s'enfuyait	ardemment.
Un jour	a eu	aussitôt	à Maître	Belette	qui	revint	plus tard.
Les Lions	donnait	la peau	tannée	brun	il	part	au plus vite.

....

b.

Sur	les feuilles	elles	guettes	en sentinelle	de jeunes	poule	adroit.
Sous	le pont	d'un arbre	avait	parties	de vieilles	coq	volant.
Hier	la branche	de lunettes	étiez	perchés	un vieux	renards	blanche.
Ici	ou là	vous	était	tombée	les vieux	poisson	argentés.

....

c.

Un	roseau	sur	l'automne	fut venu	un pré	verts	d'herbe.
La	voleurs	devant	son feu	brouta	la rivière	plein	de pluie.
Des	cigale	après	son âne	dansèrent	une prairie	parsemées	de singes.
Une	vieillard	près de	la branche	aperçut	les cieux	agité	d'étoiles.

....

Nom de l'élève : ....
Classe : ....

FICHE 28

Une énigme policière

La fille d'un célèbre professeur a été victime d'une tentative de meurtre, dans sa chambre, fermée de l'intérieur. À l'arrivée des secours, le détective Rouletabille, son ami Sainclair et le père Jacques, l'assassin avait disparu ! La chambre était toujours fermée de l'intérieur, de même que les fenêtres et les volets...

Je ne pus m'empêcher de m'écrier :

« Voyez !.... Voyez ce sang sur le mur... L'homme qui a appliqué si fermement sa main ici était alors dans l'obscurité et croyait certainement tenir une porte. Il croyait la pousser ! C'est pourquoi il a fortement appuyé, laissant sur le papier jaune un dessin terriblement accusateur, car je ne sache point qu'il y ait beaucoup de mains au monde de cette sorte-là. Elle est grande et forte, et les doigts sont presque aussi longs les uns que les autres ! Quant au pouce, il manque ! Nous n'avons que la marque de la paume. Et si nous suivons la "trace" de cette main, continuai-je, nous la voyons, qui, après s'être appuyée au mur, le tâte, cherche la porte, la trouve, cherche la serrure...

– Sans doute, interrompit Rouletabille en ricanant, *mais il n'y a pas de sang à la serrure, ni au verrou !....*

– Qu'est-ce que cela prouve ? répliquai-je avec un bon sens dont j'étais fier, "il" aura ouvert serrure et verrou de la main gauche, ce qui est tout naturel puisque la main droite est blessée...

– Il n'a rien ouvert du tout ! s'exclama encore le père Jacques. Nous ne sommes pas fous, peut-être ! Et nous étions quatre quand nous avons fait sauter la porte ! »

Je repris :

« Quelle drôle de main ! Regardez-moi cette drôle de main !

– C'est une main fort naturelle, répliqua Rouletabille, dont le dessin a été déformé *par le glissement sur le mur*. L'homme *a essuyé sa main blessée sur le mur* ! Cet homme doit mesurer un mètre quatre-vingts.

– À quoi voyez-vous cela ?

– À la hauteur de la main sur le mur... »

Mon ami s'occupa ensuite de la trace de la balle dans le mur. Cette trace était un trou rond.

« La balle, dit Rouletabille, est arrivée de "face" : ni d'en haut, par conséquent, ni d'en bas. »

Et il nous fit observer encore qu'elle était de quelques centimètres plus bas sur le mur que le stigmate[1] laissé par la main.

Gaston Leroux, *Le Mystère de la chambre jaune.*

1. Stigmate : marque laissée par une plaie.

1. Le type dominant de cet extrait est-il :

☐ **a.** narratif ☐ **b.** descriptif ☐ **c.** explicatif ☐ **d.** argumentatif ?

2. À quelle question le raisonnement du narrateur répond-il (lignes 2 à 10) ?

☐ **a.** Qui est l'homme qui a pénétré dans la chambre ?

☐ **b.** Pourquoi y a-t-il du sang sur le mur ?

☐ **c.** Quelle est la taille de la main ?

☐ **d.** Quelle est la particularité de la main ?

3. **Quels mots de liaison marquent les étapes des raisonnements des personnages ? Classez-les selon qu'ils expriment la cause ou la conséquence.**

Cause	Conséquence
....	....
....	....

4. **a. Rétablissez un mot de liaison logique entre les propositions suivantes.**

1. Il y a du sang sur le mur (.) .... L'(l')homme qui a appliqué si fermement sa main était dans l'obscurité et croyait tenir une porte.

2. C'est une drôle de main (.) .... Les (les) doigts sont presque aussi longs les uns que les autres et le pouce manque.

b. Dans les lignes 2 à 10, trouvez deux propositions que vous pourrez relier de la même façon.

....

....

5. **a. Quels mots ou expressions marquent :**

• d'abord l'accord de Rouletabille avec le raisonnement de Sainclair, le narrateur :

....

• puis son désaccord ? ....

b. Employez ces mots ou expressions dans une phrase de votre invention.

....

6. **Relevez au moins trois faits qui viennent contredire les hypothèses du narrateur.**

1. ....

2. ....

3. ....

7. **Quel procédé de mise en page particulier souligne deux de ces faits ?**

....

....

8. **Dans le roman policier et dans ce type de texte, à quoi sert le dialogue entre le détective et son ami ?**

....

....

....

9. ***Le Mystère de la chambre jaune* est un roman policier qui repose sur l'énigme de la chambre close : la victime est à l'intérieur, la porte est verrouillée de l'intérieur, les fenêtres sont fermées, il n'existe aucun passage secret. Formulez cette énigme sous forme de question à laquelle le détective tente de répondre.**

....

....

Nom de l'élève : ....
Classe : ....

FICHE 29

Test de lecture

Vous venez de lire « Le Mystère de la vallée de Boscombe », de Conan Doyle.

1. a. Qui raconte cette aventure de Sherlock Holmes ?

☐ **1.** Sherlock Holmes ☐ **2.** un narrateur anonyme
☐ **3.** Monsieur Watson ☐ **4.** Madame Watson

b. Relevez un passage indiquant qui est le narrateur.

....

....

....

2. Quel est le lieu du mystère ? Où se situe-t-il ? ....

3. Qui sont les personnages principaux de cette histoire ?

a. Les enquêteurs : ....

....

b. Les habitants de la vallée de Boscombe : ....

....

4. Quelles sont les données du mystère ?

a. Le crime commis : ....

b. La victime : ....

c. Le suspect : ....

d. L'arme du crime : ....

e. Les premiers indices : ....

....

f. Le mobile : ....

g. La date et le lieu : ....

5. Qui sont les témoins et qu'ont-ils vu ? ....

....

....

....

6. a. Sherlock Holmes croit-il à la culpabilité du suspect ? ☐ oui ☐ non

b. Pour quelles raisons ? Relevez-en quelques-unes.

....

....

....

....

7. À quelles conclusions le docteur Watson parvient-il en lisant les articles des journaux sur cette affaire (pages 80-81) ? ....

....

....

....

....

....

8. Quel était le sujet de la dispute entre Charles Mac Carthy et son fils ? Pourquoi le fils ne pouvait-il pas obéir à son père ? ....

....

....

9. Quels indices Sherlock Holmes trouve-t-il sur les lieux du crime ?

....

....

....

....

....

10. a. Qui est le véritable coupable ? Y a-t-il du suspense dans sa découverte ?

....

....

....

b. Quels étaient ses mobiles ? ....

....

....

11. Quelle est l'attitude de Sherlock Holmes après la découverte du coupable ? Pourquoi agit-il ainsi, selon vous ? ....

....

....

12. Si vous deviez conseiller la lecture de cette nouvelle policière à un de vos camarades, quels arguments emploieriez-vous pour le convaincre ?

....

....

....

Nom de l'élève : ....
Classe : ....

FICHE 30

Analyse d'images

DEUX ILLUSTRATIONS CONFRONTÉES

Confrontez les illustrations des pages 195 de votre manuel, assiette en majolique, et 196, Bible de Nuremberg.

1. À quel siècle ces deux illustrations ont-elles été réalisées ?

....

....

2. Quelle scène de la Bible illustrent-elles ?

....

3. a. Quels sont les personnages représentés dans chaque illustration ?

....

....

b. Quelle(s) différence(s) observez-vous ?

....

....

4. Observez le cadre, le paysage de chaque illustration : quelles ressemblances, quelles différences relevez-vous ? ....

....

....

5. a. Où se trouvent les personnages principaux ?

• Assiette en majolique (p. 195)

☐ **1.** premier plan ☐ **2.** deuxième plan ☐ **3.** arrière-plan.

• Bible de Nuremberg (p. 196)

☐ **1.** premier plan ☐ **2.** deuxième plan ☐ **3.** arrière-plan

b. Précisez leur position dans l'ensemble de l'illustration.

....

6. a. Dans la scène du meurtre, comment les personnages principaux sont-ils représentés ?

• Assiette en majolique (p. 195)

☐ **1.** de dos ☐ **2.** de face ☐ **3.** de profil ☐ **4.** de trois-quarts ?

• Bible de Nuremberg (p. 196)

☐ **1.** de dos ☐ **2.** de face ☐ **3.** de profil ☐ **4.** de trois-quarts ?

b. Quel effet, quelle impression produit la position choisie ?

7. Relevez les principales différences entre ces deux représentations de la scène du meurtre (attitude, geste, objets, expression du visage).

L'illustration de la Bible de Nuremberg

8. a. L'illustration de la Bible de Nuremberg, page 196, représente-t-elle seulement la scène du meurtre ? Quelles étapes de cet épisode biblique rapporte-t-elle ?

b. Peut-on parler de « récit » dans cette illustration ?

9. Quel élément de l'illustration montre que Yahvé accepte l'offrande de l'un des deux frères et n'accepte pas celle de l'autre ?

Bilan de la confrontation

10. Laquelle de ces deux illustrations préférez-vous ? Vous préciserez les raisons de votre choix.

Nom de l'élève : ....
Classe : ....

FICHE 31

Un récit de création

Une étrange créature

On parlait beaucoup depuis quelque temps d'un être à venir qui serait extrêmement adroit de ses pattes de devant et dont la tête serait pleine de ressources.

– Depuis le temps qu'on en parle ! dit l'ours. C'est à croire qu'il ne viendra jamais.

L'homme fut déposé en pleine jeunesse au milieu de l'assemblée des bêtes et se mit aussitôt à regarder autour de lui comme s'il avait toujours eu des yeux.

Sans même se donner la peine de saluer l'assistance, il fit toute sorte de mouvements, des bras et des mains. Il sauta à pieds joints, courut, revint en arrière sans se retourner, se coucha, s'agenouilla, sauta sur un pied, se mit à quatre pattes, se redressa d'un bond, se fendit comme un escrimeur, siffla, cracha dans ses mains.

– Je mange sans faim, dit-il, je bois sans soif, je pleure sans chagrin et je dors sans envie.

Et, content de lui, il rit de tout son cœur et pivota sur ses talons.

Le lion fut le premier à se ressaisir.

– Pauvre diable, dit-il, il est rusé et adroit mais il en a à peine pour quelques jours. Et ce sera un jeu pour la froidure de l'hiver de traverser de ses flèches de givre cette peau sans défense.

On s'étonna que le Créateur, généralement mieux inspiré, se fût donné la peine de faire un être aussi débile[1] et aussi peu fourni en poils. Par dérision, un orang-outang s'en arracha une bonne poignée et la lui offrit.

L'homme prit les poils, souffla dessus et de nouveau éclata de rire ! Il ramassa des pierres et les lança au loin, sans blesser personne mais en frôlant tout le monde, puis il imita successivement et fort bien, des gestes et de la voix, le chat, le chien, le cheval, le tigre, le lion, l'éléphant et pour finir, l'orang-outang.

Puis il siffla sa femelle qui accourut au petit trot, la caressa, l'embrassa et coucha avec elle. Après quoi tous deux s'endormirent et ronflèrent à la barbe de tous les animaux.

Le lendemain, il improvisa un petit atelier de campagne et se mit à fabriquer une hache et un couteau de silex, il se couvrit de plumes et de fourrures et en mit aussi sur le dos de sa femme. Il assembla du petit bois, puis du gros, frotta deux pierres l'une contre l'autre et fit un grand feu couronné de fumée. Puis il s'applaudit avec un plaisir évident, jura et chanta très fort.

C'était le premier ténor, le premier allumeur, le premier fourreur, le premier jongleur, le premier tailleur de pierres, le premier sans vergogne[2], le premier blasphémateur[3].

Il tua une vipère sous prétexte qu'elle était venimeuse et une couleuvre parce qu'elle ne l'était pas. Il maniait aussi bien la mort que la logique et la chanson sentimentale. Si bien que les bêtes interloquées[4] en perdirent l'usage de la parole, mais cette aphasie[5] ne fut pas totale. Elles gardèrent, comme on sait, le droit de rugir, barrir, aboyer, hennir et braire, duquel, encore de nos jours, elles ne se privent point.

Jules Supervielle, *Premiers Pas de l'univers*, © éditions Gallimard, « L'Imaginaire », 1950.

1. Débile : faible, sans vigueur. – 2. Sans vergogne : sans pudeur, sans scrupule – 3. Blasphémateur : qui insulte ce qui est sacré – 4. Interloqué : très surpris – 5. Aphasie : incapacité de parler.

1. a. Comment l'homme est-il désigné dans les premières lignes du texte ?

....

....

b. Quelles expressions désignent les mains et l'intelligence de l'homme ?

....

....

c. En vous appuyant sur vos réponses, dites si l'homme est présenté :

☐ **1.** du point de vue du Créateur ☐ **2.** du point de vue de l'homme ☐ **3.** du point de vue des animaux.

2. Dans ce texte, l'apparition de l'homme se produit-elle au même moment que dans les récits de la *Genèse* et des *Métamorphoses* ? ....

....

3. a. Quelles qualités et quels défauts apparaissent dans le portrait de l'homme tel que le voient les animaux ? Classez-les dans le tableau suivant.

Qualités	Défauts
....	....
....	....

b. Les animaux croient-ils en l'avenir de l'homme ?

....

....

4. a. En vous aidant de vos leçons sur la préhistoire, relevez les étapes de l'évolution humaine évoquées dans le texte. ....

....

....

....

....

b. L'homme a-t-il inventé le langage ? Justifiez votre réponse. ....

....

....

5. Le narrateur présente-t-il l'homme comme un être bienfaisant ou malfaisant (l. 33 à 40) ? Relevez quelques expressions pour justifier votre réponse. Quelle a été la conséquence du comportement de l'homme sur les animaux ?

....

....

....

....

....

6. Ce récit de création est-il destiné :

☐ **a.** à expliquer l'origine du monde et de l'homme. ☐ **b.** à donner un enseignement religieux

☐ **c.** à divertir ☐ **d.** à justifier la supériorité de l'homme ?

Nom de l'élève : ....
Classe : ....

FICHE 32

Orthographe

Relisez le texte de Marcel Aymé, « La nouvelle arche », extrait des *Contes du chat perché* (« Texte écho », manuel p. 228).

GROUPE NOMINAL ET ADJECTIF QUALIFICATIF

1. **Relevez les adjectifs qualificatifs du texte : comparez leur masculin et leur féminin, et classez-les dans le tableau suivant.**

Ceux qui ne changent ni leur prononciation ni leur écriture	Ceux qui changent leur prononciation et leur écriture	Ceux qui ne changent pas leur prononciation, mais changent leur écriture
....	....	....
....	....	....
....	....	....

2. **Trouvez dans le texte :**

a. trois noms qui, au pluriel, ne changent que leur déterminant :

....

b. trois noms qui, au pluriel, prennent un *-x* :

....

c. un nom dont la terminaison change au pluriel :

....

3. **Dans les phrases suivantes, remplacez les noms soulignés par ceux qui vous sont indiqués.**

a. Toutes les bêtes de la ferme furent représentées dans la cuisine.

Tous les animaux ....

Toute la basse-cour ....

b. La vache n'était pas moins curieuse de tout ce qu'elle apercevait derrière les vitres du buffet.

Le bœuf n'était pas ....

....

Le bœuf et la vache ....

....

c. Marinette trouva l'idée très bonne.

Marinette trouva le projet ....

4. Les animaux de l'arche

Pour trouver le féminin de...	je cherche un autre nom	j'ajoute un *-e* en doublant la consonne	j'ajoute un *-e* et la prononciation change	j'ajoute un *-e* et la prononciation ne change pas
Bœuf				
Chat				
Ours				
Poule				
Chien				
Aigle				
Lapin				

Les accords dans la phrase simple

5. Mettez le verbe des phrases suivantes au passé composé.

a. Elles allèrent à l'écurie.

....

b. Les grincheux se bousculèrent pour entrer à la cuisine.

....

c. L'Arche se trouva vite pleine.

....

d. Les bêtes commencèrent à prendre peur.

....

6. Complétez ces phrases en transformant le nom singulier en nom pluriel.

a. Le cheval, qui se trouvait auprès de l'horloge, regardait tantôt le cadran, tantôt le balancier.

Les chevaux ....

b. La terre sera couverte par les eaux.

Les terres ....

c. La vache n'était pas moins curieuse de tout ce qu'elle apercevait derrière les vitres du buffet.

Les vaches ....

7. Dans chacune des phrases suivantes, surlignez le sujet du verbe encadré.

a. Delphine, assise sur la fenêtre de la cuisine, au poste de commandement, [regardait] au dehors.

b. Delphine, après en avoir choisi une, [fut] obligée d'écarter les autres.

c. Elle ne pouvait détacher son regard d'un fromage et d'un pot de lait, qui lui [firent] murmurer : « Je comprends maintenant, je comprends... »

d. Pourquoi [veux]-tu qu'il pleuve pendant quarante jours et quarante nuits ?

Nom de l'élève : ....
Classe : ....

FICHE 33

Identifier un texte

....

Les croyances des Indiens d'Amérique (ou Amérindiens) sont liées à leurs lieux et à leurs modes de vie. Dans les plaines d'Amérique du Nord et dans la forêt amazonienne, ces peuples sont restés semi-nomades, chasseurs et pêcheurs, parfois agriculteurs, alors qu'en Amérique centrale et sur les hauts plateaux des Andes ce sont des agriculteurs sédentaires. La religion de leurs ancêtres a été, pour les Indiens, un moyen d'affirmer et de préserver leurs traditions face à l'arrivée des Européens, au XVIe siècle.

Les divinités des Indiens d'Amérique du Nord

Les diverses religions des Indiens d'Amérique du Nord admettent un dieu supérieur, le Ciel, appelé Tchementu (Grand Esprit) chez les Naskapis du Canada, Nesulk (Il-nous-crée) chez les Micmacs de Terre-Neuve, ou Wakan Tanka (Le Grand Mystérieux) chez les Sioux des plaines. Le Grand Esprit est étroitement lié au Soleil, et il peut, dans sa colère, provoquer l'orage, en lançant des éclairs par les yeux. Les Indiens sont aussi très attachés à la Terre-mère nourricière, dont ils sont issus et qui conserve les os de leurs ancêtres, devenus poussière. Cet attachement à la terre est très fort : pour les Indiens, l'individu n'est rien s'il ne vit pas sur sa terre, en harmonie avec les cycles de son univers. C'est pourquoi ces peuples se sentent très proches des animaux qu'ils chassent, auxquels ils sont unis par des liens étroits, les **totems**, qui sont en général des représentations magiques de ces animaux. L'animal considéré comme le plus proche est l'ours, qui mange de tout et est capable de marcher sur ses pattes de derrière. Les Indiens l'appellent « cousin » et lui offrent du tabac. Il fait le lien entre l'homme et la nature sauvage. Les Navajos vénèrent la Grand-Mère Araignée, mère du monde, qui a façonné l'homme et la femme avec un peu d'argile. D'autres animaux sont au contraire des sortes de démons, les Tricksters (tricheurs). Parmi eux, le coyote, sorte de dieu sorcier, peut causer des ravages ou les réparer, susciter des maladies graves ou les guérir.

Des dieux toujours présents

Les **mythes** racontent comment les dieux ont appris aux hommes la chasse, le tissage, l'art de fabriquer des paniers ou des poteries, de cultiver du maïs, de construire des maisons, etc. La plupart des actes de la vie quotidienne sont donc religieux.

1. **Après avoir lu ce texte, retrouvez le titre et les références de l'ouvrage dont il est extrait.**

☐ **a.** *Les Religions du monde*, coll. « Encyclopédie des jeunes », Larousse, 1995.

☐ **b.** *Contes et légendes indiennes*, Lune blanche, 1987.

☐ **c.** *Yakari et le grand Totem*, Élan jeunesse, 1998.

2. **Quels indices vous ont permis d'identifier l'origine du texte ?**

....

....

....

....

3. À quel public cet ouvrage est-il destiné ? Où avez-vous trouvé un indice pour répondre ?

....

....

4. Précisez ce que fait ce texte.

☐ **a.** il décrit ☐ **b.** il raconte ☐ **c.** il informe, explique

☐ **d.** il argumente ☐ **e.** il fait agir

5. Donnez un titre à cette page et inscrivez-le dans le cadre situé avant le texte.

6. a. Par quoi le regard du lecteur est-il attiré dans ce texte ?

....

....

....

b. Dans ce genre d'ouvrage, quel autre moyen utilise-t-on souvent pour aider le lecteur ?

....

....

7. Relevez, dans ce texte, des informations que vous pouvez comparer avec celles que vous avez apprises lors de l'étude de la *Genèse* ou des *Métamorphoses*.

....

....

....

....

8. En utilisant *À mots ouverts*, votre cours de français, votre manuel d'histoire et les lectures que vous avez faites (contes et légendes), rédigez, pour le documentaliste du CDI, un petit texte qui présente les croyances des Indiens d'Amérique, des Égyptiens, des Latins et des Hébreux en ce qui concerne la création et le créateur.

Vous utiliserez plusieurs procédés pour attirer l'attention du lecteur et favoriser la prise des informations.

....

....

....

....

....

....

....

....

....

....

....

....

Nom de l'élève : ....
Classe : ....

FICHE 34

Le théâtre : texte et représentation

VOIX EN COULISSE. – Attends que je t'y reprenne, sale chat ! Je te ferai passer le goût de la crème, moi !

(*Le chat atterrit sur scène, comme catapulté par un coup de pied.*)

MIROIR (*Il se frotte les membres.*). – Aïe ! Si je vole, c'est que je ne peux plus faire autrement ! (*Se redressant tout à coup :*) Que vois-je là ? Une souris ! Je la tiens ! Hélas ! La faim me donne des hallucinations…

(*Au public :*) Personne n'a dans sa poche un petit reste de viande ? Allons, un geste pour un pauvre matou !

d'après *Le Petit Chat Miroir*, d'Annette Béguin,École des Loisirs.

1. Qui le public entend-il parler dans cet extrait de scène ?

....

....

2. Lors de la représentation, combien de comédiens paraissent sur la scène ?

☐ **a.** Un comédien.

☐ **b.** Deux comédiens.

☐ **c.** Trois comédiens.

3. L'auteur imagine que le petit chat Miroir s'adresse « au public », c'est-à-dire aux spectateurs. Quand un comédien, qui incarne un personnage, s'adresse aux spectateurs, que doivent faire ceux-ci ?

☐ **a.** Ne pas répondre.

☐ **b.** Répondre à sa question ou à sa demande.

☐ **c.** Applaudir.

4. Quelle est la fonction des passages en italique dans ce texte ?

☐ **a.** Indiquer ce que doivent dire les comédiens.

☐ **b.** Indiquer ce que doivent faire les comédiens (mouvements, gestes, attitudes) ?

5. Indiquez à quels numéros du dessin ci-contre correspondent ces parties d'un théâtre.

a. la scène : ....

b. les coulisses : ....

c. la salle où se trouve le public : ....

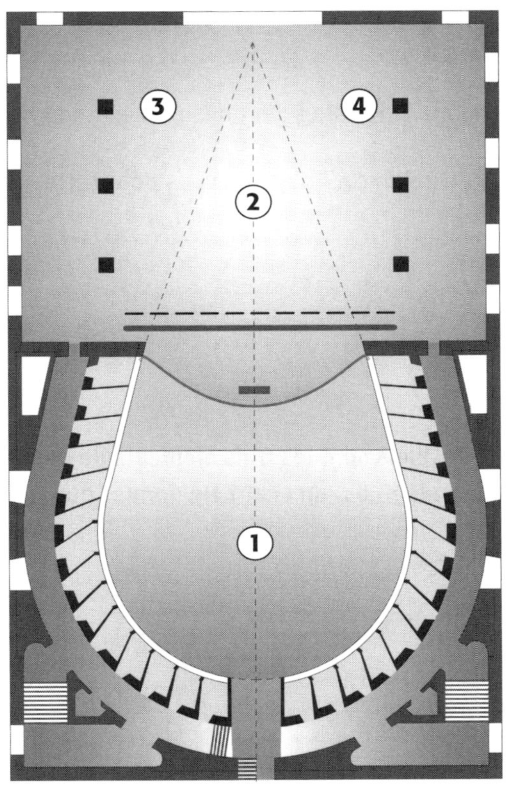

6. Voici l'un des passages en italique du texte : « *Le chat atterrit sur scène, comme catapulté par un coup de pied.* » Pourquoi l'auteur a-t-elle utilisé le mot *comme* ?

....

....

....

7. Indiquez sur quel ton le comédien devra prononcer chaque passage du texte suivant. Vous pouvez choisir parmi les réponses suivantes celles qui vous conviennent :

sur un ton suppliant, avec colère, avec accablement, avec espoir, sur un ton déçu, joyeusement, sur un ton de révolte, avec mépris.

Attention : il y a des intrus !

a. VOIX EN COULISSE : Attends que je t'y reprenne, sale chat ! Je te ferai passer le goût de la crème, moi ! :

....

b. MIROIR *:* Aïe ! Si je vole, c'est que je ne peux plus faire autrement !

....

c. Que vois-je là ? Une souris ! Je la tiens !

....

d. Hélas ! La faim me donne des hallucinations...

....

e. Personne n'a dans sa poche un petit reste de viande ? Allons, un geste pour un pauvre matou !

....

8. Rajoutez une indication scénique indiquant le (ou les) geste(s) que pourrait faire le comédien lorsqu'il prononce cette réplique :

MIROIR (...). –

Allons, un geste pour un pauvre matou !

9. Quel décor imaginez-vous pour cette scène ? Aidez-vous du sens du texte pour répondre.

....

....

....

....

10. Quels sont les trois éléments de déguisement que vous proposeriez à un comédien pour qu'il puisse jouer le rôle d'un chat ? Ne donnez que trois détails qui symbolisent à vos yeux cet animal.

a. ....

b. ....

c. ....

Nom de l'élève : ....
Classe : ....

FICHE 35

Texte narratif, texte théâtral

Pierre Gripari a raconté l'histoire de La Sorcière du placard aux balais *à la fois dans un conte et dans une pièce de théâtre.*

TEXTE 1

[Le narrateur, qui s'appelle Monsieur Pierre, vient de visiter la maison qu'il a achetée ; il ignore qu'elle est hantée par la sorcière du placard aux balais.]

La visite une fois terminée, je me dis :

– Si j'allais saluer mes nouveaux voisins ?

Allez, en route ! Je vais frapper chez mon voisin de gauche :

– Bonjour, voisin ! Je suis votre voisin de droite. C'est moi qui viens d'acheter la petite maison avec chambre, cuisine, salle de bains, living-room, pipi-room et placard aux balais !

Là-dessus je vois le bonhomme qui devient tout pâle. Il me regarde d'un air horrifié, et pan ! sans une parole, il me claque la porte au nez !

Moi, sans malice, je me dis :

– Tiens ! Quel original !

Et je vais frapper chez ma voisine de droite.

Pierre Gripari, *Contes de la rue Broca*,
© Éditions de La Table Ronde, 1967.

TEXTE 2

M. PIERRE. – Voyons : si j'allais dire un petit bonjour à mon voisin de gauche ? Allons-y ! Toc toc toc !

LE VOISIN (*fort accent allemand*). – Monsieur, fous tessirez ?

M. PIERRE. – Vous êtes bien monsieur von der Brücke-das-Glück ?

LE VOISIN. – C'est moi-même, bour fous zerfir !

M. PIERRE. – Bonjour, voisin, je suis votre voisin de droite. Je viens d'acheter la petite maison avec chambre, cuisine, salle de bains, living-room, pipi-room et placard aux balais...

LE VOISIN (*violemment*). – Vigez-moi le gamp ! [...]

M. PIERRE. – Eh bien, qu'est-ce qui lui prend ? Il n'est guère poli, ce monsieur ! Ma foi, tant pis, voyons la voisine de droite. Toc toc toc !

d'après Pierre Gripari, *Huit Farces pour collégiens*,
© éditions Grasset jeunesse.

1. **Identifiez celui de ces deux textes qui est extrait d'un récit et celui qui est extrait d'une pièce de théâtre :**

- Le texte 1 est extrait ....
- Le texte 2 est extrait ....

2. **Dans le texte 1, quels signes de ponctuation permettent de repérer les paroles du personnage ?**

....

3. **Qu'est-ce qui disparaît dans le texte 2 ?**

☐ a. Les paroles de personnages.

☐ b. Les passages narratifs.

4. **Le texte 1 dit que le voisin regarde le narrateur « sans une parole ». Que se passe-t-il dans le texte 2 ?**

☐ a. Le voisin ne parle pas.

☐ b. Le voisin parle difficilement parce qu'il a mal aux dents.

☐ c. Le voisin déforme les mots parce qu'il a un accent allemand.

5. **Pourquoi Pierre Gripari a-t-il introduit cette différence, selon vous ?**

....

....

....

6. **Quels mots remplacent les phrases « je vais frapper chez mon voisin de droite » et « je vais frapper chez ma voisine de gauche » dans le texte 2 ?**

....

7. **Recopiez le passage du texte 1 auquel correspond l'indication scénique « violemment » du texte 2.**

....

....

8. **Dans le passage du conte qui suit, Monsieur Pierre a rencontré la méchante sorcière qui l'oblige à lui demander une chose impossible. Transformez ce texte narratif en texte théâtral :**
– les passages narratifs vont devenir des indications scéniques ; attention ! vous devrez introduire quelques modifications dans le texte ;
– les paroles des personnages vont être précédées des noms des personnages.

Dans le couloir, la sorcière m'attendait :
– Alors ? Qu'est-ce que tu demandes ?
Sûr de moi, je réponds :
– Je veux que tu me donnes des bijoux en caoutchouc qui brillent comme des vrais !
Mais la sorcière se met à rire :
– Hahaha ! Cette idée n'est pas de toi ! Mais peu importe, les voilà !

....

....

....

....

....

....

....

....

....

....

Nom de l'élève : ....
Classe : ....

FICHE 36

Le dialogue théâtral

L'EMPLOI DES ADVERBES DANS UN DIALOGUE THÉÂTRAL

[Le docteur Knock examine le Tambour de ville ; le Tambour de ville était autrefois un employé municipal chargé d'annoncer les nouvelles dans les rues d'une ville.]

Extrait 1

LE TAMBOUR. – Attendez que je réfléchisse ! (*Il rit.*) Voilà. Quand j'ai dîné, il y a des fois que je sens une espèce de démangeaison ici. (*Il montre le haut de son épigastre.*) Ça me chatouille, ou plutôt, ça me grattouille.

KNOCK, *d'un air de profonde concentration.* – Attention. Ne confondons pas. Est-ce que ça vous chatouille, ou est-ce que ça vous grattouille ?

LE TAMBOUR. – Ça me grattouille. (*Il médite.*) Mais ça me chatouille bien un peu aussi.

KNOCK . – Désignez-moi exactement l'endroit.

LE TAMBOUR. – Par ici.

KNOCK . – Par ici... où cela, par ici ?

LE TAMBOUR. – Là. Ou peut-être là... Entre les deux...

KNOCK . – Juste entre les deux ?.... Est-ce que ça ne serait pas plutôt un rien à gauche, là, où je mets mon doigt ?

LE TAMBOUR. – Il me semble bien.

Jules Romains, *Knock ou le Triomphe de la médecine*, © éditions Gallimard.

1. Recopiez tous les adverbes de lieu contenus dans le texte.

....

....

....

2. Quelle partie du corps du Tambour de ville désigne le mot « ici » lorsqu'il est employé la première fois ?

☐ **a.** La tête.

☐ **b.** L'épigastre.

☐ **c.** Le bras.

3. Que doivent faire les comédiens pour que les spectateurs sachent ce que désignent les autres adverbes ?

....

....

....

....

....

Les pronoms personnels dans le dialogue théâtral

Extrait 2

.... – Ah ! ah ! (*Il médite d'un air sombre.*) Est-ce que ça ne vous grattouille pas davantage quand vous avez mangé de la tête de veau à la vinaigrette ?

.... – Je n'en mange jamais. Mais il me semble que si j'en mangeais, effectivement, ça me grattouillerait plus.

d'après Jules Romains, *ibidem.*

4. **Recopiez les pronoms personnels que vous trouvez dans ce texte :**

- pronoms de la première personne : ....

- pronoms de la deuxième personne : ....

5. **Que manque-t-il ici pour que vous sachiez qui prononce chaque réplique ?**

....

....

6. **Complétez maintenant l'extrait 2 en indiquant les noms des personnages.**

7. **Qui désigne le pronom *vous* ?**

☐ **a.** Il désigne plusieurs personnes.

☐ **b.** Il désigne une seule personne et il s'agit d'un pluriel de politesse.

La ponctuation dans un dialogue

Extrait 3

a. Cinquante et un, dans mes cinquante-deux [...]
b. Ah [...] ah [...] très important. Quel âge avez-vous [...]
c. Plus près de cinquante-deux ou de cinquante et un [...]
d. Plus près de cinquante-deux [...] Je les aurai fin novembre [...]

d'après Jules Romains, *ibidem.*

8. **Rétablissez la ponctuation dans ces répliques.**

9. **Mettez ces répliques dans l'ordre :**

- n°1 : .....

- n°2 : .....

- n°3 : .....

- n°4 : .....

N° d'éditeur : 10087232 - (II) - (6) OSB 80° - Juin 2001
Achevé d»imprimer sur les presses de JOUVE Paris - N° 295274M